呂思勉全集

高等小學校用 新式地理教科書

高等小學校用 新式地理教授書

24

本 册 總 目

高等小學校用　新式地理教科書

前　言

　　《高等小學校用　新式地理教科書》是吕思勉先生按部定教則編撰的一部小學地理教科書。全書分六册，每册設二十七課時，其中一至四册爲中國地理，五六兩册爲世界地理。先生在"編輯大意"中寫道：本書的編寫宗旨"遵部定教則，是使兒童約知地理與人類社會之狀態及本國國勢之大要，以養成愛國之精神。"又列出本書的特色：注重天然與人事之關係，注重物產及工商情形，注重邊防情形。租借地及割讓地，皆特立一章，以激揚其國恥觀念和愛國思想。書寫上參用地志、遊記的體例，附有地圖、風景畫等，以便於教師指授和學生的學習。

　　《高等小學校用　新式地理教科書》由中華書局一九一六年三月至十二月初版。其後一再重印：如第一册一九二四年五月第六十版，第二册一九二四年五月第五十九版，第三册一九二二年十月第四十九版，第四册一九二四年二月第四十四版，第五册一九二四年三月第四十四版，第六册一九二四年一月第四十四版等，是當年發行量較大的一本地理教科書。[①]

　　此次我們將《高等小學校用　新式地理教科書》收入《吕思勉全集》重印出版，按中華書局的初版本整理校訂，行文僅訂正勘誤和錯字，原書中配有的地圖等，也按原圖刊印在相關課文內，以便於讀者參考閱讀。

李永圻　張耕華

二〇一四年八月

---

　　① 有關《高等小學校用　新式地理教科書》的再版情況，詳見《吕思勉全集》之《吕思勉先生編年事輯》附錄二《吕思勉先生著述繫年》的記録。

目 録

編 輯 大 意

　　一、宗旨。遵部定教則，使兒童知地球表面與人類生活之狀態，及本國國勢之大要，以養成愛國之精神。

　　二、編製法。本書編製之法如下：

　　（一）春秋季始業通用。

　　（二）全書分六册，每學年用二册。

　　（三）每册分配二十七時，照部定高等小學校課程表，歷史、地理每星期合授三時，年以四十星期計，尚餘六時，以供實地觀察或課外講授之用。

　　（四）本書但按教材性質分章分節，不拘定每册課數及每課字數。其每時間講授若干，於教授書中詳定之。

　　三、特色。本書之特色如下：

　　（一）注重天然與人事之關係，常以自然地理說明他種現象。

　　（二）參用地志、游記二體，既保綱領之統一，仍不背於交通之順序。

　　（三）注重物產及工商情形，以啟發生徒從事實業之觀念。

　　（四）注重邊防情形，以啟發其保衛國家之觀念。

　　（五）租借地及割讓地，皆特立一章，以激揚其國恥觀念。

　　（六）於世界地理，注重於華僑所在之地，以發揚其擴張國權之觀念。

　　（七）述現世界開明各國，皆於地理上探索其原因。

　　（八）本國地理與外國地理互相聯絡，末復置我國在世界之位置一章，俾收統括之效，益發揚其愛國之心。

　　（九）注重於與他科相聯絡。

　　四、圖畫。本教科書中所有之圖畫，分為二種如下：

　　（一）地圖，取其簡明便於指授者。

　　（二）風景畫，取其精確足助想像力，兼可養成審美之觀念者。

此外又有本局出版之高等小學用地圖及暗射圖,與本書相輔而行。

五、教授書。本書另有教授書六冊,與本書同時編纂,詳載各種運用方法及參考事項,以供教員之用。

第一章　中華地理概説

第一　位置　廣袤　境界

我國名中華民國,位於亞細亞洲之東南,爲一大陸國。東西廣處,凡八千八百餘里。南北長處,凡七千餘里。面積,凡四千三百萬方里。

我國三面接陸,一面臨海。東隔黃海、東海,而對日本。東南隔海,而望南洋羣島。南接法領越南,英領緬甸,及印度。西接帕米爾高原及俄領中亞細亞。北接俄領西伯利亞。東北接日本領之朝鮮。

第二　行政區域

除京兆外，分行省二十二：曰直隸、山東、山西、河南、陝西、甘肅、江蘇、浙江、安徽、江西、湖北、湖南、四川、福建、廣東、廣西、雲南、貴州、奉天、吉林、黑龍江、新疆。特別區域四：曰熱河、察哈爾、綏遠、川邊。又寧夏護軍使、甘邊寧海鎮守使、阿爾泰辦事長官，亦各有其所轄之地。此外則爲外蒙及西藏。

第三　自然區域

二十二省，自地勢上分爲五區：黃河流域爲北區，長江流域爲中區，閩江、西江流域爲南區，遼河、黑龍江流域爲東北區，塔里木河、伊犁河流域爲西北區。此外，蒙古、青海、西藏，各爲一區。

第二章　北區地方概說

第四　位置　海岸

北區爲黃河流域。北以長城接蒙古高原，西接新疆、青海，南接中區，東臨渤海、黃海。

本區海岸屈曲，多良港灣。渤海沿岸有大沽、秦皇島、龍口諸商港。黃海沿岸有商港曰煙臺。又有威海衛及膠州灣，形勢險要，俱爲著名軍港，今爲異國所租占。

長城圖

第五　地　勢

祁連山脈，自新疆來，東北行爲賀蘭、爲陰山，在黃河之北；其分支南下者爲太行。岷山山脈，自青海來，東南行爲秦嶺、爲伏牛、爲大別，在黃河之南，總稱曰北嶺。泰山之脈，自東北區來。

陝、甘、山西三省，全體多山。直隸、山東、河南，則一部爲平原，是爲黃河下流原野。

第六　河　　流

黃河貫流本區六省，自山東省利津縣入海。白河導源長城外，合永定、豬龍、滹沱三河，於大沽口入海。此外淮水及汝、潁，發源河南，入安徽。漢水發源陝西，入湖北。

運河導源於山東汶上縣，北流者抵天津，南流者入江蘇。

第七　氣候　物產

氣候現大陸性，寒暑皆劇，惟西南部較温和。雨水概比中區爲少。

土地肥沃，宜耕宜稼，多產麥與高粱。畜牧，富羊、馬、驢、騾。礦產，饒煤油、煤、鐵，沿岸亦有鹽利。製造品，以鞣皮、製氈及製草帽鞭等爲最著，紡織業亦漸興。

第八　交通　住民　行政區分

鐵路以北京爲中心。航路以天津爲中心。鐵路之重要者，有京奉、京張、京漢、津浦、正太、汴洛、洛潼、膠濟，道澤各線。其餘各地，又有驛道，以通往來。航利以白河爲最大，黃河及賈魯河、漢水，亦俱可通航。

住民：大部爲漢族，間有滿族、回族。人口凡一億一千五百餘萬。民性樸質，有剛強之風。

本區行政上，分一區，曰京兆。六行省，曰直隸、山東、山西、河南、陝西、甘肅。

第三章　北區地方志

第九　京　兆

京兆，在直隸中央。北負長城，東南控津、沽。白河、永定河，貫流境內。京漢、京張、京奉三鐵路交會於此。轄縣二十，全國首都北京在焉。

北京，城壁崇宏，人口百萬，我國第一都會也。分內、外二城。內城周四十里，中有建自明代之皇城，各官署及各國使館均在焉。外城在內城之南，市肆殷闐，商業繁盛。學校兵營，分別布置，頗爲完備。名勝古蹟亦甚多。

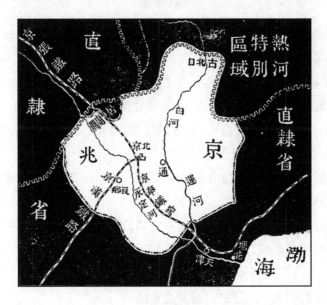

京兆圖

第十　直隸省

直隸，當黃河下流之北部，古爲燕地。西北負長城，多山，東南坦平。白

15

直隸省圖

河、永定河、豬龍河、滹沱河、運河，合流於天津，東南至大沽口入海。灤河、薊運河，亦入渤海。氣候現大陸性。以太行山脈障其西，雨量較多。物產，多麥、豆、高粱、棉花。開平、唐山之煤，長蘆之鹽，尤有名。全省分四道，凡百十九縣。

省會曰天津，爲北區及蒙、新、青海貨物集散之點，貿易極盛。輸出以羊、駝毛爲大宗，輸入多棉紗、棉布、木材、煤、鐵、煤油。城垣與大沽口礮臺並毀於八國聯軍之役，立約不得復建。

山海關，在長城東端，爲出東北區要道。其西南秦皇島，冬季白河凍冰，航海者多移此登陸。

清苑縣，舊省會也。自此西南至正定縣，爲正太鐵路發軔處。

大名縣，在省南隅，河南貨物多沿衛河集於此，然後入山東，泛運河以達天津。

宣化，北控張北，南通居庸，爲口北要地。

第十一　山　東　省

山東，在直隸東南。簡稱魯省，亦曰山左。千山之脈，自遼東來，爲岡爲陵,至中央,特起爲東嶽泰山。以西,則彌望平坦,黃、運二河,交流其間。然其便於航行者,僅自臨清以北之運河而已。人民勤勉耐勞,長於農商。物產:豆、麥、高粱、梨、棗、落花生、繭綢、草帽緶。礦產著者:濰縣、博山之煤,東北海岸,饒魚,鹽之利。全省分四道,凡百有七縣。

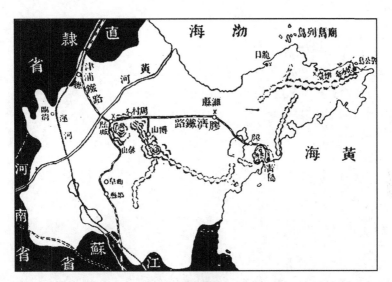

山東省圖

孔子廟圖

省會曰歷城,當津浦及膠濟鐵路交點,爲自闢商埠,商業頗盛。由此南行至曲阜縣,爲孔子故鄉。城西隅有闕里,城北有孔林。其南鄒縣,孟子故里也。周村,爲著名市鎮,商工業俱盛,膠濟鐵路成,與濰縣並闢爲商埠。

　　德縣，瀕運河，上溯臨清，下達天津，爲商業要會。

　　煙臺，本山東半島要港，與東北區交通最繁。自德據膠州灣，竭力經營，商務遂漸爲所奪。其西龍口，則新闢之商埠也。

第三章　北區地方志（續）

第一　山西省

　　山西，在直隸之西，簡稱晉省，亦曰山右。太行之脈，自雲中來，地勢高亢。黃河帶其西南，貫流本省中央之汾水入焉；沁水及桑乾、滹沱諸水，亦皆導源省內。人民勤儉，善經商。農産畜牧，略同直隸。煤礦之富，足供全世界二千年之用，而鐵礦亦饒，解縣又有鹽池。製造品如平定之瓷，汾陽之酒，潞

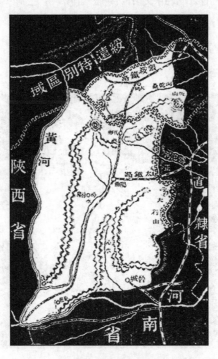

山西省圖

19

澤之綢,皆有名。全省分三道,凡百有五縣。

省會曰陽曲,爲正太鐵路之終點,商業頗繁盛。自此北出代縣,踰雁門,則通大同——北方重鎮也,張綏鐵路過此。

永濟縣在省西南隅,爲黄河津渡處。晉城縣爲道澤鐵路之終點,通河南要道也。

第二　河　南　省

河南,在山西之南,簡稱豫省。北嶺之脈,東南折爲伏牛,又東南爲大別,爲漢、淮之分水界。其分支北出者爲嵩山,爲河、淮之分水界焉。伊、洛二水入黄河,汝、穎、賈、魯諸水入淮,白河至湖北入漢,而衛河至山東入運河。人民多業農,温厚樸質。物産多豆、麥、棉、麻,又多柏樹。河北饒煤、鐵,伏牛山脈中多産野蠶繭。全省分四道,凡百有八縣。

省會曰開封,有鐵路,西通洛、潼,東達歸、徐,西南朱仙鎮,瀕賈魯河,舊四大鎮之一,今則繁盛遠不如周家口矣。

鄭縣當京漢、汴洛二鐵路交點,商旅輻輳,今已闢爲商埠。自此西抵洛陽,由洛潼鐵路以達潼關,爲入陝西要道。

由鄭縣而北,過黄河大鐵橋至汲縣。其東北道口鎮,爲道澤鐵路起點,又爲衛河終航點,商業頗盛。

河南省圖

黄河鐵橋圖

信陽縣，南出武勝關，通湖北要道也。南陽縣亦爲通湖北要道。

第三　陝　西　省

陝西，在河南、山西之西，簡稱秦省。秦嶺山脈，橫亙東西，南隔漢水，與

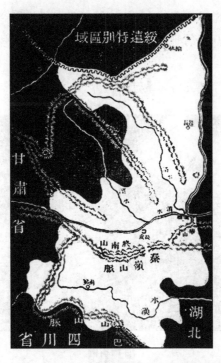

陝西省圖

巴山相望。黃河流於東境，渭水合涇水及西洛水入焉。渭以北，高寒宜牧，饒羊、馬；渭水流域，則土沃宜農。物產多麥、豆、苧麻、煙草，漢水上流產漆。礦物：橫山饒煤、鐵，延長富煤油。全省分三道，凡九十一縣。

省會曰長安，爲自天津、漢口通西北商道所必經，貿易頗盛。長安之東有潼關，其南有武關，皆通河南要道也。

榆林縣在省東北隅，逼近長城，爲北邊重鎮。

南鄭縣扼棧道之中樞，北通散關，南出劍閣，又扼漢水上流，形勢殊要。

第四　甘　肅　省

甘肅，在陝西之西，簡稱隴省。賀蘭山脈亘於北，西接祁連山脈，岷山山脈亘於南，黃河橫貫中央，合洮河、湟水東北流出長城。涇、渭二水及白龍江俱導源本省。祁連山北之水，多北流，瀦於沙漠。人民：漢、回雜處，性質強悍。物產多豆、麥、菸、棗，富羊馬。東北部產煤。全省分七道，凡七十六縣。

省會曰皐蘭，控制西北、西南二方，形勢極要，商業亦盛。平涼縣當陝甘驛道，隴西要會也。

寧夏縣，西枕賀蘭，東瞰黃河，夙稱巨鎮。西路羊毛均集於此，貿易之盛冠全省。

武威縣，民殷物阜，爲河西之冠。其西北酒泉縣，人煙亦稠密。西有嘉峪關，與俄通商埠也。

西寧縣，當通青海要道，漢番互市甚盛。

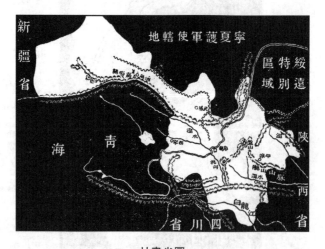

甘肅省圖

第四章　中區地方概説

第五　位置　海岸

中區爲長江流域，在北區之南，西接青海及川邊特別區域，南界南區，東自長江口以北，瀕黃海，以南瀕東海。

江口有崇明大島，其南上海，爲吾國第一通商港。上海之南，有錢塘灣，浙江入焉。舟山羣島羅列灣外。灣南有鄞縣、永嘉等通商港，象山、三門諸良港灣。

江口以北，有淤黃河故道。其北東海，爲新闢通商港。

第六　地勢

巴顏哈喇之脈，東迤爲岷山山脈，其支脈南出者爲大雪、邛崍諸山脈。巴山山脈，北接秦嶺，而東盡於荊門。大別山脈，自鄂豫之界東走，入於安徽。南嶺山脈，則界湘、贛與閩、廣之間。

中區平地，均在長江沿岸。跨湖南、湖北、江西、安徽諸省，其幅殊狹。至江蘇，乃北與淮水流域，南與太湖附近之平地接，爲一大平原。

第七　河流

本區河流，長江最大，其支流之大者，在北岸爲岷江、嘉陵江、漢水，在南岸爲烏江及洞庭、鄱陽二湖所匯之水。此外，獨立入海者有浙江，瀦於洪澤湖而入運河者有淮水。

運河自山東來者，至江都入江。江南運河，則起丹徒，訖杭縣。

湖沼，本區最多，其著者爲洞庭、鄱陽、太湖、洪澤、巢湖等。

第八　氣候　物産

全國氣候，本區最爲溫和。陽曆六七月之交，雨水最多，謂之梅雨。

本區地味肥沃，灌漑便利，氣候和煦，故米、麥、棉、茶産額特多。鹽業之盛，甲於各區。水産之利，遍及江海。煤、鐵等礦，出産亦豐。全國精華，薈萃於此，所謂中國之寶庫也。

第九　交通　住民　行政區分

河流以長江爲主幹，與兩岸支流及運河，均可通航。陸路有京漢、津浦、淞滬、滬寧、滬杭甬、南潯、株萍諸鐵路，粤漢鐵路已一部告成，川漢鐵路亦開工矣。海外交通，以上海爲中心，内通本國各口岸，外通東西洋各國。故本區交通，較之北區，尤爲利便。

住民：漢族最多，苗族雜居西部、中部。人口凡一億九千三百餘萬，人民敏捷活潑，頗富思想。

本區行政上分四川、湖北、湖南、江西、安徽、江蘇、浙江七省。

第五章　中區地方志

第一　四川省

　　四川，在陝、甘之南，簡稱蜀省。岷巴之脈，屏障北方，分迤爲邛崍、鹿頭、劍門諸峯。全省多山，惟成都附近平坦。長江挾岷江、嘉陵江、烏江，貫流其間，饒有水運之便。氣候溫和，土地肥沃，米、麥、茶、麻、煙草、漆、蠟油類，所産甚多。全省皆育鹽，故絲織品亦特著。礦産有金、銀、銅、鐵、煤等，而鹽爲最。全省分五道，凡百四十六縣。

　　省會曰成都，在西川原野中央，土沃民殷，甲於全國。街衢寬廣，市肆櫛比，中區西部之大都會也。其南樂山縣，當青衣江與岷江會口，爲西部貿易總

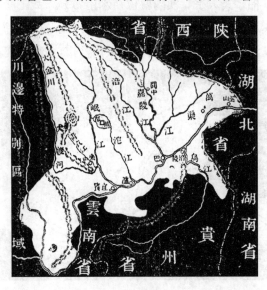

四川省圖

滙。瀘縣當沱江與大江會口，貨物輻輳，著名鹽市也。

資中縣，為自巴縣至成都間最繁盛之地，多鹽井、氣井。

巴縣據嘉陵江、長江交會之地，為長江上流最大商埠，雲貴各省貨物，多由此轉運。其東萬縣，為新闢商埠，貿易日臻繁盛。

閬中縣，巴縣以上嘉陵江流域貨物所集也。

涪陵縣當長江與烏江會口，為川、黔、湘、鄂間一小都會。宜賓縣，長江最西商埠也，與雲南貿易頗盛。

奉節縣扼瞿塘峽口，宜昌、巴縣間貨物集散之要地也。

第二　湖北省

湖北，在四川之東，簡稱鄂省。大別山脈屏障東北，武陵山脈蟠亘西南，荊山之脈錯峙於中，惟宜昌以下長江兩岸之地坦平，為眾水所瀦集。長江出三峽，會洞庭湖之水及漢水，東南流入江西。人民大部業農，工業亦盛。物產多米、棉，江南亦產茶。礦產有金、銀、銅、煤，而大冶之鐵尤著。全省分三道，凡六十九縣。

省會曰武昌，在長江南岸，工廠林立，製造業頗盛。對岸漢口，舊為四大鎮之一，扼東西水道，南北陸路之中樞，商業繁盛，冠於內地。輸出品以茶為最，輸入以布疋、棉紗為大宗。漢陽縣位漢水南，鐵廠、兵工廠在焉。

襄陽縣據漢水南岸，白河於其附近入漢，為河南，陝西與漢口貿易之樞。

宜昌縣為長江大汽船之終航點，與其東南沙市，並為沿江商埠。

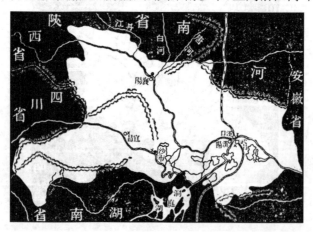

湖北省圖

第三　湖南省

湖南在湖北之南,簡稱湘省。三面有山,洞庭湖在其北,湘、資、沅、澧諸水匯焉。交通灌溉均稱便利。人民氣質堅毅,勇於任事。物產米爲最,茶、棉次之,木材亦多。礦產有金、銀、銅、鐵、銻、鉛、水銀,而以煤爲最。全省分三道,凡七十五縣。

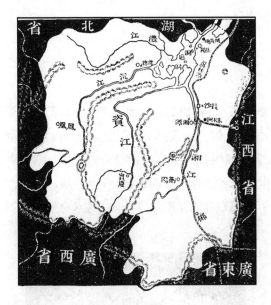

湖南省圖

岳陽樓圖

省會曰長沙,瀕湘江東岸,闢爲商埠,街市繁盛,中區一大都會也。有鐵路南通株洲。其南湘潭縣,與其北之蘆林潭,商業均盛。

衡陽縣,當本省南部水陸之衡。其南郴縣,負騎田嶺,粵漢路綫所經也。

常德縣,瀕沅江北岸之商埠也,商業之盛,冠本省西部。其西南鳳凰縣,爲入黔要道。寶慶縣瀕資江,中央一都會也。

岳陽縣在洞庭湖口,爲全省北門,本省及貴州東部貨物必經之道也。城西㙷樓,爲岳陽樓舊址。

第四　江西省

江西,在湖南之東,簡稱贛省。地勢與湖南同,鄱陽湖瀦於北,贛江會諸水入焉。湖之沿岸有原野。人民樸質,多業農,亦善經商。物產多米、棉、茶、麻,又多栽竹,故製紙及織夏布最盛。礦產有鐵、金、銀、銅等,萍鄉之煤尤著。景德鎮之瓷器,世界知名。全省分四道,凡八十一縣。

省會曰南昌,在贛江下流,其北吳城鎮,爲木材所集。其南樟樹鎮,全國藥材集焉。

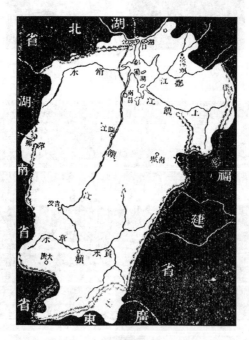

江西省圖

湖口形勢圖

九江縣，輸出全省貨物，有南潯鐵路通南昌。其東湖口縣爲貨物起卸之所，亦爲沿江要隘，設有礮臺。景德鎮，舊四大鎮之一，以瓷業著名，亦鄱江流域商業所集也。

萍鄉縣以產煤著，有鐵路通湖南株州。南城縣扼杉關，可通福建。贛縣，在贛江上流，其南大庾縣扼梅嶺，通廣東要道也。

第五　安徽省

安徽，在江西東北，簡稱皖省。北部平坦，接北區大原野，中部有天柱山脈，江以南黟山之脈峙焉。長江來自江西，斜貫南部。淮河來自河南，橫貫北部。中央有巢湖，東北境上有洪澤湖。人民樸實耐苦，多業農。物產：北部多麥、豆，南部多米、棉。礦產有煤、鐵、金、銀、銅、礬。六安之茶、歙縣之墨，宣城之紙皆有名。全省分三道，凡六十縣。

省會曰懷寧，據長江北岸，以逼近九江故，商業不盛。蕪湖縣，爲本省第一佳港，貿易頗盛，米市爲最。

合肥縣，南通懷寧，北走鳳陽，本省心腹之地也。鳳陽東有臨淮關，津浦鐵路所經，爲貿易要會。

正陽關當淮、潁會口，爲皖、豫商業所集。五河縣當由淮通運之衝，舟楫往來頗盛。

安徽省圖

第六　江　蘇　省

江蘇，簡稱蘇省。當江淮下游流域，太湖南瀦、洪澤北瀦，運河縱貫其間，交通利便，地勢坦平，冠於全國。人民：北部樸質，南部巧慧。農工商業均極興旺，魚鹽之業亦盛。物產：米、棉、綢、緞、陶器、玻璃皆有名。全省分五道，凡六十縣。

省會曰江寧，爲明南京，今俗猶沿稱之。浦口與江寧隔江相望，爲沿江重鎮。

丹徒縣扼江南運河起點，與江都縣隔江相望，沿江重要商埠也。其東南武進縣，以木市著。無錫縣，以米及絲市著。

吳縣，舊亦省會，街市甚繁盛。

上海縣，瀕黃浦江，爲全國第一商埠。長江流域、山東以南、閩廣以北，貨物出入咸萃焉。輸出品多生絲、棉、茶，輸入以毛織物、布匹、棉紗、煤油爲大宗。工廠林立，圖書出版亦冠全國。其北有吳淞鎮商埠。

淮陰縣，瀕運河右岸，舊日南船北馬，於此分途。銅山縣，扼津浦鐵路中區，及開徐鐵路終點，蘇、皖、豫、魯間之要會也。

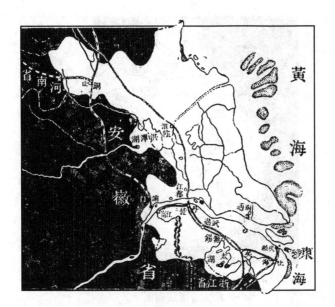

江蘇省圖

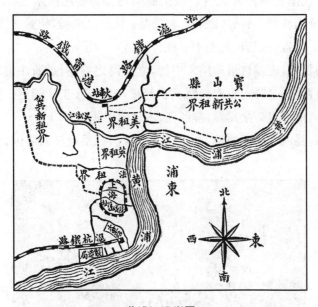

黃浦江沿岸圖

第七　浙江省

　　浙江,在江蘇西南,簡稱浙省。背負仙霞嶺,全省多山,惟東北部坦平。
黟山、仙霞嶺之水,集爲浙江,與運河相通。此外,甬江、靈江、甌江,亦俱有舟

31

浙江省圖

楫之利。人民南勇悍而北文秀。農工商業均盛。物産多米、茶、魚、鹽，蠶絲之利，甲於全國。鑛產有煤、鐵等。製造品：杭縣之綢緞，紹興之酒，金華之火腿，俱有名。全省分四道，凡七十五縣。

省會曰杭縣，扼滬杭甬鐵路之中樞，當運河之終點，爲浙江流域貿易之總匯。城西有西湖，名勝冠東南。紹興在錢塘江東，商、工業頗盛。鄞縣在甬江下流，亦著名商埠也。永嘉縣，瀕甌江，木材輸出頗盛。

蘭谿縣，爲浙江中流要地，商業頗盛。常山縣爲通江西要道，常玉鐵路起點於此。

西湖圖

第六章　南區地方概説

第八　位置　海岸

南區爲閩江及西江流域,在中區之南。西接川邊,西南接緬甸、安南,南瀕南海及東京灣,東面瀕東海。

沿岸商港:東海岸有閩江下流之閩侯及其南之廈門,其北之三都澳。南海岸最著者爲番禺,惜其南之九龍半島及香港、澳門,均爲他國所占。此外有汕頭、北海等。廣州灣,在雷州半島之東,亦爲法人所租借。

第九　地　勢

橫斷山脈駢走滇西,其東折者,入貴州,爲苗嶺。又東爲兩廣與湘贛之界,是爲五嶺。其脈東北折爲武夷,爲仙霞,界浙、閩、贛三省間,入安徽,爲黟山,總稱曰南嶺。

本區諸省,概多山地,惟珠江沿岸有平地。

第十　河　流

本區河流,最大者爲珠江,合東、北、西三江而成。西江又合黔、鬱、桂三江而成,其流域殆占兩廣之全部及雲南省之一部。此外獨立入海之水,閩江最大。

貴州省之烏江,北流入長江。雲南省西部,怒江、瀾滄江、元江等南流入交阯支那半島。湖泊以滇池、洱海爲最著。

第十一　氣候　物產

氣候：低地炎熱，雖嚴冬罕見積雪。高地溫和，空氣較中部尤溼潤，夏季多雨。

物產：米、穀外，多茶、麻、蔗糖、靛青、煙草、香料，又有龍眼、荔枝、橄欖、檳榔、柑橘諸果品。山中頗有森林，兼饒禽獸。礦產：金、銀、銅、鐵、錫、水銀、銻、煤、寶石，稱無盡藏。西南山地，有從事於畜牧之業者，沿海亦有魚鹽之利。

第十二　交通　住民　行政區分

本區交通：鐵路西有滇越，南有廣九、新寧、三廣、潮汕諸綫。粵漢鐵路，亦一部已成。水路以番禺爲中心，通航西、北、東三江及其支流，外通洋海，聯絡汕頭、廈門、閩侯諸港，閩江及福建沿海諸水亦多可通航。

住民：漢族最多，苗族多居山地。沿海人民，沈摯敏捷，而能冒險。山居者多樸質。總人口凡八千二百二十萬。

本區行政上分爲福建、廣東、廣西、雲南、貴州五省。

第七章　南區地方志

第十三　福建省

　　福建位閩江流域，簡稱閩省。南嶺之脈，分迤爲武夷、杉嶺諸秀峯。閩江貫流其間，頗擅水利。此外，晉江、九龍江，除下流一部外，俱湍急，不利舟楫。海岸富島嶼，多良港。人民強健而有冒險性，移住海外者甚多。物產有茶、煙草、蔗糖、樟腦及諸果品。閩江上流有材木。礦產有金、銀、鉛、煤、鐵等，又有石材。全省分四道，凡六十二縣。

　　省會曰閩侯，爲閩江流域貨物所集散，商埠在江中南臺島上。其東方馬尾，形勢險固，船政局在焉。

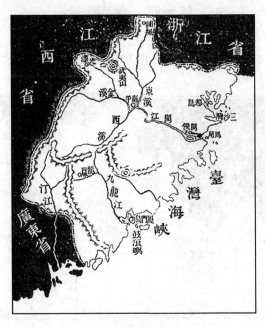

福建省圖

馬尾圖

三沙灣,港寬水深,可容巨艦,天然軍港也。其口有三都島商埠。

思明縣在廈門島上,爲南半省貨物集散之所。本省人民移住海外者,多自此出境。

南平縣,在閩江上流,北出浦城,則通浙江,西北出光澤,則通江西,爲本省堂奧之地。

第十四　廣東省

廣東,在福建西南,簡稱粤省,亦曰粤。東北負五嶺,西憑句漏,西江來自

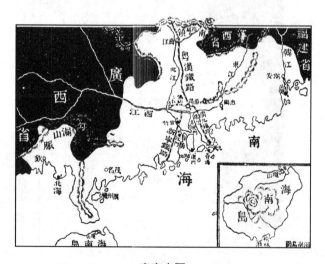

廣東省圖

廣西,會北江、東江,成大三角江而入南海,與其東方之韓江,俱有舟楫之利。海岸島嶼羅列,海南島最大。人民勤敏善經商,移殖海外者亦多。物產多米、穀、絲、茶、棉、麻、藷糖、香料及諸果品。各種工業亦盛。全省分六道,凡九十四縣。

　　省會曰番禺,爲南區第一都會,貿易之盛,次於上海、漢口。東南虎門設有礮臺。西南佛山鎮,爲三江船舶所萃,舊四大鎮之一。三水、甘竹、江門等,皆其附近之商埠也。

汕頭圖

　　曲江縣扼北江二源會口,爲通湖南之商業地。南雄縣負大庾嶺,路通江西。

　　汕頭爲韓江流域貨物集散之所,移殖海外之民,多自此出境。

　　北海港在合浦縣南,水深風靜,足稱良港,惟貿易區域頗狹。

　　海南島爲吾國第一大島,黎母山矗立中央,山中之水分流入海。瓊山縣北有海口商埠,島之南岸有榆林港,良軍港也。

第十五　廣西省

　　廣西,在廣東之西,簡稱桂省,亦曰粵西。地勢北控五嶺,南憑句漏,全省成邱陵狀,而傾斜於東南。桂江、柳江、盤江、鬱江,貫流域內,皆有運輸之利。人民:漢、苗雜處,性質勇悍,多業農。物產:米、麥、糖、油、靛、木材、肉桂,礦產有金、銀、銅、錫、鐵、錦、鉛、煤等。全省分六道,凡七十七縣,夷族住地則設土司治之。

37

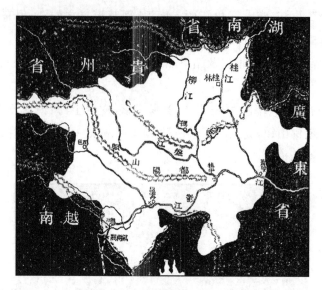

廣西省圖

省會曰桂林，負越城嶺，爲通湖南衝途，沿桂江達蒼梧縣，本省及雲貴貨物總匯處也。

桂平縣，爲黔、鬱二江合流處，自此乘小汽船溯鬱江而上，達邕寧，貿易次於蒼梧。更西南至龍州縣，則爲接越南要衝矣。南有鎮南關，爲控扼要地。

百色縣，據本省西邊要害，當商業中心。馬平縣爲柳江流域要會。

第十六　雲南省

雲南，在廣西西北，簡稱滇省。地勢爲一大高原，傾斜於東及南兩方，水勢因之，龍川江、怒江、瀾滄江、元江等南流，南、北盤江東流，金沙江折而東北流，山間之水，則瀦爲湖泊焉。住民：漢、苗雜處，樸直勇悍。多業農，牧畜亦盛，山中有良木材，兼饒野獸。礦產：五金皆備，而銅最著，又多井鹽。全省分四道，凡九十六縣，苗族住地，則設土司治之。

省會曰昆明，爲滇越鐵路發軔地，與蒙自、河口俱闢爲商埠，市肆殷闐。曲靖縣路通貴州，本省之東門也。

楚雄縣，爲井鹽產地之中心，頗繁盛。自此西行，抵大理縣，本省西部堂奧也。

騰衝縣，爲通緬甸商埠。西北片馬、西南蠻允均爲邊境要地。麗江縣，扼通藏之途，貿易頗盛。

雲南省圖

思茅縣亦爲對緬甸通商埠，其北寧洱縣，產茶有名。

第十七　貴　州　省

貴州，在雲南東北，簡稱黔省。婁山山脈亙於北，苗嶺山脈亙於南，其支脈東北出者爲武陵山脈，爲烏江、沅江、西江之分水界，航行之利頗鮮。住民

貴州省圖

苗族頗多。物産多米、甘蔗,有良木材。礦産銅、鐵、鉛、錫、煤、硫磺、硝石,而以水銀爲最富。全省分三道,凡八十一縣,苗族住地設土司治之。

省會曰貴陽,在省中央,位置頗爲閉塞。恃鎮遠爲東門,安順爲西門,輸入湘、滇貨物,故此二處貿易稍盛。

畢節縣,在省西北,西南扼七星關,當蜀、黔、滇三省之衝,形勢殊要。遵義縣,北扼婁山關,亦入蜀要隘也。

都江縣,爲柳江之終航點,貿易稍盛。

貴陽圖

第八章　東北區地方概說

第一　位置　海岸

東北區爲遼河、黑龍江流域。北及東北,接俄領西伯利亞。東接日本領朝鮮。南瀕黄海、渤海。西南接直隸。西接蒙古。

海岸自與朝鮮分界之鴨緑江口起,至老鐵山頭止,頻黄海。自此以西北,則瀕渤海。

黄海沿岸,著名商港,爲大連灣及大東溝。渤海沿岸,則以營口爲最著,新闢之連山灣,亦爲不凍口岸。

第二　地　　勢

陰山之脈,自察哈爾折東北行,爲興安嶺,至黑龍江東南折爲伊勒呼里山脈,盡於松花江會口。越松花江而起者爲長白山,其脈南走者爲千山,爲遼東半島之脊,北走者爲完達山脈,爲松花江與烏蘇里江之分水界。

三省概多山地,惟遼河及松花江流域,較爲坦平。

第三　河　　流

黑龍江曲環本區之北陲,自綏遠以下入於俄境。松花江挾其支流,曲折與之會,其流域殆占黑、吉二省之全部。奉天省之大部分,屬遼河流域。此外烏蘇里江,分中俄之界。鴨緑江及圖們江,分中韓之界。湖泊,以興凱湖爲最大。

第四　氣候　物産

本區氣候，夏期頗短，冬期較長，春秋兩季，各不過一月耳。雨期在七八月間。

土沃宜農，然耕地已開闢者，通計不及三之一。森林區域之廣，煤、鐵、砂金礦産之饒，瀕江漁獲之豐，山林狩獵之利，均爲移殖最良之土。惜貨棄於地，不免爲人所覬覦耳。

第五　交通　住民　行政區分

本區鐵路，頗爲發達，惜多爲外人所經營。東清鐵路，西接西伯利亞鐵路，東達海參崴，俄所營也。其支綫，自長春以南爲南滿鐵路，割歸日本。又有安奉鐵路，亦日人所經營。其純屬我國管理者，惟京奉一綫耳。

本區巨川，均有通航之利，惜冬期冰結頗久。

此地本滿族故土，今則漢人移住殆遍，滿人多爲所同化。生業以農爲主，西部蒙古人業遊牧，北部有從事漁獵者。總人口凡一千三百萬。

全區行政上，分爲奉天、吉林、黑龍江三省。

第九章　東北區地方志

第六　奉天省

　　奉天，位遼河流域，簡稱奉省。地勢：長白東迤，曁巫閭西峙，遼河縱貫其間，川原相錯。海岸島嶼羅列，良港亦多。住民：遼河流域最稠密，鴨綠江流域次之。多業農，因交通便利，工業亦盛。物産有豆、麥、高梁、苧蔴、煙草。森林區域在鴨綠江上流。礦産富有煤、鐵、砂金。遼東産野蠶。沿海亦有鹽利。全省分三道，凡五十五縣。

　　省會曰瀋陽，清初舊都也，當鐵路要衝，爲三省第一都會。其北鐵嶺，其南遼陽縣，俱闢爲商埠。撫順縣爲著名煤産地，有鐵路通瀋陽。

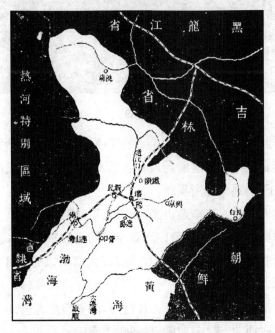

奉天省圖

瀋陽

營口

　　營口縣瀕遼河下流,本爲東三省惟一口岸。自遼河日漸淤塞,而日人經營大連灣,不遺餘力,貿易遂漸爲所奪。然豆餅、豆油,由此出口者尚不少。其上流之通江子,仍爲賈舶所集焉。

　　錦縣,爲遼西要會。東南連山灣,新闢之不凍港也。

　　新民縣,鐵路通瀋陽,爲一繁盛之商埠。其北法庫縣,漢、蒙歲市最盛。

　　安東縣,當安奉鐵路之起點,東有鴨綠江大鐵橋以通朝鮮,其西南有大東溝,鴨綠江材木,自此輸出。

　　興京縣,爲清未取瀋陽前舊都。長白縣,清室發祥處也。

　　洮南縣,在省西北,漢、蒙雜處,爲新闢之地。

第七　吉　林　省

　　吉林,在奉天東北,簡稱吉省。完達山脈及小白山脈蔓延其間,爲三省最大之森林區域。而松花江沿岸平疇衍沃,又爲三省農業之中堅。物産除豆、麥、高粱外,特産人參及烏拉草。山中多毛皮獸。瀕江又産東珠。礦産多金、銀、煤。全省分四道,凡三十七縣。

吉林省圖

　　省會曰吉林,瀕松花江,有鐵路以達長春。長春縣,東清、南滿二鐵路分界處也,爲三省與蒙古貿易之要會,極爲繁盛。

　　濱江縣,當東清鐵路本支綫分歧處,水陸交通,均極便利。

　　依蘭縣,近牡丹江口,農産物所集,松花江下流一都會也。

　　寧安縣,爲沿東清鐵路之商埠,控制東寧及延吉、琿春諸縣,爲東境樞要之地。

第八　黑　龍　江　省

　　黑龍江,在吉林省西北,簡稱黑省。伊勒呼里山脈,曲曲如環,分界山陰

45

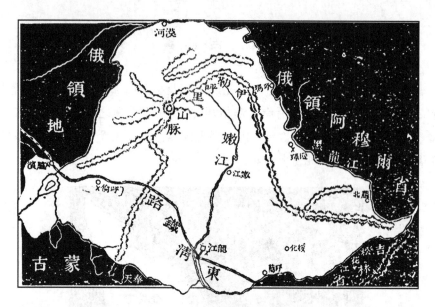

黑龍江省圖

之水，入黑龍江；山陽之水，集爲嫩江、屯河，入松花江。既利運輸，亦資灌溉。住民多達呼爾、索倫、鄂倫春諸打牲部落，性質勇悍。物產大豆、麥、牲畜、金、煤。全省分三道，凡二十三縣，七地方。

省會曰龍江，濱嫩江，廛市頗盛。嫩江縣爲是江之終航點。

呼蘭縣，在松花江北岸，農產物所集也。其北綏化縣，爲新開地，市肆殷闐。

璦琿縣，瀕黑龍江，防俄要地也。其南蘿北縣，及其西北呼瑪、漠河二縣，均以金礦著名。

呼倫縣，沿東清路綫，歲市甚盛。臚濱縣爲東清鐵路起點，中俄界上要地也。

第十章　西北區地方

第九　概説

西北區爲塔里木、伊犁二河流域。東北接蒙古，東接甘肅及青海，南接西藏，西南接英領印度，西接俄領中亞細亞。地勢因天山山脈橫貫其間，分爲南北二路。北以塔爾巴哈台山脈，連接阿爾泰。南與阿勒坦塔格包圍一大沙漠。南路，蔥領、于闐二水，集合爲塔里木河，潴於羅布淖爾。北路之水以伊犁河爲大，惜下流均入俄境。氣候寒暑俱烈，雨量極微。

天山圖

本區面積雖廣，而沙漠緜延，可耕之地，北惟伊犁，南惟塔里木河流域，此外則天山之麓，藉雪水以資灌溉，轉稱農牧適宜之境焉。農産有麥、黍、高粱，又有瓜、桃、蘋果、葡萄等果品。天山兩側，亦饒礦物。住民：南路多回族，北路有蒙古人游牧其間，總人口凡二百萬。

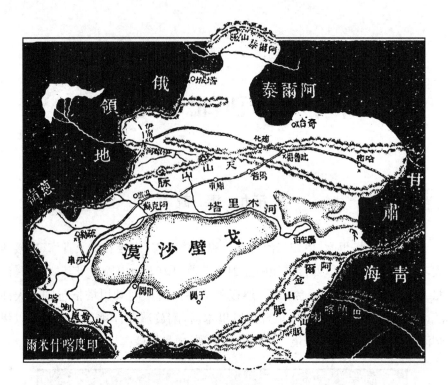

新疆省圖

第十　地方志

省會曰迪化，爲關外第一重鎮，與俄貿易頗盛。其東北古城，及東方吐魯番、哈密二縣，亦皆與俄通商埠也。

伊寧縣在伊犁河北岸，爲邊防第一要地，次之者，則塔城縣也，兩處俱爲與俄通商埠。

焉耆縣，扼南北路之衝，爲全省中樞，地亦繁盛。

南路大城爲阿克蘇、溫宿、庫車諸縣，商業俱繁盛。其最盛者爲疏勒縣，英、俄及西域諸國商賈來此者極多。莎車縣，繁盛亦與疏勒相亞。

和闐縣，以出玉石及織物、毛氈名。于闐縣之東，有大產金地。

第十一章　蒙古高原地方

第十一　概　説

　　蒙古在北區及西北區之北，東北區之西。地勢爲一大高原。阿爾泰山彙，蟠鬱西北境，其北出者爲薩彥嶺，分中俄之界。南支有杭愛、肯特諸峯，爲東北區及西伯利亞諸水之源。南以賀蘭、陰山之脈，界秦隴燕晉，東以興安嶺之脈，界東北區。中間包一大沙漠。水系，漠南則黃河、遼河、灤河，漠北則鄂嫩、克魯倫、額爾齊斯、烏魯克穆、色楞格諸水爲著。氣候現極端之大陸性，晝夜、寒暑相差甚大，少雨，而多暴風。

蒙古沙漠圖

　　産業以畜牧爲主，最多者馬、駱駝、牛、羊，次則驢、騾，又多畜犬。西北山林中亦饒野獸。內蒙兼事農業，産豆、麥、粟、黍、高粱。礦産，最著者阿爾泰山之金，內蒙古之鏻，阿拉善之鹽。製造，以毛氈、黃油、酥酪名。住民多蒙古族，次則土耳其族，漢人移住者，東南部最多。總人口凡二百五十八萬。

蒙古人生活

　　分全土爲熱河、察哈爾、綏遠三特別區域，寧夏護軍使、阿爾泰辦事長官二轄地，及外蒙自治區域六區。

第十二　熱河特別區域

　　熱河特別區域，在直隸東北長城外。西倚興安嶺、西遼河、灤河，挾支流貫注其間，山川雄秀，水草豐美。人民，蒙古業牧畜，漢人從事農業。物産有穀物、果品、牧畜、毛皮。礦產有金、鐵、煤、鹽。而蘑菰及建昌綢尤有名。轄

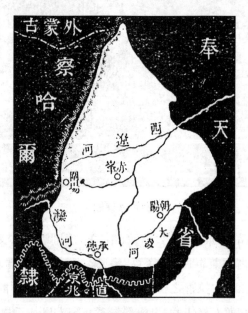

熱河圖

道一,凡十四縣,十六旂。

首邑曰承德,一名熱河,爲關外富庶之區,有避暑山莊及喇嘛寺院。西方圍場縣,清帝秋狩較獵地也。

朝陽縣,當通東北區要道。赤峯縣,穀物、毛皮、雜貨、貿易頗盛。

第十三　察哈爾特別區域

察哈爾特別區域,在熱河區域之西。南憑陰山,土脈深厚,宜耕宜牧。蒙古人外,漢人移住者日多。牧畜業盛。物産,馬頗有名。轄道一,凡七縣,十八旂。

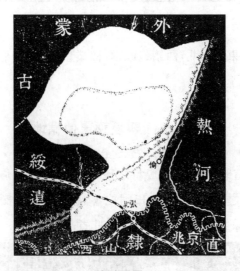

察哈爾圖

首邑曰張北,在長城口外。其南張家口。爲京張鐵路之終點,北區與蒙古交通要道也,闢爲與俄通商埠,商業繁盛,冬季爲最。東境多倫縣,有大喇嘛廟,漢、蒙貿易亦盛行。

第十四　綏遠特別區域

綏遠特別區域,在察哈爾之西。賀蘭、陰山之脈緜亙其間,黃河曲流其南,土極肥沃。漢人移住者,從事農業,土人多業牧畜。物産,羊皮最有名。轄道一,凡八縣,十三旂。

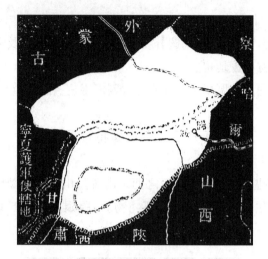

綏遠圖

　　首邑曰歸綏,東通張北,西接包頭鎮,商業繁盛,西路毛皮運銷天津者,皆取道於此。

第十五　寧夏護軍使轄地

　　寧夏護軍使轄地,爲河西額魯特之地,在綏遠特別區域之西。地多沙漠,然有湖沼,富魚鹽之利。分二部:曰阿拉善額魯特部;曰額濟納,舊土耳扈特部。凡二旂。東南有定遠營,漢人營商於此者甚多。

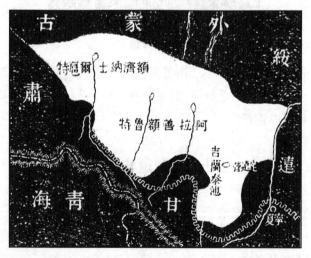

寧夏轄地圖

第十六　阿爾泰辦事長官轄地

阿爾泰地方,在新疆東北,北倚阿爾泰山脈。額爾齊斯河及烏倫古河,貫流其間。水草豐美,兼有森林狩獵之利。辦事長官駐承化寺,地當交通要會,蒙俄貿易頗盛。

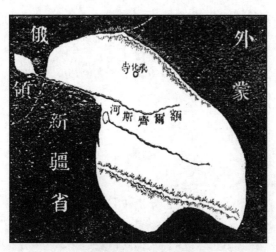

阿爾泰辦事長官轄地圖

第十七　外蒙自治區域

外蒙古,南部多沙漠,北部有適於耕牧之地,森林、礦産、狩獵之利尤饒。

外蒙古圖

分四部：曰車臣汗部，土謝圖汗部，三音諾顏汗部，扎薩克圖汗部，即爲四盟，凡八十六旗。又西北唐努烏梁海，及西方科布多，爲外蒙古之一部。

　　庫倫，在土謝圖汗部，與俄通商埠也，爲喇嘛教中心，寺廟甚多，哲布尊丹巴胡土克圖駐焉。買賣城，亦爲與俄通商埠，僅以木柵界俄境恰克圖，貿易頗盛。

　　烏里雅蘇台，在三音諾顏汗部西方，當交通孔道，亦爲與俄通商埠。科布多當通俄要道，貿易以夏季爲盛。

第十二章　青海高原地方

第十八　概　説

　　青海,在甘、新、川、藏之間。巴顏哈喇、唐古剌之脈自此東南趨,入川邊,為橫斷山脈,地勢傾斜於東南。巴顏哈喇之陽,長江上源出焉,其北,黃河出焉,又北為柴達木河及青海區域。地味大部瘠薄,惟環湖諸地,水草豐美,牧場天成。

　　氣候乾燥少雨,寒暑皆烈。牧畜,犛牛最重,羊、馬次之,湖泊中多魚鹽之利。

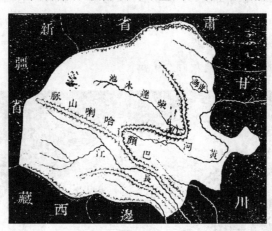

青海圖

第十九　地　方　志

　　青海住民凡十五萬,多蒙古人及唐古忒人。蒙古族分和碩特、喀爾喀、綽羅斯、輝特、土爾扈特五部,凡二十九旗,有旗長管理之。唐古忒有四十姓,土司管理之。皆屬甘邊寧海鎮守使管轄。其牧地,蒙古人在青海及黃河柴達木河沿岸,四十族皆在黃河右岸。與漢人互市,多在西寧,次則四川之松潘境外。

第十三章　西藏高原地方

第二十　概　説

西藏,在中區、南區之西,西北區及青海之南,爲世界第一高原。崑崙山系屏其北,喜馬拉雅山脈障其南,岡底斯山峙其中,橫斷山脈盤亘東部。怒江、瀾滄江、金沙江,南流入雲南。雅魯藏布江沿喜馬拉雅山北東流,折而南,入印、緬。

氣候,西北部乾燥少雨,寒暑並烈,東南部少溫潤。生業以牧畜爲主,東南部亦事農耕。家畜之重者爲犛牛,次則羊、馬、驢、騾,又饒麝、鹿等野獸。礦產,金最富,諸湖中亦產鹽。

住民爲西藏族,人口凡六百八十萬。

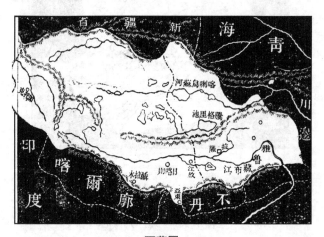

西藏圖

第二十一　川邊特別區域

川邊特別區域,在川藏之間。橫斷山脈,駢走南北。怒江、瀾滄江、金沙

56

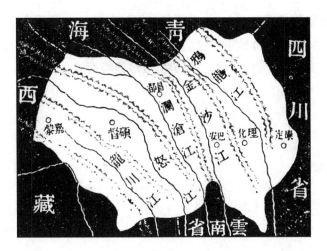

川邊圖

江、鴉龍江貫流其間。山高谷深，特宜畜牧。人民：漢、番雜處，番族設土司治之。物產有山羊、綿羊、犛牛、麝香、虎骨等，產金特饒。凡分三十三縣。

首邑康定縣，爲川邊第一要隘，漢番互市最盛。自此西行，渡鴉龍江，至理化縣。又西行，至巴安縣，渡金沙江，西北至昌都縣，藏東第一要隘也。

第二十二　西藏自治區

前藏，一稱衛，首邑拉薩，人煙稠密，市肆殷繁，爲全藏第一都會。有達賴喇嘛宮殿，頗雄壯，藏人稱曰聖地。

拉薩布達剌寺

自拉薩沿雅魯藏布江西行，入後藏，首邑曰日喀則，班禪喇嘛駐焉。江孜商埠，在日喀則東南，扼後藏咽喉。南境亞東，地據要害，亦商埠也。聶拉木，當通廓爾喀要道，爲邊疆重地。加托克，後藏西境商埠也。

第十四章　租　借　地

第二十三　黃海沿岸租借地

　　大連灣,在遼東半島南端。港寬水深,冬不冰凍。西方旅順港,形勢險固,港口甚狹,而內可容巨艦。清光緒二十四年,與其附近爲俄所租佔,約期二十五年。日俄戰後,轉入日本,設政廳治焉,幷設都督府於旅順口。

　　威海衞，在山東半島東北端。水深可停巨艦，劉公島扼其口，形勢壯險。
光緒二十五年爲英所租佔，約以二十五年爲歸還期。

　　膠州灣，成山以南第一良港也。清光緒二十四年，與其附近之地，爲德國
所租佔，約以九十九年爲歸還期。近復爲日本所破。

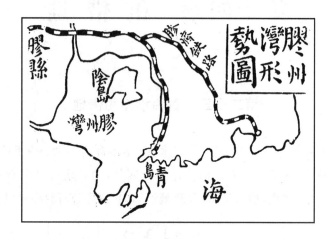

第二十四　南海沿岸租借地

　　九龍半島，爲珠江口東壁，與香港相表裏。英人割據香港後，咸豐十年復
割九龍，以固其形勢。至光緒二十四年，推廣租界，約以九十九年爲歸還期。
增築礮臺，與香港互爲犄犄，並駐東方艦隊於此。

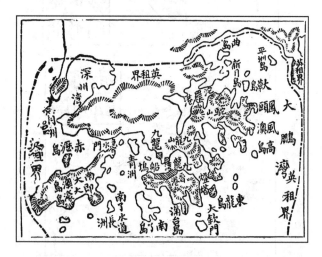

香港及九龍圖

廣州灣,在雷州半島東,形勢險要。清光緒二十四年,與其北岸、西岸附近之地,并爲法國所租佔,約以九十九年爲歸還期。直轄於法領安南總督之下,設政廳治焉。

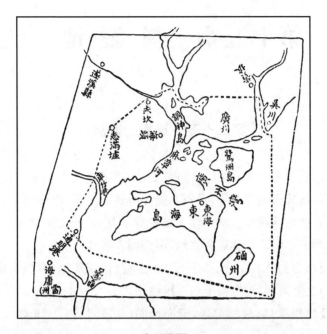

廣州灣圖

第十五章　割讓地一

第二十五　南區之割讓地

香港島,在九龍半島之南,故隸新安縣,清道光二十二年,割讓於英。英人竭力經營,遂成東亞大商埠,且與九龍並爲其東洋艦隊根據地。

澳門,在廣東灣西岸。明季葡人納稅賃居其地,至清光緒十二年,立約割讓於葡,而界址不明。今其近旁之地,多爲葡人所侵佔。

雲南西南方野人山一帶,及科干山、孟連、洪江等地,故隸雲南省。自法割洪江境內之孟阿,英遂取科干山等地佔領之。

臺灣及澎湖諸島,故隸福建,清光緒間,始改設行省。光緒二十一年,割於日本。

澳門圖

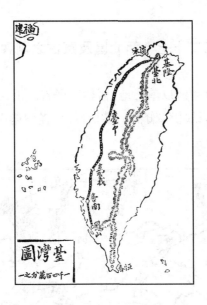

第二十六　東北區之割讓地

　　吉林、黑龍江二省舊壤,東抵日本海,北至外興安嶺,此清康熙時與俄勘定之界也。至咸豐八年,俄人乘我內亂,割黑龍江以北之地。後二年,又以介我與英法議和爲功,割烏蘇里江以東之地。今俄之阿穆爾、東海濱二省,即以所割之地建設。

　　庫頁島,在黑龍江口。林深菁密,富有煤礦,且饒魚利。清廷以其荒遠,不務墾闢,爲俄、日所佔,後全島歸俄。日俄戰後,俄復割其南半歸日。

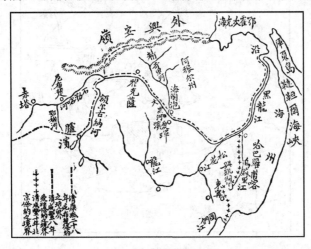

吉黑二省舊壤圖

第二十七　西北區及蒙古之割讓地

齋桑泊西南至伊犁河以南之地，舊隸新疆省。俄人乘清時回匪之亂，侵據其地，至光緒七年，結《伊犁條約》，償以巨金，僅歸還伊黎，而霍爾果斯以西之地遂入俄矣。

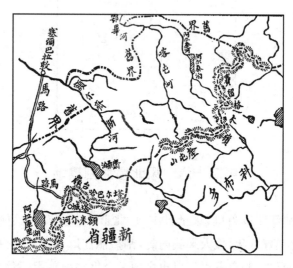

蒙新舊壤一

蒙新舊壤二

恰克圖,本蒙古領地。清初與俄結約,割於俄,是爲蒙古土地喪失之始。厥後俄人漸侵西北地方,塔城一約,而賽留格木嶺以西百十餘萬方里之地,復入俄版圖。

第十六章　割讓地二

第二十八　朝貢國之割讓

朝鮮，本中國藩屬。中日戰後，離我獨立，日俄戰後，歸日保護，至清宣統二年，遂爲日所併。

琉球，在東海之東，與浙江省相對。自明以來，臣服我國。清光緒五年，日本併之，廢其王，建爲沖繩縣焉。

安南，在滇越之南，本我朝貢國。自法越搆兵，越屢割地，清廷不之顧。光緒十年，因越事與法搆兵，及議和，割歸法屬。

緬甸，在雲南西南，亦我朝貢國。清光緒十二年，爲英所滅，今爲英領印度之一部。

錫金，在西藏之南，昔亦臣屬我國。清光緒十六年，歸英保護。今爲印度之一地方。

第十七章　世界概説

第一　經緯綫及五帶

地球以南北之直徑爲軸,自西向東,二十四小時一周,是爲自轉。由一定軌道,一年繞太陽一周,是爲公轉。地軸之兩端曰南、北極。就地球中腰,畫與兩極等距離之圈,曰赤道。與赤道平行之綫,曰緯綫;與赤道正交而通過兩極之綫,曰經綫。

距赤道南北各二十三度半,是爲回歸綫。距兩極各二十三度半爲極圈。回歸綫以內之地曰熱帶,極圈以內之地曰寒帶,寒熱兩帶之間曰温帶。

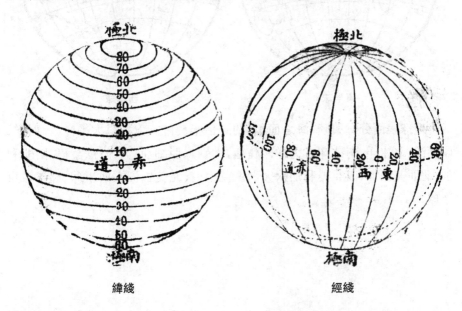

緯綫　　　　　　　　　　經綫

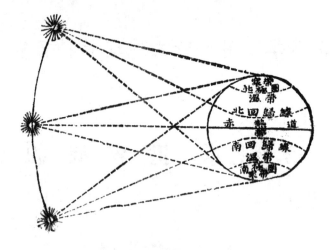

五帶圖

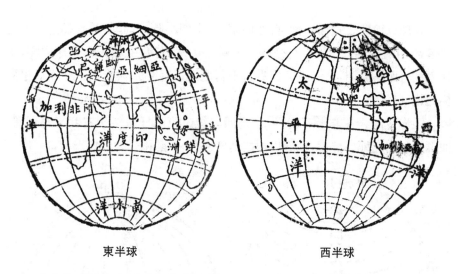

東半球　　　　　　　　　西半球

　　地球表面分海與陸，海之面積，約二倍半於陸。大別爲太平洋、大西洋、印度洋、北冰洋、南冰洋五大洋。陸地，大別爲亞細亞、大洋、歐羅巴、阿非利加、北亞美利加、南亞美利加六大洲。就中南、北美二洲在西半球，餘皆在東半球。

第十八章　亞細亞洲

第二　概說

亞細亞洲,在東半球東北部,占世界陸地三分之一。北臨北冰洋,東臨太平洋,南臨印度洋,西連歐洲,西南由蘇彝士地峽而連非洲。地勢:中央崇高,四周有低平原野。山脈:由帕米爾高原發脈,東南走者爲喜馬拉雅,東走者爲崑崙,東北走者爲天山及阿爾泰,西南走者爲興都庫什,皆爲世界有名之大山脈。

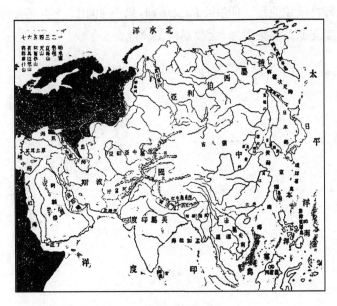

亞細亞洲圖

河流:大者概導源於中央高地。黑龍江、黃河、長江、珠江,東流,入太平洋。恒河、印度河,南流,入印度洋。鄂畢、葉尼塞,北流,入北冰洋。諸大河流域,概有廣大原野。

　　海岸：太平洋及印度洋岸多屈曲，有岡札得加、朝鮮、印度支那，及印度等半島。其海上，有日本列島、臺灣島、馬來羣島，而圍鄂霍次克海、日本海、東海、南海。西南有阿剌伯半島，與非洲間挾江海，西方有小亞細亞半島，突出於地中海與黑海之間。

　　本洲包有寒、溫、熱三帶，故氣候極不一致。北部極寒，南部極熱，東南部最溫和，中央沙漠地方變化最劇。其雨量則以南部及東南部爲多。

　　物産：南部熱帶植物，生長繁茂，又有象、猩猩、鱷魚、孔雀等動物。南部及東南部産米、茶、鹽絲。内部草地行畜牧。漸進於北方，則生物漸少，至極北僅生矮小樹木及苔類，並馴鹿、白熊而已。

　　住民：總數凡八億餘，占全世界人口二分之一。東部及南部最稠密，黄種最多，白種次之，櫻種又次之。

　　宗教：釋教行於東部，信徒最多。印度教行於印度。回教行於西部。基督教雖行於各處，而信徒不多。世界諸大宗教，皆起於本洲。

　　本洲獨立諸國，自我國外，東部有日本，南部有暹羅、蒲旦、尼泊爾，西南部有阿富汗斯坦、波斯，西部有東土耳其、阿曼。其他概爲西洋諸國屬地。北部及西北部爲俄領亞洲。印度半島及緬甸，爲英領印度。印度支那半島東部爲法領印度支那。馬來羣島，大部爲荷蘭領地。

第十九章　亞洲地方志

第三　日　本

日本，在亞洲東部，太平洋中一島國也。自割臺灣，縣琉球，并朝鮮，國土加闢，面積約當我國十七分之一。地勢多山，無大河及大原野。物產：絲、茶，次我國；水產極豐。住民，凡六千萬。工業發達，輸出我國者，爲棉紗、煤、棉織物、水產物等。自我國輸入者，爲棉花、豆粕等。

國都東京，在本州島之東南。其西南橫濱，爲其重要商埠。京都，爲日本舊都，風景頗佳。其南大阪，爲日本工業中心。西南神戶、門司，西方黃海沿岸之長崎，皆其重要商埠也。

日本圖

71

　　朝鮮爲突出日本海、黃海間之一半島。北以鴨綠江、圖們江，與我東北區分界，東西南三面臨海。港灣頗多。首邑曰漢城。其商埠之重要者，在日本海岸有元山、釜山浦，在黃海岸有仁川。

　　臺灣物産豐饒，日人稱爲寶庫。北端臺北，茶市極盛。澎湖諸島在臺灣西方，扼東海門户之要地也。

第四　印度支那半島

　　印度支那半島，在我國南方。地勢多山，有湄公、湄南、薩爾溫等大河。全境分三部：曰法領印度支那，曰英領印度支那，曰暹羅。

印度支那圖

　　法領印度支那，本我國所屬安南、柬埔寨等國。地勢多山，惟南北二部有原野。域內分爲五區：曰東京；曰交趾支那，爲法屬地；曰安南；曰柬埔寨；曰老撾，爲法保護國。首邑曰河內，爲東京首府。其東有海防商埠，貿易頗盛。有鐵路，以通我雲南省城及廣西龍州。西貢爲交趾支那首府，法國極東艦隊根據地也，貿易亦盛。

　　英領印度支那，分二部：一緬甸，在雲南省西南，原爲我屬國。分上緬甸、下緬甸二部。下緬甸首邑曰仰光，與我國貿易頗盛。有鐵路通至八莫，接近我雲南境。一爲海峽殖民地，在暹羅南，首邑曰新嘉坡，當東西洋交通要衝。貿易之盛，爲南洋諸埠冠。

暹羅在印度支那半島中央，爲君主專制國。昔亦我屬國。現今我國僑民流寓其國者尚極多。都城曰曼谷，當湄南河口，王宮寺院頗壯麗。

第五　不丹　尼泊爾　英領印度

不丹、尼泊爾，皆在西藏之南、喜馬拉雅山中，我國之朝貢國也。不丹，國都曰普奈楷，尼泊爾，國都曰加德滿都。

印度在我國西南，爲文化早開之國。面積約當我國三分之一，英國重要之領地也。恒河、印度河流域，原野肥沃，多產米、麥、茶、棉花。有鐵路達北方大吉嶺，近我西藏。住民約當我國三分之二，信奉印度教。恒河上流德列，爲其首邑。下流之加爾各答，舊首邑也，貿易頗盛。孟買爲西岸商埠。東南岸麻打拉薩，亦著名。可倫波，在錫蘭島西岸，爲印度洋航海要路。

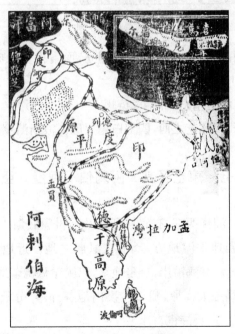

蒲旦尼泊爾印度合圖

第六　伊蘭高原諸邦

伊蘭高原，在印度西北，周圍環山，內地多沙漠。分三部：曰阿富汗，曰俾路芝，曰波斯。

伊蘭高原諸邦圖

阿富汗在伊蘭高原之東北部，名爲獨立，而實權皆操於英國。國都曰喀布爾，占軍事商業上重要之位置。

俾路芝在阿富汗之南，全部殆屬英國。

波斯在阿富汗、俾路芝之西，國都曰德黑蘭。波斯灣東岸有布什爾商埠。

第七　東土耳其　阿剌伯　阿曼　亞丁

東土耳其，在亞洲極西部，有底格利斯及阿付臘底斯二河流域平原，並小亞細亞半島，東南臨地中海地方，爲上古夙開之地。近地中海岸，有耶路撒冷，以基督墓地著名。紅海沿岸，有麥地拿，以謨罕穆德墓地著名。

阿剌伯半島，爲一大高原，概屬沙漠內地各部落，分戴酋長，業遊牧。阿曼，在阿曼灣口，亦一酋長國也。

亞丁，在阿剌伯南部海岸，據紅海口，屬英，航海上要地也。

東土耳其阿剌伯合圖

第八　南洋羣島

南洋羣島，在我國南方，諸島中婆羅洲最大。雖在熱帶，常起海風，調和暑熱。物産有糖、菸、橡皮、珈琲、香料、藤等，而煤油尤多。羣島中除婆羅洲

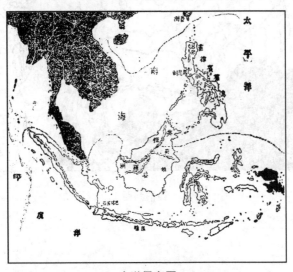

南洋羣島圖

北部屬英,菲律賓屬美外,概爲荷蘭領地。我國人僑居者甚多。

　　爪哇爲荷蘭領地之最開化地,首邑曰巴塔菲亞,輸出糖、珈琲頗多。菲律賓羣島中最大者爲呂宋島,首邑曰馬尼剌,輸出麻、菸、糖有名。

第九　俄領亞細亞

　　俄領亞洲,分西伯利亞、中亞、高加索三部。西伯利亞,占亞洲北部,面積較我國尤大。地勢爲低平原野,西有烏拉山,爲歐亞之境。原野北半,氣候嚴寒,不適農耕。中部以南,有森林沃野,産麥、毛皮。太平洋沿岸,有著名魚場。住民,多俄國移民。人口當我國六十五分之一,多業農,土人業漁獵。

　　海參崴,臨日本海之軍商港也,西伯利亞鐵路發軔於此,連東清鐵路,橫斷吉黑二省,遠通歐洲。伊爾庫次克及托穆斯克,其重要都會也。中亞地方,概爲沙漠草原,多鹹湖,裏海最大。高加索,分南北二部,臨裏海有巴庫,其附近多産煤油。

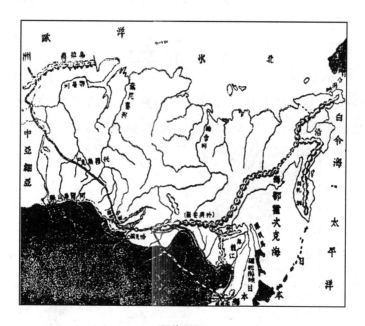

西伯利亞

第二十章　大　洋　洲

第十　概　説

大洋洲,合澳大利亞及其附近諸島嶼,與太平洋中諸島而成。大部在赤道之南,面積約當我國四分之三。

本洲大部位於熱帶,然有海風調劑,不甚酷熱。惟澳大利亞幅員廣大,氣候不一。

住民:凡五千餘萬,歐美移民最多,漢人僑居其地者亦不少,土著之黑人漸減少矣。宗教:移住之民多奉基督教。物産:牧畜業最盛,農産次之。

陸上交通雖無甚可觀,海上則有通歐美各航路。

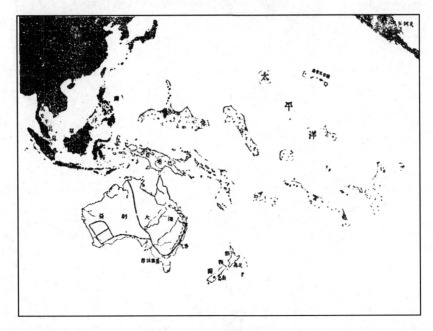

大洋洲

第十一　澳大利亞

澳大利亞，面積約當我國三分之二，爲最小之大陸。全部屬英國。地勢內部低而周邊高，山脈以沿東南岸者爲最大。海岸概少出入。島嶼大者爲塔斯馬尼亞。氣候東南部温和，内地乾燥而成沙漠。物産有袋鼠、鴨嘴獸、珊瑚、牛、羊、小麥，種皆來自歐洲。又多産金、銀、煤。住民：凡三百八十萬，大概爲英國人，土人爲黑人種。墨爾鉢恩、悉尼二港俱在南岸，貿易繁盛。

第十二　大洋洲諸島

本洲諸島，面積凡三百萬方里。住民：凡三百萬人，爲黑人種。全部悉爲歐美諸國及日本所分領。其重要者爲巴布亞、新西蘭、檀香山諸島。巴布亞島内多蠻民。新西蘭在澳洲東南海中，分南北二島，屬英國。羊毛、凍肉輸出頗多。檀香山在澳洲東北，屬美國。氣候温暖，多産糖。我國人僑寓其地，從事耕種甘蔗及製糖業者不少。和諾魯魯港爲太平洋航路要津。

第二十一章　歐　洲

第十三　概　説

歐羅巴洲在東半球西北部。東連亞洲,北臨北冰洋,西面大西洋,南隔地中海而對非洲。面積當亞洲四分之一,較小於我國。海岸多出入,富島嶼、半島、内海。山脈自西南亘南部。其他,斯堪的納維安半島外,殆全爲廣大原野。山脈之著者爲阿爾卑斯,其延於東北者爲喀爾巴阡,南出者爲亞平寧,西南出者曰比利牛斯。

河流導源西南部山地者,多腦河最大,東北流入黑海。來因、易北二河次之,北流注北海。導源於東部平原中者有窩瓦河,東南流入裏海。諸河上流,多由運河互相連絡,饒舟楫之利,河口又擅港灣之勝。

本洲大部位於溫帶,氣候頗溫和。西部受灣流影響,尤爲溫暖。東部原野,冬季河水結冰。

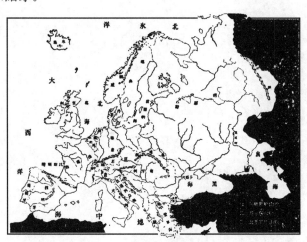

歐羅巴洲圖

本洲産業：土地墾闢，多産麥、甜菜、葡萄。牲畜，牛馬亦盛。穀物須仰給於他洲。東部、中部有森林。西部、中部多産鐵及煤，故商工業發達，輸出工藝品極盛。

交通機關，極爲完備。陸路普設鐵路，縱橫交錯，密如蛛網，路線延長足環繞地球七週而有餘。阿爾卑斯山間通有各大隧道。河流多由運河相連，以助交通之便。海岸多良港，且航路適居新舊兩世界要衝，船舶往來，絡繹不絕，運輸極便。

住民約四億，密度冠六大洲。除東南部及北部有黃種人外，其餘多屬白種人。宗教多奉基督教，惟巴爾幹半島多奉回教。教育概普及，學校技藝，研究進步。

本洲之國，當歐戰前，大小共二十餘。東部有俄羅斯，其西有德意志及奧斯馬加，西部有法蘭西、英吉利二國，南部有意大利，國勢皆盛，稱歐洲六大强國。其他：斯堪的納維安半島，分瑞典、挪威二國；北海沿岸，有比利時、荷蘭二國；北海與波羅的海間，有丹麥；阿爾卑斯山間，有瑞士；伊伯利安半島，分西班牙、葡萄牙二國；巴爾幹半島，有土耳其，希臘等國；皆爲立憲政體。自法蘭西、瑞士、葡萄牙三國外，皆爲君主國。英、法、俄、德、荷、比，皆有廣大領土於他洲。

第二十二章　東歐北歐諸國

第十四　俄　羅　斯

　　俄羅斯，在歐洲東部，面積過歐洲之半。人口凡一億二千五百萬，併所領亞洲計之，幅員幾倍我國。地勢平坦，中部稍有邱陵，重要河流，多導源於此，以窩瓦河爲最著。

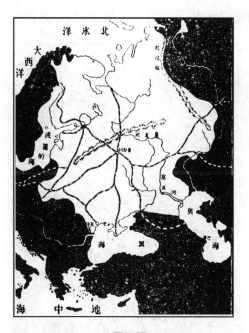

俄羅斯圖

　　氣候，因土地廣大，海洋影響，不及内地，故極不一致。北冰洋沿岸寒冷而爲凍原，其南有森林，更南爲農田。人民勇敢猛鷙，善進取，多業農牧。教育頗不普及，以比英、德相去甚遠。物産有麥、麻，馬之産額居世界第一。烏拉山脈産貴金屬有名，西南兩部，煤田極多。

國都曰彼得格勒，臨波羅的海支灣，水陸交通，均極便利，爲通國第一商埠。西伯利亞鐵路自此起點，經墨斯科入亞洲。墨斯科略在國之中央，爲俄舊都，當陸路交通要衝，商工業頗盛。臨黑海之敖得薩，控南部之農產地，輸出麥類頗多。

第十五　瑞典　挪威　丹麥

瑞典、挪威二國，以基阿連山脈爲界，東爲瑞典，西爲挪威。挪威海岸，雖爲絕壁，以多出入，頗便泊舟。近海盛行漁業。兩國共產木材，瑞典產鐵類極良。

瑞典國都曰斯德哥爾摩，挪威國都曰格里士特阿拿，皆在南部海岸。

丹麥合日德蘭半島北部及其附近諸島嶼而成。東扼喀德加特海，地勢低平，盛行農牧，牛酪輸出甚多。國都曰哥卑納給，在東部島上。西北大西洋中之冰洲爲丹麥領土。島中多火山，有有名間歇泉。

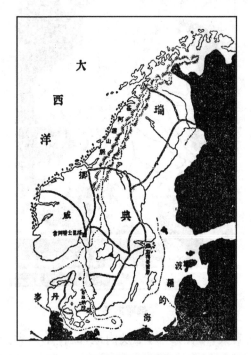

瑞典挪威丹麥圖

第二十三章　中歐諸國

第十六　德意志

德意志，爲聯邦國。在俄羅斯之西，與奧、法二國接境，歐洲中央部之大國也。面積約當我國十二分之一，人口凡六千萬。地勢，據瑞士高地之北，南部高亢，北部低平。河流皆向北流，多水量，且由運河相聯絡，如萊因、多腦河，可聯絡北海與黑海。又有幾爾運河，以助波羅的海之交通。

農產多麥、番薯、甜菜、葡萄，林業以進步有名礦產煤、鐵爲最。工業極盛，出鐵器、織物、砂糖極多，尤以麥酒出產，位世界第一。又多化學工業品，外國貿易額次英國，位世界第二。輸出多鐵及鐵器、織物，輸入以棉花、羊毛、麥爲大宗。人民篤實勤儉，獨立自尊，兼尚文武，富愛國心，頗有爭霸世界之概。教育普及，工業發達，陸軍精壯，皆非他國所能及。國都曰柏林，學術商

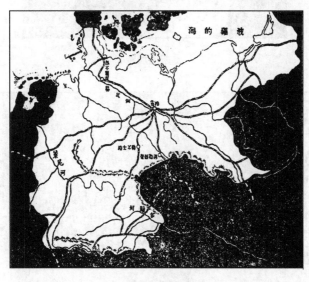

德意志波蘭合圖

工業甚盛，有有名大學。昂不爾厄，爲全國第一貿易港。得勒西登，以美術工藝名。其西北勒不士格，以出版業著。

第十七　奧斯馬加

奧斯馬加，分奧地利亞、匈牙利二國，共戴一君。位歐洲中部，三面接陸，僅西南臨外海。面積約當我國十五分之一，人口四千七百萬。國內山嶺矗起，阿爾卑斯山峙於西，喀爾巴阡山亘於東北，而抱匈牙利原野，多腦河貫流其間，交通頗便。人民多業農牧，物產多葡萄、牛、馬，礦產銀、鉛、巖鹽，均甚豐富。工業，西部較盛，輸出織物、酒、糖、玻璨。奧國首都曰維也納，市街壯麗。外海岸之特來斯，爲其第一商港。匈牙利首都曰布達佩斯，匈牙利原野之市場也。

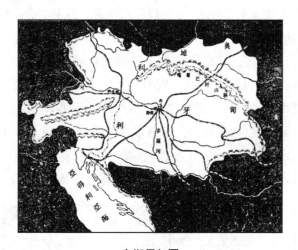

奧斯馬加圖

維也納圖

第十八　瑞　士

　　瑞士,在阿爾卑斯山間,爲一小共和國。地勢高亢,爲歐洲冠。來因、羅尼諸河,導源國內。多瀑布、湖水,風景極佳,足稱西土公園。鐵路四達,交通至便。阿爾卑斯山中之新伯隆及聖歌大隧道,尤負盛名。人民利用水力,工業頗盛。國都曰伯爾尼,爲萬國郵電聯合會所在。蘇黎世爲重要工業地,本國第一大都會也。給尼發,風景佳勝,製造鐘表頗盛。

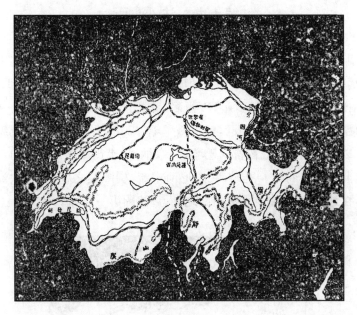

瑞士圖

第二十四章　西歐諸國

第十九　法蘭西

　　法蘭西在瑞士之西,面積約當我國二十分之一,而領地面積甚大。人口凡四千萬。地勢東南多山,西北平坦,塞納河、羅尼河等,貫流其間,灌漑運輸,均極便利。農業頗盛,多産麥、葡萄,鹽業亦發達。工業以織物、釀酒、製鐵等爲最,輸出多織物、葡萄酒,輸入爲羊毛、棉花,生絲等。我國綢緞之銷售外國者,以此國爲最多。國都曰巴黎,跨塞納河,市街華麗。塞納河口有勒哈佛爾,爲此國第二商埠。里昂,在羅尼河中流,機織業之盛,冠絶歐洲。馬爾賽利亞,在地中海岸,當歐亞非航路之衝,爲法國第一商埠。

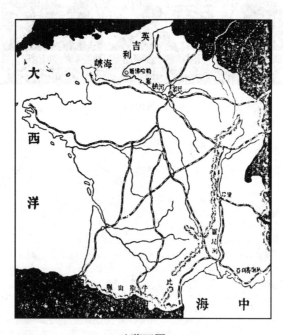

法蘭西圖

第二十　比利時　荷蘭

比利時、荷蘭二國，在法國北方。面積僅當我國浙江省三分之二。地勢平坦，沿海之地低於海面，藉砂丘隄防，以障海水。域內河川，縱橫連絡。荷蘭水運極便；比國鐵路，比於面積最長。產業：荷蘭重農牧，產牛酪、乾酪；比國產煤、鐵，製造之業甚盛。商業二國共盛。住民均極稠密。比國首都曰不魯捨拉，市街繁華，現爲德攻破，遷都安都厄爾比亞，此國第一商埠也。荷蘭國都曰海牙，在西部海岸。其東北之亞摩斯德爾登，與東南之鹿特隈共爲有名商埠。

比利時荷蘭合圖

第二十一　英吉利

英吉利，歐洲西部大西洋中之島國也。合大不列顛、愛爾蘭二大島及諸小島，稱英吉利合衆王國，加入印度等地，稱大英帝國。面積約等我甘肅省，人口凡四千五百萬，領地極大，約佔全世界陸地五分之一。地勢多山，惟東南

87

英吉利圖

部有原野,泰晤士河經流其間。海岸屈曲,河口深而多良港。教育普及,次於德國。產業發達,工商尤盛,商船噸數及貿易均冠世界。輸出多織物、鐵器、煤,輸入多麥、食物、棉花、羊毛。

國都倫敦,跨泰晤士河,工廠林立,貿易盛大,人口凡七百萬,爲世界第一大都。其東南有格林威池天文臺。其北岡比利日,及其西疴哥斯佛爾,有有名大學。拍斯穆斯臨英吉利海峽,爲英國第一軍港。中部麗佛普爾,與北美洲貿易極盛,爲英國第二商埠,輸入多棉花,輸出多棉布。曼徹斯特機織業冠世界。其南北明翰,以鐵工業著。北部格剌斯哥,造船有名。

第二十五章　南歐諸國

第二十二　西班牙　葡萄牙

西班牙、葡萄牙二國,在伊伯利安半島。西班牙佔其大部,葡萄牙在其西南。地多山脈,爲一高原。物産有麥、葡萄、橄欖;釀造,葡萄酒頗盛。西班牙國都曰馬德里地,在國中央,當交通要路。葡萄牙國都曰里斯玻亞,在西海岸,爲著名商港。直布羅陀,臨直布羅陀峽,扼地中海,西口英築有礮臺。

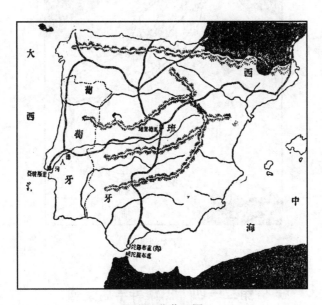

西班牙葡萄牙圖

第二十三　意　大　利

　　意大利，自意大利半島及西西里、撒丁等島而成。面積約等我直隸省。人口凡三千四百萬。半島中央有亞平寧山脈，多火山。北部原野產業頗盛，蠶業爲最。其他地方產橄欖、葡萄，又出硫磺、大理石。人民長於美術，繪畫、雕刻，備極精巧。國都羅馬，爲羅馬帝國舊都，古代遺蹟甚多。那不勒斯，臨那不勒斯灣畔，其東有維蘇威火山，風景極佳。北部地中海岸有熱內亞，爲此國第一商埠。西西里島之南有馬耳他島，爲英屬地，以軍港著名。

意大利圖

第二十四　巴爾幹半島諸國

　　巴爾幹半島，東南隔他大尼里、博斯破魯斯兩海峽而對小亞細亞半島，希臘半島，突出於南方。海岸屈曲，其東南海中多島嶼，曰多島海。內地雖多山地，而北部多腦河流域有原野，爲重要農產地。其間諸國林立，半島中部爲歐洲土耳其,國都曰君士坦丁,臨博斯破魯斯海峽,扼黑海咽喉。

　　土耳其之南爲希臘,國都曰雅典,爲歷史上有名之都,古代遺蹟甚多。此外又有保加利亞、羅馬尼、塞爾濱、門的内哥羅、阿爾巴尼亞等國。

巴爾幹半島諸國圖

第二十六章　阿非利加洲

第一　非洲概説

　　非洲在歐洲之南，北臨地中海，東臨印度洋，西臨大西洋。面積當亞洲四分之三，爲世界第二大陸。地勢，四圍環山，爲一大高原。北部有撒哈拉沙漠，爲世界第一大沙漠。海岸少屈曲，且鮮島嶼。惟東南海中有馬達加斯加大島。河流：大者有尼羅、剛果、疴蘭日三河。氣候炎熱，空氣乾燥，惟南北兩

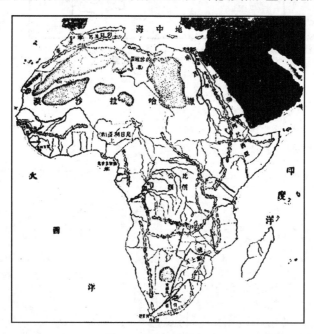

阿非利加洲圖

端稍温和。

物産：南北部有農産、畜産，中部多森林。動物有象、犀、河馬、麒麟、駝鳥、鱷魚。礦物：南部有金及金剛石。交通雖不便，而南北兩部設有鐵路，中央縱貫鐵路，現尚未成。航運：沿岸各要港與歐洲間有定期汽船，尤以蘇彝士運河爲東西兩洋交通之捷徑。住民：北部爲白人，中部多黑人，南部多歐洲移住之民。人口凡一億八千萬。宗教：北部奉回教，黑人奉拜物教，移住之白人奉基督教。文化除移住之歐人外，概無足觀。全洲自阿比西尼亞等獨立國外，概入歐洲各國勢力範圍。

第二　非洲地方志

埃及與我國及印度，共爲世界文明古國，在非洲東北部尼羅河下流。雖爲土耳其朝貢國，而實權操於英。尼羅河畔，土地低平、肥沃，産麥、棉花。國都曰開羅，爲非洲第一都會。近旁有金字塔及獅身人面像，爲古代遺蹟。西北亞歷山大，爲埃及第一商埠。

的黎波里，在埃及西北。本土耳其屬國，今意大利佔領之。

阿比西尼亞，埃及東南之獨立國也。國內多火山，地勢高峻。國都曰亞的斯亞貝巴。

本洲西北部有阿爾及耳，土地肥沃，農産豐饒，法國之非洲重要領地也。

摩洛哥在阿爾日尼亞之西，爲法保護國，産皮革有名。

里比利亞，在非洲北部之西南隅，爲美國解放黑奴所建之共和國。國都曰蒙羅非亞。比領公額，在非洲中央部公額河流域，橡皮、象牙，出産頗多。開普殖民地，在非洲南部，英國之非洲重要領地也。羊毛、駝鳥之産頗盛。西南端開普敦，爲其首邑，輸出金剛石與金。好望角，支出於其南。北部肯勃來，出金剛石有名。東北德蘭士瓦，亦英國殖民地，以産金著。

第二十七章　北亞美利加洲

第三　北美洲概說

　　北美洲在西半球北部，東臨大西洋，南以巴拿馬地峽接南美洲，西臨太平洋，西北隔白令海峽而對亞洲。面積約亞洲二分之一，爲世界第三大陸。

　　地勢北廣而南狹，西部有落機山脈及其並行之山脈而成西部高地。東部有押拉既俺山脈高地。中央爲大原野，密士失必河貫流原野中央，南入墨西哥灣，爲世界第一長流。原野東部，有桑羅稜索河及蘇必利爾等大湖。海岸多屈曲，東北海中有格陵蘭大島。

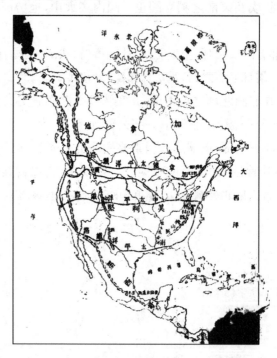

北亞美利加洲圖

　　氣候：跨寒温熱三帶，各部不齊。中部大部温和適宜，西海岸尤温煖。北部寒冷，南部炎熱，西部高地少雨，有成沙漠之地。

　　物産：東西兩高地有大森林。中央原野土地開闢，農牧均盛，菸、小麥、棉花，出産極豐。礦物，金、銀、銅、煤、煤油，採掘極盛。

　　人口凡一億一千萬，以歐洲移民之子孫爲最多，其他爲自非洲移住之黑人，土人甚少，且有漸歸漸滅之勢。

　　本洲水陸交通均極便利。陸上有諸大鐵路橫斷大陸，海上航路絡繹頻繁，而巴拿馬運河連絡大西、太平兩洋，尤足助交通之進步。

　　本洲自四百餘年前哥侖布發見以來，歐人爭相移住而爲其殖民地。後各獨立而建共和國，今猶屬於歐洲諸國者，惟北部加拿他，南部中美一部及西印度羣島中數島而已。加拿他之南爲美利堅，再南爲墨西哥。墨西哥之南有中美諸國，西印度羣島有古巴共和國。

第二十八章　北美洲地方志

第四　加拿他

　　加拿他，殆占北美洲北部，面積稍小於我國，與東岸紐芬蘭島共屬英。住民凡六百萬，多爲英國移民及其子孫。物產，南部盛行農牧，且富森林。紐芬蘭島漁業極盛。首邑鄂大瓦，木市最盛。東北蒙特利爾，爲加拿他第一都會。大西洋岸之哈勒法爲不凍港，橫斷大陸鐵路發軔於此。西通太平洋岸蕃古洼，爲東洋航路之要港，我國僑民甚多。

第五　美利堅

　　美利堅，一稱美利堅合衆國，爲北美洲中部之大國，合亞拉斯加半島、檀香山，面積稍小於加拿他。住民多爲歐洲移民及其子孫。人品凡八千四百萬，我國人僑居者頗衆。物産：中部原野農牧極盛，小麥、棉花，産額極豐。礦産：鐵、煤、煤油、金、銀、銅等特多，足以助工業之發達。製鐵、紡績、製粉等業

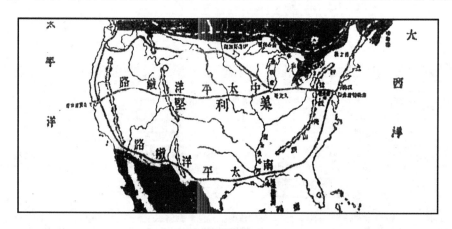

美利堅圖

甚盛。外國貿易次英、德，輸出品以棉、麥、肉類、鐵及其製器爲著。輸入品以糖、藥品、革類、珈琲爲著。自我國輸入者多絲、茶。輸出我國者爲棉紗、棉布、鐵製品、煤油等。

紐約圖

三佛蘭西斯哥圖

國都曰華盛頓，近大西洋岸，市街清麗。其東北非勒特爾非亞爲工藝都邑，輸出煤油頗多。紐約在其東北，人口凡四百萬，貿易繁盛次倫敦，爲世界第二都會。東北波士敦爲東部主要商埠，學藝有名。支克哥在中部平原，爲美國第二都會，商市穀物肉類爲最。臨密士失必河中流之聖路易，中部重要之市場也。下流之紐俄爾連斯，輸出棉花有名。三佛蘭西斯哥，一稱舊金山，爲太平洋岸第一要埠，僑居我國人甚多。

第六　墨　西　哥

墨西哥,在美國之南,東臨墨西哥灣,西臨太平洋。面積約當我東北區之二倍。地勢爲一大高原,近海地方有小原野。南部入熱帶,低地炎熱。内地高原溫和,適於住民。人口凡一千四百萬,多西班牙人,土人次之,其他有雜種人民。礦產發達,銀產爲最,所鑄銀圓,多輸入我國。農業亦盛。國都曰墨西哥,在内地高原,氣候溫和,風景清絕。委拉古盧斯,在墨西哥灣,商賈雲集。

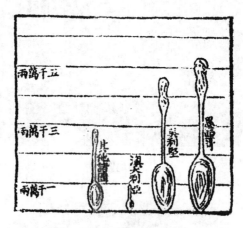

世界銀之產額比較

第七　中美諸國及西印度諸島

中美地方,在墨西哥南,地形狹長,面積約等於我四川省。昔爲西班牙領地,今分六小共和國與一英領地。就中巴拿馬共和國,在巴拿馬地峽,有有名巴拿馬大運河,爲太平、大西兩洋交通之捷徑。

西印度諸島,橫於加勒比海與大西洋間。就中古巴島最大,有古巴共和國,土地開闢,甘蔗、糖、菸,出產頗多。海地島亦分海地、三多明各兩共和國。其餘各島,概爲英、法、美、荷蘭諸國所分領。

第二十九章　南亞美利加洲

第八　南美洲概説

　　南美洲在北美洲之南，占西半球之南半，與北美洲共稱新世界，又曰新大陸。東臨大西洋，西臨太平洋。面積約當亞洲十分之四。地勢略成三角形，西部有安達斯山脈，沿太平洋岸縱走。東部有巴西山脈高地，中部爲大原野。亞馬孫河、疴勒諾哥河、拉巴拉他河貫流此原野，而入大西洋。就中亞馬孫河

南亞美利加洲圖

99

流域之廣,水量之大,稱世界第一。海岸鮮屈曲,無大港灣。

氣候大部在熱帶,炎熱多雨。南境温和,至極南受寒流影響,較爲寒冷。

物產:植物繁茂,亞馬孫河流域有大森林,珈琲、橡皮出產頗多。羊及羊駝,牲畜亦盛。西部地方有銀、硝石等礦。

住民凡四千五百萬,比於面積,人煙極稀。西班牙、葡萄牙移民之子孫最多,土人次之,黑人亦不少。

交通有越安達斯山鐵路,海岸船舶往來亦頗便利,尤以巴拿馬運河開通以來,有益南美之發達不少。

本洲原爲西、葡二國殖民地,今分十共和國,及一部之歐人殖民地。諸國文化皆無足道,未開闢之地甚多。

第九　南美洲諸國

可倫比亞,在南美洲西北隅,地勢高峻,惟東部疴勒諾哥河及亞馬孫河支流諸地稍平坦。產菸、珈琲。國都曰波哥大,在安達斯山中高地,氣候温和。

委内瑞辣,在可倫比亞之東,南美洲北端一大國也。南北爲高地,中央原野,豐草一碧,牧畜盛行。所產金、銀、真珠有名。國都曰加拉架,有鐵路通委拉港。

圭亞那,在委内瑞辣東南,分三部:東部屬法;中部屬荷蘭;西部屬英。南美地方屬歐人領者惟此。

巴西,在圭亞那之南,爲南美洲第一大國,面積稍小於歐洲全土。國内西部亞馬孫河流域原野有大森林,土地未闢。東南部較開,珈琲出產冠世界。糖、棉花亦多,橡皮質良有名,又有金及金剛石之產。住民凡二千萬。國都曰里約熱内盧,爲國内第一商埠,輸出珈琲頗盛。

巴拉圭,在巴西西南之小國也。地勢平坦,牧草繁茂,牲畜業甚盛。出巴拉圭茶有名。國都曰亞松森,臨巴拉圭河,大汽船可達其地。

烏拉乖,爲南美中最小之國。占拉巴拉他河域,且瀕海,土地平坦,地味肥沃,農業、牧畜頗盛。國都曰蒙德維得亞,爲大西洋岸之良港。

阿根廷,在南美洲東南部,爲南美洲第二大國。地勢爲一大原野。氣候温和,農業甚盛,牲畜業亦世界知名,小麥、羊毛輸出極多。貿易之盛,甲於南美。國都曰不宜諾斯艾利斯,爲南美第一都會,有鐵路通智利之法爾巴來索,百貨輻輳,工業亦可觀。

不宜諾斯艾利斯圖

智利，在阿根廷之西，太平洋岸一狹長之國也。農產稍盛，礦產，硝石最富。國都曰散地牙哥，爲南美太平洋岸之大都會，僑居我國商人甚多。西北法爾巴來索，爲此國第一海港。

玻利非亞，在南美洲中央內地，國都曰拉巴斯，在中央高地。

祕魯，在玻利非亞之西北，爲南美洲開化最早之國。農林、牲畜、礦產稍盛。我國人移住此國者不少。國都曰利馬，西北加勞爲其第一商埠。

厄瓜多爾在祕魯之北，國都曰基多。

利馬

第三十章　中華民國在世界之位置

第十　概　　説

我國幅員廣大，且全部殆在北温帶中。氣候温和，地味肥沃。國内有大山脈，有大河流，有大原野。海岸屈曲，良港甚多。農牧既宜，工商尤便。而開化之早，人口之繁，尤爲五洲萬國所不逮。地理上之利益，固甚大也。

第十一　人　　民

世界人種，因其容貌體格，分黄、白、黑、棕、紅五種。黄種多住於亞洲，白種多住於歐洲，黑種多住於非洲，棕種多住於南洋羣島，紅種爲南北美洲土人。其人口，凡十六億，亞洲最多，大洋洲最少。其密度，歐洲稱最，亞洲次之，其餘各洲均甚疎。

我國人民，概屬黄種。細别爲五族：曰漢族；曰滿族；曰蒙古族；曰回族；曰西藏族。漢族多住於北、中、南三區，而分布於全國，人口最衆，文化程度亦最高。滿族多住於東北區。蒙古族多住於蒙古高原及青海。回族多住於西北區及陝西、甘肅等省。西藏族多住於西藏高原。此外又有苗族，多住於南區西部。人口凡四億三千萬，就中分布最密者爲中、北、南三區，最疎者爲青海及西北區。

第十二　政　　治

土地、人民、主權，爲國家成立之三要素。凡主權完全者，謂之獨立國，否則謂之保護國。現今世界，列國分立約五十餘，而真能獨立者，不過二十餘國而已。

國體有君主、民主之殊，政體有立憲、專制之别。現今列强，國體不一，而政體則多行立憲。我國昔亦爲君主專制國，今進而爲民主立憲。

立法、司法、行政爲統治之三機關。我國立法有國會,司法有大理院及各級審判檢察廳。行政：中央政府分外交、内務、財政、陸軍、海軍、司法、教育、農商、交通諸部,地方行政分一京兆、二十二行省及其他特別區域焉。

第十三　外　　交

我國及英、俄、法、美、巴西,並稱爲世界大國。就中國土面積,以英爲最大,凡占世界陸地五分之一。俄次之,法又次之,其四爲我國,次於我國者爲美,再次爲巴西。

列國關於通商航海等事,恒互結條約。又置大使或公使於外國國都,領事於重要都會。現今與我國結條約者,有二十餘國。

第十四　兵　　備

兵備,所以防守國家、發揚國威。今日世界各國,無不汲汲爲擴充兵力者。陸軍以俄國最多,德、法次之,英、奥、意又次之,且多行全國皆兵之制。海軍之力最優者爲英,德、美、日、法、俄、意各國次之。

我國國境,四接强鄰,國防設備,誠爲急務。中央政府專設陸軍部管理軍政,擬練新軍四十八師十旅,分駐各軍區,且定徵兵之制。海軍近亦籌畫振興,開築軍港矣。

第十五　教　　育

教育,所以長國民之智德,而高其品位。故教育之廢興,與國家之盛衰關係殊大。現今世界,德、英、法、美及日本,教育均稱進步,而德爲最。

我國教育,近亦力圖普及。設國民學校,以養成國民;設高級小學校、中學校,以施普通教育;設各種職業學校,以施實業教育;設師範及高等師範學校,以養成教師;設大學及各種專門學校,以授高等專門之知識技能。教育機關,漸臻完備矣。

第十六　宗　　教

世界宗教,以釋、回、基督等教爲最盛。釋教創於印度,行於我國及日本、

印度支那。基督教創於小亞細亞之叙利亞,行於歐洲人所居之地。回教創於
阿剌伯,行於亞洲西南部及非洲北部。此外印度地方有印度教。猶太人散居
各地,均奉猶太教。

我國歷代重儒,專講人倫道德。此外道教,崇奉老子。釋教自漢時傳入,
其別派爲喇嘛教,行於蒙、藏地方。又分紅、黄二派,而黄教爲盛。回教自唐
時傳入,西北區域爲最流行。基督教自明時傳入,亦分天主、耶穌二派。

第十七　產　業

世界各國,地勢、風土、天產物不同,產業亦因之各異。農產盛於印度、
美、俄、德、奥、法、埃及。蠶絲盛於日本、意大利,東土耳其、法、德次之。牧畜
業盛於俄、美、南非洲、澳洲、阿根廷。林業,俄、美、加拿他等多天然林,德、奥
多人工林,而德尤爲林業之模範。

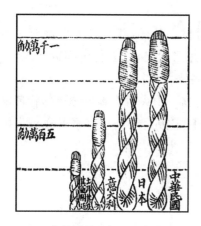

世界蠶絲產額之比較

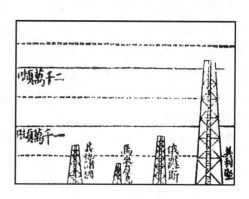

世界煤之產額比較

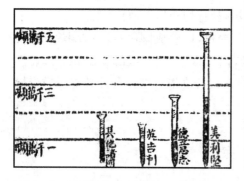

世界鐵之產額比較

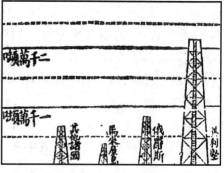

世界石油之產額比較

礦產業以德蘭士瓦、美國、澳洲、俄國之金，墨西哥、美國、加拿他之銀，美國之銅爲最。煤、鐵以美、德、英爲多。煤油美爲最，俄、南洋羣島次之。水產業多行於北半球，紐芬蘭、挪威、日本稱世界三大漁場。工業英爲最，美、德、法、比次之。瑞士雖小，亦爲有名工業國。

我國農業，米、茶、鹽絲甲於世界，棉花亦爲世界重要產地。牧畜盛行於西北區及蒙古地方，東北區及湖南、廣西、貴州等地，林產頗豐，然多天然林，人工林極少。礦產稱無盡藏，惜開採尚未甚盛。水產饒於沿海各地。工業，舊亦興盛，惟多主於人工，近亦漸能利用機械。

世界商業，因物產之增加，交通機關之發達，近時日臻隆盛。各國經營貿易，無微不至。就中英國最盛，輸出入額幾當我國之十倍。德、美、法遞次之。荷蘭雖小，尚四倍於我，比國三倍於我。

我國貿易，近亦漸次擴張，計輸出入額，年達十五億兩以上，惟輸入額超過輸出額甚鉅。

我國商埠共九十餘，以上海、漢口、番禺、天津爲最盛，九龍、汕頭、厦門、閩侯、大連、營口、煙臺等次之。輸出貨物以絲類、豆類爲大宗，茶、棉花、皮革次之。輸入貨物棉紗、棉布爲大宗，毛織物、煤油次之。國內商業，亦極興盛。

第十八　交　通

交通機關，日益完備。陸有汽車，水有汽船，且有郵務、電信，以傳達意思。世界鐵路，總長一百五十萬餘里。其最發達者，爲歐洲之西部與北美洲之東部，縱橫相交，周密如網。尤以北美洲之橫斷大陸諸鐵路，及西伯利亞鐵路，連絡太平、大西兩洋，規模宏闊。便利世界交通，殊非淺尟。列國中線路最長者爲美，次爲俄，最密者爲比。航路：世界汽船凡二萬二千艘，凡三千七百萬噸。就中最多者爲英，美、德、法、挪、日等遞次之。航路之最要者有三：一自紐約經非勒特爾非亞，渡大西洋而至倫敦、安都厄爾比、昂不爾厄。二、由上海、香港，經悉尼，渡太平洋而至蕃古洼及舊金山，又經巴拿馬運河而至紐約。三、由上海經香港、新嘉坡，渡印度洋，經蘇彝士運河而至歐洲諸港。運河之最要者爲巴拿馬及蘇彝士。

我國交通，近來亦頗進步。鐵路延長凡達一萬五千餘里，以京奉、京漢、京綏、津浦四路及已築未成之隴海、川漢、粤漢諸線爲尤重要。而東清、南滿、安奉、膠濟、滇越諸路，則均爲外人所築。航路以天津、上海、番禺爲中心，內

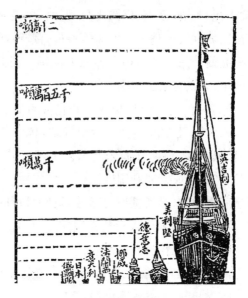

世界商船噸數之比較

航各河港，外航外洋以通歐美。惜航海事業，尚未興盛。郵務近頗發達，除青海、西藏外，局所均已設立，共計達五千餘，郵路延長達三十餘萬里。電線有北、中、南三大幹，又自北京通東三省、蒙古、新疆，自成都通西藏。通外國之線，則北由恰克圖通俄，南由雲南通英、法領地。無線電報，近亦仿辦。海底電線，有西經新嘉坡而通歐洲，東經菲律賓而通美洲等線。

高等小學校用　新式地理教授書

前　言

　　與《高等小學校用　新式地理教科書》同時編撰的是《高等小學校用　新式地理教授書》，也分六册，除了編入教材原文外，重要的教學參考設有：一、豫備，二、提示，三、比較統括）、練習應用等欄目，又設有參考一欄，提供各種詳細資料等，以供教員參考使用。先生又在"編輯大意"中强調，本書的編撰宗旨是"以實用爲主義，以啟發及自習、輔導爲教授之方。"《高等小學校用　新式地理教授書》由上海中華書局一九一六年七月至一九一七年一月出版，也曾多次再版重印。[1]

　　此次我們將《高等小學校用　新式地理教授書》收入《吕思勉全集》重印出版，兩書均按中華書局的初版本整理校訂，行文僅訂正勘誤和錯字，原書中配有的地圖等，也按原圖刊印在相關課文内，以便於讀者參考閱讀。

李永圻　張耕華

二〇一四年八月

---

[1]　有關《高等小學校用　新式地理教授書》再版的情況，詳見《吕思勉全集》之《吕思勉先生編年事輯》附録二《吕思勉先生著述繫年》的記録。

目　　録

編 輯 大 意

一、本書與《高等小學校用　新式地理教科書》同時編纂,共分六册,供教員講授之用。

二、本書首列教材一項,全載教科書本文及圖畫,末列參考一項,詳載教員所應知之各項事實,中間所列教授方法,則分爲:（一）豫備,（二）提示,（三）比較統括,（四）練習應用四段。今舉其概要如下:

豫備。豫備一段所以整理兒童舊有之觀念,以便容受新觀念,教授之始事也。本書所用方法如下:

（一）用問答法,整理兒童固有之觀念。受課所得及經驗所得。

（二）復習前此已受之課,與本課有關係者。本科或他科。

（三）本課所授事項可豫習者,使兒童於受課前豫習之。如使描繪本課地圖,於受課時填注地名等。

提示。提示一段爲教授之中堅,於歷史、地理等實質科目尤要。本書所用方法如下:

（一）使兒童讀圖,教員隨而解釋之。

（二）教員口授課文中要項,而使兒童讀圖。

（三）使以圖與書互相比較。

（四）使兒童自行讀圖與書,而講述其大略。

（五）使兒童攜暗射圖照黑板圖填注其地名。

（六）教員繪地圖於黑板,問兒童以其地名或使之填注。各課用黑板地圖,本書悉附列其式。

（七）使用各種教具,説明課中要項。如地球儀、標本、模型、影片等,各課應用教具,本書悉行舉載並説明其使用方法。

（八）以課中所授事項與兒童實地所見者相比較,使想像其異同。

（九）講演課文事實及要義。教科書文字體例謹嚴,形式上有時不得不爲羅列的、記載的,本書於講演處務變之爲因果的,説明的,以博生徒之興趣而達教授之真目的。

比較統括。比較統括段,爲使儿童融化其所受,而确立新智識之基。於教授上極爲重要。本書所用方法如下:

(一)使以本課中各項事實互相比較。

(二)總括本課大意,用問答法,或口授或書於黑板示之,使之明瞭。

(三)使以本課事實與前此各課所受互相比較。

(四)散見各課中之事實,概括之而成一新觀念。

(五)統合前後各課,使之造表或繪圖。

練習應用。練習應用段,所以使學生確實其所得,且能自由運用之,教授之終事也。本書所用方法如下:

(一)以課書中所受事實,使由想像之力,而復現之於實際。如第一課説明我國境界後,即使兒童一人爲中華,四人爲英、法、俄、日,爲中華之一人立定後,爲英、法、俄、日之四人應立於何處,使自覺其位置等。

(二)使影繪或仿繪地圖。

(三)使復習課文。

(四)授以題,使之製圖。

(五)授以圖,使爲文以説明之。

(六)作文時,以所受地理命題,使發表其所得。

(七)使計算航路之長短、鐵道之里程,及其通行所需之時日等。以精密其智識,而便實際之應用。

(八)使整理受課時之筆記、自製之圖、自作之説明,及其他種種之製作,合之而成爲成績品。

如上所述,特其梗概,至其詳細方法,難以徧舉。要之以實用爲主義,以啟發及自習輔導爲教授之方,則本書之宗旨也。

第一章　中華地理概說

第一　國名　位置　廣袤　境界(本課共授二時)

教材

　　我國名中華民國,位於亞細亞洲之東南,爲一大陸國。東西廣處,凡八千八百餘里。南北長處,凡七千餘里。面積,凡四千三百萬方里。

　　我國三面接陸,一面臨海。東隔黄海、東海,而對日本。東南隔南海,而望南洋羣島。南接法領越南、英領緬甸及印度。西接帕米爾高原及俄領中亞細亞。北接俄領西伯利亞。東北接日本領之朝鮮。

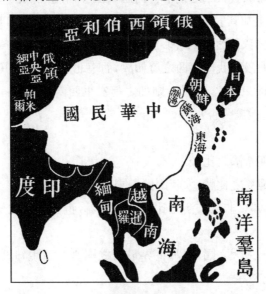

中華民國

117

教授方法

第一時（第一節）

預備

（一）懸東西兩半球圖，問學生以東西兩半球及五大洲之名稱。（二）我國何名？（三）問中華在圖中何處？擇一學生，使指出之。（四）問中華在東半球，抑在西半球？（五）問中華在五大洲中之何洲？

提示

（一）問諸生知民國二字之義否？（二）書“中華民國”四字，問諸生知其義乎？（三）書“帝國”與“民國”，問二者何別？（四）問諸生知何者謂之大陸？何者謂之島乎？（五）書“大陸國”與“島國”，令諸生釋之。（六）問五大洲之地，皆爲大陸乎？然則中華所處之地，爲島乎？抑爲大陸乎？（七）指掛圖，示以英國及日本，問此爲島國？抑爲大陸國？次指示俄國及美國，問此爲島國？抑爲大陸國？（八）問亞洲之地，比中華大？抑比中華小？何故亞洲大，中華小？（九）於黑板書亞洲位於中華之中，問此語通否？（十）使觀掛圖，確認亞洲與歐洲二洲之界。（十一）問中華在亞洲之何方？擇一學生，使指掛圖説明之。（十二）講我國名中華民國，位于亞細亞洲之東南，爲一大陸國三句。（十三）問諸生知國有大小之別乎？何謂大國？何謂小國？（十四）於黑板書長廣二字，問學生知其義否？（十五）書面積二字，問學生知其義否？（十六）使觀附圖，問我國東西之廣，與南北之長，孰爲較大？（十七）講東西廣處以下五句。（十八）問設使我國東西之廣如故，而南北之長增加，其面積尚如故否？南北之長如故，而東西之長增加，則如之何？東西南北，同時增加，則如之何？諸生亦願我國土地擴張否？

比較統括

（一）民國與帝國之比較。

（二）大陸與島之比較，大陸國與島國之比較。

（三）亞洲與歐、非、美、澳之比較。亞洲者，世界最大之洲；中華者，亞洲最大之國。

（四）問亞洲最大之國，即爲世界最大之國否？諸生知世界各國，大於中華者，共有幾國否？繪

英 [_____]
俄 [_____]
法 [_____]
中華 [_____]

於黑板示之。

（五）中華之地，與亞洲其他地方之比較。北部太寒，南部太熱，西部平地太少，惟東南部之地最優。我中華實據之。僅如此而止，不可詳説。

練習應用

使仿繪教科書中之附圖。

第二時（第二節）

豫備

（一）檢閱學生所仿繪之本課附圖。或於課前行之，更佳。（二）復現我國位於亞細亞洲之東南之觀念。（三）使觀總圖。地理非圖不明，本局所出高等小學用地圖，與教科書相輔而行，宜使學生各備一分，於受課時攜入教室。本教授書所稱地圖，除指明爲挂圖及附圖者外，即係指此種地圖而言。特於此發其凡。確認亞洲之北爲何地、西爲何地、東爲何地、南爲何地。（四）然則我國之北、西、西南三面，應爲何地？東南一方面，應爲何地？使去圖瞑想答之。（五）問境界兩字，諸生知爲何義否？如一教室，以何處爲境界？全校，以何處爲境界？

提示

（一）使學生講我國三面接陸，一面臨海兩句。（二）使學生讀附圖，歷舉我國之某方面與某國接界。（三）書“法領越南”、“英領緬甸及印度”、“日本領之朝鮮”於黑板，釋其義。（四）講課文“東隔黃海”以下，且講且使學生觀附圖，確認之。（五）告以朝鮮、越南、緬甸，本皆我國藩屬。俄領西伯利亞、中央亞細亞地方，亦有我國舊壤。問設使此諸地方，今日仍屬我國，我國之疆域，當比現今增大否？其長，其廣，其面積，較今日如何？諸生亦欲恢復我國已失之土地否？（六）問今朝鮮既屬日本，越南既屬法，緬甸、印度既屬英，則我國與朝鮮、越南、緬甸、印度接界，是否與英、法、日本接界無異？然則簡言之，我國所與接界者，爲何數國？然則我國於世界各國中，與何數國，關係最大？（七）問我國界陸一方面，既屢受他國侵削；界海一方面，情勢可較爲安固否？告以臺灣本我領土，琉球亦我屬國，南洋羣島在昔亦多朝貢於我，今均爲他國所蠶食矣。（八）問我國海陸兩方面，在今日固日受侵削，日見迫蹙，然亦可反其道而行之否？

比較統括

（一）使生徒比較我國沿海之地，與連陸之地孰多？

（二）使生徒比較我國與英、法、俄、日四國之界線，孰最長？孰次之？孰又次之？孰最短？

（三）告以黃海、東海、南海，皆支海之名，其實皆太平洋之一部分也。故我國東瀕太平洋，寫

$$\text{太平洋}\begin{cases}\text{黃海}\\ \text{東海}\\ \text{南海}\end{cases}$$

於黑板示之。

練習應用

（一）使學生暗射本課附圖。（二）教員任舉一方向，問學生此方所界者爲何國？又任舉一國名，問其在中華之何方？（三）教員任指室之一方爲俄，以室爲中華，則其餘諸國及海，當在何方？使學生舉之。（四）教員任指一學生爲中華，又指諸學生，使爲朝鮮、俄羅斯、印度、緬甸、越南等國。使一學生立定後，其餘之學生，當立於其何方？使自覓其位置。

參考

我國昔日爲君主國體，以朝名爲國名。近年改爲民主國體，乃沿數千年舊稱，定國名曰中華。

中華疆域，東起黑龍江、烏蘇里河會口，當東經十八度三十分。西迄烏赤別里山口，當西經四十二度四十五分。南迄西沙羣島中之特里屯島，當北緯十五度四十六分。北迄薩彥嶺脊，當北緯五十三度五十分。得亞洲大陸四分之一，全球陸地十二分之一，大於歐羅巴全洲。

英國本土屬地合計，凡一一一四六萬餘方里。俄八六六〇萬餘方里。法四三七九萬餘方里。

第二　行政區域（一時）

教材

除京兆外，分行省二十二：曰直隸、山東、山西、河南、陝西、甘肅、江蘇、浙

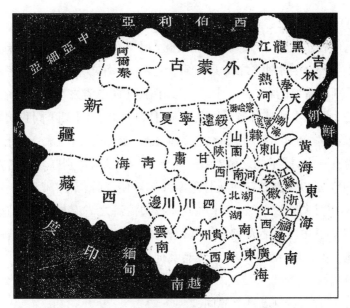

行政區域圖

江、安徽、江西、湖北、湖南、四川、福建、廣東、廣西、雲南、貴州、奉天、吉林、黑龍江、新疆。特別區域四：曰熱河、察哈爾、綏遠、川邊。又寧夏鎮守使、甘邊寧海鎮守使、阿爾泰辦事長官，亦各有其所轄之地。此外則爲外蒙及西藏。

教授方法

預備

（一）問我等爲何處人？（二）問本縣隸屬何省？（三）問省與縣之間尚有何等階級乎？（四）告之曰：今一省最高之官爲省長。省之下有道，道有道尹。道之下有縣，縣有縣知事。此即所謂行省制度也。

提示

（一）問省之外尚有何種區畫乎？（二）告之曰：省之外，有所謂特別區域者，以都統或鎮守使治理之。（三）此外寧夏之鎮守使、西寧之甘邊寧海鎮守使及阿爾泰之辦事長官，亦各有其所轄之地。板書"省、省長、特別區域、都統、鎮守使、縣知事"等字示之。（四）黑板書"京兆"二字，問學生知其義否？（五）告之曰：凡首都所在之地，是爲京兆，獨立於諸行省之外。（六）使展圖，覓京兆在何處。（七）問包京兆之三面者爲何省？直隸。其東南爲何省？山東。其西爲何省。山西。（八）問山西之西爲何省？陝西。更西爲何省？甘肅。

（九）問直隸、山西二省之南爲何省？河南。河南之南爲何省？湖北。（十）問湖北之西爲何省？四川。其東爲何省？安徽。更東爲何省？江蘇。江蘇之南爲何省？浙江。（十一）問湖北之南爲何省？湖南。湖南之東爲何二省？江西、福建。其西南爲何二省？貴州、雲南。（十二）問湖南、江西二省之南爲何二省？廣東、廣西。（十三）問以上所述各省爲數共若干，使計算之。（十四）問我國東北之地尚有三省，諸生知其名歟？使知者舉之，不知者聽之，而覓圖中三省之所在。（十五）問我國西北尚有一省，諸生知之歟？同上。（十六）示以四特別區域之名及其所在地。（十七）示以寧夏鎮守使及甘邊寧海鎮守使，阿爾泰辦事長官所轄之地。（十八）示以外蒙古及西藏。（十九）問我國沿海之省有幾？使讀圖舉其名。（二十）問與朝鮮接界者爲何省？與俄國接界者爲何地？與帕米爾高原接界者爲何地？與越南、緬甸、印度接界者爲何地？（二十一）講課文。

比較統括

（一）行省與特別區域之異同。

（二）問諸行省中，何省之地最大？新疆。

（三）問試以二十二行省總看做一區，與非行省之地比較，孰大？

（四）問設以十八省看做一區，與東三省及新疆比較，孰大？

（五）問試以四特別區比較，孰大？

（六）使以本課列爲表。

練習應用

（一）使生徒以圖與書對讀。（二）使生徒將本課附圖，與上課附圖合成一圖，俾知何省沿海，何省與何國界。（三）使生徒影繪本課附圖輪廓，然後暗射之。

參考

行省之名，起於元之行中書省。元以前，未嘗以爲行政區畫之名。明代改設布政使司，清代因之，而行省之稱相沿不改，頗有疑其不當者。然清代行省之制與明代之布政使司其實已不盡同。清《文獻通考》云："舊時《一統志》諸書稱各省爲各布政使司，蓋沿《明統志》之例，其實本朝設官分職，因時變通，有未可與前代同論者。明之巡撫，多寡無定，有一布政司之地而多至數巡撫者，有事則設，無事則罷，但爲持節奉使之臣。我朝則巡、撫各有定員，分寄以守土之責，以京朝官之銜，而兼統民事，略如古之行臺省及元之行中書省。其有專設總督者，亦必以督臣兼巡撫之事。至於布政使司，但與按察使司分理錢穀刑名,自不應專書於首。且如江蘇一省,以兩布政司而總於一巡撫,勢不得更將兩布政分列也。國家詔諭所頒、文移所用並稱各省,兹編纂《輿地考》,亦概書爲省焉。"循是,則省之爲名,在明清二代,實已别生新義,而明代布政司之制,至清代而其實已亡。官書既有解釋,正無庸致疑於立名之不當也。而今日之沿稱,更無論矣。

特别區域,爲近今新制。各省皆軍民分治,惟特别區域則否,故有此稱。

第三　自然區域(一時)

教材

二十二省,自地勢上分爲五區:黄河流域爲北區,長江流域爲中區,閩江、西江流域爲南區,遼河、黑龍江流域爲東北區,塔里木河、伊犁河流域爲西北區。此外蒙古、青海、西藏,各爲一區。

教授方法

豫備
教員先繪自然區域圖於黑板上,如下。
(一)書"地勢"二字於黑板,問諸生知其義乎?(二)告之曰:所謂地勢者,即地面上之形勢,如某處高、某處低、某處平、某處傾斜是也。(三)前課所述者,爲行政區域,諸生既知之矣,今更進述自然區域。(四)自然區域者,即因地勢之如何,分别全國爲若干區者也。

提示
(一)出預繪於黑板之圖示之。(二)書"流域"二字於黑板,問諸生知其義乎?(三)告之曰:流域者,謂某水所經流之地方也。大河源遠流長,且多支流,故其流域必廣。(四)使讀圖,以次觀察下列諸河,發源何處,下流至何處止,及其經流何省。一、黄河。二、長江。三、粤江。四、閩江。五、黑龍江。六、遼河。七、伊犁河。八、塔里木河。(五)使觀圖,蒙古有無大河流?次使觀青海,又次使觀西藏,亦如之。(六)使觀黑板圖中各自然區域之界綫,問以每區之中有何省,或何特别區域。學生隨舉其名,教員隨填注之於黑板圖中,使審觀之。(七)講課文。

比較統括

（一）黄河、長江、粤江三流域之比較。長江最長，黄河次之，粤江最短。長江支流最多，粤江次之，黄河最少。

（二）黄河、長江、粤江與黑龍江之比較。黄河、長江、粤江下流皆在本國，黑龍江則否。

（三）黑龍江與遼河之比較。黑龍江大，遼河小。

（四）塔里木河與以上諸水之比較。一入海，一瀦於陸地。

（五）塔里木河之外，尚有瀦於陸地之水否？黑龍江之外，諸大川下流不在我國者爲何水？伊犂河。

（六）藏境諸川與黑龍江之比較。一雖下流不在我國，上流尚便航行；一則上流并無航行之利。

（七）問蒙古、新疆有水之地，較十八省及東三省孰多？

（八）次及統括示之曰：黄河、長江、粤江三流域及東三省，爲我國富於水利之區。新疆雖有伊犂河及塔里木河，一則大部分皆在他國，一則經流之地甚狹。蒙古雖爲諸大河發源地，然偏在北方，其大部分則爲一大沙漠。西藏、青海諸大河，亦僅上游一部分，無交通灌漑之利。故此諸地方，比較的水利甚乏。

故以上所述各區域，又可統括之如下：

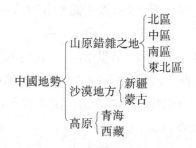

練習應用

（一）使生徒以自然區域爲綱，行政區域爲目，列爲一表，教員檢其正否。
（二）使生徒照黑板圖之例，自製一圖，教員檢其正否。

參考

中國地勢，可分爲屬於中央亞細亞之部，及屬於東方亞細亞之部。屬於中央亞細亞之部，又可分爲蒙古包新疆。及西藏包川邊青海。二高原。屬於東方亞細亞之地，又可分爲：一、崑崙北幹地帶，二、中幹地帶，三、南幹地帶，四、北方平原，五、南方平原。今詳説之如下：

（一）蒙古高原。包新疆。此高原北限以阿爾泰山系，天山亦屬阿爾泰。南限以崑崙山系之北幹，阿勒坦塔格、祁連、賀蘭、陰山、興安嶺。中央包一大沙漠，爲往古一大內海，與葱嶺以西之沙漠相連。裏海、鹹海等皆其殘迹也。

（二）西藏高原。包川邊及青海。爲崑崙山系最蟠鬱高峻之處，又可分爲二：一爲後藏湖水區域，高而且平；一爲橫斷山脈區域，地勢傾斜於東南，現今前藏之一部及川邊全境、青海之南半部及雲南省之西部均屬之。此爲亞細亞洲最早生成之骨幹。崑崙及印度固斯兩山系生成最早，阿爾泰、希馬拉邪均其後起者也。

（三）北幹山脈地帶。其北方以賀蘭、陰山、興安嶺與蒙古爲界，其南方則係此山脈陽面之傾斜地，如在陝、甘二省之六盤山、橫山，涇、渭、西洛諸水之源。直隸、山西間之太行山，熱河、直隸境之七老圖山，遼河、灤河之分水界。燕山，潮、白二河之分水界。黑龍江省之伊勒呼里山脈。維高度、長度互有不同，其地質上之構造一也。其相續者，爲長白山脈，又分二支，一爲遼東及山東半島之骨骼，一爲朝鮮半島之骨骼。崑崙北幹，北峻而南弛，故北方成一大內海，蒙古沙漠。南方則構成北區、關東、內蒙古之一部分及朝鮮半島之山地。

（四）崑崙中幹地帶。崑崙中幹，即所謂北嶺也。今四川一省、陝、甘二省漢水及嘉陵江流域。及河南省之一部分、白河流域。湖北之殆全省，除荊南道境。及安徽、江蘇二省江以北之山地均屬之。

（五）崑崙南幹地帶。崑崙南幹即所謂南嶺也。今雲南省之東半、貴州、湖南、江西、廣東、廣西、福建及浙江省之一大部分除浙西。均屬之。

（六）北方平原。黃河、淮水之沖積地。今直隸、山東、河南三省及江蘇、安徽二省淮山脈北嶺。以北之平地屬之。此平原均屬黃土地帶。黃土之分布以北嶺山脈爲界。

（七）南方平原。自西陵以下，長江兩岸地盤低陷之處甚多，皆爲衆水所瀦集。如洞庭、鄱陽二湖，武昌、漢陽一帶之湖泊，巢湖、太湖及沿江兩岸之低地是也。此平原其幅殊狹，自常、鎮而下，長江兩岸之沖積地與太湖平野相連，而其幅始廣。

南北兩平原以北嶺山脈爲界。北嶺山脈在安徽已成邱陵狀，至江蘇則低夷斷續，幾不復成爲山脈。金陵之鍾山、蔣山、江都之蜀岡、沿江之金焦、北固、狼、福諸山皆是。故此二平原至東部遂合爲一。

第二章　北區地方概説

第四　位置　海岸(一時)

教材

　　北區爲黃河流域。北以長城接蒙古高原，西接新疆、青海，南接中區，東臨渤海、黃海。

　　本區海岸屈曲，多良港灣，渤海沿岸有大沽、秦皇島、龍口諸商港。黃海沿岸有商港曰煙臺，又有威海衞及膠州灣，形勢險要，均爲著名軍港，今爲異國所租占。

長城圖

教授方法

豫備

（一）復習第一課第二節及第三課。（二）問何謂海岸？何謂海岸綫？何謂港灣？何謂商港？何謂軍港？均使學生舉其固有之觀念以對。（三）書“租借地”三字於黑板，問諸生知其義否？使舉其固有之觀念以對。

提示

（一）繪北區六省輪廓於黑板，擇一學生，使填注其名。（二）又擇一學生，使填注其四周所界各地方之名。（三）使學生以所攜之圖與黑板圖相比較，符否。又使覆觀第二課附圖。（四）使學生讀課文第一節，問與圖中所繪符否？（五）擇一學生，使講課文第一節。（六）繪北區沿海圖於黑板上。先繪其輪廓，隨與學生問答，隨填注其名。（七）問我國自長江口以北，所界之海爲何海？於黑板圖中填注黃海。下同。（八）指渤海灣問之曰，此爲海灣否？（九）問渤海灣與黃海以何處爲界？指隍城廟羣島示之。（十）使讀圖，觀察直隸省沿海有何大河，大沽口在此河之口否？（十一）問大沽口下流冬期如何？諸生知之否？不知，則書“封河”二字於黑板示之，釋其義。（十二）問大沽冰凍時，出入之船舶將如何？使讀圖，覓秦皇島所在，然後告以秦皇島爲不凍港。大沽封河時，船舶均於此出入。（十三）使讀圖，覓煙臺之所在。次使覓威海衛、膠州灣所在，然後填注此四地名於黑板圖中。（十四）使觀黑板圖，諦視各地方之位置，使自西北而東南，列數之，更自東南而西北，列數之。使分別諸地方孰在黃海，孰在渤海中。（十五）略述煙臺、龍口情形。（十六）略述威海衛、膠州灣形勢及其租借之歷史。（十七）講課文第二節。

比較統括

（一）渤海灣與黃海之比較。

（二）渤海灣與膠州灣之比較。

（三）渤海灣沿岸與黃海沿岸之比較。渤海灣沿岸較平直，黃海沿岸較屈曲。海岸綫屈曲與平直，孰爲有利？何故黃海沿岸屈曲，而渤海灣平直？

（四）商港與軍港之比較。

（五）威海衛與膠州灣之比較。

（六）煙臺與大沽口之比較。一爲北區貨物出入之總門，一則集散貨物，僅及其附近地方。

（七）秦皇島所以補白河冰凍之不足，故與大沽可看做一個商港。龍口與芝罘逼近，故其商務之盛衰與芝罘必大有關係。

（八）試以本課所舉各港名列爲一表，須分別其孰在渤海，孰在黃海，孰爲軍港，孰爲商港。

練習應用

（一）使學生自製北區沿海圖，教員檢其正否。（二）任舉一港名，問自此向何方面進航？當達何港？如是更換，反復練習。

參考

自長江口至朝鮮半島之南端畫一直綫，直綫以内之部分均爲黄海。又有南黄海、北黄海之分，以山東半島爲界。

遼東半島之南端，爲旅順西南之老鐵山頭；山東半島之北端，爲蓬萊縣北之登州角。其間南北相距凡百八十里，所謂直隸海峽也。直隸海峽中列島十五，曰北隍城島，曰南隍城島，曰小欽島，曰大欽島，曰小竹島，曰大竹島，曰砣磯島，曰猴磯島，曰高山島，曰大黑山島，曰小黑山島，曰長山島，曰沙田島，曰桑島，曰廟島。北隍城島最北，與老鐵山頭相對，其間爲老鐵山海峽。廟島最南，與登州角相對，其間稱廟島海峽。猴磯島南北水道最便，航海者多由之。

遼東、山東二半島古本相連。渤海灣亦陸地，其後經大變動，乃陷落而成内海。或謂山東省半島部之地與大陸本不相連，後因黄河之沈澱作用，乃擴張陸地之面積，而成今日之形勢。要之山東半島之成因，由於有泰山之脈以爲之骨骼，而泰山之脈實來自遼東，故今者兩半島尚氣脈相貫，擁抱一渤海灣。此則地理上之要點，講北區地勢沿海時，應聯絡授之者也。

山東半島之東端爲成山角。成山，在榮成縣東二十里，五峯並峙，陡入海中。船舶往來者，必繞之而行。其地潮流湍急，設有燈塔。

商埠可大別爲五種：一、沿海，二、沿江，三、内河，四、沿邊，五、腹地是也。其開放之原因，則有基於條約及自開之別。

秦皇島，距山海關三十里，名爲島，實半島也。背負山，足以遮蔽北來之冷風，故雖緯度在大沽口之北，而冬不冰凍。

北區商埠表

商　埠	稅關	開 放 事 由	駐紮領事之國	所在地
北京（南苑）		光緒二十八年《中美條約》，及三十年《中日商約》		京兆
天津	津海	咸豐十年中英、中法《北京續約》	英、法、德、丹、美、日、奥、意、荷、瑞典	直隸
秦皇島	秦皇島	光緒二十四年自行開放		

商　埠	稅關	開放事由	駐紮領事之國	所在地
煙臺即芝罘	東海	咸豐八年中英、中法《天津條約》初議開放登州後改	英、法、德、俄、美、日、奧、比、挪	山東
青島	膠海	光緒二十三年爲德所租,繼由日據,今已收回		
濟南（歷城）	濟南	光緒三十年自行開放	英、德	
周村		同上		
濰縣		同上		
龍口		民國三年自行開放		
鄭州（鄭縣）		光緒三十三年自行開放		河南
彰德（安陽）		光緒三十四年自行開放		
河南（洛陽）		同上		
肅州（嘉峪關）		光緒七年中俄改訂條約	俄	甘肅

龍口,在煙臺之西。地屬黃縣,本爲沿海一小口岸,有汽船與煙臺往來。

煙臺,屬山東福山縣,明代於此置戍,故名。其地有山名芝罘,陡出海中凡十八里。南面海濱,即商埠所在也。水深而廣,便於泊舟。嚴冬不冰,入夏涼爽,氣候之佳,爲北部諸港冠。

威海衛,在山東文登縣北。瀕海有城,明代設衛駐守處也。城北爲海,海中劉公島峙焉,島周二十七里,山高五百餘尺,東西橫亘,障蔽風浪。威海之成爲軍港,由此島也。分水道爲東、西二口,東口有暗礁,西口雖狹,而水深可容巨艦。東西兩端,均建礮臺,以資扼守。

膠州灣,在膠縣之南,故名。其地靈山與勞山之脈,斜伸入海,而成團島及腕子山兩半島。口名淮子口,寬僅六里,扼守甚易。然港水甚深,面積寬廣,足容巨大軍艦。團島之東爲青島,實亦非島。德人開商埠在焉。

我國有租借地,始於德之租借膠州灣,而實始於中俄密約。光緒二十一年,中日議和約於馬關,許臺灣之外更割遼東半島。俄人聯合德、法,脅日還遼。翌年,李鴻章使俄,遂訂中俄密約,許俄築中東鐵道,并許租借膠州灣以爲軍港。約未宣布,德人藉口於曹州殺其二教士,發兵艦攻膠州灣,據之,遂定租借九十九年之約。於是俄租旅、大,英租威海,法租廣州灣,紛紛起矣。旅、大租約係二十五年,威海衛同。

第五　地　勢(二時)

教材

祁連山脈,自新疆來,東北行爲賀蘭、爲陰山,在黃河之北;其分支南下者爲太行。岷山山脈,自青海來,東南行爲秦嶺、爲伏牛、爲大別,在黃河之南,總稱曰北嶺。泰山之脈,自東北區來。

陝、甘、山西三省,全體多山。直隸、山東、河南則一部爲平原,是爲黃河下流原野。

教授方法

第一時(陰山　北嶺)

豫備

(一)命學生讀圖,觀察黃河之流向。(二)問之曰:水從高處流向低處乎? 抑從低處流向高處乎? (三)然則陝、甘二省,西南之地勢較東北孰高? 山西省北方之地勢較南方如何? 直隸、河南、山東是否西高而東下?

提示

(一)繪下之略圖於黑板示之。(二)問:講第一課時,曾爲諸生言吾國西界有一高原,尚能記憶否? 告之曰帕米爾高原,爲亞洲諸山發脈之處,故吾國北區山脈來自新疆。(三)使讀圖,觀察圖中阿勒坦塔格之脈。問:與甘肅省西北垂之山脈相連否? 此甘肅省西北垂之山脈何名? 祁連。至何處而止? (四)問:黃河以北,尚有山脈否? 使觀察之。問:直隸、山西二省之間有山脈否? 此山脈爲橫行,抑縱行? 與黃河以北之山脈連接否? 此山脈之走向與黃河在山、陝二省間之走向同異若何? (五)問:黃河以南尚有山脈否? 其發脈處與祁連山脈斷續若何? 其在陝、甘二省走向若何? 其在河南省走向若何? 黃河折而東行處,在此山脈之何方? (六)講課文,自"祁連山脈"至"總稱曰北嶺"。

比較統括

問:陰山之北方爲何地? 有何大水? 其南方爲何地? 有何大水? 北嶺之北方爲何地? 有何大水? 其南方爲何地? 有何大水? 然則陰山者,蒙古沙漠

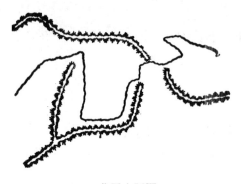

北區山脈圖

地方與黃河流域之界；北嶺者，黃河流域與長江流域之界也。北區六省在何山脈之南？何山脈之北？當屬何川流域？

練習應用

（一）使學生自製北區山脈圖。（二）問：有山脈之處，較之無山脈之處，往來孰易？問：設以牆譬之山，則山中可通行之路當譬之何？門。問：設以屋之兩側，譬之黃河及長江流域，則何處當爲北嶺？脊。（三）使學生六人按北區六省之位置立定，使其互相往來，問自何處至何處當逾山，自何處至何處則否。

第二時（泰山　北區六省地勢）

豫備

（一）復習第四課。（二）問：環抱渤海之二半島何名？此二半島地勢相連否？（三）寫"泰山"二字於黑板，問諸生有知其名者否？知其在何省否？

提示

（一）使讀圖，觀察山東半島，是否有山，抑係平地。問：此山脈與陰山或北嶺相連否？然則此山脈何自來乎？（二）繪左圖於黑板示之。（三）告以陰山之脈自直隸東北行入蒙古，自蒙古折東南行，至黑龍江松花江之會口。越松花江爲長白山。西南走爲千山脈，爲遼東半島之脊骨。以上不必責其詳細記憶。自遼東越海而爲泰山脈，是爲山東半島之脊。故遼東、山東二半島爲同一山脈所構成，其中間一部分之陷落又爲造成渤海灣之因。（四）使讀圖，詳覽此山脈之起訖。

泰山山脈圖

（五）講課文"泰山之脈，自東北區來"二句。（六）使讀圖，觀察直隸省之北爲何山，西爲何山；山西省之北爲何山，東及南爲何山；陝西省之北爲何山，南爲何山；甘肅省西北爲何山，東南爲何山，北爲何山；河南省西南爲何山，東北若何；山東何處有山，何處無山。（七）使自覓北區六省平原所在。（八）講課文

第二節。（九）書"黃河下流原野"六字於黑板，使讀圖，確認黃河下流與北方平野之關係。

比較統括

（一）泰山脈與陰山北嶺之比較。

（二）陝、甘、山西三省與直隸、山東、河南三省之比較。

（三）直隸省之平原在何方？山東省之平原在何方？河南省之平原在何方？使確知此三省之平地，相聯接爲一大平原。

（四）山地與平原之比較。凡山地之勢必高，平原必低。山地多爲水之上流，平原則爲其下流。山地交通必困難，平原必便利。

（五）使收書，復述本課第二節之大旨。

（六）使生徒列爲下表：

$$北區地勢\begin{cases}山地——山西、陝西、甘肅\\平原……直隸、山東、河南\end{cases}$$

練習應用

（一）使仿黑板圖，繪泰山脈圖與昨所製圖，合爲一紙。（二）問：北區六省之交通，何省較爲便利？何省較爲不便？（三）使復習第六課。告以大沽在白河下流，此等商港，惟平原始有之。芝罘、龍口、威海衛、膠州灣均在泰山脈兩側，此等軍商港，必山地方有之。（四）使讀圖，比較直隸、山東二省海岸綫，何處平直，何處曲折。告以海岸綫曲則長，直則短，及海岸綫之曲直與地勢之關係。

參考

祁連山，在甘肅安肅、甘涼二道之南，其脈起於新疆。新疆省西垂之蔥嶺，崑崙發脈處也。自此東南迤，爲喀喇崑崙。又東南，至克里雅河之源分爲二脈：一東南走入青海，是爲巴顏哈喇山脈；一東北走，在新疆省大沙漠之南，是爲阿勒坦塔格，即阿爾金山。《漢書》所謂南山也。東入甘肅境，則爲祁連。祁連，匈奴語"天"也。昔匈奴渾邪、休屠二王處此，故被其名。祁連也，南山也，阿勒坦塔格也，其實一山而已。一爲匈奴名，一爲漢名，一爲蒙古名。此山自新疆入甘肅，緜延數千里。至皋蘭境，忽中斷，地學家稱爲中國本部與新疆、青海之間天開之通道。

賀蘭山，在寧夏縣西北，今河套以北，緜延數百里。蒙語稱阿拉善山。阿拉善,即"賀蘭"之音差也。

陰山,在山西大同縣北,察哈爾境內,今名大青山。

太行之名,所包最廣。自中條山脈以東北界燕、晉二省間,沿直隸省長城行至碣石,皆是也。舊說沿《禹貢》,以太行之脈來自中條,然《禹貢》說"導山",非說"山脈"也。說山脈,當以太行之脈來自雲中之說爲正。

秦嶺,即古終南山,亦曰南山。秦嶺之名,起於《史記》。連山不斷謂之"嶺","秦"則以其地言之。自隴以東,迄於華山,皆秦嶺也。

伏牛山,在河南嵩縣南。秦嶺山脈,自華山東行,其脈折而東南,爲熊耳山。在盧氏縣西南。又東南,爲伏牛。更東,爲方城。在方城縣東北。自此折南行,至淮源,爲桐柏,爲漢、淮之分水界。今地學家總稱之曰伏牛山脈。自淮源以東,界豫、鄂二省間,總稱大別山脈。

泰山,在山東泰安縣北,其脈來自遼東。脈中有名之山甚多,如沂山、即東泰山。大峴山、在臨朐縣南。琅邪山、在諸城縣。勞山在膠縣。等是也。昔人謂自成皋以東,大抵徑途沃野,無大山重阻,而泰山忽焉特起,博厚崇隆,自此羣山翼帶直抵海濱,以爲神異。蓋未知其脈之來自遼東也。

第六　河　流(二時)

教材

黃河貫流本區六省,自山東省利津縣入海。白河導源長城外,合永定、豬龍、滹沱三河,於大沽口入海。此外,淮水及汝、潁發源河南,入安徽。漢水發源陝西,入湖北。

運河導源於山東汶上縣,北流者抵天津,南流者入江蘇。

教授方法

第一時(黃河　白河)

豫備

(一)問:北區六省,何以總稱黃河流域? (二)問:華種東來時,沿何水遷徙? 歷史第一課。(三)於黑板繪黃河形,使學生就其旁填注北區六省之名。(四)於黑板添繪北區六省山脈,問學生以其名。(五)問:北區六省地勢,何處高？何處低？然則北區大水，應發源何處？流向何處？

提示

（一）於黑板圖中添繪巴顏哈喇山脈，問學生知其爲何山否？不知則告之，並指明其在青海地方。（二）講授黃河源流，須注意於下列各項：一、黃河發源何處；二、經流何省；三、在何處入海；四、黃河之流向與山脈之關係；五、黃河至何處始入平地；六、黃河之航利；七、黃河之水患；八、黃河之全長；九、黃河之大支流。以上各項，但使略具概念，不必一一責其記憶。（三）使讀圖，觀察北區六省，黃河以外，有何獨立入海之水？前課所授之大沽口，是否即此水之口？（四）使觀察此水之上源有幾，此諸水之北爲何山？西爲何山？（五）講授白河河系大略，當注意於下列諸點：一、白河之諸源；二、諸源匯合之處；三、入海之處；四、白河諸源中，惟永定河常有水患；五、白河富於航利。（六）講課文“黃河貫流本區六省”至“於大沽口入海”句。

比較統括

（一）本流與支流之比較。

（二）大河上流與下流之比較。

（三）黃河與白河大小之比較。水患之比較。航利之比較。

（四）問北區六省，獨立入海之水有幾？

練習應用

（一）使學生繪黃河及白河流系圖，教員檢正之。（二）問禹之治水，何以不恃隄防，專重疏導？歷史第七課。

今欲治水，當師其意否？

第二時（淮水　漢水　運河）

預備

（一）復習前一時所授。（二）問：黃河之北爲何山？其南爲何山？問：陰山以北、北嶺以南之水，亦能入黃河否？（三）問吾國之水，何故皆橫行？亦能有縱貫之水否？

提示

（一）使讀圖，觀察淮水及漢水之源流及汝、潁、賈魯三河。（二）講淮水，當注意於下之事項：一、淮水發源何處；二、至何處入洪澤湖，其入海之故道爲何；三、其在本區者爲何一段；四、汝潁及賈魯河。（三）講漢水，當注意於下之事項：一、發源何處；二、至何處入江；三、其在本區者爲何一段。（四）使觀地圖，確認淮、漢與黃河之分水界。（五）板書‘江淮河濟’四字示之，問其知否。告以此四水古稱四瀆。瀆者，言其獨流入海也。禹治水時尚然。歷史第七課。今黃河入海之道，即濟水故道，自此以前，并淮水入海。禹之時，則在今大沽口入海。使知黃河汜濫區域之廣。淮水及白河均曾爲黃河所并，故北區六省可通稱爲黃河流域。并爲後來講授淮水之預備。然則北區六省真獨立於黃河流系以外者，一漢水而已。使知北嶺山脈確爲江河之分水界。（六）問：白河諸源至天津有一水，自南來會之，此水爲何水？此水系縱行否？（七）問：此水導源何處，諸生知之否？（八）講授運河大略，須注意其何處合衛水。（九）擇優生使講課文。

比較統括

（一）淮水與漢水之比較。

（二）北區六省，除黃河、白河外，當以何水之流域爲最廣。

（三）運河與其他諸河之比較。

（四）使學生以本課水系列爲一表。

練習應用

使學生繪北區山脈水系合圖，並以所列簡表附錄其上。

參考

黃河，源出青海巴顏哈喇山脈之北噶達七老峯下，稱阿爾坦河。與阿爾泰同音異譯。東南流，合小水百餘泓，蒙古語曰鄂敦他拉，即古星宿海也。又東南，合札凌、鄂凌二泊，曲折入甘肅境，至皋蘭，南合洮河，北合湟水，東北至寧夏縣出長城，沿賀蘭山脈之陽東流，貫綏遠境，至托克托西，乃折而南，界山、陝二省間，過壺口、龍門之險，左合汾，右受渭及西洛二水，自潼關北折東行，至陝縣北，過砥柱山。自此以下，入於平地。又南受洛，北合沁，自滎澤縣北東行，過開封縣北，至蘭封，折東北行，入直隸，過東明縣北，入山東，東北過運河，經歷城西北，又東北至利津縣入海。全長八千八百餘里。自鄭縣以西，潰決移徙不常，歷代皆糜巨帑治之，視爲大患。支流不多，航利尤鮮，然含肥料頗多，沿岸土田因之肥沃，於農業頗有利也。

白河上源有五。北曰潮、白河。潮河，出古北口外熱河道境。白河，出獨石口外興和道境，入長城，合流於密雲縣南，總稱白河。過縣西，合通惠渠。自此以下，亦稱北運河。至天津縣北，與永定、豬龍、子牙三河及南運河會。永定河二源，北曰洋河，又有南、北二源。南曰渾河，即古桑乾河也。合流於直隸宣化縣東南，入長城，出京兆西三十里之蘆溝橋下。自此以下，稱永定河。東南至天津，與白河會。豬龍河，上源有三，北曰唐河，南曰沙河，又南曰瀦河，三水合流，瀦於白陽淀。東北出，亦稱玉帶河。至天津，與白河會。滹沱河，源出山西繁畤縣境之泰戲山，西南流，折東南，入直隸省。經正定縣南，又東，分爲數支。其一支曰子牙河，自獻縣東北至天津，與白河會。白河既合永定、豬龍、子牙三河，又南合南運河，東南流二百七十里而入於海。自丁字沽以下，總稱沽河，亦曰海河。流勢曲折，所謂七十二沽者也。然遇灣取直，裁八十里耳。此河流域近五十萬方里，除永定河外，均可通航，航利爲北區六省冠。

淮水，出河南桐柏縣西之胎簪嶺，即古桐柏山也。東流入安徽。其流域占河南省之大半，支流最大者爲汝、潁及賈魯三河。

汝水，出嵩縣南。有二源，南源出攋鼓山，北源出老君山，合流經伏牛山北。東北流，經伊陽、臨汝、襄城。至舞陽縣東北，有沙河，源出魯山縣西之堯山，東流，經葉縣北來注之。東經郾城南，至商水縣西北，與潁水會。潁水，源出登封縣北少室山，即嵩山支阜也。東南流，至禹縣，分爲二派，夾許昌縣東西流，至臨潁縣境復合，南至商水縣西北會汝水，又東北至周家口合賈魯河。賈魯河，以京、須、索三水爲上源，合而東南流。至中牟縣西北，始有賈魯河之名。東南經通許、尉氏、扶溝三縣境，至周家口合潁、汝。三水既合，東南流入安徽境，至正陽關東北入淮。

漢水，出陝西寧羌縣西嶓冢山，貫流漢中道境，入湖北。

運河，以汶水爲上源，自汶上縣南之南旺閘分流南北，北流者至臨清合衛，南流者至清江入淮。臨清以上，置閘十七，清江以上，置閘三十有二，以束水。自此以下，則不復置閘矣。南旺地勢高於臨清九十六尺，清江百十六尺。北流者經德縣西入直隸，至天津而合白河。

第七　氣候　物産(一時)

教材

氣候，現大陸性，寒暑皆劇，惟東南部較温和。雨水概比中區爲少。

土地肥沃，宜耕宜稼，多產麥與高粱。畜牧，富羊、馬、驢、騾。礦產，饒煤油、煤、鐵，沿岸亦有鹽利。製造品，以揉皮、製氈及製草帽緶等爲最著，紡織業亦漸興。

教授方法

豫備

（一）問諸生有曾到過北區者否？如未到過，曾聞人述及北區之氣候否？如在北區，則問曾到過他處否？曾聞人述及他處之氣候否？可使略述所知，藉比較觀念，以引起本課。（二）問：麥與高粱，諸生知爲何物否？其用若何？不知則略釋之，下同。（三）問：羊、馬、驢、騾，諸生均曾見過否？其用若何？（四）問諸生知煤油、煤、鐵之用否？（五）問諸生知鹽產於何處否？（六）舉北區所產氈草帽緶、愛國布等，以示學生。

提示

（一）説明大陸性氣候與海洋性氣候之別。（二）問：白河下流何以至冬春輒結冰？（三）問：北區之地，何以西南部較爲温和？告以山脈足以障礙冷、熱風之理。（四）問：北區雨水，何以概比中區爲少？使知北區與中區河流之多少及空氣濕度之不同。（五）問：北區之人多食麪飯，南區、中區之人多食米飯，諸生知之否？北區之人，何以多食麪飯？（六）問：北區產酒最著名，諸生知之否？（七）問：中南區之地，何以多種稻？北區何以多種麥與高粱？略説土質異宜之理。（八）問：羊、馬、驢、騾何以盛於北方？與氣候有關係否？（九）問：北方水道少而陸路多，諸生知其運輸旅行之情形否？（十）問：吾人冬日所衣之羊裘，何以多來自北方？（十一）問：何謂毛織物？（十二）問：今日羊毛出口獨盛於天津，諸生知其故乎？（十三）問：中南區人，炊爨多用柴薪，北區則不盡然，諸生知其故歟？（十四）問：鹽與人生之關係如何？鹽能隨處產之歟？使知鹽產地之重要。（十五）問：吾人夏日所戴之草帽及冬日所衣之洋布，爲中國貨否？其原料取諸何處？（十六）講課文。

比較統括

（一）北區氣候與中南區之比較。

（二）麥及高粱與稻之比較。

（三）驢馬與鐵路之比較。

（四）煤與煤油與他種燃料之比較。

（五）北區產物與北區氣候適應之理。

（六）北區製造品與北區產物之關係。

（七）列下表以示學生：

北區產物 {
　天產品 {
　　植物　麥　高粱
　　動物　羊馬驢騾
　　礦物　煤鐵煤油
　製造品 {
　　紡織業
　　草帽緶
　　揉皮　製氈
}

練習應用

（一）問：北方麥稈甚多，可利用之以製何物？北方草緶帽甚多，欲利用之，使利不外溢，其道當若何？（二）問：今欲使中國之人所衣之絨及布均係本國產，其道當若何？（三）告以煤、鐵礦與製造事業之關係、紗布等不宜仰給外國之理。吾國何以祇能製草帽緶而不能織草帽，祇能以羊毛出口而不能自織？告以今日即鹽亦有外國產輸入，以見生計受人侵削之可危。（四）問諸生均願振興實業否？設到北區，願振興何項實業？使各自述其志願。

参考

凡距海較近，又無山脈等障蔽，其氣界之寒暑燥熱得藉海洋之力互相調劑者，謂之海洋性氣候。反是，謂之大陸性氣候。海洋之受熱、散熱均較陸地爲遲，其空氣亦恒較陸地爲溼潤，故得海洋氣候之處，寒暑燥溼恒均調。大陸性氣候反是。

北區大陸性氣候係受蒙古高原之影響，故東南部之地較爲溫和，其大氣之乾燥亦緣受蒙古高原之影響也。

北區產業，近今特可注目者爲紡織業之漸興。蓋吾國北區，紡織事業素不興盛，致衣被之資幾全仰給於外國。近始有設公司購機器以與之競者，以直隸省爲最盛，河南、山西等省繼之。此誠一良好之現象也。此外如揉皮、製氈及製草帽緶等業，苟能日加改良，進而自製熟貨，亦均足以抵制外品，挽回利權也。

北區大利，尤在礦物。即以煤礦論，山西一省所產，據礦物學者調查，已足供全世界二千年之用，其面積凡一萬三千五百英方哩云。且炭質良好，多係無烟煤，此實世界各國所莫逮也。河南省炭礦，亙大河南北，亦足供數百年之用。陝西、甘肅二省雖不如河南、山西之盛，然據礦物學者之調查，所產亦自不乏。至鐵礦，則亦以山西爲最多，尤著者爲平定、潞澤一帶。

第八　交通　住民　行政區分（二時）

教材

鐵路以北京爲中心，航路以天津爲中心。鐵路之重要者，有京奉、京綏、京漢、津浦、正太、汴洛、洛潼、膠濟、道澤各線。其餘各地，又有驛道，以通往來。航利以白河爲最大，黄河及賈魯河、漢水，亦俱可通航。

住民：大部爲漢族，間有滿族、回族。人口凡一億一千五百餘萬。民性樸質，有剛强之風。

本區行政上，分一區，曰京兆。六行省，曰直隸、山東、山西、河南、陝西、甘肅。

教授方法

第一時（鐵路）

豫備

（一）問諸生有曾乘過汽車者乎？有曾乘過汽船者乎？

（二）汽車與驛馬之力比較若何？汽船與帆船之力比較若何？

提示

（一）使讀圖，先覓北京之位置，然後觀察其四出之鐵路。（二）問：此諸鐵路諸生有知其名者否？知者使舉之，不知者告之。（三）繪北區鐵路略圖於黑板，然後以次講述下之各線：一、京漢鐵路及正太鐵路；二、津浦鐵路；三、京奉鐵路；四、京張鐵路及張綏鐵路；五、汴洛、洛潼及開徐鐵路；六、膠濟鐵路；七、道澤鐵路。（四）使分別何綫爲縱行，何綫爲橫行；何綫爲幹綫，何綫爲支綫。（五）使觀京漢、津浦兩路，均穿過河淮否？（六）問：與河淮平行者爲何綫？（七）問：

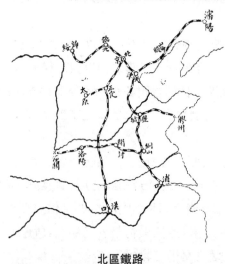

北區鐵路

圖中鐵路,有幾綫已達海口?（八）告以現今之洛潼、汴洛、開徐,引長之則成隴秦豫海綫,於黑板畫路綫示之。（九）於黑板書"驛道"二字,解釋其意義。（十）講課文,自"鐵路以北京爲中心"至"以通往來"句。

比較統括

（一）鐵路與驛道之比較。一爲利用動物之力,一爲利用機械之力。觀利用機械力之優,可知振興煤鐵礦之重要,藉與上課相聯絡。（二）道路支幹與樹木支幹之比較。可於黑板上繪圖以明之。

（三）問:北區六省鐵道,何省較多? 何省較少? 縱行之綫,較橫行之綫孰多?

練習應用

（一）使繪北區鐵道圖,並授以各路之里數、起訖點、乘車價目、通行日期等,使製爲一表,附錄於後。（二）錯舉北省各地名,問以某處至某處,有鐵路否。如先舉天津及北京,次舉北京及歸綏,次舉天津及太原、北京及青島,再次舉太原及西安之類。

第二時（航路　住民　行政區分）

豫備

（一）復習第二第三課。（二）問諸生出門願走陸路乎? 抑願走水路乎?（三）問:陸路與水路之區別若何?（四）問:北區最大之水何名? 其次何名?（五）書"漢滿回"三字於黑板,問諸生知其義否?（六）問:漢族即歷史教科書中之華種否? 歷史第一課。（七）問諸生曾見過滿族及回族否?（八）問諸生曾見過清真寺否? 此爲何教之寺廟?

提示

（一）先使復述北區各水道,然後告以孰可通航,孰不能通航。一、白河。大汽船可自大沽口至天津,自天津溯白河,可至通縣。自天津溯南運河,小汽船可至德縣,大船可至臨清。自此溯衞河,可至道口鎮。接道澤鐵路。自天津泛子牙河,小舟可至正定。接正太鐵路。惟永定河流勢湍急,不便通航。二、黃河。自寧夏以東,至山西之包頭鎮,可以通航。三、賈魯河。自周家口以下可以通航,水盛時亦可至朱仙鎮。四、漢水。自南鄭以下,可以通航。（二）問諸生知滿族之本據地在何處? 回族之本據地在何處乎?（三）問諸生知中國人數共若干乎? 北區之人性質如何?（四）講課文第一節"航利"以下及第二節。（五）問何謂行政區域? 何謂省?（六）畫北區六省輪廓於黑板,擇優生使填注其名,並填注其四周所界地方。（七）擇學生,使講課文第三節。

比較統括

（一）航路與鐵路之比較。一以運載人身爲主，一以運載貨物爲主。

（二）使讀圖，北區航路可與鐵路連接者幾綫，不能連接者幾綫。

（三）問：北區可利用之與中區交通者何水？可利用之以達海口者何水？

（四）使讀圖，北區航利最大者爲何省？次之者何省？何省最小？

（五）合鐵路、航路二者觀之，北區交通何省最便？何省次之？何省最不便？

（六）使以一一五〇〇〇〇〇除四〇〇〇〇〇〇。

練習應用

（一）使繪北區航路圖，須分別何處可通汽船，何處祇通帆船。（二）問：今自北京欲至西安，取道當如何？（三）問：今自歷城欲至漢口，如何最捷？（四）問：今有二人，自陽曲運貨至大沽，一欲求行程之速，一欲求其運費之廉，其取道當若何？（五）分學生爲若干組，游歷北區六省，令各自擬其出游之路綫。

參考

京奉鐵路：自北京至瀋陽，長一千七百十四里。初借英、日款，今已歸還。

京綏鐵路：自北京至歸綏，長一千五十二里。自辦。

京漢鐵路：自北京至夏口，長二千四百十八里。初借比款，今還。

正太鐵路：自正定至陽曲，長五百里。有俄、法借款。

津浦鐵路：自天津至浦口，長二千一百七十里。公款，兼有英、德借款。

汴洛鐵路：自開封至洛陽，長三百七十里。名借比款，實俄款也。

洛潼鐵路：自洛陽至潼關，長與汴洛鐵路同。商款所辦，現歸國有。

膠濟鐵路：自青島至歷城，長七百八十九里。德人租借膠州灣後，同時取得此路敷設之權。

道澤鐵路：自道口鎮至晉城，長三百九十一里。公款所辦，兼有英款。

北方諸省，交通要道尚未築有鐵路者，略舉如下，亦爲教員者所當知也：一、自京兆出古北口，至承德，經朝陽，以達奉天。二、自膠濟鐵路分歧，達芝罘。三、自益都南逾大峴山，經臨沂，以入江蘇。四、自陽曲北經忻代，出雁門關，以達大同。南沿汾水至永濟，渡河，入陝西。五、由洛陽過三鴉路，至南陽，達湖北之襄陽。六、自南陽西經淅川入荊紫關，至商南，入武關，過藍關，抵長安。七、自長安經郿縣入斜谷，達襃城，西至沔，西南入四川，踰劍閣。八、自長安渡渭，西北經邠、乾，至甘肅，由平涼至皋蘭。九、自皋蘭西北出武威、張掖、酒泉，過嘉峪關，經玉門、安西、燉煌三縣，過猩猩峽，入新疆。十、自皋蘭西經西寧入青海。又有取道長城以北，自甘肅達直隸者，自寧夏陸行三十日抵西嘴子，泛黃河，七日至包頭鎮，陸行七日至歸綏，又十四日至張北。今歸綏、張北間鐵道現已竣工矣。此路大部分在內蒙境，然北區商販多由之，以較取道長城內爲迳捷也。

白河。自大沽口至天津，可通吃水七英尺之汽船。自天津溯北運河，可至通縣。溯南運河，小汽船可至德縣，帆船可至臨清。自此溯衞河，大船可至大名縣西十八里之龍王廟，易小舟可至河南之道口鎮，與道澤鐵路接。今運河自臨清以上，已淤塞不通，然河南貨物由此達天津者頗多。滹沱河，自正定以下，可通小舟，至天津航程凡七百里。

黃河通航，在今日僅限於河套一帶。然據比國工程師言，其在山、陝二省以上者，苟加以浚治，均可通航小汽船，所費不過二千萬兩云。果如所言，誠北方莫大之利也。

淮水通航之利，在正陽關以下，然自正陽關上溯賈魯河，可達商水縣北之周家口。河南、陝西之商貨自此入安徽者極多。

第三章　北區地方誌

第九　京　兆（一時）

教材

京兆，在直隸中央。北負長城，東南控津、沽。白河、永定河，貫流境內。京漢、京綏、京奉三鐵路交會於此。轄縣二十。全國首都北京在焉。

北京，城壁崇宏，人口百萬，我國第一都會也。分內、外二城。內城周四十里，中有建自明代之皇城，各官署及各國使館均在焉。外城在內城之南，市肆殷闐，商業繁盛。學校兵營分別布置，頗爲完備。名勝古蹟亦甚多。

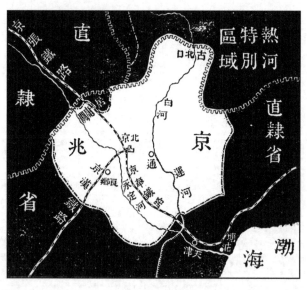

京兆圖

教授方法

豫備

（一）問：吾等所居之地有城否？其大小若何？（二）問：北京之名，諸生曾聞之否？知其在何處否？（三）問：歷代帝皇所居之地，其名云何？諸生講歷史時，曾聞之否？

提示

（一）問：北區鐵路，以何處爲中心？（二）使閱第二課附圖，詳審京兆在全國之位置。（三）使以本課附圖與所攜地圖相對看。問：北區大水，經過京兆境者何名？（四）使讀圖，觀察北京與天津之距離，次觀察北京與大沽口之距離。（五）問：自北京欲至中區、東北區或蒙古，便利否？（六）問：自北京欲航行太平洋，當由何道？能不由渤海否？問：自北京欲至海口，易否？（七）講課文第一節。（八）於黑板書“都會”二字，講明其意義。（九）畫京城圖於黑板，告以孰爲内城，孰爲外城，孰爲皇城？（十）告以皇城之内，舊有宮城，爲歷代元首所居。（十一）告以京師爲内政外交總匯之地，故各官署及各國使館均在焉。（十二）凡都會恒爲學術之中心點，故京師有各種學校。首都之地，兵備宜嚴，故京師特屯駐軍兵，以資拱衞。凡大都會，人口必多，人口既多，需求必衆，故爲商業之所集。凡大都會，人口既多，自不能無遊覽之地，而文人學士聚集其間者亦多，故多名勝。凡舊都邑，恒多古代之遺留物，我國都城數百年之舊都也，故多古蹟。（十三）講課文第二節。

比較統括

（一）京兆與他種行政區域之比較。

（二）都會與村落之比較

（三）京城與學生所住或所見之城之比較。

（四）渤海爲京師門户，可與第四課相聯絡，使知大連、旅順等租借後，京兆之藩籬已撤，以啓發其自強之心。

（五）總括下列諸項示之，使知北京爲我國第一都會。一、爲元首所居；二、城壁崇宏，人口衆多；三、爲一國行政之中心地；四、爲學術上之中心點；五、爲北區鐵路之中心點，距海口亦甚近；六、爲數百年之舊都，多名勝古蹟。

練習應用

（一）問諸生長大後，有志於游覽皇都否？欲至北京大學校肄業否？
（二）問：設欲爲一國之大政治家、大外交家，宜居何處，發揮其手腕？
（三）問：欲固京師東南面之門户，其道當如何？收回旅順、大連等租借地。

參考

今之京城，爲元明以來所建。昔契丹既得幽州，至太宗時升爲南京，改築京城，金海陵庶人復增廣之。其地在今京城西南。元至元六年，乃於舊城東北改築都城，而建皇城於其中，後名曰大都。明永樂四年，乃於其內更建宮城，其外城包京城之南面，而轉抱東西角樓，則嘉靖二十三年所築也。

各國使館在正陽門內東交民巷一帶。清光緒二十六年，拳匪創亂，圍攻使館。翌年，和議成，乃展拓使館界址，許其留兵駐守。界內專由使館管理，中國民人不准居住。

第十　直隸省（三時）

教材

直隸當黃河下流之北部，古爲燕地。西北負長城，多山，東南坦平。白河、永定河、豬龍河、滹沱河、運河，合流於天津，東南至大沽口入海。灤河、薊運河，亦入渤海。氣候現大陸性，以太行山脈障其西，雨量較多。物產，多麥、豆、高粱、棉花。開平、唐山之煤，長蘆之鹽，尤有名。全省分四道，凡百十九縣。

省會曰天津，爲北區及蒙、新、青海貨物集散之點，貿易極盛。輸出以羊、駝毛爲大宗，輸入多棉紗、棉布、木材、煤、鐵、煤油。城垣與大沽口礮臺並毀於八國聯軍之役，立約不得復建。

山海關，在長城東端，爲出東北區要道。其西南秦皇島，冬季白河凍冰，航海者多移此登陸。

清苑縣，舊省會也。自此西南至正定縣，爲正太鐵路發軔處。

大名縣，在省南隅，河南貨物多沿衞河集於此，然後入山東，泛運河以達天津。

宣化，北控張北，南通居庸，爲口北要地。

直隸省圖

教授方法

第一時（第一節）

豫備

（一）復習第四五六課。（二）問：包京兆之東、西、南三面者爲何省？（三）問：白河諸源在何處合流？至何處入海？（四）問：北方最大之商港何名？此商港在何省？（五）問：山西省何以得名？在此山脈之東者何省歟？（六）問：運河導源山東，其北流者自山東入何省？

提示

（一）使閱圖，觀察直隸省之北爲何山？西爲何山？（二）問：直隸省之地勢，西北高歟？東南高歟？直隸省之水，應從西北流向東南，抑應從東南流向西北？（三）問：白河流系，前曾爲諸生講述其大略，今尚能舉之否？使閱圖，自東北而西南，以次述白河之上源。（四）使讀圖，直隸省自白河而外，尚有獨立入海之水否？（五）使閱圖，觀察灤河及薊運河之源。問：此二水孰大？（六）講課文，自“直隸”至“亦入渤海灣”句。（七）問：前述北區六省之氣候，今尚能記憶否？使略述之。（八）問：前言北區六省之雨量概比中區爲少，此以大校言也。若以直隸、山西二省比較，則直隸雨頗多，而山西雨甚少，諸生知其故歟？（九）告之曰：凡山脈足以障礙冷風，即足以障礙含有水蒸氣之空氣。北方諸省之雨，多從海一方面來。山西省在太行山西，含有水分之空氣爲太行山脈所阻，故少雨。而其爲山脈所阻礙之濕空氣悉爲雨而下降於直隸一方面，故直隸多雨也。故直隸常患水災，山西多患旱災。（十）講課文“氣候”以下四句。（十一）問：前述北區六省之物産，尚能記憶歟？試分動、植、礦三類略述之。（十二）講課文“物産”以下四句。（十三）使讀圖，確認開平、唐山之位置，與鐵路相近否？設欲運開平、唐山之煤至中南區或外國，宜從何入海？

比較統括

（一）白河、灤河、薊運河之比較。

（二）何以北塘口不能爲北區之大商港，而大沽口則能之？

（三）直隸一省中，最低之處爲何地？

（四）直隸省地勢如何？試述以總括之語。<small>西北高，東南下。</small>

（五）直隸省中，獨立入海之河有幾？試列舉其名。

練習應用

使影繪直隸省暗射圖，將山脈、河流之名填入，餘竢下二時講授後再填。

第二時

豫備

（一）問：前與諸生言北區最大之商埠爲何？（二）問：此地是否爲北區水路之中心點？（三）使復習第八課。

提示

（一）問：陸路之交通比水路之交通如何？<small>陸路行程速，以運載人身爲主；水路運費廉，以運載貨物爲主。此係講第八課時所授，發此問，試其能答與否，不能答則更告之。</small>（二）陸路主運載人身，水路主運載貨物。此在今日鐵道既興後且然，況並無鐵道之時乎。（三）使觀地圖，吾國北區有可通至中南區之水道否？（四）告之曰：吾國北區既無可通至中南區之水道，則北區貨物欲運至中南區者，不得不舍陸而由海，而欲運至海外者無論矣。（五）試問：北區各省之貨物欲達海口者，以何處爲最易？（六）問：中南區之貨物欲運至北區者，當由何道？當從何處入口？（七）使讀圖，觀張北之北爲何地，更使觀甘肅之西爲何地。（八）告之曰：出入口之貨物，當總匯於天津，不獨北區六省然也，即蒙、新、青海亦然。（九）書“貨物之集散點”六字於黑板，説明之。（十）問：天津既爲北區及蒙、新、青海貨物之集散點,則其貿易當如何?(十一)講課文"省會曰天津"至"貿易極盛"。(十二)告之曰:天津既爲北區及蒙、新、青海貨物之集散點,則其輸出之品豈非皆此諸地方之所產? 其輸入之品豈非皆此諸地方之所需用乎? 然則觀天津之輸出入品,不大可見北區及蒙、新、青海之所饒所乏乎? (十三)講"輸出"以下二句。(十四)問:輸出者係天產品,抑製造品? 輸入者如何? 此等物果可仰給於外國否? _{講第八課時所授。}(十五)問:吾前不云渤海爲京師之門戶乎? 然則其第一重門戶何在? _{旅順、威海衞。}其第二重門戶何在? _{天津。}諸生知今日第一重門戶已如何乎? 第二重門戶又如何乎? (十六)講"城垣"與"大沽口"、"礮臺"三句。(十七)問:白河至冬季尚可通航否? 届時登陸者改道何處? (十八)問:直隸省之東北爲何省? 使讀圖,觀察奉、直二省接界之地。又使觀察秦皇島與山海關之距離。(十九)使讀圖,觀察天津、山海關間之鐵道。問:此鐵道東通何處? 西北通何處? (二十)講課文第三節。

比較統括

(一)紗布與羊駝毛之比較。_{一爲天產品,一爲製造品。}

(二)天津在軍事上之形勢與威海衞之比較。

(三)天津與北京之關係。

(四)天津在商事上之作用,與秦皇島相輔車;在軍事上之作用,與山海關相策應。

練習應用

(一)使讀圖,津渝之間沿鐵道有煤礦否? 既有煤礦,何以煤仍須自外國輸入? 此輸入之煤,天津一處所用乎,抑他處亦用之。然則北區諸省雖富於煤鐵礦,其開采之情形。現究如何? 可推測而知之否? (二)今欲恢復渤海之主權,以鞏固京師之形勢,策將安出? _{指一二生使答,使其餘批評之。}(三)以一教室論,何處爲集散點? 以全校論,集散點當在何處? 全市之貨物,以何處爲集散點?

第三時

豫備

(一)復習第八課。(二)問:自天津乘汽車西北行,可至何處? 自京師乘汽車西南行,則至何處? 設欲至山西,則如之何? (三)問:自北京至山西,須穿過山脈否? 然則自京師至張北如何? 自京師至張北之鐵道何名?

提示

(一)問:直隸省省會爲何處? 問諸生:亦知天津自昔爲直隸省之省會

乎,抑近時始爲省會乎?(二)講"清苑縣舊省會也"句,使觀圖,確認清苑之位置。(三)問:自直隸省至山西省須穿過山脈歟?講生亦知其穿過山脈之處果何在歟?(四)講"自此而南"至"正定縣爲正太鐵路發軔處"二句。(五)使讀圖,觀察自京師至張北長城凡幾重,問:長城爲依山而造歟?然則自京師至張北,須穿過山脈否?其穿過山脈之處,當在何處? 以正太鐵道爲比,則知其當沿鐵道綫。(六)問:運河自何處以下,始可通航? 使讀圖,衞河在何處入運河?(七)講課文第五、六節。

比較統括

(一)正定與居庸、居庸與張北之比較。正定、居庸與張北,與山海關之比較。

(二)使讀圖,自清苑至居庸、大沽、正定、大夕,道里大略適中否? 京漢鐵路爲南北交通之大道,清苑實當其路綫,故天津爲直隸省水路交通之要會,清苑爲直隸省陸路交通之中樞。故一爲舊日之省會,一爲今日之省會。觀直隸省會之自清苑而移於天津,可知近來海上交通之發達。且清苑僅爲直隸一省陸路之中樞,而天津實爲北區六省及蒙、新、青海出海之總匯,其形勢固較清苑爲勝也。藉天津、清苑之比較,以統括本課。

練習應用

(一)使作直隸省交通記。(二)使以本課課文列爲簡表。

參考

灤河源出多倫縣南。多倫,元上都也。故亦稱上都河。東南流,經熱河道境,至喜峯口入長城,至樂亭縣南,分數道入海。

薊運河,出遵化縣東北龍井關南,西南流,合平谷水、玉田水、還鄉河,經蘆臺,至北塘入海。

開平鎮,屬豐潤縣,有煤礦總局。其附近有唐山、林西兩礦。又灤縣亦有官礦局三區,年出煤百餘萬噸,除供給北方銷用外,多由秦皇島運往南方。開平礦經始於清光緒二年,庚子之變,爲俄軍所佔。經理張翼用津稅務司德璀琳謀,改爲華洋合辦,德氏遂爲洋總管,遽借英債,而開平之礦遂爲英人屬入矣。

天津貿易區域之廣,實超上海及廣州。今略舉其貨物所經之路如下:

(一)白河流域。京兆附近之貨物自通縣來,清苑附近之貨物沿清苑河來,此河自清苑以下可以通航。正定一帶之貨物沿滹沱河來,衞河流域之貨物自道口鎮舟運至天津。

（二）山西省。中部之貨物自正定鐵路至天津,東南部之貨物自澤清鐵路至河南入衞。

（三）山東省。除一部分由煙臺集散外,其餘均集中於濟南,分致天津及青島。

（四）河南省。淮水流域貨物,或沿賈魯河入淮,或由京漢鐵路入漢口。白河流域,以唐河左岸之賒旗鎮爲貨物聚集之地,河洛道及陝西渭水流域一部分之貨物集焉。自此泛唐河至襄陽,達漢口。故河南一省,貿易屬天津者極少,僅河北一道及沿汴洛、洛潼路一小部分而已。

（五）陝西省。漢水流域之貿易屬漢口,渭水流域之貿易分屬於漢口及天津。其達漢口者,泛丹江而至襄陽;達天津者,出潼關,取道洛潼、汴洛兩鐵道。

（六）甘肅。甘肅省之貿易,除東南一部分屬於重慶外,餘均由陝西分出漢口、天津兩方。

（七）內蒙及山西、陝甘三省之北部。此均自前述自寧夏至張北之商道入天津。

（八）外蒙古。經商於外蒙古者,多直隸、山西及陝、甘二省人,大抵自張北歸綏絕漠,分達庫倫及烏里雅蘇臺、科布多一帶。

（九）新疆。除西北一部分與俄貿易、西南一部分與英貿易外,其餘均由甘肅出陝西。

（十）青海。多由西寧入甘肅。

故總計之,北區六省,除山東省屬於芝罘及青島之區域、河南省之一大部分、陝西省中漢水及丹江流域、甘肅省中嘉陵江上游流域外,貿易均屬天津。又益以內、外蒙及新疆、青海,其貿易區域之廣實迥非上海、廣州所能及矣。然其貿易額絕不能超過此二處者,則因有種種之關係使然。而其最大者,則爲屬於天津貿易區域之地交通不如屬於上海、廣州貿易區域之地之便利。中國舊日商販多依河道,航路愈多之處貿易愈發達。然此特暫時之現象耳。將來北區及蒙、新、青海交通進步後,天津之貿易必且爲飛軼絕塵之進步,可斷言也。惟北區貨物之集散,是否終以天津爲總匯之區,此則爲一疑問。從地理上論之,足爲天津之勁敵者,莫如膠州灣。蓋天津船舶出入,不如膠州灣之便,一也;冬春有冰凍之闕點,二也。今者特苦於膠濟鐵路之東端止能達歷城而止耳,若延長之,以接於汴洛、洛潼兩路,又自風陵渡渡河以接同蒲,更自歷城展築一綫。

以接道澤，則北區六省之貿易將不轉瞬而爲所吸引，北區六省之貿易去，而新疆、青海之貿易隨之矣。其自寧夏沿長城入張北達天津之商貨，一部分將改道關內，一部分將由大同出同蒲綫，由道澤鐵路以達膠州灣。惟外蒙貨物仍當集中張北。然膠州灣既成一最大之商港，則必不能因路綫之略短，而仍集於天津，可知也。則天津此時所集散之貨物，僅一白河流域，其區域特略廣於閩江而已。嗟乎！膠灣九十九年租借之約，誰實鑄此大錯哉！

天津出口之羊毛以來自甘肅西套者爲最佳，所謂西口貨也。次爲山西北境歸綏一帶之毛。又次爲張家口外多倫熱河一帶所產。

進口貨以棉紗、棉布爲最多，近北方織業漸興，布之進口略減，而紗之進口日增，大半皆日本貨也。向多印度產，美貨次之，今均爲日本所勝。次則木材及煤鐵煤油，外人調查，謂我國北方木材，僅足供車輪器具等之用。有大建築及築鐵路需用枕木等，均不得不取異國之材。煤、鐵爲北方所最饒，然開采者甚鮮。河北煤礦開采多用土法，且運費甚昂，只能行用於附近之地，不能抵制外貨之輸入也。

山海關，舊名渝關，以渝水經其下，故名。俗譌作榆。明初徐達修復此關，以其負山面海，始改今名。爲自直隸通東北區惟一要道。明季以重兵扼守此關，滿州兵屢自長城隘口入，恣其殺掠，破州縣輒數十，卒不敢留居也。正定西扼井陘，太行八陘之一也。今自獲鹿入口，行二百里至井陘縣西之娘子關，始出陘。

居庸關在昌平縣西北，自京師出内長城，著者有居庸、古北二口，而居庸爲寬平。出外長城有張北、獨石二口，而張北爲坦易。

第十一　山東省(二時)

教材

山東，在直隸東南，簡稱魯省，亦曰山左。千山之脈，自遼東來，爲岡爲陵，至中央，特起爲東嶽泰山。以西則彌望平坦，黃、運二河，交流其間。然其便於航行者，僅自臨清以北之運河而已。人民勤勉耐勞，長於農商。物產：豆、麥、高粱、梨、棗、落花生、繭綢、草帽綫。礦產著有：濰縣博山之煤，東北海岸饒魚鹽之利。全省分四道，凡百有七縣。

省會曰歷城，當津浦及膠濟鐵路交點，爲自闢商埠，商業頗盛。由此南行至

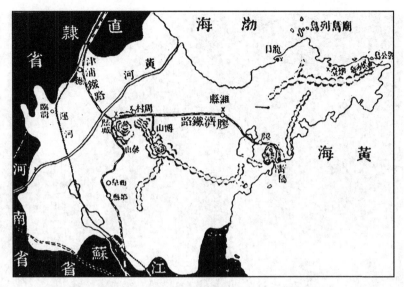

山東省圖

曲阜縣,爲孔子故鄉。城西隅有闕里,城北有孔林。其南鄒縣,孟子故里也。

周村,爲著名市鎮,商工業俱盛,膠濟鐵路成,與濰縣並闢爲商埠。

德縣,瀕運河,上溯臨清,下達天津,爲商業要會。

煙臺,本山東半島要港,與東北區交通最繁。自德據膠州灣,竭力經營,商務逐漸爲所奪。其西龍口,則新闢之商埠也。

教授方法

第一時

豫備

(一)復習第五、第七二課。(二)問山東、遼東二半島地質上成因若何?(三)問黃河下流自何省入海?(四)問運河導源何省?(五)問津浦鐵路自天津南行入於何省?(六)問北區農產富於何物?北區之出草帽緶以何省爲盛?(七)問春秋時之齊國,在今日之何處? 歷史第十五課。(八)問諸生曾吃過梨、棗、落花生否,知此物出於何處否,以何處所產爲佳?(九)舉山東所出之繭綢以示學生,問識其物否,知其出於何處否?

提示

(一)使閱地圖,觀泰山脈之西端,與北嶺距離若何,形勢相聯接否;其東

153

孔子廟圖

北端,與遼東半島之千山脈距離若何,形勢相聯接否?(二)問泰山脈是否爲山東省東半省之分水界,在西半省尚可稱爲分水界否?(三)問山東省有何大水?(四)問黃、運二水通航之利若何?(五)講課文自"山東"起至"臨清以北之運河"而已。(六)使讀物產以下六句,分別其孰爲天產品,孰爲人工品。(七)使閱圖,覓濰縣博山之位置。(八)問山東省產鹽之地,與直隸省產鹽之地相同否?_{均在瀕海。}(九)問諸生曾見過山東人否?_{如校在山東,則省此問。}山東人性質如何?(十)講課文自"人民勤勉耐勞"以下。

比較統括

(一)山東省地勢與直隸省地勢之比較。

(二)山東省何處爲半島部,何處爲大陸部,大陸部與半島部地勢孰高?

(三)濰縣博山煤礦與開平唐山之比較。

(四)山東省航利與直隸省航利之比較。

(五)山東與直隸海岸綫之比較。

(六)山東與河南江蘇接界之處,與直隸與山西、熱河、察哈爾接界之處之比較。

練習應用

(一)使學生影繪山東省暗射圖如前例。(二)問今欲設一製造草帽公司,當設於何省?(三)問今擬使諸生分赴山東,振興實業,試各思之,有何事可爲,並自述願爲何事。如設製帽公司、開礦、販運糧食、果品、繭綢等,可隨其所答啓發之。

第二時

豫備

(一)復習國文第四課聖蹟。(二)問津浦鐵路自直隸南行,入於何省?膠濟鐵路之西端爲何處?此二鐵路在何處相交?(三)問至天津與白河相會之運河。上源在何省?(四)復習第四課,舉山東省沿海著名軍商港之名。

提示

(一)問山東省之中心點爲何處?不能答,則更問津浦、膠濟兩鐵路之交點,可爲本省中心點歟?(二)畫於黑板示之。

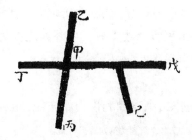

問:甲爲何處?歷城。延長甲乙綫入於何處?直隸。延長甲丙綫入於何處?江蘇。延長甲丁綫入於何處?河南。戊爲何處?芝罘。己爲何處?膠州灣。(三)告之曰:歷城之交通如下。

```
          ┌陸路┌北  直隸
          │    ├南  江蘇
歷城┤     │    └西  河南
          │
          └通海之路…東┌北  芝罘
                       └南  膠州灣
```

(四)問爾等讀國文第四課,起何種感情?問繼孔子而起,世嘗與孔子聯稱者爲何人?(五)使讀圖,觀察曲阜鄒縣之位置。(六)講課文第二節。(七)問山東省中沿鐵道著名之煤礦爲何處?使觀圖,此處亦爲商埠否?沿膠濟鐵道尚有何商埠?(八)講課文第三節。(九)問運河向北流者,自何處以下始可航行?講第八課時所授(十)使讀圖,觀臨清以下運河沿岸有何都邑?(十一)講課文第四節。(十二)問山東半島與遼東半島,地勢互相接近否?凡兩地海岸相對,而有半島突出者,均能使其地勢接近,而縮短其間航行之海程,可於此略授以概念。此二半島互相往來，須迴航天津否？（十三）指示芝罘貿易區域逐漸縮小之故。（十四）講課文第五節。

比較統括

（一）曲阜、鄒縣與北京之比較。一爲政治上之都會，一爲宗教學術上之都會。

（二）問山東著名商業地，孰沿鐵道，孰瀕河川，孰臨海？

（三）使復述山東省交通情形，告之曰：歷城本爲山東全省之中心點，芝罘、膠州灣、威海衞則其外户也。自膠州、威海，相繼租借，而山東之外户撤矣；並築膠濟鐵路，以通歷城，而山東之腹心潰矣。可引日攻青島、擾及歷城事以爲證。沿鐵道之礦山，任其開採。芝罘商務，漸爲青島所吸引，而我國之利權失矣。且此路與津浦鐵路相聯接，而津浦鐵路，亦有英、德借款，設使外人之勢力，更沿津浦鐵路發展，則如之何？又自歷城西南走，即通河南，設使外人之勢力，由此更進一步，則如之何？而況眈視於東方者，尚有租借威海衞之英人乎！昔德占我膠州灣，徒以山東殺二教士故。今外人之勢力，日增月盛如此，我聖跡所在之地，不將不能自保乎？藉外侮觀念，以統括本課。

練習應用

（一）授以材料，使作山東省權利恢復始末記。自德租膠州灣起，至大會簽約止。
（二）使擬孔林瞻謁記。以本課及國文第四課爲材料。

參考

山東繭綢，多產於泰山脈兩側，南以蘭山，北以益都，爲集中之地。自芝罘輸出者頗多。近年亦行銷於外洋。濰縣附近，有煤礦二，一曰方子村，一曰安尼。博山煤礦，曰黌陽坡，皆德人所采，蓋膠灣租約，并許德人以鐵路所經附近三十里内礦產之采掘權也。今膠濟鐵路自張店分支達此，專供運煤之用。膠灣租約，德所得鐵路敷設權，尚有膠沂一綫，亦許其於附近三十里内開採各礦。芝罘貿易區域本狹，昔所以興盛者，以山東省無出海之良口岸，而奉天沿海貿易亦爲所專。自奉天各口次第開港，芝罘貿易已日見減削，青島開埠，遂一落千丈矣。今其集散區域，惟及於半島北岸之一小部分，又關東三省之大豆，多自此製成豆油豆餅，然後輸入南方。欲挽回芝罘之貿易，以與青島抗，非築成煙濰鐵路，俾可直達濟南，而又使一切設備，均與青島等，決無他策也。

第三章　北區地方誌（續）

第一　山西省（二時）

教材

山西，在直隸之西，簡稱晉省，亦曰山右。太行之脈，自雲中來，地勢高亢。黃河帶其西南，貫流本省中央之汾水入焉；沁水及桑乾、滹沱諸水亦皆導源省內。人民勤儉，善經商，農產畜牧，略同直隸。煤礦之富，足供全世界二千年之用，而鐵礦亦饒，解縣又有鹽池。製造品如平定之瓷、汾陽之酒、潞澤之綢，皆有名。全省分三道，凡百有五縣。

省會曰陽曲，爲正太鐵路之終點，商業頗繁盛。自此北出代縣，踰雁門，則通大同，北方重鎮也。張綏鐵路過此。

永濟縣在省西南隅，爲黃河津渡處。晉城縣爲道澤鐵路之終點，通河南要道也。

教授方法

第一時（第一節）

豫備

（一）問直隸之西爲何省，山西省與直隸界何山脈？（二）問桑乾、滹沱諸水導源何省，問山西地勢較直隸高低若何？（三）問前述北區煤礦以何省爲最富，尚能記憶否？（四）問瀕海之外，尚有何地產鹽？（五）書汾酒二字於黑

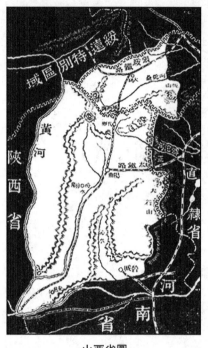

山西省圖

板，問諸生知其義否？備澤綢以示學生。書"定窰"二字於黑板，問學生知其義否？不知，則略述之。

提示

（一）使學生閱圖，山西省之北方有何山脈，其東方有何山脈？（二）使觀察太行山脈，是否陰山之分支，南盡於何處？（三）使觀察山西省之西及南二面以何爲界？（四）使觀察山西省之水，流向西南者爲何水？流向東南者爲何水？流向東面者爲何水？此諸水屬何流系？貫流省之中央者爲何水？（五）問山西地勢，何方較高？何處較低？（六）講課文自"山西"起，至"亦皆導源省內"止。（七）書"山西票號"於黑板，問學生知其義否？告之曰：山西人最勤儉，擁資數百萬者，其飲食服用，與普通人等。又其性長於經商，北至蒙古，西至新疆，東北至吉林、黑龍江，以及內地十八省，無不有山西商人之足迹也。（八）問欲興製造事業，當利用機械；欲利用機械，必如何而後可？前已爲諸生言之，今尚能記憶否。一册第七課。製造事業，既必需煤鐵，此煤鐵可仰給於外國否？（九）問鹽與人生日用之關係如何？一册第七課。使觀圖，山、陝二省，與海疆距離遠近若何？若必仰食海鹽，嫌其不便利否？（十）講課文第一節畢。

比較統括

（一）山脈幹脈與支脈之比較。太行山與陰山走向之異同。

（二）山西省中，屬於黃河流域之地，與屬於白河流域之地孰多？以何處爲其分界？

（三）山西人民與山東人民性質之比較。

（四）池鹽與海鹽之比較。

（五）於黑板上畫

問：橫畫爲何山？竪畫爲何山？竪畫之東爲何水？西爲何水？

（六）使統觀直隸、山西二省，地勢以何處爲最高？何處次之？何處最低？

練習應用

（一）使影繪山西省暗射圖，填注其地名。（二）問在中國，欲利用機械之力，以何處爲最宜？（三）問諸生亦欲如山西人之長於經商否，欲效之，其道當自何始？勤儉。

第二時(第二、三節)

豫備

（一）問自直隸至山西，須穿過山脈否？於黑板繪京漢、正太二鐵路略圖，使優生填注北京、正定二地名。（二）問自山西至河南，須穿過山脈否？（三）問自山西至陝西，須渡何水？（四）問禹都何處？歷史一冊七課。

提示

（一）使讀圖，觀察直隸、山西二省，北方之長城，共有幾重？（二）問直隸省內長城之外，外長城之內爲何地？宣化。山西省內長城之外，外長城之內爲何地？大同。（三）問自太原至大同，須經過長城否，扼長城之口者爲何地？（四）問自宣化至大同，取道當如何？（五）講課文第二節。（六）書“永濟”二字於黑板，使學生於圖中覓之。（七）問春秋時之秦，在今何省，晉在今何省？歷史一冊十五課。（八）問春秋時秦、晉二國常相爭，知之否，其用兵多在何處？（九）使復述道澤鐵路之大略，並使讀圖觀察此鐵路起點何處？（十）講課文第三節。

比較統括

（一）大同與宣化之比較。

（二）永濟與晉城之比較。一爲水之津渡處，一爲陸之臨道。

（三）雁門、居庸之比較。居庸、雁門與井陘之比較。居庸、雁門、井陘，均爲太行山脈之陘。

（四）於黑板寫“大”字，問三畫之交點爲何處？太原。撇之起筆爲何處？大同。收筆處爲何處？永濟。磔之末爲何處？晉城。

（五）問今欲自京師西行至太原，自太原北折，復歸京師，其取道當若何？

練習應用

（一）使將直隸、山西二省內外長城間之地，合繪一圖。（二）使作直隸、山西二省遊記。路綫任其自擇。

參考

太行山，見一册五課。

汾水，發源寧武縣管涔山南麓，東南流，經陽曲西折西南，至河津縣西南入河。其流域在山西爲最腴沃。

沁水，發源沁源縣北之緜山，東南流，自陽城縣入河南，至武陟縣北入河。

太行山脈中之霍山，在霍縣東南三十里。爲山西省中央之分水界。其西爲汾水，東南爲沁水，東爲漳水，東北爲滹沱河。

桑乾、滹沱兩河，均見一册六課。

山西全省，無地無煤，其脈東延於直隷之口北、保定二道及河南之河北道。煤層之厚，自二十五尺至五十尺。同光間，西人相繼探檢，山西煤礦之名始大著。光緒二十四年，山西商務局總辦劉鶚承辦盂縣平定、澤潞平陽諸煤鐵礦，擅與英商福公司訂立合辦合同。晉人爭之。至三十三年，乃由全省代表向福公司交涉，贖回自辦焉。山西鐵礦，亦全省有之，已發見者，以冀寧、河東兩道爲多。潞澤、汾陽、平定一帶，又有煤油礦。

正太鐵路，見一册八課。

張綏鐵路，經山西之天鎮、陽高、大同三縣。

第二　河南省（三時）

教材

河南，在山西之南，簡稱豫省。北嶺之脈，東南折爲伏牛，又東南爲大別，爲漢、淮之分水界；其分支北出者爲嵩山，爲河、淮之分水界焉。伊、洛二水入黄河，汝、潁、賈、魯諸水入淮，白河至湖北入漢，而衞河至山東入運河。人民多業農，溫厚樸質。物産多豆、麥、棉、麻，又多柏樹。河北饒煤、鐵。伏牛山脈中多産野蠶繭。全省分四道，凡百有八縣。

省會曰開封，有鐵路，西通洛、潼，東達歸、徐。西南朱仙鎮，瀕賈魯河，舊四大鎮之一，今則繁盛遠不如周家口矣。

鄭縣當京漢、汴洛二鐵路交點，商旅輻輳，今已闢爲商埠。自此西抵洛陽，由洛潼鐵路以達潼關，爲入陝西要道。

由鄭縣而北，過黃河大鐵橋，至汲縣，其東北道口鎭爲道澤鐵路起點，又爲衞河終航點，商業頗盛。

信陽縣，南出武勝關，通湖北要道也。南陽縣，亦爲通湖北要道。

河南省圖

教授方法

第一時（第一節）

豫備

（一）問北嶺山脈自陝西省東行入於何省？（二）問黃河至何省始入平地？（三）問淮水發源何省？（四）問京漢鐵路中間所經者爲何省？（五）問道澤鐵路一端在山西，其一端在何省？

提示

（一）使讀圖，觀察伏牛山脈之走向。（二）使讀圖，觀察黃河之流向。（三）使讀圖，觀察淮水及汝、潁、賈魯河。（四）使觀汝、潁、賈魯河及黃河之間，有無山脈界之？（五）使觀伏牛山脈之南有何水，其北有何水？（六）問河南省中平原在何處，此平原與直隸山東省之平原相接否？（七）講課文自“河南”起至“入運河”止。（八）問北區棉織業現今情形如何，諸生知之否？ーー課七冊。（九）問北區何省產繭紬？ー冊十一課。（十）書“柏”字於黑板，問學生識否？

黄河鐵橋圖

又書"柏油"二字於黑板,問學生知爲何物,及其用途否?(十一)講課文第一節畢。

比較統括

(一)問伏牛山脈,與河淮間之山脈,孰爲正支,孰爲分支?

(二)問伊、洛與汝、潁、賈魯河孰大?

(三)問本省何處屬黄河流域?何處屬淮水流域?何處屬漢水流域?其面積孰最大?孰最小?本省河北之地屬何流域?

(四)問本省地勢如何,試爲統括語述之。

(五)使復習前二課,並觀總圖,確認北區大平原共跨幾省?在某省之何方?

(六)山東、河南地勢之比較。一西高東下,一東高西下。

練習應用

(一)使生徒影繪河南省圖,如前例。(二)使生徒將本省水系列爲一表。(三)河南古稱中州,謂其居天下之中也。今中國疆域式廓形勢,自與往昔不同,然試但就黄河、長江兩流域觀之,則河南省之位置,確在諸省之中否?使學生讀圖,細觀河南北通直隸、山西,西入陝西,東通江蘇,南達湖北之鐵路綫,以聯絡其各省交通之觀念。

第二時(第二、三節)

豫備

(一)問春秋時晉在何處?楚在何處?鄭在何處?何故晉楚常争鄭?歷史一册十五課。(二)問周室東遷後,宅都何處?歷史一册十四課。(三)使復習第一册

第八課,注意於京漢、汴洛、洛潼鐵路及賈魯河。

提示

(一)問今有一省,鐵路縱橫貫之,略成十字形,諸生知爲何省乎?(二)畫京漢、汴洛、洛潼鐵路於黑板,使優生填注開封、鄭縣、洛陽、潼關四地名。(三)畫淮水、汝、潁、賈魯河於黑板,擇一學生、使填注其名。(四)使學生讀圖,覓朱仙鎮、周家口所在。師於黑板上填注之。問此二地均瀕何水?(五)問設以本省之鐵路看作一箇十字,其橫與直之交點在何處,此處在京漢鐵路渡黃河處之何方?(六)問前述賈魯河通航情形,尚能記憶否?使略述之。不能記憶,則使檢自繪之北區航路圖。一册八課。(七)使讀圖,觀察汴洛、洛潼路綫所經何處爲山地?何處爲平原?告以自鄭縣西行,則爲山地;自此東行,則爲平原。略述自鄭縣至潼關沿路之狀況。(八)師總演課文第二、三節大意,擇學生使解釋其字句。

比較統括

(一)開封與洛陽之比較。二者均爲歷代帝王之都。一在平原,一在山地。洛陽因洛潼鐵路,可控制陝西。開封據開徐鐵路及賈魯河上流,控制江蘇、安徽兩方。開封、洛陽之間以鄭縣爲中權之地。

(二)朱仙鎮與周家口之比較。

(三)潼關與居庸、井陘、雁門之比較。

(四)黃河鐵橋與蒲津之比較。

練習應用

(一)鄭縣形勢說。洛陽形勢說。作文題。(二)使舉本時間所授各地,分別之,孰爲沿鐵路之都會?孰爲瀕河川之都會?(三)朱仙鎮昔爲四大鎮之一,而今繁盛遠不如周家口,可知都會之盛衰,與水道之通塞,大有關係。然則陸行路綫之變更,於都會之盛衰,亦有關係否?然則京漢、津浦二鐵路之成於周家口,亦有關係否?

第三時(第四、五節)

豫備

(一)復習第一册第十課第四節、第十一課第四節、本册第一課第三節。(二)問運河何故自臨清以下航行通暢,以上則否?(三)問自臨清溯衞河,可至何處,尚能記憶否?不能答,使檢自製之北區航路圖。一册八課。(四)問京漢鐵路自河南省南行入於何省?(五)問正太鐵路自直隸入山西,所經者平地歟?山地歟?

提示

（一）問本省之水，共可分爲幾流域？告之曰：前一時所授者，爲屬於黃河之伊、洛二水流域及屬於淮水之賈魯河流域。本時間則授屬於白河之衞水流域及屬於漢水之白河流域也。（二）繪左圖於黑板上，使學生填寫大名、臨清、德縣、天津、晉城諸地名。師再填寫汲縣及道口、清化二鎮名。（三）以上諸地名，使檢直隸、山東、山西、河南四省圖，確認之。（四）問自汲縣向北，可至何處？向南，可至何處？向東北，可至何處？向南，可至何處？使學生縷述之。（五）授課文第四節。（六）使讀圖，京漢鐵路入湖北省處，圖上有何地名？（七）問何謂關？以前授過之關名有幾？能記憶否？山海關、居庸關、雁門關。關爲交通要道否？（八）設使正太鐵路不穿過井陘隘道，能至山西否？（九）使讀圖，觀察白河是否獨立爲一流域，與黃河、淮水均無關係？（十）使檢湖北圖，觀察白河從何

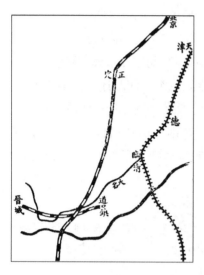

衞河流域圖

處入漢？使觀察白河左岸，有何支流？（十一）問白河何以能獨立於黃、淮二水之外，自成一流域？（十二）使讀圖，覓南陽之所在，問南陽在何水之濱。（十三）授課文第五節。

比較統括

（一）道澤鐵路與京津、正太二鐵路之比較。京津鐵路終點在海口，道澤鐵路之終點爲衞河之終航點，均與航路相聯絡。正太諸路則否。

（二）武勝關與潼關之比較。

（三）本課之統括如下：一、沿橫貫鐵路綫之都邑—開封、洛陽、潼關。二、沿縱貫鐵路綫者—信陽。三、扼縱橫貫之鐵路之交點者—鄭縣、汲縣。四、沿河流者—朱仙鎮、周家口、南陽。五、扼鐵路及航路之交點者—道口鎮。

練習應用

（一）問大川上流，每苦交通不便，當以何策濟其窮？（二）問今欲將南陽附近所產之繭紬運至通商口岸發售，其取道當如何？（三）使學生自製衞河流域圖。

參考

　北嶺之脈，入本省分爲三支：其正支爲伏牛，爲大別，見一册六課。爲漢、淮之分水界。漢水入江，而淮水在歷史上曾爲黃河所并，其流域之地質，又略與黃河流域近，則伏牛、大別亦即江、河之分水界也。其分支北出者，一東走於汝、穎、伊、洛之間，著者爲嵩山。在登封縣北。河、淮之分水界也。一東走黃河、伊、洛之間，爲崤、函、北邙諸山，洛陽北面之屏蔽也。函即函谷，三崤山在洛寧縣北六十里，北邙山在洛陽縣北，濱河岸，縣延數百里。河北諸山，則均屬太行之脈。

　汝、穎及賈魯河，見一册六課。洛水，出陝西雒南縣西冢領山。伊水，出盧氏縣東南之東巒山，即熊耳支阜也。二水合流於偃師，至氾水縣西北入河。洛水，夏秋水盛之際，亦通舟楫。衞水，上源曰丹河，出山西長治縣南，其正支南流入沁，分支自清化鎮東流，至獲嘉縣北之合河鎮，合自輝縣來之百泉水，始稱衞河，東北經汲縣北，至道口鎮。白河，源出南召縣西北之曹峯山。曹峯山西北二百里爲老君山。又西北即伏牛。其支流曰唐河，二水合流於湖北之襄陽境，入漢。白河流急，無航利，而唐河自賒旗鎮以下，可通舟楫。

　朱仙鎮，在開封縣南四十五里，舊時賈魯河航路始此，今惟周家口以下，可以暢行。

　鄭縣西有氾水縣，即漢時之成臯，古虎牢關所在也。北有滎澤縣，即古滎陽，黃河津渡處，今黃河鐵橋亦建於此。

　信陽縣，南有三關，謂平靖、武勝、九里也。三關中，武勝道最坦夷，今京漢鐵路通過之。

　南陽，北出魯陽關，過臨汝，爲入洛之奇道，西經淅川縣，過荊紫關，則入陝西，南沿白河，則達襄陽，故爲秦、豫、鄂三省間之要地。今唐河沿岸之賒旗鎮，洛陽、長安、漢口間之貿易集焉。

第三　陝西省（二時）

教材

　陝西，在河南、山西之西，簡稱秦省。秦嶺山脈，橫亙東西。南隔漢水，與巴山相望。黃河流於東境，渭水合涇水及西洛水入焉。渭以北，高寒宜牧，饒

165

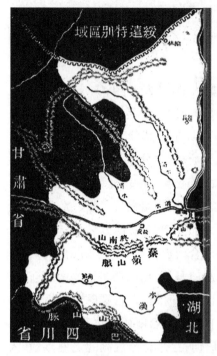

陝西省圖

羊、馬；渭水流域，則土沃宜農。物産多麥、豆、苧麻、煙草，漢水上流産漆。礦物：橫山饒煤、鐵，延長富煤、油。全省分三道，凡九十一縣。

省會曰長安，爲自天津、漢口通西北南道所必經，貿易頗盛。長安之東有潼關，其南有武關，皆通河南要道也。

榆林縣，在省東北隅，逼近長城，爲北邊重鎮。

南鄭縣，扼棧道之中樞，北通散關，南出劍閣，又扼漢水上流，形勢殊要。

教授方法

第一時（第一節）

豫備

（一）問山西之西爲何省？與山西以何爲界？（二）問自洛陽西行，入於何省？（三）問周始居今何省？東遷以後，其地何國得之。歷史第一册第十四十五課。（四）問漢水發源何省？（五）問前言石油以何省爲最饒，尚能記憶否？一册七課。（六）復習國文第一册第二十七課。

提示

（一）使閱陝西省圖，問黃河在省之何境？流向若何？其東折處當何地？（二）問東流入河之水爲何水？其南與之平行者爲何水？（三）漢、渭二水之間，以何爲分水界？漢水以南爲何山？（四）問渭水以北，入渭者爲何水？其流向若何？渭水以北，地勢當若何？傾斜於東南。（五）問秦嶺山脈來自何處？巴山之脈與何省爲界？（六）問渭水之南與渭水之北，地勢孰高？諸生尚記高山足以障礙冷風之理乎，試問北區氣候何故以西南部爲最溫和？一册第七課。（七）然則陝西氣候，何處宜較寒？何處宜較暖？陝西之氣候，既渭以北寒而渭以南暖，則何處宜畜牧？何處宜農耕？（八）問古時興於關中者爲何國？周、秦。周、秦二國之生業若何？歷史一册第六課二册第五課。（九）使讀圖，確認橫山、延長之位置。（十）講課文第一節。

比較統括

（一）陝西與山西地勢之比較。一山脈爲橫行，一山脈爲縱行；一地勢南高而北下，一北高而南下。

（二）渭水與汾水洛水之比較。

（三）農耕與畜牧利益之比較，勞逸之比較。古代生業，何故必先畜牧而後耕稼？可與歷史科相聯絡。

（四）煤油與煤鐵用途之比較。

（五）漆與柏油之比較。

練習應用

（一）使學生影繪陝西省暗射圖，如前例。（二）問吾儕今日所用煤油，是否延長所産？既非延長所産，果來自何國，彼國與我邑之距離，較延長遠近若何，何以道遠反能行銷，可設法以抵制之否？

第二時（第二、三、四節）

豫備

（一）問隴秦豫海路綫，自河南西行，入於何省？（二）問周、秦二國之都城，在今何水流域？歷史一册十課、二册五課。（三）問陝西省中有一水，其南北皆有大山，此水爲何水？漢水。此水向何方流，入於何省？（四）問與直隸、山西同界蒙古者，有何二者？此二省之北境，有長城否？（五）復習第二課第四節。

提示

（一）使閱圖，覓長安之所在，問長安在何水流域？（二）問自長安至天津當如何？自長安渡河至永濟，由永濟沿汾水到陽曲，從陽曲乘汽車至正定，換車至北京，再換車至天津，可否？此道較迂，且無水路，故商販不出此。（三）問自長安到天津，如何最捷？如欲省運賃之資，半由水道，亦可行否？到道口鎮泛衞河。（四）使讀圖，潼關之南，尚有何關？武關。告之曰：武關與潼關，同爲自長安達河南之道，但一達洛陽，一達南陽耳。（五）問南陽與湖北之交通便利否，可達何水流域？自洛陽至漢口，較自南陽至漢口，孰近？然則自漢口入關，當由潼關，抑當由武關？如欲求捷速，則如之何？仍當由洛潼鐵路趨鄭縣換車。但欲求運費低廉，則又如何？（六）講課文第二節。（七）使讀圖，陝西省中逼近長城者爲何縣？由此縣北行，便達何處？（八）書“棧道”二字於黑板，講明之。（九）使讀圖，覓大散關之所在，告之曰：漢水上流流域北負秦嶺，南扼巴山，無論到長安，入四川，均屬爲難，其間必須經過崎嶇之山路。其間可通行之道，亦有數綫,但最普通者,則自褒城北達散關,南出劍閣也。(十)繪路綫於黑板示之。(十一)使學生講課文第三、四節。

比較統括

(一)長安到天津與到漢口之比較。到天津程途較近,到漢口水路較長。

(二)潼關與武關之比較。潼關外臨天險,然自潼關到長安二百八十里,路頗坦平。自長安到武關,則崎嶇特甚。

(三)榆林與宣化、大同之比較。

(四)問武王伐紂,所出者何道?歷史一册第十課。宣王征荆蠻,所出者何道?歷史一册第十四課。

練習應用

(一)問今擬擇一地點,兼營燕、楚、蜀三省之貿易,當取何處?(二)擇優生,使講演楚、漢之際史事,而以地理説明其故。一、漢高何以不入函谷而入武關?二、項羽王高祖於漢中,高祖何故失望?三、高祖扼守滎陽、成皋,何以卒能勝楚?四、漢高何以卒都關中?(三)使學生繪秦、蜀交通圖,并附説明。師爲訂正之。

參考

秦嶺見一册五課。大巴山,在西鄉縣西南,其東南爲小巴山,接四川巴中縣境。

渭水,源出甘肅渭源縣鳥鼠山,東流貫甘肅渭川道、陝西關中道境,至華陰縣北入河。涇水,出甘肅平涼縣西北笄頭山,東南流,至陝西高陵縣南入渭。西洛水,一稱北洛水,別於河南之洛水而言之也。出靖邊縣西南之白於山,東南流,至朝邑縣南入渭。渭水流域,自甘肅之天水縣起,東至陝西華陰縣止。延長凡八百里。兩岸之地,皆肥沃宜農,《詩》所謂"周原膴膴"者也。《禹貢》稱雍州田爲上上,亦即此。

延長煤油礦,面積約二千八百八十九萬英方尺,測定油井,已有數百處,品質甚優,其光在美孚洋行煤油之上。

潼關,爲自長安至洛陽之途;武關,則爲自長安出南陽之道,其間道里,崎嶇殊甚。然自龍駒寨而下,可以雇舟而行,由丹江入漢水,即今日商賈所由之路也。自龍駒寨陸行,即出武關。

南鄭縣,扼秦、蜀交通之中樞,自此出長安之道有三:曰褒斜,自褒城達郿縣，谷長四百七十里。曰儻駱，自洋縣達盩屋，谷長四百二十里。曰子午，自洋縣達長安，谷長六百六十里。入四川之道亦三：曰金牛，自沔縣西南至大劍關口之道也。曰陰平，自沔縣西經武都文縣，南至四川平武之間道也。曰米倉，自南鄭循山行，達巴中之道也。今所由者，出秦取褒斜，謂之北棧，入蜀由金牛，謂之南棧。

第四　甘肅省（三時）

教材

甘肅，在陝西之西，簡稱隴省。賀蘭山脈亘於北，西接祁連山脈，岷山山脈亘於南，黃河橫貫中央，合洮河、湟水，東北流出長城。涇、渭二水及白龍江，俱導源本省。祁連山北之水，多北流，瀦於沙漠。人民：漢、回雜處，性質強悍。物產多豆、麥、菸、棗，富羊、馬，東北部產煤。全省分七道，凡七十六縣。

省會曰皋蘭，控制西北、西南二方，形勢極要，商業亦盛。平涼縣，當陝甘驛道，隴西要會也。

寧夏縣，西枕賀蘭，東瞰黃河，夙稱巨鎮。西路羊毛，均集於此，貿易之盛冠全省。

武威縣，民殷物阜，爲河西之冠。其西北酒泉縣，人煙亦稠密。西有嘉峪關，與俄通商埠也。

西寧縣，當通青海要道，漢番互市甚盛。

教授方法

第一時（第一節）

豫備

（一）問陝西以西爲何省？此省之西北爲何省？西南爲何地？（二）問前述之隴秦、豫海鐵路，其路綫至何處爲止？（三）書“回族”二字於黑板，問此爲五大族之一否，其本據地在何處？（四）問前述羊毛之產，以何省爲最盛？（五）書“蘭州水菸”四字於黑板，問諸生知爲何物否？

提示

（一）使讀圖，觀察黃河之流向，問黃河何以自皋蘭之西折東北流？設使

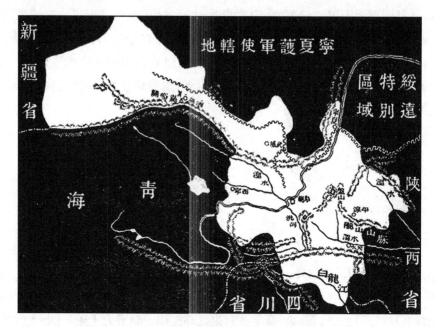

甘肅省圖

祁連山脈至皋蘭不中斷,黃河亦能東北流否?(二)使觀察黃河之北入黃河者
爲何水? 黃河之南入黃河者爲何水?(三)使觀察本省之東部,有大水發源
否,其流向若何?(四)使觀察涇、渭二水與洮河之間,有何山脈界之? 此山脈
之勢,與陝西之橫山相連否? 此山脈南接何山?(五)川流皆不入黃河者,爲
本省之何部?(六)講課文第一節。

　　比較統括

　　(一)甘肅省地形與山東省之比較。山東省之半島部,突出於東;甘肅省之甘涼、安肅
二道,突出於西。山東省因有此半島部,乃可以制海。甘肅省因有此西北一部,乃可以制蒙、新、青海。

　　(二)祁連山脈以北之水,與他水之比較。

　　(三)本省若以水細別之,可分爲下之五流域:一、湟水流域。二、洮河
流域。三、涇、渭上游流域。四、西漢水流域。五、祁連以北內陸諸水流域。

　　練習應用

　　(一)繪甘肅省暗射圖,如前例。(二)使以黃河支流,統列一表。(三)問
今欲練兵一支,既可應援新疆,又可援引青海,當駐紮何省。

　　第二時(第二、三節)

　　豫備

　　(一)使讀總圖,確認甘肅省與新疆、青海之關係。(二)問天津出口之

貨,以何爲大宗?(三)問黃河何處有通航之利?

提示

(一)問甘肅省之地勢,以何處爲最低? 觀黃河、洮河、湟水皆走集於一隅,則知臯蘭之地勢爲最低。臯蘭之地勢,何以獨低? 以祁連山脈至此中斷故。然則臯蘭之地勢平坦否? 平坦之地,利於交通否? 然則自甘肅省欲至新疆、青海,當從何處出發?(二)問甘肅何以古稱隴右?(三)於黑板畫自長安經邠、乾至臯蘭路綫示之,告之曰:此自隴入秦之路,即今日隴秦、豫海路綫也。(四)更於圖上添畫自臯蘭經隴西清水、鳳翔至長安一綫示之。(五)問入秦者何以不由此道?告之曰:此路亦可行,但中經隴山之險,不如渭北一道之平坦,故由之者少也。(六)問自甘肅至天津之道若何? 一由臯蘭至長安,出潼關,經洛陽至鄭縣,由京漢、京津二路至天津。一自汲縣改乘道澤鐵路車,泛衞河至天津。一自長安北渡渭,又東渡河,至太原。由正太、京漢、京津鐵路至天津。問此外尚有他路否?(七)告之曰:此外尚有一路,沿黃河及長城之北行,寧夏其起點也。取挂圖,指示其大略。其詳竢講熱河、察哈爾、綏遠諸特別區域時述之。(八)講課文第二三節。

比較統括

(一)臯蘭與長安之比較。二者均所以控制西北陲,而臯蘭尤要。

(二)寧夏與張北之比較。自張北來之羊毛,稱北口貨。自寧夏來之羊毛,稱西口貨。西口尤勝。

(三)使復述隴秦、豫海路綫之大略,並堅確其此爲黃河流域東西交通之大道之概念。

練習應用

(一)設使我國今日有事於西北陲,以臯蘭爲集兵之所,則爲其後援者,當爲何地?(二)凡人之選擇路綫,有數多條件,距離之近,一也;路途之平坦,亦其一也;自隴之秦者,不由渭南而由渭北,可示其例。(三)西路羊毛雖美,皆生貨也,必如何而後能成爲熟貨出口。(四)與寧夏友人書,問近日羊毛市情。作文題。

第三時(第四、五節)

豫備

(一)問漢武所開河西四郡爲何地? 歷史第二册十一課。張騫使西域,何以須道匈奴中? 以河西四郡未開故。同上十二課。(二)古代之羌人,居於何處?(三)以問答整理學生關於沙漠之觀念。

提示

(一)問諸生知甘肅省之一部分,突出於西北乎? 使讀圖確認之。此一部分之北爲何地？西爲何地？南爲何地？設不經此一部分，蒙古與青海能相通乎？設甘肅省無此一部分，與新疆省能相通乎？（二）諸生知今日之蒙古在漢時爲何種人所據？青海爲何種人所據？新疆省爲何國？（三）漢武之開河西四郡也，曰以遮斷羌胡之交通，又以臨制西域三十六國，其説果然乎？（四）畫自皋蘭出嘉峪關至新疆及經西寧至青海之路綫於黑板示之，問前課言皋蘭控制西北、西南二方其説確否？（五）講課文第四節。問民殷物阜，人煙稠密，内地十八省，到處皆然，何故於河西則特舉之，略述甘涼、安肅二道情形。詳參考條下。（六）講課文第五節。問漢番互市，何以必於西寧？然則西寧雖隸甘肅省，足爲青海之一都會否？

比較統括

（一）嘉峪關於山海、居庸、雁門、武勝、潼五關中，最與何關相似？與山海關最相似。然則其餘四關何者互相類似？居庸與雁門相似，潼關與武勝相似。

（二）陸路通商埠，已授過者，尚有何處？

（三）今有人自開封分赴新疆、青海，其所行之路，至何處而分歧？

練習應用

（一）使作陝甘二省遊記。（二）河西風土記。師授以材料使作之。（三）河西景物，較内地爲荒涼，於其河流有關係否？

參考

北嶺之脈，西祖祁連而南與岷山之脈相接，昔人所謂岷山爲隴山之南首是也。

洮河，出西傾山，山在臨潭縣西南三百五十里，東南流，折東北，又折向東，至岷縣北，折北流，至皋蘭縣西，入黄河。湟水，出青海東之噶爾藏嶺，東南流，至西寧縣北，折東行，至大通堡南，會大通河。大通河，番名烏蘭木倫，出青海阿木尼厄庫山，較湟水源尤遠。二水既合，東流，至皋蘭西北，入黄河。湟水流域，地味最腴，古代西羌，本事遊牧，得此地，乃成耕稼。見《後漢書・西羌傳》。西漢水，出禮縣西北老君山。《漢志》誤指爲嶓冢導漾者即此。

嘉峪關，爲長城西盡處，自此以西，荒沙千里。沙中多怪風，三五日輒一發，水爲河石所吸，不生樹木。民惟擇有水草之處居之，所謂沃地也。故景物荒涼殊甚。出關者多駕駱駝，行以夜，以日間四望無垠，牲畜急奔，易於疲乏。夜涼，不致大渴也。

第四章　中區地方概説

第五　位置　海岸（一時）

教材

中區爲長江流域，在北區之南，西接青海及川邊特別區域，南界南區，東自長江口以北，瀕黃海，以南瀕東海。

江口有崇明大島，其南上海，爲吾國第一通商港。上海之南有錢塘灣，浙江入焉。舟山羣島，羅列灣外，灣南有鄞縣、永嘉等通商港，象山、三門諸良港灣。

江口以北，有淤黃河故道。其北東海，爲新闢通商港。

教授方法

豫備

（一）復習第三課。（二）問中區爲何水流域？其北及南，以何山脈爲界？（三）問何謂海岸綫？何謂島嶼？何謂群島？何謂海灣？何謂商港？何謂軍港？商港與軍港之異點何在？商港有在海岸者，有在大河下流者，試舉其例。以上諸問，一一使學生舉其所知以對，以整理其舊觀念，爲授課之備。

提示

（一）使讀圖，舉長江流域七省之名，使自西而東數之，又使自東而西數之。（二）使觀此七省中，長江經流其地者凡幾省？不經其地者爲何省？（三）使觀長江流域之何省，與黃河流域之何省爲界？次使觀察其西及南兩方面，與何區域爲界？（四）授課文第一節。（五）使讀圖，觀察長江口之所在。問長江以北之海何名？以南何名？（六）問江口以北之沿岸，與江口以南形勢有異否？江口以北，海岸綫平直，以南多曲折。江口以北之海岸綫，何以較江口以南爲平直？北爲江淮下游之冲積地，南則沿岸多山故。（七）使讀圖，江口以南，有何大灣？此灣中有何水注入之？（八）問中區沿岸，有可稱爲島者否？有足當羣島之稱者否？此所謂島及羣島，較之北區之秦皇島、廟羣島其大小如何？（九）問北區有天津、秦皇島、芝罘、龍口諸商港，威海、膠州諸軍港，中區亦有此等地方否？北區有黃河之口，中區亦有大河之口，足與之比較者否？（十）講課文第二第三節。

比較統括

（一）中區黃海沿岸與東海沿岸之比較。

（二）中區沿岸與北區沿岸之比較。上海可比天津；浙江口可比白河；鄞縣、永嘉可比芝罘、龍口，象山、三門可比威海、膠州，淮河故道可比黃河口；江口以北之沿岸可比北區渤海灣沿岸，其南可比北區黃海沿岸。

（三）下列諸項，再由問答授之，使之明確。沿海岸爲巨川下流之沖積地者，必平直；爲山脈所造成者，必曲折。港灣有宜於軍港者，有宜於商港者，有兼軍商港之用者，海岸綫曲折，且沿海多島嶼者，於航行必便利。凡大川下流往往有三角洲。

練習應用

（一）使學生自製中區沿海圖。（二）我國昔興海軍，以北洋爲根據，今北洋著名軍港，已爲他國所租占，欲興海軍，其根據地當在何處？略述五口通商之役，舟山、寧波、上海失敗之歷史及舟山羣島已有不割讓於他國之約，以作其奮慨之心。（三）設使隴秦、豫海鐵路全部告成，則東海港之現狀，將較今日如何？

参考

江口以北爲黃海，已見前。自江口南至臺灣海峽，東障以日本琉球諸島，其間爲東海。

崇明島，爲長江下流之三角洲，長八十餘里，幅自十五里左右至三十里，江口水道因此分爲南北。

錢塘灣，亦東海沿岸著名大灣，惜潮勢湍急，不便航行。

鎮海口外，島嶼星羅，總稱舟山羣島。島之最大者名舟山，即定海縣所治也。周圍百七十里，五口通商之役，陷於英。和議成，英以舟山還我。道光二十六年,復立約,訂明舟山羣島不得讓與他國。

象山灣,在象山縣之北,港水深,港入陸地間,凡七十里。四周高山環繞,港口寬廣,可航巨艦。東海岸最良之軍港也。

三門灣,在寧海縣東。港口有南田天門諸島,爲之屏障,形勢天然,意大利曾覬覦之。

東海新闢商港曰臨洪口,灣深港闊,足容汽船,而爲隴秦、豫海鐵路之東端,形勢殊勝,若全路告成,此港復經畫得宜,則誠膠州灣之勁敵也。參看一册十課參考書。

中區商埠表

商　　埠	税關	開放事由	駐紮領事之國	所在地
上海	江海	清道光二十二年中英《南京條約》	英、法、德、俄、美、丹、奧、日、西、葡、比、典、荷、意、挪、古	江蘇
吳淞鎮	江海分關	清光緒二十二年自行開放		
鎮江（丹徒）	鎮江	清咸豐八年中法《天津條約》	英、日、美	
南京（江寧）	金陵	清光緒二十三年自行開放		
浦口		民國元年自開		
蘇州（吳縣）	蘇州	清光緒二十一年中日《馬關和約》	英、日	
臨洪口		清光緒三十三年自開		
杭州（杭縣）	杭州	清光緒二十一年中日《馬關和約》	英、日	浙江
寧波（鄞縣）	浙海	清道光二十二年中英《南京條約》	奧、英	
温州（永嘉）	甌海	清光緒二年中英《煙臺條約》	同上	
蕪湖	蕪湖	清光緒二年中英《煙臺條約》	英、美、奧	安徽
安慶（懷寧）		清光緒二十八年《中英商約》		
九江	九江	清咸豐八年中法條約	美、奧、英、法	江西
漢口（夏口）	江漢	清咸豐八年中法條約	英、法、德、俄、比、日、西、瑞、荷、意、奧、墨	湖北
武昌		清光緒二十二年自開		
沙市	沙市	清光緒二十一年中日《馬關條約》	日、德、英	
宜昌	宜昌	清光緒二年中英《煙臺條約》	英、德、法	

續　表

商　埠	稅關	開放事由	駐紮領事之國	所在地
岳州（岳陽）	岳州	清光緒二十四年自開		湖南
長沙	長沙	清光緒三十年自開		
湘潭	湘潭	清光緒三十一年自開		湖南
常德	常德	同上		
重慶（巴縣）	重慶	清光緒十六年，中英《煙臺條約》訂明察看情形後定通商。二十一年中日《馬關條約》	英、日、美、法、德	四川
敍州（宜賓）		光緒二十八年中英商約		
萬縣		同上		

第六　地　勢（二時）

教材

巴顏哈喇之脈，東迤爲岷山山脈，其支脈南出者，爲大雪、印崍諸山脈。巴山山脈，北接秦嶺，而東盡於荆門大別山脈，自鄂豫之界東走，入於安徽。南嶺山脈，則界湘、贛與閩、廣之間。

中區平地，均在長江沿岸，跨湖南、湖北、江西、安徽諸省，其幅殊狹。至江蘇，乃北與淮水流域，南與太湖附近之平地接，爲一大平原。

教授方法

第一時（第一節）

豫備

（一）使學生復述北嶺山脈之大略。問北嶺諸山，發脈於中國本部乎，抑來自西方乎？（二）問黃河流域有平原，長江流域亦有平原否？此兩平原相連接否？（三）問北嶺山脈，全部分皆在北區乎，抑亦有走入中區者乎？（四）問黃河之南北兩方面，皆有大山脈與之平行，何也？以此推之，則長江北有北嶺，其南面尚應有大山脈否？

提示

（一）使讀圖，觀察長江之流向。（二）次使觀察漢水之流向及江、漢之會口。（三）次使觀察岷江、嘉陵江之流向。（四）次使觀察烏江。次使觀察洞庭湖及其所會諸水。次使觀察鄱陽湖及贛江。（五）次使觀察太湖及浙江。（六）問岷江、嘉陵江之北，四川省之北垂，有山脈否？此山脈東自何方，至何處爲止？（七）問自荆門以東，岷巴之脈已盡，然而江水不折而北流者，何山障之乎？（八）問北嶺山脈，在湖北、安徽二省走向若何？在江蘇省中，尚見其連緜相接否？（九）問湖南、江西與廣東、廣西之間，有山脈界之否？此山脈來自何處？自江西以東，此山脈尚東行否？此山脈既折而東北行，則其向斜面爲何水？其背斜面爲何水？（十）問山脈亦能伏行海中否？以千山之脈入海爲廟羣島起例。然則舟山羣島，係何山之脈所成？（十一）講課文第一節。

比較統括

（一）巴顏哈喇與祁連之比較。祁連入中國本部，爲賀蘭，爲陰山，向東北行。巴顏哈喇入中國本部，爲岷山，爲巴山，向東南行。

（二）南嶺與北嶺之比較。北嶺入安徽省，即低夷，至江蘇省，則幾不復成其爲山脈。故江河兩流域之平原能合爲一。南嶺則至浙、閩、贛間尚崇峻。

（三）岷巴之脈與北嶺南嶺之比較。

練習應用

（一）四川與陝甘，以岷巴之脈爲界；河南與湖北，以大別之脈爲界；岷巴之脈最高，故巴蜀與秦隴交通最困難。大別之脈較低，故鄂豫之交通較便利。至江蘇、安徽與山東、河南之間，幾無山脈界之，則往來遂成通衢矣。於此可悟山脈障礙交通之理。（二）山脈緜長，雖足爲交通之障礙，然其間亦必有可以通行之處，此等通路，昔人謂之嶺，亦謂之陘，如五嶺及太行八陘是也。此等地方，於交通上則爲衝途，於兵事上則爲守險之地。

第二時（第二節）

豫備

（一）問何謂平原？使學生舉其已得之觀念以對。（二）使學生復述上一時之所授。（三）問湖泊常積於低處否？使舉眼前所見之事爲譬。如庭中積水，常在均處之類。

提示

（一）使讀圖，長江流域，湖泊有幾？使自西而東，順次舉之。舉不如法，則師補助之。一、武漢境上諸湖。二、洞庭湖。三、鄱陽湖。四、巢湖。五、太湖。

（二）問此諸湖泊，皆在長江兩岸否？（三）問黃河流域六省，曾不見一大湖，而長江流域湖泊乃如是之多，何也？然則長江兩岸，地勢低平否？長江因此間地勢低平，而行於其間乎？抑因江行於其間，而地勢乃低平乎？（四）告之曰：長江流域，地質之構造，與黃河流域異。黃河流域，地盤上無特別低陷之處，而長江流域則有之。此特別陷落之處，即長江兩岸是也。因其地質上之構造，特別陷落也，故長江行其間，諸湖泊亦瀦蓄於其間。然此平地，其幅極狹。（五）使讀圖，比較湖北、江西、安徽三省之平地，與河南、山東孰闊孰狹？（六）又使觀圖，問長江流域之平原，至何處而其幅始廣？（七）告之曰：長江流域之平原，在湖北、江西、安徽三省，其北皆有山脈以爲之界，至江蘇省則無之，直是平原與平原相接也。（八）講課文第二節。

比較統括

（一）長江流域之平原，與黃河流域之平原之比較。此二平原，何故可合稱之爲一平原？

（二）試以長江流域之平原，與黃河流域之平原合而爲一觀之，其地當跨幾省，北起何處？南至何處？西起何處？東至何處？

練習應用

（一）問長江流域之平原，與黃河流域之平原，地勢上既相連接，何故又分之爲二？因地質、氣候均有不同故。（二）湖水有澄清容與之功用，長江流域，因地盤之構造，有特別低陷之處，故江流湖水，交會於是。既可殺長江急流之勢，復可沈澱其所運搬之雜質，長江下流，因之遂無水患。可知諸湖之功用非淺。（三）使自製中國平原圖，師爲訂正之。

參考

巴顏哈喇山，在青海境，黃河出其東麓，即古所謂崑崙也。古崑崙，所包甚廣，當不止巴顏哈喇，然巴顏哈喇，必古所謂崑崙。《史記》：漢天子案古圖籍，河源出於崑崙是也。其脈東自新疆。新疆省之哈喇崑崙，至克里雅河南而分歧，東北出者爲祁連，東南走者，即巴顏哈喇也。巴顏哈喇之脈，東南折者爲橫斷山脈，東行者，入四川省爲岷巴。岷山在四川松潘縣北，巴山見第三課。其脈東南行，逼近江岸，則爲巫山。約束大江，成三峽之險，東盡於荊門縣之荊山。杜甫詩所謂“羣山萬壑赴荊門”者也。

北嶺，自淮源以西，今人通稱爲大別山脈。其脈在鄂豫界上尚崇峻，至安徽則低夷，成邱陵狀，霍山最高，亦僅五千餘尺而已。入江蘇，則沿江錯峙，幾不能復認爲山脈。若江寧之鍾山，丹徒之金、焦、北固、圖山，江陰之黃山，南通之狼山，常熟之福山等是也。

南嶺山脈，亦遠承巴顏哈喇。橫斷山脈之一支曰寧靜山脈者，亦稱雪嶺。沿長江之南東折，自雲南入貴州，是爲苗嶺。益東，乃有五嶺之名。五嶺者：越城、興安縣北。臨賀、江華縣西。都龐、永明縣北。騎田。郴縣南。大庾，大庾南雄間。在兩粵湘贛界上，乃南北之五通道也。大庾之東，爲九連山，又東，其脈東北折，爲杉嶺，光澤、南城間。爲仙霞嶺，江山上饒間。爲武夷山，崇安南。北入安徽境爲黟山，即黃山，在歙縣。入江蘇境爲句曲，句容、溧水境。此南嶺山脈之大略也。

第七　河　流（二時）

教材

本區河流，長江最大，其支流之大者，在北岸爲岷江、嘉陵江、漢水，在南岸爲烏江及洞庭、鄱陽二湖所匯之水。此外獨立入海者，有浙江，瀦於洪澤湖而入運河者，有淮水。

運河自山東來者，至江都入江。江南運河，則起丹徒，訖杭縣。

湖沼，本區最多，其著者爲洞庭、鄱陽、太湖、洪澤、巢湖等。

教授方法

第一時（長江本支流）

豫備

（一）問吾國水利，以何區爲最富，諸生知之否？一冊三課。（二）問黃河、長江、粵江、黑龍江四水，孰爲最大？（三）問南嶺以北，北嶺以南之水，皆匯於何處？（四）由問答整理其對於湖泊固有之觀念。

提示

（一）使學生讀圖，觀察長江之源流。（二）次使觀察岷江、嘉陵江。（三）次使觀察漢水。（四）次使觀察烏江。（五）次使觀察洞庭、鄱陽二湖及其所匯諸水。（六）使學生總數之，長江北岸，大支流凡幾。使自西而東，列舉其名。次使列舉長江南岸大支流，亦如之。（七）次提示長江，當注意於下之諸點：一、發源何處。二、至何處東北折。三、至何處始入平地。四、至何處入海。五、三峽之險狀及長江下游情形。（八）次提示長江諸支流：一、岷江嘉陵江。二、漢水。三、烏江。四、洞庭湖及湘、資、沅、澧四水。五、鄱陽湖及贛江。當注意於下之數點：一、發源何處。二、至何處入江。三、諸川之航利。僅示其大略，爲授第九課之預備。

比較統括

（一）長江與黃河之比較。一、全川之長短，二、水量之大小，三、航行灌溉利益之大小。

（二）長江與黃河支流之比較。一、支流之多少，二、支流之大小，三、支流航利之大小。

（三）長江北岸支流與南岸支流之比較。北岸支流，均獨立入江；南岸除烏江外，均先瀦畜於湖泊，然後入江。

（四）長江兩岸諸支流，孰最大？孰次之？孰最小？

（五）使學生以長江支流，分南北岸，列爲一表。

練習應用

（一）大川之支流，往往與其本流成直角，故其航路之方向，本支流各不相同。如長江本自西向東，然其兩岸諸支流，則或自北向南，或自南向北。問支流之方向，與本流成直角爲有利，抑與本流平行爲有利？（二）問長江雖長，設無兩岸諸支流，則其灌溉運輸之利，所及之地，能如是之廣否？（三）試以長江及黃河之本支流，畫成一樹，比較其樹枝之多少。

第二時（浙江　淮水　運河　湖沼）

豫備

（一）問中區之水，尚有獨立於長江之外者否？（二）問江河之間，有何大水？（三）問黃河昔自何處入海，尚能記憶否？（四）問運河自山東南行，入於何省？江蘇省之運河，仍全恃自山東來之水，以爲上源乎？（五）問前述湖沼之功用，尚能記憶否？

提示

（一）使學生讀圖，觀察浙江之源流，然後提示之。須注意浙江諸源何處會合，及杭縣以下，不便通航情形。（二）使學生觀察淮水之上流，自何省來。入安徽，瀦畜於何湖泊，其下流能入海否，然後提示之。須注意於淮河下流之淤塞，及其由湖濟運，淮水支流，本課從略。（三）使學生讀圖，明認運河自山東以南之流向。穿過何二大水，南訖何處，然後分江南、江北兩段提示之。（四）使學生讀圖，觀察長江流域大湖有幾,然後以次提示之。一、諸湖之大小。二、諸湖之上流。三、諸湖之下流。四、諸湖孰屬長江流域,孰屬淮水流域。五、諸湖之功用。(五)講本課課文。

比較統括

(一)浙江與白河之比較。浙江、白河與淮水之比較。

(二)洞庭、鄱陽、巢、太四湖與洪澤之比較。

(三)洞庭、鄱陽與洪澤湖功用之比較。此三湖與太湖功用之比較。

(四)諸湖上流,所受之水,孰爲最大?

(五)諸湖下流,孰入海? 孰入江?

(六)江南運河,與北方運河之比較。試將運河分爲四段,自汶上至天津爲一段,至淮陰爲一段,淮南爲一段,江南爲一段,其有利於吾人,孰最大? 孰最小?

(七)運河與長江相通,浙江、淮河、太湖,均與運河相通,故中區諸水,殆可視爲一水系。

練習應用

(一)使學生繪中區山脈水系合圖,系之以説。(二)淮河上流,水勢極盛,非一洪澤所能容,亦非北洋、射洋、新洋等二三支渠所能宣洩,故沿淮諸縣,每有水患,亟宜修治。諸生知太湖附近之情狀,與淮水流域之豐瘠果如何乎? 使知者對。淮水若能就治,則沿淮各縣之富饒,將與太湖流域等,諸生亦聞而願之乎。(三)淮水、浙江、長江,本各獨立入海,因有運河以聯結之,遂儼然成一流系,設使能於諸大川間,多開運河,則全國水道,密如蛛網,各地方之繁富,無一非浙西之比矣。諸生亦聞而願之乎。

參考

長江,出青海西藏境上之巴薩通拉木山,曰木魯烏蘇,北合喀七烏闌木倫,南合拜都河,東北流,會那木七圖烏闌木倫,東南流,入川邊境,經巴安西,至雲南麗江縣北,折東北流,成一大曲,於會理合鴉龍江,至宜賓,合岷江,又東至瀘縣,合沱江,又東至巴縣,合嘉陵江,至涪陵,南合烏江,東北至奉節縣入峽,凡行七百里,至宜昌縣城西,乃出峽,東南至岳陽,合洞庭湖,東北至夏口,會漢水,又東南流至九江,會鄱陽湖,東北經懷寧、蕪湖、江寧、丹徒諸地方,至上海縣北,入海。全長九千九百六十里,流域之廣,五百八十萬方里,實亞洲第一大水也。

岷江，出四川松潘縣西北境之岷山，曲曲東南流，至灌縣，分爲二派，支渠縱橫，其東南至瀘縣入江者，所謂沱江也。岷江則南合青衣江、大渡河，至宜賓縣西北，與江會。

嘉陵江，出陝西鳳縣東北嘉陵谷，西南流，合西漢水。見上。又南流入四川境，合白水江。南流至合川縣東北，渠江來會。渠江，古巴水也。出陝西西鄉縣西南之大巴山，又西南，至縣東南，涪江來會。出松潘縣東北分水嶺。東南流，至巴縣東北入江。

漢水，出陝西寧羌縣西嶓冢山，東流，貫漢中道境，至湖北，折東南流，經鄖襄，至夏口入江。此水漲落之差甚大，季春至孟夏，江水又逆流入之，時起水嘯，襄陽以下，咸被其患焉。

烏江，即黔江，亦曰涪江。源出貴州威寧縣東北山，貫流貴西、黔中二道境，至鎮遠道，折東北流，入四川，於涪陵縣東北入江，長二千三百餘里。

洞庭湖，古稱九江，今獨立入湖者，惟湘、資、沅、澧四水而已。湘水出廣西興安縣海陽山，南流者爲桂江源，北流者即湘水也。入湖南，經零陵、祁陽、衡陽、衡山、湘潭、長沙、湘陰諸縣境，入洞庭湖，長約二千里。資水，出武岡縣西南，東北流，至寶慶縣北，折西北流，經新化縣東，至安化縣境，又折東北流，經益陽縣南，北至沅江縣入湖。長一千七百餘里。沅水二源，北曰鎮陽江，出貴州黃平縣西金鳳山。南曰清水江，合平越縣之豬梁江，都勻縣之馬尾河而成。二源合流於湖南黔陽縣境。東北經辰谿、瀘溪、沅陵、桃源、常德諸縣，至漢壽縣入湖。長二千三百餘里。澧水二源，南源曰陵江，出湖南桑植縣。北源曰九谿，出湖北鶴峯縣。合流於慈利縣西南，東北經石門縣，至澧縣入湖，長一千一百餘里。

江西之水，獨立入鄱陽湖者有三：曰贛江，曰上饒江，曰鄱江。而贛江爲大。贛水二源，東源曰貢水，出福建長汀縣西北山中。西源曰章水，出湖南桂陽縣東孤山。二水合流於贛縣北，曲曲西北流，多灘險，古稱贛灘三百里是也。在萬安縣境，有十八灘，而惶恐灘最險，自萬安縣境折東北流，經廬陵、吉水、峽江、新淦、臨江、豐城諸縣，至南昌，又北流，至吳城鎮，入鄱陽湖。長一千九百餘里。上饒江，源出玉山縣東北懷玉山，經廣信、鉛山、弋陽、貴溪、餘江、餘干諸縣入湖。長八百里。鄱江二源，一婺河，出安徽婺源縣北大廣山；一昌水，出祁門縣大共山，合流於鄱陽縣南，入湖。

淮水，自河南入安徽，貫流淮河道境，至五河縣，入洪澤湖，由湖入運河。

其流又與江北諸湖澤支渠相通，由北洋、射洋、新洋諸港，分洩入海。淮水支流，除汝、潁、賈魯河，已見第一冊第六課外，今舉其大者如下：南汝水，出河南遂平縣，東北流，折東南，經汝寧東北，至新蔡縣境。洪河自舞陽經西平、汝寧來會，東南流，入安徽境，至三河尖入淮。渦河，出河南杞縣，西流至太康縣境，分一支爲西肥河，其正支經柘城鹿邑入安徽，經蒙城，至懷遠入淮。西肥河，自太康與渦河分流，入安徽，經太和、阜城、潁上，至壽縣入淮。澮河，出河南蘭儀縣東，自永城縣入安徽，東南流，經固鎮，至五河入淮。睢河，上源曰洪溝河，出河南虞城縣，東南流，入江蘇碭山縣境，又東南至安徽，入洪澤湖。淠河，出霍山縣南，北流經霍山、六安，至正陽關西入淮。池河，出定遠縣西南喜羊山，東南流，折東北，至池河集，北流至五河縣境入淮。

浙江，有南北二源，北源曰徽港，亦曰新安江，出安徽歙縣西北黃山。南源又有二：一曰衢港。合開化縣、江山縣二源而成。一曰婺港，出東陽縣東南。二水合流於蘭溪縣城西，北流，至建德縣南，會新安江，東北流，經桐廬、富陽、杭縣境，至海寧縣南入海。下流潮勢極盛，流沙堆積，潮落時水道甚狹，故自杭縣以下，不能通航。

淮南運河，自淮陰縣城西，分淮水南流，經寶應、高郵二縣，至江都入江。江南運河則起京口，經丹徒、丹陽、武進、無錫、吳江、嘉興、桐鄉、崇德，至杭縣止。

洞庭湖，周八百餘里，爲我國第一淡水湖。其水漲落之差極大，每年二月中旬始漲，至六七月之間而漲極，最深處達十二尺，七八月之交始落，十月益落，至十一月而落極，最深處不滿六尺，全湖十分之九均涸出爲平野焉。其漲落之因，全由於長江水量之增減。蓋長江上游諸山，冬春多有積雪，至夏期，融解而入江，江流驟盛，則皆以湖爲尾閭也。由太平、藕池二河，及洞庭東北全湖之委，倒灌入湖。故洞庭湖對於長江容受之功最大。

鄱陽湖，長二百里，闊百里，我國第二淡水湖也。其容納江流之功用，亦與洞庭同。漲水之期，在陰曆三月，至八月而極，九月，江湖之流始平，十月而落，至十二月而落極。案江流之漲，甚於陰曆五六月間，而鄱陽之漲，顧在春季，則以是時漢水初漲，由江入湖也。然則鄱陽不獨能容納江流，并能調節漢水矣。

太湖，古稱三萬六千頃，今周邊紆曲六百二十八里。其上源，以江蘇之荊溪、浙江之苕溪爲最著。下流，以經吳、崑山至太倉入海之劉家河，及自吳江經松江至上海入海之吳淞江爲著。太湖之水，冬春常滿，於農田灌溉之利甚大。

巢湖，東西百餘里，南北八十餘里，周四百餘里，下流亦入長江。

洪澤湖，跨安徽、江蘇二省界，形如守宮，首向東北，周七百十二里，長八十里。此湖在昔不過一小浸，自淮河下流淤塞，民田多變爲湖，而湖之面積乃日廣，幾於三倍曩時。

第八　氣候　物産（一時）

教材

全國氣候，本區最爲温和。陽曆六七月之交，雨水最多，謂之梅雨。

本區地味肥沃，灌溉便利，氣候和煦，故米、麥、茶、棉，産額特多。鹽業之盛，甲於各區。水産之利，徧及江海。煤、鐵等礦，出産亦豐。全國精華，薈萃於此，所謂中國之寶庫也。

教授方法

豫備

（一）使學生復述北區之氣候。（二）書"梅雨"二字於黑板，問學生知其義否？（三）問吾人所常食者，麥之外，復有何物？（四）問布之原料爲何物？帛之原料爲何物？（五）問吾人之食料，亦有出於水中者乎？問江河湖海，除航行灌溉外，尚有何等利益？

提示

（一）問何謂大陸性氣候？何謂海洋性氣候？一册七課。（二）問北區氣候，何故西南部較温和？本區之緯度，較北區西南部如何？其地勢，較北區西南部如何？（三）問在北半球，愈近於赤道則愈熱，愈遠於赤道則愈寒否？然則本區之氣候，較北區宜如何，較南區宜如何？（四）講課文第一節。（五）問地味何謂肥，何謂瘠？地味之肥瘠，與水利有關係否？（六）問何處爲産米最多之區，何處宜藝麥，諸生亦略有所知否？（七）問棉産於何地，絲茶産於何地，諸生知之否？（八）書"水産"二字於黑板，釋其義，然後略舉江海水産之利示之。（九）問諸礦中最有益於製造事業者爲何礦，諸生知之否？一册七課。中區亦有此等礦産否？（十）講課文第二節。

比較統括

（一）中區氣候與北區之比較。

（二）中區地味與北區之比較。

（三）中區物産與北區之比較。一、農業，二、織業，三、水産，四、礦業。

練習應用

（一）以現在之中區及北區相比較，誠若肥瘠迥殊，然是非北區之不足有爲也。在歷史上，北區固亦以富庶聞，且其開化早於中南區，然則今日北區之貧瘠，特人事之不盡耳。苟能大修水利，則農田之肥沃，無異中區。多築鐵路，開濬河道，則交通之利便，亦無異中區已。（二）實業不徒農牧而已。江海饒於水産，則生活於水面者若干人。腹地富於礦産，則生活於地底者又若干人。可知圓輿之上，大利無窮，惟在人能啟闢之耳。

參考

吾國北、中、南三區，降雨季節，各有不同。黃河流域，雨期在陽曆七、八月間。長江流域較早，所謂梅雨也。粵江流域，雨量冬少而夏多，已略近熱帶性矣。

吾國農業，亦以長江流域爲中堅，而産米最盛者，尤推江蘇、安徽、湖南、四川諸省。鹽業盛於浙西，四川次之。茶葉以浙江安徽爲最著。木棉以江蘇所産爲最饒，江南則上海，江北則南通附近尤著。四川一省，土最宜棉，自鴉片種植盛行，而棉乃絕跡。洋紗、洋布，遂爲重慶入口貨之大宗。禁煙令行，始復有栽植木棉者。

中區煤礦最盛者，爲四川之巴縣、宜賓、樂山，湖北之鄖縣、武昌、宜昌，湖南之衡陽、寶慶，江西之吉安、宜春、上饒、鄱陽、臨川、南昌，安徽之宣城、當塗、貴池一帶地方。産鐵最盛者，爲湖南之長沙、沅陵、岳陽，湖北之大冶，江西之吉安、宜春、上饒、南昌，安徽之銅陵一帶地方。大抵煤、鐵礦常相伴，或相距極近。

第九　交通　住民　行政區分（二時）

教材

河流以長江爲主幹，與兩岸支流及運河，均可通航。陸路有京漢、津浦、淞滬、滬寧、滬杭甬、南潯、株萍諸鐵路。粵漢鐵路，已一部告成。川漢鐵路，亦開工矣。海外交通，以上海爲中心，内通本國各口岸，外通東西洋各國。故本區交通較之北區，尤爲便利。

住民：漢族最多，苗族雜居西部、中部，人口凡一億九千三百餘萬。人民敏捷活潑，頗富思想。

本區行政上分四川、湖北、湖南、江西、安徽、江蘇、浙江七省。

教授方法

第一時（航路　鐵路）

豫備

（一）問諸生知中區之水運，較北區爲何如乎？（二）問前授中區河流時，曾略述諸河通航之狀況，尚能記憶乎？試略述之。（三）問北區鐵路南行，入於中區者爲何綫？

提示

（一）講述南方航路，當以長江爲主幹。今試設爲一人，自長江下游泝流而上，乘大汽船，可至漢口；自此以上，換乘小汽船，可至宜昌；自宜昌以上，長江有三峽之險，祇能通淺水汽船，至巴縣；自此以上，長江尚有帆船航路，可至宜賓；宜賓以上，不能通航矣。師且口述，使學生且讀圖。（二）問自宜賓仍由水道北行，可至何處？自成都遵陸至閬中，復可沿河流而下否？（三）問漢水航路，始於何處，尚能記憶否？一册八課及本册三課。（四）告以漢水自襄陽而上，皆用小船，以下始換乘大船。（五）問諸生亦願乘舟，游於湖中否？以上皆言長江北岸支流之航路也。若欲航行長江南岸支流，則非先乘舟入湖不可。告以贛、湘、沅三水之航路。（六）問以上皆長江本支流航路也，此外本區尚有何大水，可以通航？使舉其名以對。（七）問吾前不言運河、淮、浙均與長江相通乎。今試從江蘇之京口，乘舟沿運河而北，則可達清河，由此泛洪澤湖，可通淮，沿運河而南，則可通杭縣，泝浙江而上也。（八）使讀圖，觀察中區各鐵路。（九）問自湖北入四川，有鐵路否？自湖北入湖南，由湖南入貴州，有鐵路否？（十）講課文至"川漢鐵路亦開工矣"止。

比較統括

（一）長江航利與黄河航利之比較。

（二）大川本流航路與支流航路之比較。

（三）運河及浙江在航行上可視爲長江之支流否？

（四）今欲分隊游歷中區各省，均自上海起行，試問遊某省者當航某水，試歷述之。

練習應用

使學生繪中區交通圖。路綫須分別已成、未成，航路須分別汽船、帆船。

第二時（海外交通　　住民　　行政區分）

豫備

（一）問河湖之外，尚有航行海洋者，諸生知之否？航海者，又有沿海航路、遠洋航路之別，諸生知之否？（二）問諸生有曾航過海洋者否？今自上海北行，過膠灣、芝罘，至天津，此爲航海否？此爲航行沿海，抑航行遠洋？然則如何始謂之航行遠洋？（三）書“苗族”二字於黑板，問諸生知其義否？（四）問行政區畫四字何義？使知者述之。

提示

（一）懸挂圖。問自芝罘到廟羣島，能不乘船否？自鄞縣到舟山羣島如何？自中國至日本如何？（二）問諸生知我國海外航綫，集中何處乎？（三）指挂圖，示以海外航綫。一、北洋航路。二、南洋航路。三、南洋及西洋航路。四、太平洋航路。不必詳述，但指示其大要而止。（四）問歷史上苗族爲漢族所排斥，退居何處，尚能記憶否？歷史一冊第一課。（五）問北區人民之性質若何？一冊八課。（六）擇學生，使分講課文“海外交通”以下。

比較統括

（一）海洋航路與河湖航路之比較。沿海航路與遠洋航路之比較。

（二）中區交通與北區交通之比較。

（三）中區民數與北區民數之比較。使以算術計其差。又使以中區民數除全國總人數。

（四）中區人民性質與北區人民之比較。

（五）使以中區航路分海洋、內河列爲表。

練習應用

（一）我國河流，以中區爲最富，住民即以中區爲最多，可知住民之多少，與河川之多少，有正比例。（二）苗族與漢族，在歷史上曾互相競爭，今日尚可互相競爭否？（三）苗族之文化程度，後於漢族，漢族待之宜如何？（四）苗族居地，本沿長江，歷史一冊第一第三諸課。其古代文化，亦有可觀，自徙居西南山中後，遂停滯不進，可知山居者易窒塞，水居者易開化之理。然山性何故使人塞,水性何故使人通乎？因其對,可示以交通與進化相關之理。

參考

滬寧鐵路,自上海至江寧,長六百零三里,英國借款承辦。

淞滬鐵路,上海至吳淞,長三十里,自辦,現并歸滬寧路管理。

滬杭甬鐵路,上海至鄞縣,六百十六里,商辦,現歸國有。

南潯鐵路,九江至南昌,長三百里,商辦。

萍洙鐵路,萍鄉至洙州,九十五里,自辦。

粵漢鐵路,番禺至夏口,二千三百七十九里,自辦。

川漢鐵路,成都至夏口,三千五百里,自辦。

中區諸省,交通要道,尚未築有鐵路者,略舉如下：一、自丹徒渡江,沿運河北行,至淮陰,西北至銅山,由津浦路入山東,北行者,至臨沂,過嶧山,可達益都。二、自臨淮關與津浦路綫分歧,經合肥至懷寧。三、自南昌經高安、清江、吉安、贛、大庾、逾嶺,入廣東。四、自清江經宜春,接萍洙鐵路。五、自南昌至進賢,東南行者,經臨川南城,過杉關,至福建,東北行者,至玉山,過仙霞關,入浙江。六、自夏口經安陸至襄陽,沿漢水,由鄖縣入陝西,七、自襄陽南經荊門,至沙市,渡江,至湖南澧縣。西南經常德、沅陵、芷江、晃縣入貴州。八、自衡山與粵漢路綫分歧,至零陵,入廣西。九、自成都經緜陽、劍閣至廣元,由金牛道入漢中。十、自成都至資中,南至瀘,東南至巴縣,由瀘南渡江,經敍永,入雲南,自巴西北至奉節,沿長江,入湖北。十一、自杭縣沿浙江行,至建德,沿蘭溪至江山,西入江西;南逾楓嶺,至福建;自蘭谿分道,經金華麗水,達永嘉。

長江輪船航路,自上海至漢口,二千二百七十六里;漢口至宜昌,一千三百五十里;宜昌至巴縣,一千三百二十里;自巴縣至宜賓,爲帆船航路,一千四百餘里。

岷江航路,自宜賓至成都,六百六十里。夏秋水盛時,小船可上溯至灌縣。嘉定以下,三百四十里,其水量可航汽船。

沱江,自瀘縣至簡陽以上之焦河尾,帆船航路,約六百里。

嘉陵江,自合縣以下,可通大舟;自合縣上溯閬中,水程凡六百里,更易較小之舟上溯,可通陝西之洛陽;沂渠江,可至綏定,航程約六百里;溯涪江,可至三臺上流之中壩,水程五百八十里。

漢水，自沔縣至夏口，航路凡二千七百里；老河口以下，千零六十里，可通大船；洵陽以上，一千零三十五里，須換更小之船。

烏江，自龔灘司以下，四百九十里，民船可通，換小船上溯，亦可至思南。

湘江，湘潭以下，可通汽船；湘潭至零陵，九百七十里，通航船。其支流來水，自衡山溯宜章，帆船航路，亦六百里。

沅江，今汽船航行止常德，然據水量論，實可至桃源。帆船航路，終於鎮遠，凡一千二百七十里。

資水，灘多航行頗難，民船上溯，迄於寶慶。

澧水，自澧縣以下，民船可以通航，以上殆無航利。

贛江，南昌以下，可通汽船；自南昌至大庾，帆船航路，一千一百里。其支流盱江，自南城以下，帆船航路五百里。袁江，自宜春以下，帆船航路三百二十里，宜春以上，小船尚可通至盧溪司。錦江，自高安以下，帆船航路百二十里。修水，自義寧以下，帆船航路，四百六十里。

鄱江，南源自樂平，北源自景德鎮以下，可以通航。

上饒江，河口鎮以下，航行最暢，易小舟上溯，可至玉山，航程凡五百七十里。

淮河，自淮陰至洪澤湖老子山，航程凡二百四十五里，又六百六十五里，至正陽關；自此溯潁水，四百五十五里至周家口；周家口以上，二百六十五里，而至朱仙鎮，須水盛時乃能行。

浙江航路，自杭縣至蘭溪，凡三百八十里，可通小汽船；自此上溯至常山，二百四十里，僅通帆船；自建德上溯屯溪，二百九十里，亦通帆船。

運河航路，自吳至杭，四時可通小汽船，自吳至丹徒，及淮南運河，則僅增水時可通小汽船而已；又江南自上海至蘇杭，自蘇杭通吳興，均四時可航小汽船；江北自江通泰縣，由泰縣分達如皋、南通，及東臺、鹽城，水盛時，小汽船亦可通航。

第五章　中區地方誌

第一　四川省（三時）

教材

四川，在陝、甘之南，簡稱蜀省。岷巴之脈，屏障北方，分迤爲邛崍、鹿頭、劍門諸峯，全省多山，惟成都附近平坦。長江挾岷江、嘉陵江、烏江，貫流其間，饒有水運之便。氣候溫和，土地肥沃，米、麥、茶、麻、煙草、漆、蠟、油類，所產甚多。全省皆育蠶，故絲織品亦特著。礦產有金、銀、銅、鐵、煤等，而鹽爲最。全省分五道，凡百四十六縣。

四川省圖

省會曰成都，在西川原野中央，土沃民殷，甲於全國。街衢寬廣，市肆櫛比，中區西部之大都會也。其南樂山縣，當青衣江與岷江會口，爲西部貿易總匯。瀘縣，當沱江與大江會口，貨物輻輳，著名鹽市也。

資中縣，爲自巴縣至成都間最繁盛之地，多鹽井、氣井。

巴縣，據嘉陵江、長江交會之地，爲長江上流最大商埠，雲、貴各省貨物，多由此轉運。其東萬縣，爲新闢商埠，貿易日臻繁盛，

閬中縣、巴縣以上，嘉陵江流域貨物所集也。

涪陵縣，當長江與烏江會口，爲川、黔、湘、鄂間一小都會。宜賓縣，長江最西商埠也，與雲南貿易頗盛。

奉節縣，扼瞿塘峽口，宜昌、巴縣間貨物集散之要地也。

教授方法

第一時（第一節）

豫備

（一）復習第二冊第六第七課。（二）書“蜀”字於黑板，問古有以此爲國名者否。書“蜀漢”二字於黑板，問三國時之漢，何以上須加一蜀字。（三）問長江之有三峽，在何二省境？（四）問自漢中北行，達於何處？ 南行，達於何處？ 其間道路，險易若何？ 不能答，使復習第二冊第三課。

提示

（一）繪四川省略圖於黑板，指岷山，問學生，此爲何山？次指巴山，問此爲何山？次指岷江，問此爲何江？ 又指嘉陵江，問此爲何水？ 問此二水俱入長江否？ 然則長江自何處來？ 岷山山脈自何處來？ 使讀圖，岷江之東，自岷江分流者爲何水？ 嘉陵江左岸所受者爲何水？ 右岸所受者爲何水？ 問此諸水之間，應有山脈界之否？ 問四川省之地勢，何方高？ 何方低？ 講課文，自“四川在陝甘之南”至“惟成都附近平坦”。（二）問岷江、嘉陵江及在四川省之長江，水運之利若何？ 不能答，使復習第二冊第九課，及觀所製之中區交通圖。講“長江挾岷江至，饒有水運之便”。（三）問北區諸省，氣候以何處爲最溫和？ 第一冊第七課。其理由何在？ 以此理推之，四川省之氣候當如何？ 書“天府”二字於黑板，問蜀中古稱天府之國，諸生知之否？ 釋“天府”二字之義。書“漆、蠟、油類”四字於黑板，略述其用途。問中區蠶絲之利，以何處爲最著？ 鹽利在於何處？ 第二冊第八課。問不沿海之地，亦能産鹽否？ 此種之鹽何名？ 第二冊第一課。問諸生

知池鹽之外，尚有所謂井鹽否？　即略述四川鹽井之狀況。講課文自"氣候溫和"至第一節畢。

比較統括

（一）岷江與嘉陵江之比較。岷江嘉陵江與烏江之比較。

（二）四川省氣候與陝西省之比較。四川省物產與黃河流域六省之比較。四川省地勢錯雜，故物產極多。

練習應用

（一）使學生影繪四川省圖，仍如前例。（二）四川物產豐饒，本省交通，亦有水運之便，然產業終不能大發達者，以與外省之交通不便利故也。其與他省交通之不便，則因水有三峽之險，汽船不能直航長江上流，而陸路又崎嶇險阻之故。故欲發達四川省之產業，則建築鐵路，實爲最要之事。

第二時（第二、三節）

豫備

問蜀漢之都，在於何處？歷史三冊一課。問岷江於何處別流爲沱？問前一時言四川全省多山，惟何處較爲平坦，尚能記憶否？使略述岷江及沱江通航之狀況。

提示

（一）書"西川原野"四字，問當在四川之何處？不能答，使復習第一冊第五課，就黃河下流原野句，推見原野二字之意義。（二）使讀圖，觀察青衣江、大渡河之源流。次略述青衣江與大渡江之航利。（三）次使觀察岷江與長江會流之點。又使觀察沱江與長江會流之點。問凡江河會集之所，恒爲道路結節之點否？道路結節之點，必爲商業繁盛之區，其理由安在？（四）次告以川省鹽井，以沱江流域爲最多。使讀圖，確認資中、瀘縣之位置。（五）講課文第二三節。

比較統括

（一）西川平野與黃河下流平野之比較。樂山與瀘縣之比較。資中與瀘縣之比較。

（二）成都爲岷江流域農業最發達之處，樂山爲岷江流域商業最發達之處，資中、瀘縣固爲鹽利之中心，其他商業，亦走集焉。

練習應用

（一）四川人口之繁盛，甲於中國。西川原野，民居之稠密，又甲於四川。外人調查者，或謂舊日之成都府屬各州縣，人口密度，與比利時等。或謂且過之。夫西川原野，農業之興盛？雖由於土性之肥沃，實亦由於治水之得宜。可略李冰鑿離堆之事以示之，引起其工程之思想。試讀圖，觀其水道縱橫，可知民居之密度，與河流之關係。

（二）成都既土沃民殷，甲於全國，何以四川西部貿易之總匯，不在成都而在樂山？使知商業上之都會，與交通之關係。

第三時（第四、五、六、七節）

豫備

（一）復現三峽之觀念，注重於三峽以上，與宜昌以下，長江航行之情形不同。（二）使知四川全省，當分嘉陵江與岷江二大流域。岷江流域，古所謂蜀，嘉陵江流域，則古所謂巴。（三）復現烏江之觀念。使知烏江流域，占貴州省之大半。烏江入江之口，在四川省之東南部，其地與湖北之西南部、湖南之西北部相近。

提示

（一）使讀圖，觀察嘉陵江之源流。（二）問三峽西起何處？東訖何處？三峽以上，長江航行，情形如何？汽船航路，訖於何處？問岷江、嘉陵江流域，其貨物欲運至中區以外者，當在何處出海？然則南北區及外洋之貨物，欲至岷江、嘉陵江流域者，當在何處入口？自此口至岷江、嘉陵江流域，能不由長江否？然則岷江、嘉陵江流域之貨物，欲出四川省者，能否不由長江？他省之貨物，欲入四川省者，能否不由長江以入岷江、嘉陵江。然則長江上流最大之商埠，當在何處？（三）問萬縣何故新闢爲商埠？可因此推之奉節。（四）問自閬中北出，路通何處？閬中是否爲通陝西甘肅之要道？然則嘉陵江上游流域之貨物，是否當沿嘉陵江入四川？（五）使讀總圖，觀察烏江流域，與岷江、嘉陵江大小之比較若何？然則烏江下流，亦應有商業聚集之地否？又使觀察長江是否經過雲南，雲南之何一部分，屬長江流域？此一部分之貨物，是否當藉長江運輸？問長江帆船航路，訖於何處？宜賓。（六）使學生分講課文第四、五、六、七節。教師輔助之。

比較統括

（一）閬中與成都之比較。閬中之商業，何以盛於成都。因嘉陵江上流地方，產業較岷江上流地方爲發達故。

（二）宜賓瀘縣巴縣涪陵之比較。此四處地方，商業以巴縣爲最盛，何也？

（三）奉節、萬縣，何以不能代巴縣爲長江上流最大之商埠？

（四）使學生依下例，將本課各地名列爲表。

$$\text{四川省之都會} \begin{cases} \text{長江沿岸} \\ \text{岷江流域} \\ \text{沱江流域} \\ \text{嘉陵江流域} \\ \text{烏江流域} \end{cases}$$

練習應用

（一）問川漢鐵路成後，巴縣商務之盛衰，較今日當若何？（二）使學生分作成都、樂山、宜賓、瀘縣、閬中、巴縣遊記，均自本鄉土起程。詳述其前往之路綫。（三）使學生作歷遊奉節、萬縣、巴縣、閬中、成都、樂山、宜賓、瀘縣記。路綫任其自擇。

參考

卭崍山，在卭崍縣南八里，產竹，可以爲杖。《漢書·張騫傳》所謂卭竹杖也。鹿頭山，在德陽縣北三十里。劍門山，即大劍山。已見前。今以卭崍名岷江，大渡河間之脈鹿頭名岷江、涪江間之脈，劍門名涪江、嘉陵江間之脈。成都附近，在古代本一大湖，後乃淤澱而成平原。土皆赤色，是爲赤色溢地，性極肥沃。

四川氣候，惟山地冬季較寒，然山間高原，氣候仍覺溫暖，長江沿岸，溫度、溼度，尤爲適宜，故農業極盛。漆、蠟、鹽絲之產，均以長江沿岸爲中心，職是故也。礦產，稱無盡藏，就中金、銀、銅之產，盛於西川、建昌二道。鐵盛於東川。煤則全省皆有之，而以嘉陵江流域，及自巴縣以下、長江南岸之地爲最著。成都、樂山、保寧、巴縣、宜賓、蓬溪、富順諸處，又有煤油。鹽井之數，全省凡八千八百七十四，火井十一，而沱江流域占其十分之六焉。

四川全省，可分爲岷江、嘉陵江二大流域。岷江流域，古所謂蜀；嘉陵江流域，則古所謂巴也。岷江流域，政治上以成都爲中心，地處西川原野之中央，户口之殷繁，民生之富厚，均爲全國最。資中、瀘縣均爲井鹽聚集之處。他種商業亦因之走集焉。宜賓，爲與雲南及貴州之貴西道貿易處。樂山，則岷江、青衣江流域貨物所集也。嘉陵江流域，商業以巴縣爲中心，是爲長江上流最大都會，四川全省、川邊、西藏暨陝、甘、雲、貴之一部分，與長江下流交易，均以是爲中樞焉。此外在三江會流處者，則爲合縣。在嘉陵江流域者，則爲閬中。在渠江流域者，則爲渠、達二縣。在涪江流域者，則遂寧、三台、中江、緜陽，皆繁盛之地也。涪陵，當江與黔江之會口。黔江流域，產米最饒，均聚集於是，沿江又有武隆、江口二鎮，亦爲著名市場。自江口溯利川河，可通湖北之利川縣，石硅、酉陽及利川一帶之農產物集焉。自酉陽東出，道通湖南之永順，涪實川、黔、湘、楚間一小都會也。

第二　湖北省(二時)

教材

　　湖北,在四川之東,簡稱鄂省。大別山脈屛障東北,武陵山脈蟠亙西南,荆山之脈錯峙於中,惟宜昌以下,長江兩岸之地坦平,爲衆水所瀦集。長江出三峽,會洞庭湖之水及漢水,東南流入江西。人民大部業農,工業亦盛。物産多米、棉,江南亦産茶。礦産有金、銀、銅、煤,而大冶之鐵尤著。全省分三道,凡六十九縣。

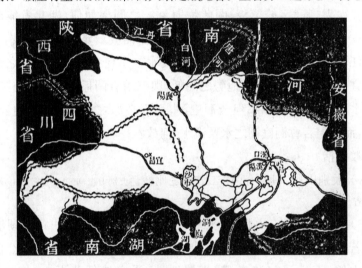

湖北省圖

　　省會曰武昌,在長江南岸,工廠林立,製造業頗盛。對岸漢口,舊爲四大鎭之一,扼東西水道,南北陸路之中樞,商業繁盛,冠於內地。輸出品以茶爲最,輸入以布疋、棉紗爲大宗。漢陽縣,位漢水南,鐵廠、兵工廠在焉。

　　襄陽縣,據漢水南岸,白河於其附近入漢,爲河南、陝西與漢口貿易之樞。

　　宜昌縣,爲長江大汽船之終航點,與其東南沙市,並爲沿江商埠。

教授方法

第一時(第一節)

豫備

　　問在十八省之中央者爲何省? 縱貫内地之鐵路何名? 京漢粵漢。其交點在何處？問長江在何省出三峽？自何處以下，大汽船可以暢行？

提示

（一）繪湖北省圖於黑板上。先指湖北、河南之界山，問學生，此爲何山之脈。次指江漢間之山，問學生，此爲何山之脈？使讀總圖，觀察沅江、烏江間之山脈何名？入於湖北省否，爲南嶺之分支，抑北嶺之分支？（二）問湖北省之地，當以何處爲最坦平？使觀總圖，湖南全省之水，皆入洞庭湖否？更使觀察洞庭湖與漢口之距離，及自武漢至江陵一帶之湖泊。（三）問湖北省沿江一帶，氣候如何？<small>不能答，使以四川省之例推之。</small>此一帶水利如何？然則此一帶地方，農業應興盛否？書"米棉"二字於黑板，問此二物，湖北省能產之否，當以何處爲最盛？次書"茶"字於黑板，問此物與氣候之關係如何，湖北省能產之否？當以何處爲最盛。（四）使學生講課文第一節而教員爲如下之發問：惟宜昌以下長江兩岸之地坦平爲衆水所瀦集，衆水二字何指？長江沿岸之坦平，何故起於宜昌以下？然則湖北地勢之高低，與三峽有關係否？長江出三峽會洞庭湖之水及漢水句，何以不但云洞庭湖，而下必加之水兩字？上句云爲衆水所瀦集，而此但言會洞庭湖之水及漢水，何故？

比較統括

（一）大別山脈及荊山武陵二山脈之比較。<small>大別山脈，東走入安徽荊山及武陵山脈均盡於本省。</small>

（二）荊山、武陵二山脈，比平地高低若何？武漢江陵一帶之湖泊，比平地高低若何？然則此一帶湖泊，比荊山、武陵二山脈，其高低若何？自荊山、武陵二山脈，至武漢江陵一帶，其間地勢，爲突然低落者乎，抑緩緩傾斜者乎？

（三）湖北省物產與四川省物產之比較。

練習應用

（一）使繪湖北省圖，如前例。（二）設使武陵、荊山二脈，不盡於本省，湖北省地勢，亦能如現在之坦平否？衆水瀦集之處，於人文地理上，有何影響？<small>可就事實具體的發問。</small>（三）湖北人民，何故大部業農？<small>使知產業與地勢、氣候之關係。</small>

第二時（第二、三、四節）

豫備

（一）問內地十八省之中心點爲何省？湖北省之中心點，又爲何處？（二）問自中區可通航北區之水，除運河外，復有何水？<small>淮、漢。</small>使略述漢水之源流。復習第二冊第二課。<small>白河及南陽。</small>

提示

（一）於黑板畫下圖。

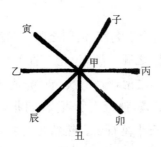

（二）問設以此爲內地交通之圖，則甲字之位置，當爲何地？自甲至乙爲何路？至丙爲何路？乙爲何地？_{宜賓。}丙爲何地？_{上海。}甲子爲何路？_{京漢鐵路。}甲丑爲何路？_{粤漢鐵路。}甲寅爲何路？_{自湖北經河南至陝甘。}甲卯爲何路？_{自湖北經江西入福建。}甲辰爲何路？_{自湖北經湖南入雲貴。}自乙至丙，自子至丑，至辰；自寅至卯，能不經過甲否？板書"扼東西水道南北陸路之中樞"句，使學生解之。（三）使讀圖，觀察武昌、漢口、漢陽三地方之位置。（四）使復閱自製之中區航路圖，問西安、南陽與襄陽之交通如何。問自西安西北出，可通何處？自南陽北出，可通何處？（五）問長江大汽船之終航點，在於何點？問長江上流最大之商埠，何以不在奉節萬縣而在巴縣？然則巴縣者，三峽以上之商埠也，然則三峽以下，亦應有一商埠否？（六）使學生講課文第二、三、四節。

比較統括

（一）武昌與漢口之比較。

（二）嘉陵江之流域，不大於岷江；漢水之流域，又不大於嘉陵，而巴縣之商業，盛於宜賓、漢口之商業，又盛於巴縣，其故何歟？

練習應用

（一）使復習歷史第三冊第一、二、三課，師發如下之問，使學生口答之：隆中在今何處？劉備初見諸葛亮於隆中，則其時劉備之根據地，當在何處？其後何故遁至赤壁？赤壁一戰，曹操遂不能南下，而三分之勢以成，其故何也？關羽攻樊，何故曹操欲徙都以避之？何以孫權取江陵，關羽遂敗？何故荊州既失，蜀漢遂不能得志於中原？（二）設使湖北無漢口、宜昌、沙市，當較今日繁盛否？川漢鐵路成後，巴縣之貿易，有移至漢口者否？設此二問，使學生以意答之，因其答，可示以大商埠附近，小商埠不能十分發達之理由。

參考

荆山，在南漳縣西北，今以名江、漢間之脈。武陵山，在常德縣西，亦稱河
洑山，今以名烏江、沅江間之脈。湖南、北二省平地，在西陵峽之東，荆山之
南，東抵夏口，南至洞庭湖之南，跨江、漢、襄陽、荆南、武陵、湘江五道境。近
人亦稱江漢平原。農産最豐，據近人所調查，湖北全省，豆歲收之數，達百八
十萬石。茶與棉，各歲收三十萬石云。然湖北人之力農，不如湖南人之勤，故
其民食，猶時仰給於湖南焉。三峽，首曰瞿唐峽，在奉節縣東十三里。自此至
巫山縣東，爲巫峽。益東爲西陵峽。至湖北宜昌縣東乃出峽，是爲夷陵。

大冶礦務局，創始於清光緒二十三年。萍鄉礦務公司，創設於二十四年。
其始皆張文襄所經營也。後改爲商辦。現與漢陽鐵路局合辦，總稱漢冶萍煤鐵礦
廠公司。武昌城外，有紡紗、繰絲、織布、製麻四廠，始亦張文襄所創，後改歸商辦。

内地形勢之勝，莫如漢口，所謂東西水道南北陸路之中樞也。故外人以
比美國之芝加哥。沙市、宜昌，近亦均開爲商埠，以逼近漢口故，商況不能大
盛也。襄陽西北有老河口，航行漢水者，換裝大船處也。老河口之西爲蕭江
口，丹江入漢之口也。自此溯航丹江，可至龍駒寨，東北唐河口，白河入漢之
口也。自此溯唐河，可通賽旗鎮，此今日商貨所由之道也。陸路則西經鄖縣，
可入漢中；北出南陽，踰荆紫，可以入關；過三鴉，可以入洛，而又居武漢之上
流。故在政治及兵事上，其形勢亦甚重要也。

第三　湖南省(三時)

教材

湖南，在湖北之南，簡稱湘省。三面有山，洞庭湖在其北，湘、資、沅、澧諸
水匯焉。交通灌漑，均稱便利。人民氣質堅毅，勇於任事。物産米爲最，茶、
棉次之，木材亦多。礦産有金、銀、銅、鐵、銻、鉛、水銀，而以煤爲最。全省分
三道，凡七十五縣。

省會曰長沙，瀕湘江東岸，闢爲商埠，街市繁盛，中區一大都會也。有鐵
路南通株州，其南湘潭縣，與其北之蘆林潭，商業均盛。

衡陽縣，當本省南部水陸之衝，其南郴縣，負騎田嶺，粤漢路綫所經也。

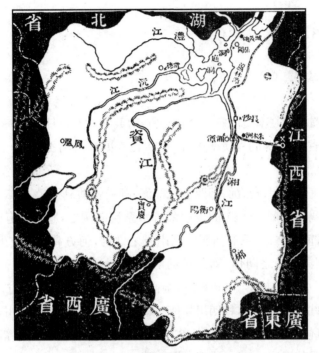

湖南省圖

　　常德縣瀕沅江北岸之商埠也，商業之盛，冠本省西部。其西南鳳凰縣，爲入黔要道，寶慶縣瀕資江中央一都會也。

　　岳陽縣，在洞庭湖口，爲全省北門，本省及貴州東部貨物必經之道也。城西堞樓，爲岳陽樓舊址。

岳陽樓圖

教授方法

第一時（第一節）

豫備

（一）問湖北之南爲何省？今有一省，有許多大水，皆匯合爲一，然後入長江，此爲何省？（二）問粤漢鐵路，自漢口至廣東，中經何省？

提示

（一）使復述湘、資、沅、澧四水之源流，師爲輔助訂正之。（二）問湖南一省，共應分爲幾流域？（三）問以湖南省水系流向觀之，應何方有山？何方無之？湖南省南方之山，系屬何脈？湖南省之地勢，何方高？何方下？（四）使復述洞庭湖與長江之關係，師爲輔助訂正之。第二冊第七課。（五）使復述湘、資、沅、澧四水通航情形。不能舉，使復閱自製之中區航路圖。問湖南省之交通便利否？（六）問湖南之地勢，較四川如何？兩者均全省多山。緯度較四川如何？然則湖南省之氣候應如何？然則湖南省之農産應如何？（七）寫"銻鉛水銀"四字於黑板，釋明其用途。（八）講課文第一節。

比較統括

（一）湘、資、沅、澧四水之比較。長短之比較，通航情形之比較，湘、沅二水均可通航至他省，澧、資二水則否。

（二）湖南人民之性質，與他省人民之比較。凡氣質堅毅，勇於任事，爲住居山地之人之通性。

（三）湖南礦産與他省礦産之比較。我國産銻之省甚少，惟湖南幾於全省有之。

練習應用

（一）使學生繪湖南省圖，如前例。（二）湖南省南北之交通，較東西之交通，孰爲便利？湖南省中，尚應有橫貫之鐵路否？湖南與廣西之交通，較湖南與廣東之交通孰便？與貴州之交通，較與江西之交通孰便？

第二時（第二、三節）

豫備

（一）復習第二冊第六課、第九課。（二）使復述粤漢、萍株二鐵路路綫之大略。（三）問南嶺山脈南北之通路何在？五嶺爲南嶺山脈南北交通之孔道，講第二冊第六課時所授。然則粤漢鐵路所通過者，亦爲五嶺中之一嶺否？萍株鐵路，自湖南入江西，亦須通過山脈否？與粤漢鐵路之通過騎田嶺相類否？

提示

（一）使復述湖南省與廣東省及江西省之通路。使讀圖，觀察湖南至廣西之路，是否沿湘水行，至廣東之路，是否始與湘江平行，後乃分歧。自江西來之，是否與湘水航路相聯接？（二）使復述前一時所授湘、資、沅、澧四水之比較。（三）告之曰：湖南省可分爲湘、資、沅、澧四流域。此四流域中，湘、沅二水較大，故其流域亦最大，資水次之，澧水流域最小。沅江流域，一部分在貴州，在湖南省中，當以湘江流域爲最大。以航路論，亦湘、沅二水較長，然沅水之航行，尚不如湘水之便利。又沅水流域，所能利用之與西南交通者，僅貴州一省，及四川省之西南一部分。第一課第六節。而湘水流域，則爲廣東、西及江西通路所集，欲至湖北之漢口，沅水流域亦不如湘水流域之逕。又湖南省之地勢，湘水流域，亦較沅、澧、資三水流域爲平坦。故湖南一省，以湘水流域爲最發達，今試進而觀湘水流域之各都會。（四）講課文第二、三節。

比較統括

（一）醴陵與彬縣之比較。

（二）湘潭、蘆林潭與株洲之比較。

（三）衡陽與長沙之比較。

練習應用

問何謂水陸路之結節點，使就本課舉其例。株州、衡陽。

第三時（第四、五節）

豫備

（一）復習歷史第一冊第一課。（二）問湖南全省之門户，當在何處。（三）問武陵山脈，所分界之水何名？

提示

（一）問沅、湘、澧、資四流域，以何流域爲最發達？汝等知此流域之開化，孰爲早晚歟？（二）使復觀授歷史第一冊第一課時所製之華種東徙圖，問苗族退處，係沿何水西南徙？（三）告之曰：湘、資、沅、澧四流域，歷史上之開化，亦以湘水流域爲最早。衡山，古代即以爲南嶽，又舜葬於蒼梧，則當堯舜時，業已開化矣。資、沅、澧三流域，均至後代，然後漸次開闢者也。（四）使觀常德及鳳凰二縣，分別其孰在沅水下流，孰在上流？更使觀察寶慶縣，在資水之上游流域，抑在其下游流域？（五）問洞庭湖足爲湖南全省之門户歟？自湖南省欲達北方，是否無論湘、資、沅、澧四流域，均須從岳陽經過？尚有他省之貨物，以洞庭爲門户者否？使諦思之，然後授以“本省及貴州東部貨物必經之道也”句。（六）使學生講課文第

三、四、五節。注意"冠本省西部"句，何以必加西部二字。中央一都會也句，中央二字何指？設無"本部及貴州東部貨物必經之道也"句，爲全省北門五字，意義尚覺顯豁否？

比較統括

（一）湖南省與湖北、四川二省孰相似。

（二）使學生分別湖南省各部會，孰濱洞庭湖？孰濱湘、資、沅諸水？孰沿鐵路綫？列爲表。

（三）常德與長沙之比較。鳳凰與彬縣之比較。

練習應用

（一）使就湘、資、沅、澧四流域之比較及其開化之先後復述之，俾知文化與地理之關係。（二）若合湖南、湖北二省爲一觀之，則有山之地，爲何一方面？平地在何方面？（三）使作遊記，自陝西至湖南。

參考

湖南省三面皆山，南面之山，爲南嶺之正支，東面之山，近人或稱爲袁山脈，或稱爲羅霄山脈。袁山，在江西宜春縣東北。羅霄山，在萍鄉縣東。西方與貴州分界者，則所謂武陵山脈也。全省殆皆邱陵，平地極少，而水利頗饒，以地勢複雜，氣候温暖故，物產甚豐。米之產額，甲於長江流域。然農人頗爲過羅之政所困。材木，昔年所產頗多，以不禁濫伐故，大材漸少。湘江流域，久成弩末；沅江流域，亦日漸缺乏矣。製茶則農民視爲副業，培養、采摘、製造，均不合法。而茶商又時聯盟以抑其價，農民獲利甚微，故不能改良。全省礦產極饒，煤田面積尤廣，凡六萬餘方里，深至數千尺云。惜開采尚不多，且多用土法。

湘江流域，政治上以長沙爲中心，商業之繁盛，則推湘潭爲最。長江汽船未通時，西南諸省之貨物，多先聚集於此，然後入江西，分致閩浙。今雖形勢變遷，然猶爲全國最大之藥市，且爲湖南著名之茶市焉。蘆林潭扼湘、資、沅三水交通之衝。資水入洞庭處，湖淺而有灘，別有分支，經喬口與湘水相通，故溯資者，多自蘆林潭，經喬口至益陽，自常德沿沅江入洞庭，雖可逕通沙市，然其東至蘆林潭者亦不少，故蘆林潭實扼湘、資沅三水航路之衝。湘江上流之材木，均自此入湖，故繁盛爲長沙以北諸市鎮最。常德，居沅江下流，北通沙市，東望長沙，而西南吸引本省西部及貴州東部之貨物，取精用宏，故其生業亦尚覺繁盛。此外都邑，則無甚足觀矣。要之湖南農產雖豐，礦藏雖富，然其交通，僅恃湘、資、沅三水，小汽船航路，尚覺甚短，故產業不能十分發達也。

第四　江西省(二時)

教材

江西,在湖南之東,簡稱贛省。地勢與湖南同,鄱陽湖瀦於北,贛江會諸水入焉。湖之沿岸有原野。人民樸質,多業農,亦善經商。物產多米、棉、茶、麻,又多栽竹,故製紙及織夏布最盛。礦產有鐵、金、銀、銅等,萍鄉之煤尤著。景德鎮之瓷器,世界知名。全省分四道,凡八十一縣。

省會曰南昌,在贛江下流,其北吳城鎮,爲木材所集;其南樟樹鎮,全國藥材集焉。九江縣,輸出全省貨物,有南潯鐵路通南昌。其東湖口縣,爲貨物起卸之所,亦爲沿江要隘,設有礮臺。景德鎮,舊四大鎮之一,以瓷業著名,亦鄱江流域商業所集也。萍鄉縣,以產煤著。有鐵路通湖南株州。南城縣扼杉關,可通福建。贛縣,在贛江上流,其南大庾縣,扼梅嶺,通廣東要道也。

教授方法

第一時(第一節)

豫備

(一)問長江自湖北東南流,入於何省? 萍醴鐵路,自湖南東行,入於何省? (二)問吾儕所常用之紙,知何處所產爲最多否? 夏日所衣之夏布,以何處所產爲最良? 日常所用之瓷器,最著名者,爲何處所產?

提示

(一)使閱江西省圖,問省中最大之水何名? 省中諸水,皆瀦蓄何處? (二)問江西省何處有山? 何處無山? 江西省中,何處之山脈,

江西省圖

爲南嶺之正支？江西省中,平地當在何處？（三）問江西省地勢,與何省最相類？湖南。江西省之氣候,亦應與此省相類否？使就緯度及地勢推之。然則江西省之物產,亦應與此省相類否？（四）略授以江西物產情形。（五）講課文第一節。

湖口形勢圖

比較統括

江西省與湖南省之同異。同點：三面有山,北方有一大湖,有自南向北,貫流全一之水入之。異點：湖南有沅、資二水,足與湘江相頡頏,江西貫流全省者,惟一贛水而已。

練習應用

（一）使繪江西省圖,如前例。（二）江西省多栽竹,故多製紙,多植麻,故多織夏布。景德鎮附近,多產瓷泥,故其瓷器,世界知名。於此可知天產品與製造業之關係。江西之紙,近年自洋紙輸入後,銷場遂大爲所奪,紙業之虧折停歇者甚多。夏布及瓷器,亦大受外貨輸入之影響,此可知天產徒美之不足恃。

第二時（第二、三、四節）

豫備

（一）由問答整理其關於要隘之觀念。由陸地及沿海推之沿江。（二）使閱圖,確審江西省東、西、南三面,所界者爲何省？復現五嶺爲南嶺山脈五通路之觀念。

提示

（一）使閱圖,自覓江西省城之所在。問與長沙之位置相類否？今以南昌比長沙,則何處可比岳陽？湖口、九江。說明湖口、九江之異點。何以一爲沿江要隘,一爲著名商埠。（二）授以鄱江源流,及其通航情形。（三）問江西與湖南、廣東、福建三省交通,可走水路乎？抑須走陸路？問江西與湖南交通之要道何在？問江西之南,尚有五嶺否？其嶺何名？使就圖中覓之。然則江西省與廣東省之交通,其孔道當安在？使閱圖,覓杉嶺之所在。告之曰：此江西通福建之要道也。（四）講課文第二、三、四節。

比較統括

（一）吳城鎮、樟樹鎮與湘潭、蘆林潭之比較。

（二）沿江要隘與沿海要隘之比較。

（三）杉關與五嶺之比較。均爲南嶺山脈中之通路。五嶺與北區諸關隘之比較。

練習應用

告以明代江西有兩戰事，一爲明太祖與陳友諒之戰，一爲王守仁之拒宸濠，使自檢查歷史，得其大略，然後問此兩次戰事，有足與本課所言，相發明者否？

參考

五嶺最東之大庾嶺，在江西大庾縣南，其脈東延爲九龍山，又東北折爲江西與浙江福建之界。今人通稱爲仙霞嶺山脈，皆南嶺正支也。其與湖南分界之袁山脈，亦稱羅霄山脈者，則爲南嶺分支。江西全省産茶，尤以修水、武寧、吉安等處之紅茶爲著。轉輪漢口者最多。夏布，以宜黃、萬載二處所産爲最精。製紙一業，昔時極盛，近自外國紙輸入，已日見式微矣。景德鎮，在浮梁縣西南一百二十里，取祁門、寧國、都昌、餘干諸地所産之瓷泥，製成瓷器，今全鎮有窰九十九座，用工人三十萬人。

江西全省，雖地勢阻塞，而實爲四達之衢，與閩、浙、皖、鄂、湘、粵各省，均有關係。而此與諸省有關係之地方，又皆有航路以連續之。此最可注意者也。如廣信，通浙江之要道也，而爲上饒江航路所及浮梁，通安徽之要道也，而與鄱江航路相續。南城，通福建之要道也，而自此沿盱江，可通贛江及鄱陽湖。萍鄉，通湖南之要道也，而與袁江終航點之宜春，相距不遠。修水，通湖北之要道也，而是水之終航點，亦即在此。自贛江上航，至贛縣，溯章水，小舟尚可至大庾，自此逾嶺而南，至南雄，復可泛北江而下矣。其間陸路，僅六十里耳。昔五口通商以前，外國貨物，均自廣東入口，過梅嶺，以達長江。長江汽船未通時，西南諸省貨物，亦多由湖南道萍鄉，東沿贛江而下長江者。今雖無此盛況，然與是省之關係尚不少也。職是故，江西諸水，沿岸之小都會不少，而殊乏一統一之大都會。九江雖爲全省之北門，然其貿易殊不興盛，蓋一因近逼於漢口，一因江西各地方之貿易，有因運輸之便，而分達於湘、皖、閩、浙、廣東諸省者，不必盡至九江也。

第五　安徽省(二時)

教材

安徽，在江西東北，簡稱皖省。北部平坦，接北區大原野，中部有天柱山脈，江以南黟山之脈峙焉。長江來自江西，斜貫南部。淮河來自河南，橫貫北部。

安徽省圖

中央有巢湖，東北境上有洪澤湖。人民樸實耐苦，多業農。物產，北部多麥、豆，南部多米、棉。礦產，有煤、鐵、金、銀、銅、礬。六安之茶，歙縣之墨，宣城之紙，皆有名。全省分三道，凡六十縣。

省會曰懷寧，據長江北岸，以逼近九江故，商業不盛。蕪湖縣，爲本省第一佳港，貿易頗盛，米市爲最。

合肥縣，南通懷寧，北走鳳陽，本省心腹之地也。鳳陽東有臨淮關，津浦鐵路所經，爲貿易要會。

正陽關當淮、潁會口，爲皖豫商業所集。五河縣，當由淮通運之衝，舟楫往來頗盛。

教授方法

第一時(第一節)

豫備

（一）復習國文第二冊第二十課。（二）復習第一冊第五課，第二冊第六第七課。（三）問宣紙徽墨，諸生知爲何物否？或取實物示之。

提示

（一）問長江、黃河兩流域，以何山脈爲界？此山脈東盡於何處？江以南，爲何山之脈？然則黃河流域之平原，南盡於何處？長江流域之平原，北以何處爲限？此兩平原，相連接否？（二）長江流域之平原，地質上之構造如何？爲地盤特別陷落之處。其特徵若何？多湖泊，第二册第六課。長江流域之大湖，已授過者有幾？此外尚有何大湖？（三）使觀圖問安徽者，可分爲幾流域？此兩流域以何爲界？安徽省之地勢，何處有山？何處坦平？（四）使復述淮河源流。問承全淮之委者，今爲何湖？使觀察淮河兩岸之支流。又使觀察長江在本省之流向，及其大支流。（五）告以安徽跨江南及淮北，兼有南北兩平原，及南嶺地帶之山地。北嶺山脈，在本省雖蔓延甚廣，然高度不大，故江淮間地，亦略具平原性質，故本省南北，風氣不同。於黑板書北部多麥豆，南部多米棉示之，問此足徵安徽南北物産之異否？（六）講課文第一節。

比較統括

（一）安徽省北部及南部之比較。

（二）巢湖與洪澤湖之比較。此二湖之在安徽，其關係孰大。

練習應用

（一）使繪安徽省圖，如前例。（二）使復習歷史，古代之淮夷徐戎，在何水流域？第一册第十二課。漢高、項羽，爲何水流域人。第二册第九第十課。告以淮水流域之民族，自古以尚武稱，並略述現今之情形。

第二時（第二、三、四節）

豫備

（一）復習第二册第二課第九課。使復述淮、穎、賈魯河通航情形，及津浦鐵路路綫。（二）問自湖口下航長江，即抵何處？其間有何山？國文第二册第二十課。

提示

（一）師舉懷寧、蕪湖、正陽關、臨淮關、五河縣各地名，使學生於圖中覓之，分別其在何水流域。次舉合肥，使於圖中覓之，問其在本省之何處，可稱江淮兩流域之中間否？（二）問今有人運貨物自河南來，沿淮、穎而下，至安徽，忽欲改由陸路，則如之何？自臨淮關換乘津浦火車。設仍由水路，則如之何？五河以上亦道經淮水。本省淮水流域之貨物，欲達江蘇，以出海口者，其運輸之途，亦如此否？長江流域之貨物，欲達江蘇以出海，則如之何？（三）告之曰：本省長江流域之貨物，欲達江蘇以出海者，自可沿江而下，不必更至淮河流域，故長江沿岸亦有著名之商埠也。（四）使讀課文第二節，待其質問，然後以下列之理示之。一、凡逼近大市場之處，商業不能興盛，若懷寧之於九江，沙市、宜昌之於漢口是也。二、蕪湖爲長江兩岸水道所集中，沿江一帶所産之米，均集於此，故其米市稱盛。（五）又使學生讀課文第三、四節而師發如下之問：一、合肥何故爲本省心腹之地？二、臨淮關何故爲貿易要會？三、正陽關何故爲皖、豫商業所集？四、五河縣何故舟楫頗盛？

比較統括

（一）懷寧與蕪湖之比較。臨淮關與正陽關之比較。合肥與衡陽之比較。

（二）本省長江流域與淮水流域之比較。

（三）使繪津浦鐵路圖，附以說明。

練習應用

（一）使作河南、安徽、江西三省游記。（二）蕪湖爲本省沿江水道所集中，而本省長江流域，盛產稻米，故爲沿江一大米市，然本省需用長江下游之貨物，亦多先聚集於此，然後分布各地方，故他種貿易，亦頗盛大也。凡一省，必有其輸出他省之貨物，亦必有其所輸入之他省貨物，此等輸入輸出之物，亦必有其聚匯之地。若四川之巴縣、湖南之岳陽、江西之九江、安徽之蕪湖是也。此等地方，謂之貨物之集散地，合其所集散之地言之，則可稱爲一貿易區域。貿易區域，不必盡與政治區域相符，又因通路之變遷，而時有變更。

參考

天柱山，即霍山，亦即潛山，又稱皖山，實一山而異名也。在潛、霍二縣間，漢代祀爲南嶽。黟山已見前。

安徽、江蘇，地均跨江南及淮北，其區畫始於明。明太祖起兵濠州，奠都金陵，欲合此二地方爲一區畫，故明代之江南，實兼今江蘇、安徽二省之地。清代以爲過廣，乃不橫剖之而縱析之，實均不合地理上自然之區畫也。

蕪湖，爲九江以下、京口以上，沿江一大市場。其輸出貨，米占百分之八十云。灣水甚深，便於泊舟，故爲本省第一佳港。懷寧雖亦開埠，而商況甚爲寂寥，則因處九江、蕪湖間，貿易悉爲所吸引也。合肥，四面環山，中抱巢湖，下流有水道，可通長江，形勢殊要，不獨本省腹心之地，亦淮西之雄鎮也。淮潁水道，向爲皖、豫貨物，沿運入江之途，自津浦路成，商況漸與昔異矣。

第六　江蘇省（三時）

教材

江蘇，簡稱蘇省。當江淮下游流域，太湖南潯，洪澤北潴，運河縱貫其間，

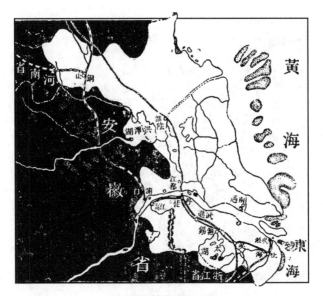

江蘇省圖

交通利便,地勢坦平,冠於全國。人民：北部樸質,南部巧慧。農工商業,均極
興旺,魚鹽之業亦盛。物產：米、棉、綢緞、陶器、玻璃,皆有名。全省分五道,
凡六十縣。

省會曰江寧,爲明南京,今俗猶沿稱之。浦口,與江寧隔江相望,爲沿江
重鎮。

丹徒縣,扼江南運河起點,與江都縣隔江相望,沿江重要商埠也。其東南
武進縣,以木市著;無錫縣,以米及絲市著。

吳縣,舊亦省會,街市甚繁盛。

上海縣,瀕黃浦江,爲全國第一商埠。長江流域,山東以南,閩廣以北,貨
物出入咸萃焉。輸出品多生絲、棉、茶,輸入以毛織物、布匹、棉紗、煤油爲大
宗。工廠林立,圖書出版,亦冠全國。其北有吳淞鎮商埠。

淮陰縣,瀕運河右岸,舊日南船北馬,於此分途。銅山縣,扼津浦鐵路中
區,及開徐鐵路終點,蘇、皖、豫、魯間之要會也。

教授方法

第一時(第一節)

豫備

(一) 問江河兩流域之平原,至何省始相接? 長江流域之湖泊,除已授過

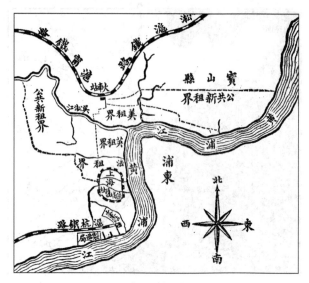

黃浦江沿岸圖

之洞庭、鄱陽、洪澤、巢湖外,尚有何大者?(二)問安徽省之風氣,何以南北不同?

提示

(一)問北嶺山脈,至江蘇省,形勢如何? 南嶺山脈,入江蘇省,形勢如何? 問湖泊停瀦之處,必爲地勢低窪之處否? 以此推之,江蘇省之地勢當如何? 使閱圖,觀察江蘇省之地勢。先江南,次淮南,次淮北。(二)問江蘇省交通之路若何,使列舉之。長江航路、運河航路、婁江、松江航路、開徐、津浦、滬寧、滬杭甬鐵路,舉不如法者,教師輔助訂正之。(三)板書"交通利便地勢坦平冠於全國"十二字,使講解之。(四)問大川下游地勢必平坦,其故何在? 長江沿岸,何故湖泊特多? 授"當江淮下游流域"以下七句。(五)問安徽省之風氣,南北不同,以地勢論之,江蘇省亦當如此否? 以地勢論之,江蘇省之物産應如何? 平原之地,農産當如何? 交通利便之地,工商業當如何? 授課文第一節畢。

比較統括

江蘇與山東之比較。一在黃河下流,一在長江下流,然山東省之地勢,不如江蘇之坦平。與直隸之比較。鐵路線直隸較長,航路則江蘇尤便。與安徽之比較。江蘇全省坦平,安徽惟淮北之地坦平。

練習應用

(一)使繪江蘇省圖,如前例。(二)問設無運河,江蘇省交通之便利,亦能如今日否? 他省若多開運河,其交通,亦能較今日便利否?(三)今欲振興江蘇省之實業,諸生試各自述,願爲何事?

第二時(第二、三、四節)

豫備

(一)復習歷史第三册第一課、第五課。(二)問南京、蘇州之名,爾輩曾聞之乎? 知其地情形如何乎? 試爲我述之。凡大都會,學生或有身歷其地者,或曾聞人述及其情形,皆可用此法,就其所已知者,更進授之。(三)問津浦鐵路之終點,在於何處? (四)問運河是否爲江蘇省交通之利器? 然則運河沿岸,應有繁盛之都邑否?

提示

(一)使觀察浦口與江寧之距離。問孫吳、東晉,建都何處? 爾輩知孫吳及東晉,何以必建都於今日之江寧乎? 問今自江寧北出,當由何道? 津浦鐵路。問合肥之形勢如何? 爾等知江寧之形勢,與合肥接近否? 告之曰:合肥三面有山,惟東南一面,向長江者,地勢低夷,爲巢湖之出口。自江寧溯航長江,至蕪湖,即可通合肥矣。故合肥者,江寧之外户;江寧者,合肥之堂奧也。使閱圖,自合肥北出,可通銅山否? 自銅山北上則達何處? 然則自江南欲達北方,形勢莫如江寧最捷,故孫吳、東晉,皆建都於此也。與歷史聯絡,以説明江寧之形勢,并使於合肥之形勢及津浦全路,更爲明瞭。(二)問江寧之形勢,足爲江蘇省江以南地方之中心點否? 問江南之航路,以何者爲最重要? 運河及婁江、松江。扼運河之中權,及婁江、松江之上游者爲何地? 扼運河與長江之交點者何地? 江蘇省之米及絲業,情形如何? 貿易上應有一集中之地否?(三)講課文第二、三、四節。

比較統括

江寧與吳縣之比較。浦口與丹徒之比較。武進與無錫之比較。

練習應用

(一)使學生作淮河流域游記,并附以圖。自京口溯淮南運河入洪澤湖,溯淮潁而上。(二)使學生繪津浦鐵路全圖,系之以説。

第三時(第五、六節)

豫備

(一)復習國文第三册第十一課。(二)復現天津爲北區六省貨物集散地之觀念。(三)復習第二册第八課。注意於中區物産。(四)復習第一册第十課、第十一課,第二册第九課。注意於運河通航情形。(五)問汝等曾到過上海乎? 或曾聞人述及上海之情形乎? 試述所知。(六)復習歷史第二册第九課。

提示

(一)使閱圖,觀察上海之位置,是否在長江下流? 問長江本支流航路,共

211

有若干,使學生列舉之。不能舉者,師輔助之。問除長江流域外,尚有何處,其貨物亦以上海爲集散之地。淮水流域及運河。(二)寫"全國第一商埠"六字於黑板,問何地足當此稱? 使學生誦課文答之。問上海能爲全國第一商埠者何故? 告之曰:上海商業所以發達者,一因長江本支流航路之廣,又因有運河故,淮水及浙江流域之貨物,亦以是爲集散之區;二因中區物産之豐富,非南區及北區所及;三因我國沿海,大商埠尚不甚多,故各種對外之貿易,多集中於上海。使學生誦"長江流域、山東以南、閩廣以北貨物出入咸萃焉"句。(三)使學生誦"輸出品"二句,問上海輸出品,何以多生絲棉茶? 輸入品何以多織物紗布煤油等?使知輸出品與本區天産物之關係,及大宗貨物必爲日用必需品之理。(四)寫"瀕黄浦江"四字於黑板,問不言在長江下流,而言瀕黄浦江,何也?(五)講課文第五節。(六)使學生復述運河通航情形,問津浦鐵路經過江蘇省之何處? 此處有鐵路可通河南否? 此鐵路西延之,可至何處? 向東延長,則至何處? 使讀圖,確認銅山與安徽、河南、山東之關係。(七)講課文第六節。

比較統括

(一)上海與天津之比較。

(二)使作長江航行記。

(三)使作上海貿易區域圖,並系以説。

練習應用

(一)凡輸出品多之地,輸入品亦必多,蓋貿易原理,本爲以物相易,故一貿易區域,其輸出入常略相等也。若如吾國近者,年年輸入超過,即不得不負外債。通商之原理,爲有無相濟,吾國地大物博,日用所資,百物咸備,本無須仰給於外貨,然若無關緊要之物,國民因生産費較昂,改而從事於他種利益更饒之物,因而暫仰而於外貨,猶可言也。毛織物、布匹、棉紗、煤油等,皆日用必須之品,而亦仰給外貨,則不可言矣。此我國近來負債之所以巨,失業者之所以多也。(二)銅山處四達之衝,兵法上之所謂衢地也。此等處,不徒兵事上利用之,即生計上,亦時或藉以爲用,如范蠡之居陶是也。

參考

北嶺山脈,入江蘇省,低夷斷續,錯峙江濱,幾不復成爲山脈。見第二册第六課參考。南嶺之脈,入江蘇者,亦惟句曲山較著。在句容縣東南。故江蘇全省,殆皆坦平之地。江河兩流域平原,以北嶺山脈,爲真正之界限。自北嶺以北,地面皆覆有黃土，但愈南則愈薄耳。故淮水流域，亦屬北方平原。江蘇產米最盛之區，爲太湖流域。據近人所調查，蘇、常、滬、海及浙之錢唐三道，歲穫之數，近萬萬石。此區域歲產之絲，則三千餘萬兩云。棉產於南通、海門、崇明、太倉、嘉定、寶山、上海、川沙、奉賢、南匯諸縣，而通、海最盛，歲收在三千萬石左右。產鹽之地，自東海訖海門，鹽場凡二十有三。三屬東海，九屬泰縣，十一屬江都，淮北用曬鹽法，淮南係煎鹽。

　　浦口，鎮名，地屬江浦縣，爲津浦鐵路終點。此路本名津鎮，原定路綫，自銅山南至淮陰，沿運河達丹徒，後乃改爲津浦。丹徒本河南、山東貨物所集，河南貨物，自淮潁入洪澤湖，下淮南運河。山東貨物亦自淮陰經運河來。自此路成後，漸移於浦口矣。江都爲鹽業中心，亦爲沿江米市，富饒爲江北最。武進爲自江西來材木所集。無錫則本省太湖流域所產稻米及蠶絲市場也。上海爲吾國第一商埠，其興盛之由有二：以輸出言，長江本支流，航路至廣，又因淮水下流於塞，浙江下流，不便通航，故凡淮水流域、浙江流域之貨物，亦咸聚集於是，故其貿易區域，除中區七省外，又包有山東、河南、貴州、雲南之一部分，是諸地方，物產皆極豐饒。輸出品多，則輸入品亦緣之而盛，一也。我國舊日交通，殆全恃河流爲動脈，故航路發達之處，商業亦較發達。我國對外貿易尚不能稱爲真發達，外國品之輸入，未能各港皆與外人直接，上海開埠最早，貿易最大，商業機關最完備，外人之經營大商業者，居此者最多，故自芝罘以南，閩侯以北，外國品之輸入，多轉取諸上海，即天津所輸入之外貨，亦有自上海轉致者，故外人稱我國真與西人行直接交易者，惟一上海而已。南區之直接交易，多行之香港，在番禺者絕少。二也。萃是二因，故上海商業之發達，遂爲全國最，非偶然也。江蘇沿江各縣，極爲饒富，而沿淮之地，則凋敝殊甚，皆因淮河不治，疊遭水患故也。然如淮陰、銅山等，本水陸衝途，形勢至要，隴秦、豫海鐵路若成，則東西數千里之貨物，皆以是爲委輸之途，形勢必將一變。若更能導淮而注之海，使沿淮之地，悉涸出爲良田，則其富饒，必有出於豫期之外者矣。

第七　浙江省(二時)

教材

　　浙江，在江蘇西南，簡稱浙省。背負仙霞嶺，全省多山，惟東北部坦平，黟山、仙霞嶺之水，集爲浙江，與運河相通。此外甬江、靈江、甌江，亦俱有舟楫之利。人民南勇悍而北文秀，農工商業均盛。物産多米、茶、魚、鹽，蠶絲之利，甲於全國。礦産有煤、鐵等。製造品，杭縣之綢緞，紹興之酒，金華之火腿，俱有名。全省分四道，凡七十五縣。

省會曰杭縣，扼滬杭甬鐵路之中樞，當運河之終點，爲浙江流域貿易之總匯。城西有西湖，名勝冠東南。紹興在錢塘江東，商工業頗盛。鄞縣，在甬江下流，亦著名商埠也。永嘉縣，瀕甌江，木材輸出頗盛。

蘭谿縣，爲浙江中流要地，商業頗盛。常山縣，爲通江西要道，常玉鐵路起點於此。

浙江省圖

教授方法

第一時（第一節）

豫備

（一）問南嶺之脈，自江西省之南東北折，在何二省之間？中區獨立入海之水，長江外，何者最大？運河南盡於何處？（二）問杭縣之綢緞，紹興之酒，金華之火腿，諸生曾聞其名否？均曾見過否？

提示

（一）使閱圖，覓仙霞嶺之所在。更使閱總圖，觀仙霞嶺之脈，與五嶺及黔山

西湖圖

之脈相連否？使觀浙江諸水之流向，問浙江與靈江、甌江間，應有分水界否？告
之曰：此爲浙江省之分水界者，乃仙霞嶺之餘脈也。然則舟山係何山之脈所
成？（二）使復述浙江源流及航利，教師輔助訂正之。（三）使閱圖，觀察甬
江、靈江、甌江之源流，然後講授之。（四）問山居之人，性質當如何？平原之
人，性質當如何？使據湖南、江蘇、安徽之例推之。浙江省何處爲平地？何處爲山地？
然則浙江人之性質，南部當如何？北部當如何？（五）問浙江以北之地，與江
蘇省長江以南之地，相類否？然則其物產亦應相類否？（六）使學生講課文第
一節。

　　比較統括

　　（一）浙江與江蘇之比較。浙江省浙江以北之地，與江蘇省江以南之地最相類，此外江蘇
省之地爲淮域平原，浙江省則爲南嶺地帶山地，兩省均農商業俱盛。

　　（二）甬江、靈江、甌江之比較，及其與浙江之比較。

　　（三）何處爲太湖流域。

　　練習應用

　　（一）“集爲浙江”句下，何故必加“與運河相通”句？浙江海口，不能航行，貨物多
自杭縣道運河至上海。（二）復習國文第二冊第十七課，問蠶絲之利若何？今欲經
營我國之絲業，擇地當於何處？（三）紹興酒販路愈遠，則愈佳，諸生亦有意販
運此酒否？試自述願販至何處？

第二時（第二、三節）

豫備

（一）復習第二册第七課及第九課。（二）問汝等曾聞西湖之名否？知此湖在何省何縣否？（三）復習歷史第一册第十五課，問會稽爲今何地？（四）問自江西至浙江，須穿過山脈否？

提示

（一）問汝等知浙江省中，最大之都會爲何處乎？問浙江省中，最要之通路爲何路？浙江航路、運河、滬杭甬鐵路。浙江海口，能航行乎？然則浙江流域之貨物，當自何處出海？杭縣之航路及鐵路，與鄞縣、上海，相聯絡否？然則浙江流域之貿易，當以何處爲總匯？授省會曰杭縣，至名勝冠東南。（二）使閱圖，浙江以東，地勢以何處爲較平坦？問海岸綫屈曲之地，航海事業，應易於發達否？島嶼衆多之地如何？使讀圖，浙江省沿海，海岸綫何處最曲折？島嶼何處最多？略授以鄞縣與海外通商最早之歷史。使讀圖，鄞縣以南，沿海尚有何通商港？此通商港所瀕何水？授“紹興”至“輸出頗盛”。（三）使觀圖中蘭谿及常山之位置，問蘭谿與浙江之關係如何？常山與江西之關係如何？授課文第三節。

比較統括

（一）杭縣與吳縣之比較。鄞縣與上海之比較。

（二）凡南嶺北面概多材木，又爲茶之產地。

（三）問中國平原，西起何處？東訖何處？北起何處？南訖何處？共跨若干省？試列舉之。

（四）使作運河圖説。

練習應用

（一）問設無運河，浙江航利之大，亦能如今日否？長江本支流，均不經浙江省，然浙江亦屬長江流域，何也？（二）今欲延長常玉鐵路，使達海口，試擬其路綫。

參考

仙霞嶺，在江山縣南，其東北迤者，爲安徽之黟山，北接茅山，即句曲。東連獨松、在安吉縣西。天目，在杭縣西北。乃南嶺之正支也。其分迤於浙江、甬江、靈江之間者，爲金華，在金華縣北。爲會稽，在紹興縣東南。爲四明。在鄞縣西南。在甬江、靈江之間者，爲天姥，在新昌縣東南。爲天台，在天台縣北。在靈江、甌江之間者，爲括蒼，_{在臨海縣西南，仙居縣南。}爲雁宕，_{在永嘉縣東北。}皆南嶺分支也。其餘脈入海而成舟山羣島。甬江二源，北源曰姚江，出餘姚縣西南太平山，至鄞縣，會自奉化來之剡溪，東北流，至鎮海縣入海。餘姚、奉化以下，小汽船可通。靈江二源，北出天台縣西南之大盆，山南出仙居縣南境之坑山，合流於臨海縣南，東南至海門衞入海。臨海以下，舟楫可通。甌江二源，一出龍泉縣西南臺湖山，一出遂昌縣西南貴義嶺，合流於麗水縣西南，至永嘉縣北入海。自永嘉而下，可通汽船。自此至麗水二百七十里，大船可以航行，自麗水至龍泉，近三百里，則僅通小船。浙江鹽絲之利，甲於全國，尤以錢塘一道爲最。米除太湖流域外，浙東亦盛產之，會稽道尤盛。綠茶出於山陰、鄞縣一帶，紅茶出於永嘉，多運致上海。_{杭縣龍井茶最佳，惟所產不多。}沿海鹽場，凡三十一。_{其七在江蘇。}

　　浙江上流，航路頗遠，且遵此道，即通安徽、江西，而其下流，潮急不便通航，貨物多由運河達江蘇，以轉輸於上海，故杭縣天然爲其匯集之區，不獨本省貨物也。即安徽之茶、漆雜貨，江西之茶、紙、磁器，亦多遵是道而至者，杭縣之繁盛，爲浙江全省冠，良有以也。鄞縣北，瀕錢塘灣，南瀕象山灣，其形勢，儼如突出海中之半島。沿海島嶼復極多，故航海事業最發達。其人經商之才，亦最長。歷史上，番舶所，集東海之濱，莫著於明州。汽船未興以前，帆船之販運，北至芝罘、天津、營口，南至閩侯、廈門，沿江上溯，達於漢口。航業之盛，亦莫鄞若也。自上海開埠，鄞乃漸衰，然今日帆船之航海者尚多。沿海一帶，無汽船出入者，貿易猶多爲所壟斷焉。紹興近鄞，其民之性質，亦略相類。臨海以南，乃慓悍。浙江及甌江上流，則風氣殊閉塞矣。要之浙江省海岸綫極長，氣候極溫和，山川風景極秀美，若以中國擬歐洲，則浙江其希臘半島也。所缺者，腹地之交通，不甚便利耳。若能速成全省之鐵路，其發達未可限量也。

第六章　南區地方槪說

第八　位置　海岸(一時)

教材

　　南區爲閩江及西江流域,在中區之南,西接川邊,西南接緬甸、安南,南瀕南海及東京灣,東南瀕東海。

　　沿岸商港,東海岸有閩江下流之閩侯,及其南之廈門,其北之三都澳。南海岸最著者爲番禺,惜其南之九龍半島及香港、澳門,均爲他國所占。此外有汕頭、北海等。廣州灣,在雷州半島之東,亦爲法人所租借。

教授方法

豫備

　　(一) 復習第一册第一課、第四課。(二) 問中國除朝鮮、俄羅斯、印度外,尚與何國接界? (三) 問中國沿海之省有幾? 使自北而南,列數之。復自南而北,列數之。(四) 問黃海與東海,東海與南海,以何處分界? (五) 問南區與中區,以何爲界?

提示

　　(一) 使閱圖,問何五省爲南區? 使自西而東,列舉其省名。使觀南區諸省,北與何處,西與何處,東及南與何處爲界? 使觀南區諸省,有何獨立入海之大水? (二) 使學生講課文第一節。(三) 使觀閩江下流,有何商港? 粵江下流,有何商港? 更使觀閩侯以北,有何商港? 閩侯以西南,至番禺,其間有何商港? 孰屬福建省? 孰屬廣東省? 使觀南區各省,有租借地否? 租借地共有幾處? 使舉其名。使觀九龍半島南,有何島嶼? 問此島係屬何國? 汝等向有所知否？使觀東京灣中，有何商港？（四）講課文第二節。

比較統括

（一）南區與北區、中區之比較。南區海岸綫最長，北區、中區，均有大平原，惟南區無之。南區最近熱帶，北區在北嶺、陰山二脈間，中區在南北二嶺間，南區北界南嶺，南面海。黃河、長江、粵江三水，以粵江爲最小。

（二）黃海、東海、南海之比較。

（三）番禺與天津、上海之比較。天津爲北區最大商埠，上海爲中區最大商埠，番禺爲南區最大商埠，形勢本相埒；惟番禺南方之香港，爲英人所據，對外貿易，行之於香港者多，番禺利益，遂爲所奪。

（四）問我國沿海租借地，共有幾處？割讓地共有幾處？使列舉之。略授以葡人占據澳門以後，沿海失地之歷史，藉以統括沿海諸課。

練習應用

（一）使作沿海遊記，并附以圖。（二）問我國沿海之地，共有七省，海岸綫之長，凡一萬三千餘里，設無海軍，足以自立否？若無海軍，則沿海七省，處處受人攻擊，陸軍雖强，能徧防否？使閱世界圖，英、德、法、俄諸國，距中國遠近若何？何以彼越如此遠道，尚能割吾土地，吾沿海之地，尚不能自保？然則國無海軍，尚能如英、俄、法、德等之耀威海外否？尚能自立否？（三）復習沿海諸省，注意於魚鹽之利，告以海不徒在國防上當注意也，即以實業論，亦爲無窮之利藪，不可不思有以利用之。

參考

閩侯在閩江下流，商埠在江中南台島上。南台下流爲馬尾港，距省城約四十里，水深便於停泊。其上爲羅星島，島上建塔，亦稱羅星塔。羅星塔以西，水淺沙多，大汽船不能航行矣。船路局在閩江北岸。江口兩岸，皆有礮台，我國今日，完善之軍港，惟此而已。閩侯商業，集散之區域殊狹，僅及於閩江流域，故不能十分興盛。廈門島，在圍頭灣中，周僅三十六里，然水深便於停泊。各國租界，在其西南之鼓浪嶼。廈門陸上貿易區域亦狹，惟奧台灣及南洋羣島，往來頗繁。

三都島，在三沙灣內，水深波平，口狹內寬，爲南方最佳之港。西人謂閩江下流，船舶出入，殊形不便，若築鐵路，由三沙灣以達閩江，則閩侯商業，必爲所奪。番禺，爲南區諸省貨物出海之口，一如上海之於中部，天津之於北區，故其貿易，亦與天津相埒。我國與外國通商最早者，南則福州、泉州、廣州，北則明州，今晉江商務，已爲廈門所奪。閩侯貿易區域狹，鄞縣逼近上海，商業皆不能大盛，惟番禺蒸蒸日上，良以其天然位置之佳，非他處所能比擬也。汕頭在韓江右岸，江水頗深，船舶出入便利，韓江流域之貨物，均集散於此。北海港，在合浦縣南，本爲雲南、廣西貨物出海之途，自蒙自開關，雲南貿易，已與安徽直接；梧州開關，廣西貨物，復沿粵江而下，是港商務，遂日見衰落。然港水甚深，且兩面有山，可障南北東之冷熱風，氣候極佳，實爲南方良港。

南區商埠表

商埠	稅關	開放事由	各國駐紮領事	所在地
福州閩侯	閩海	道光二十二年中英《南京條約》	英、德、法、日、荷、葡、意、那、美	福建
廈門思明		同上	日、美、奥、比、丹、法、德、英、意、荷、那、葡、俄、西	
三都澳三都島	福海	光緒二十四年自開	意	
福寧霞浦		同上		
廣州番禺	粵海	同福州	英、美、荷、葡、法、德、日、俄、比、意、奥、那、典、西	廣東
汕頭	潮海	咸豐八年中英、法《天津條約》	日、奥、比、法、德、英、意、荷、那、美	
	九龍	光緒十三年　僅有設關抽稅之權		
	拱北	光緒二十九年中葡商約		
江門	江門	光緒二十八年中英商約	英、意	
三水	三水	光緒二十三年中英《緬甸條約》	比、英、奥、意	
甘竹		光緒二十六年		
北海	北海	光緒二年中英《煙臺條約》	比、法、葡、英、奥、美、意	
公益		宣統元年自開		
惠州惠陽		同江門		
瓊州瓊山	瓊海	同汕頭	比、法、德、英、奥、美、意、那	

續　表

商埠	税關	開放事由	各國駐紮領事	所在地
香洲		同公益		
梧州蒼梧	梧州	同三水		廣西
南寧邕寧	南寧	光緒二十四年自開	法、意	
龍州	龍州	光緒十三年中法條約	法	
蒙自	蒙自	光緒十三年中法條約	英、法、奧、意	
河口	河口	光緒二十一年中法條約代十三年約之蠻耗	法、意	
思茅	思茅	同上加闢一埠	英	雲南
騰越騰衝	騰越	光緒二十三年代二十年中英《緬甸條約》之蠻允	英	
雲南昆明	雲南	光緒三十一年自開	英、法	

第九　地　勢(二時)

教材

橫斷山脈，駢走滇西，其東折者，入貴州，爲苗嶺；又東爲兩廣與湘、贛之界，是爲五嶺。其脈東北折爲武夷，爲仙霞，界浙、閩、贛三省間；入安徽爲黔山，總稱曰南嶺。

本區諸省，概多山地，惟珠江沿岸有平地。

教授方法

第一時(橫斷山脈…五嶺)

豫備

(一)復習第二冊第六課。(二)問湖南、江西二省，在何山之陰？浙江省在何山之陽？安徽省之黔山，屬何山之脈。

提示

(一)問南區最大之水爲何水？長江與黃河之分水界爲何山？然則長江、

粤江,亦應有一分水界否?（二）問陰山發脈何處? 北嶺發脈何處? 然則南嶺
應發脈何處? 告之曰：西藏、青海、川邊,合爲一大高原,總稱西藏高原,中國
内地諸山,皆發脈於是。（三）使觀怒江、瀾滄江之流向,問其間之山脈,走向
應若何? 問黃河在甘肅境東北流,至綏遠,則折而東流,何也? 然則長江當川
邊、青海境東南流,至雲南即折向東北,何也? 自雲南以東,當大江之南岸者
爲何山? 爲何省與何省之界? 使諦視地圖,設使賀蘭山脈,直向東北行,則黃
河之流向將如何? 入蒙古。南嶺山脈,直向東南行,則長江將如何? 入後印度半島。
（四）使閱總圖,觀察川邊及雲南省西部諸山,告以在雅魯藏布江之東,鴉龍江
之西者,總稱橫斷山脈。其詳俟講川邊時授之。（五）使舉騎田、大庾二嶺之名,及
其所在地,然後以餘三嶺之名授之。

比較統括

（一）橫斷山脈及四川諸山脈之比較。地勢皆傾斜於東南,惟橫斷山脈,高度較大,且
較長耳。

（二）昔人云：兩山之間必有水,兩水之間必有山。此二語,最足以説明
地勢,觀橫斷山脈,及行於其谷中諸水,此例最爲易見。餘皆可以此推之。

練習應用

（一）使學生繪南區山脈圖。（二）復習歷史第二册第八課,問南區之地,
何時始入中國版圖? 南區入中國版圖獨後,何也? （三）告以南嶺以北,與南
嶺以南,氣候之不同,俾知山脈與氣候之關係。

第二時（武夷　仙霞　黟山　南區地勢）

豫備

（一）復習第六課第八課。（二）復現大川下流必爲平地之觀念,并使略
述其理由。

提示

（一）問南嶺山脈,當何處始東北折? 使讀圖,觀仙霞嶺、武夷、黟山諸脈,
是否互相銜接? （二）使自讀圖,觀察南區諸省,平地在於何處? 自直隸至浙
江,其間大水凡四,白河、黃河、淮水、長江是也,此四大河之下流,互相聯接,
其南又接以太湖流域,故能成一大平原。南區大水,惟一粤江,無他湖泊及巨
川之下流,與之相接,故平地最少也。（三）使學生講本課全文。

比較統括

（一）秦嶺山脈與苗嶺,伏牛與五嶺,大别與仙霞嶺之比較。南北二嶺,皆可分
爲三部分,秦嶺及苗嶺,其第一部分也;伏牛與五嶺,其第二部分也;大别與仙霞,其第三部分也。北嶺

山脈,至第三部分,即低夷斷續,不復足爲交通上之障礙,南嶺山脈則否,故北中二區同化,早中南二區同化遲。

（二）使比較浙江以北,與浙江以南,海岸綫孰多曲折？使知海岸綫長短,與地勢之關係。

（三）南區之海上事業,較北中二區爲發達,何也？北障以山,而南海岸綫甚長。

練習應用

（一）何故廣東、福建,風氣較爲開通？雲、貴、廣西,較爲閉塞？（二）今自漢口至廣東,行旅多取何道,汝等知之否？自漢口沿長江至上海,由海道至番禺。粵漢鐵路成後,尚須如此否？使比較通行粵漢全路,暨繞道江海,時日之長短,川資之多少若何？設無粵漢鐵路,長江沿海,又無汽船,則如何？

參考

南嶺之脈,亦祖崑崙。巴顏哈剌唐古剌之脈,東南折,爲橫斷山脈,其在鴉龍江、大渡河之間者,曰大雪山;亦稱公噶剌嶺。在金沙江、鴉龍江之間者,曰沙魯里山。日譯訛爲素龍山。在金沙江、瀾滄江之間者,曰寧靜山;亦作雲嶺。在瀾滄江、怒江之間者,曰他念他翁山;在怒江與雅魯藏布江之間者,曰雪山。亦作伯舒剌嶺。凡此皆近人所稱爲橫斷山脈者也。大雪山及沙魯里之脈,皆盡於四川及川邊。伯舒剌嶺之脈,南迤而爲高黎共山,在騰衝縣東北。爲大盈山,在騰衝西。爲尖高山。在騰衝西北。他念他翁之脈,南迤而爲怒山,在維西縣西。爲哀牢山,在保山縣東。皆南入後印度半島,惟寧靜山之脈,入雲南境,沿大江南岸東北折,是爲南嶺山脈之祖。其山之有名者,在麗江縣境,爲玉龍山。即雪山。南詔封爲北嶽,西嶽即高黎共,東岳則烏蒙,南嶽蒙樂,中嶽點蒼。在大理縣境,爲點蒼山,在雲南縣境,爲梁王山,夾滇池,起碧雞、金馬二山,東北至祿勸,爲烏蒙山,又東當南盤江上源,曰花山。其分支在瀾滄江、元江之間者,爲博南山,在永平縣西南。爲蒙樂山,在景東縣北。爲普洱山。在寧洱縣北。在元江、南北盤江之間者,爲目則山,在蒙自縣西,與蒙自一音之轉,蒙自得名以此。爲阿盧山,在廣西縣西。東迤於鬱江之南,是爲句漏之脈。句漏山在廣西北流縣北,今人以名鬱江以南之脈。正支東北行,又分爲二:一東北走大江烏江之間,爲七星山,在畢節縣西。爲白雲山,在仁懷縣南。爲婁山;在桐梓縣南。一東南走,界盤江與烏江,又東,爲元江與西江之分水界,爲關索嶺,在鎮寧縣西關嶺縣北。爲白巖山,在鎮寧東北。爲南望山,在貴陽縣北。爲雲霧山,在貴定縣東。爲龍山,在都勻西。是即南嶺正支。今人所通稱爲苗嶺者也。東南折入廣西省東北垂,則爲五嶺。

第十　河　流(二時)

教材

本區河流,最大者爲珠江,合東、北、西三江而成,西江又合黔、鬱、桂三江而成,其流域殆占兩廣之全部,及雲南省之一部。此外獨立入海之水,閩江最大。

貴州省之烏江,北流入長江。雲南省西部,怒江、瀾滄江、元江等南流,入交阯支那半島。湖泊以滇池、洱海爲最著。

教授方法

第一時(珠江)

(一)問南嶺山脈北側之水爲何水? 使列舉之。(二)問前述南區爲何二水流域,尚能記憶否? 此二水在南嶺之何面?

提示

(一)使閱總圖,南區中獨立入海之水有幾? 是否閩江及珠江最大? 閩江與珠江孰大?(二)先使閱廣東省圖,觀察東、西、北三江,是否一從東來,一從西來,一從北來? 告之曰: 東、西、北三江,特自番禺方面觀之,則一從東來,一從西來,一從北來,三水若相等耳。其實西江之源遠流長,迥非東、北二江所及也。使觀廣西省圖,先觀察桂江,次觀察黔江,次觀察鬱江;次使觀雲南省圖,尋黔、鬱二江之源。使先觀雲南省圖,次觀廣西省圖,次觀廣東省圖,以次觀察珠江之上源;先黔、鬱二江,次桂江,次北江,次東江。再使讀總圖,觀察珠江之源流一過。問珠江流域,共占幾省?(三)師講授珠江源流,使學生講課文,自本區河流至及雲南省之一部。

比較統括

(一)珠江與黃河長江之比較。

(二)西江與東、北二江之比較。黔、鬱二江,與其餘諸江之比較。

(三)使學生列爲下表,師訂正之。

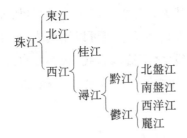

練習應用

（一）湘、灘二水，異流同源，水盛時可放空舟過嶺，若更加以人工，可成一嶺南北交通之運河。（二）南區五省，出海孰最難？孰最易？使比較之。除廣東、福建本沿海外，出海當以廣西爲最易，以有珠江可沿也。於此可見河流之功用。（三）使學生繪南區河流圖，與山脈合爲一紙。

第二時（閩江　烏江　怒江　瀾滄江　元江　湖泊）

豫備

（一）問苗嶺在貴州之何部？苗嶺以北之水，應屬何流域？（二）問雲南省西部，地勢如何？該地方之水，流向應如何？

提示

（一）使閱圖，觀察福建省地勢，與浙江相似否？然則福建省中，可比浙江者何水？使觀察珠江以東北、南區獨立入海之水有幾？何水最大？使閱福建省圖，師指示閩江源流，使觀察之。使講“此外獨立入海之水閩江最大”二句。（二）使閱貴州省圖，省中之分水界在何處？分水界以北，入長江之水何名？然後授以烏江源流。（三）使閱雲南省圖，觀察省之西部，縱行之水，共有幾支？更使閱總圖，觀察此水發源何處？下流入於何處？問怒江、瀾滄江之上流，與金沙江、鴉龍江相似否？何故金沙江至雲南北部即東折，鴉龍江亦僅入金沙江？而怒江、瀾滄江，則直入後印度半島？（四）使閱雲南省圖，觀察該省湖泊有幾？孰爲較大？此諸湖泊之四周，爲山地，抑爲平地？（五）講課文第二節。

比較統括

（一）閩江與浙江之比較，又與白河之比較。

（二）縱行之水，與橫行之水之比較。怒江、瀾滄江、元江之比較。

（三）北、中、南三區，不屬黃河、長江、珠江之水系有幾？試列數之。

（四）南區湖泊，與中區湖泊之比較。

練習應用

（一）怒江、瀾滄江等，僅上流一部分在中國，又多行於深谷間，無交通灌溉之利，然於國防所關甚大。昔雲南回亂時，提督馬如龍常使法商人久辟酉於紅河中爲之運饟，法人始知航紅河可以通雲南，而謀越南之心乃益亟。問英、法諸國，既可自此諸水之下流以謀我，我亦可自此諸水之上流以謀彼否？今欲恢復安南、緬甸，則如之何？（二）怒江、瀾滄江等，在中國無甚利益，若欲獲享其利益，必如何而後可。

參考

粵江，有東、西、北三源，西江爲大。西江，又有黔、鬱、桂三源，而黔江尤遠。黔江二源，一北盤江，出貴州威寧縣八仙海西南；一南盤江，出雲南霑益縣花山南麓，二水合流於廣西凌雲縣西北之長隘寨，是稱紅水河。北盤江自源至此行九百里，南盤江倍之。東南流，經東蘭縣西，至那馬縣西境，折東北流，又折而東南，經遷江縣北，東流，至象縣西南，柳江來會。自長隘寨至此，行千八百里。曲折流經武宣縣西，南經大籐峽，是稱黔江。至桂平縣城北，鬱江來會。鬱江亦二源，一西洋江，源出雲南廣南縣之西，東南流，經百色、恩隆、隆安諸縣境，至邕寧縣西，而合麗江。麗江亦二源，一出安南境，一出鎮南關之北。二水合流於龍州縣南，東北流，經崇善、扶南二縣境，而合西洋江。二水既合，總稱鬱江。東流，折東北，與黔江會。黔、鬱二江既合，總稱潯江。東流至蒼梧縣西，與桂江會。自此以下，總稱西江。東流入廣東境，至三水縣南，與北江合。自此以下，西、北二江之水，互相灌輸。北江水盛，則入西江；西江水盛，亦入北江。其下流形成一大三角洲，其間水道，重要者凡四：一自甘竹東南流，經順德、香山間，至橫門入海。一自甘竹南流，經江門及新會縣境，至崖門入海。一自江門之上分歧，至磨刀門入海。一則西江正支，自三水東經佛山，至番禺縣南入海者也。自盤江上源至此，約四千五百餘里，流域之廣，約一百十五萬方里，南嶺以南第一大水也。北江，古湞水，三源，均出廣東南雄縣境。西南流，至英德縣南，會樂昌水，出湖南宜章縣，東南流，經樂昌、曲江二縣境來會。又南會洭水，源出連山縣境，東南流，經連縣、陽山縣境來會。南至三水縣，合西江。東江，古龍川水，二源，皆出江西安遠縣。合流於廣東和平縣境，西南流，經龍川至河源，會自新豐來之新豐江，西南經歸善至番禺，與西江會。

閩江，三源，北曰建溪，合浦城縣之南浦溪，及崇安縣之崇溪而成。二水合流於建甌縣西北。東南流，南稍西流，至南平縣境，與沙溪、富屯溪會。富屯溪，閩江西北源也，出光澤縣西，至順昌，與自將樂縣來之將溪合。又東南，合沙溪。沙溪,閩江西南源也,發源寧化縣西南山中,曲折東北流,與富屯溪會。又東北會建溪,三源既合,東南流,自水口所以下,入於平地,至閩侯縣南,入海。自浦城至海口,長約一千五百里。

怒江,發源前藏拉薩北二百八十里之布喀池,番語稱喀喇烏蘇。喀喇,譯言黑烏;蘇,譯言水。或謂即《禹貢》黑水也。東南流,經川邊,入雲南境,經維西縣西境,南流,經高黎共山東,又南,入緬甸境,稱薩爾温江,入馬爾達般灣。澜滄江,二源:東曰匜楚,西曰鄂穆楚。合流於昌都縣之南,東南流,入雲南,經維西、雲龍、永平諸縣境,折東流,又折向南,自思茅縣境,入後印度半島,爲安南與緬甸、暹羅之界。其下流在越南國,入暹羅灣,稱湄公河。

元江,源出雲南縣西北梁王山,東南流,經元江縣東北,箇舊縣南,至河口,入越南,入海。此水越南稱富良江,西人稱爲紅河。其支流之大者,有李仙江,出蒙化縣東南鳳凰山,與元江略相平行,至越南,與本流會。

滇池,在昆明縣南,斜長百二十餘里,廣三四十里不等,其下流曰普渡河,入金沙江。洱海,在大理縣東,濶三四十里,長百三十里,其下流入漾濞江。漾濞江,自小甸西南與澜滄江分流,至雲縣北境,復合。

第十一　氣候　物産(一時)

教材

氣候:低地炎熱,雖嚴冬罕見積雪;高地温和,空氣較中部尤溼潤,夏季多雨。

物産:米、穀,外多茶、麻、蔗糖、靛青、煙草、香料,又有龍眼、荔枝、橄欖、檳榔、柑橘諸果品。山中頗有森林,兼饒禽獸。礦産:金、銀、銅、鐵、錫、水銀、銻、煤、寶石,稱無盡藏。西南山地,有從事於畜牧之業者,沿海亦有魚鹽之利。

教授方法

豫備

(一)復習第一册第七課、第二册第八課。(二)使述地勢與氣候相關之理。(三)問汝等所常食之糖,知係何物所製否? 其物産於何處? 問龍眼、荔枝、檳榔、柑橘等,知其産於何處否?(四)問湖南、江西等省之木材,係出於何山脈之側面？（五）問沿海之地，有何物産？

提示

（一）問南區之地，比中區温度若何？使以緯度之高低推之。問南嶺山脈，屛障北方，其於南區氣候之關係若何？使讀課文第一節，問低地炎熱，高地温和，何也？問南區空氣，何故較中部尤溼潤？講課文第一節。（二）歷舉茶、麻、蔗糖、靛青、煙草、香料等，問學生以其用途？并説明其産地。次舉諸果品之名，問學生以其形狀性質及其産地，因其所知者進授之。問湖南省沅江流域之材木，來自何處？告之曰：南區産木者，不止貴州一省也，福建等省亦有之。使復述北、中二區礦産大略，然後以南區礦産進授之。問何謂畜牧？此種生業，宜於何種地方？（三）講課文第二節。

比較統括

（一）南區氣候與北、中二區之比較。

（二）南區物産與北、中二區之比較。

（三）試以北、中、南三區物産，分動、植、礦三類，列爲表。

練習應用

（一）南區地近熱帶，故生物種類，與中、北二區不同，可知欲事生業，必明地理，又可知國土跨緯度廣，則物産多，以前所授各省畜牧之業，以何處爲最盛？陝西、甘肅、山西。南區氣候，與北區大不相同，然西南山地，尚有從事於畜牧之業者，何也？因高部不如低地之炎熱故。於此可知地勢異，則氣候異，而生物之種類繁多。

參考

南區氣候，異於中、北區者有二：一、寒暑均等，冬温而夏不甚熱。二、雨量概冬少而夏多，無如中、北區所謂雨季者。此由地近熱帶，且得海洋力之調劑使然也。南嶺山脈，與緯度平行，其及於氣候上之影響亦甚大。雲、貴、廣西諸省，雨量頗多，大氣中含水蒸氣甚富，山谷深阻，溼氣不得蒸發，故往往鬱爲瘴癘。

南區農産，以米、穀爲主，此外植物之特異於中、北二區者，即多含有液汁之果品，及含有刺戟性之香料是也。森林，福建、廣西、雲南、貴州均有之，而閩江及柳江二流域最著。野獸，雲南西部山中最多。礦産幾於各種皆備，而雲南之銅、錫，廣東、廣西之銀，廣西、貴州之水銀、硃砂等最著。魚鹽之利，福建、廣東均有之。

第十二　交通　住民　行政區分(二時)

教材

　　本區交通：鐵路，西有滇越，南有廣九、新寧、三廣、潮汕諸綫。粤漢鐵路亦一部已成。水路以番禺爲中心，通航西、北、東三江，及其支流，外通洋海，聯絡汕頭、廈門、閩侯諸港。閩江及福建沿海諸水，亦多可通航。

　　住民：漢族最多，苗族多居山地。沿海人民，沈摯敏捷，而能冒險，山居者多樸質。總人口凡八千二百二十萬。

　　本區行政上分爲福建、廣東、廣西、雲南、貴州五省。

教授方法

第一時(鐵路)
豫備

　　(一) 復習第三、第四、第七三課。(二) 問自浙江至福建，當由何處取道？自江西至福建，當由何處取道？至廣東，當由何處取道？自湖南省至廣東，當由何處取道？至貴州，當由何處取道？(三) 使以汽車與人馬之力相比較。

　　提示

　　(一) 繪南區通路於黑板，先繪自江山至福建，南昌至南城，南昌經大庾入廣東，自長沙南出之粤漢路綫，及自常德西南入貴州之五綫示之，閭自中區至南區之路，以前所講者，是如此否？ 使諦視之，並使觀總圖一過。次引自江山南出，及自南城西南出之兩綫，會於閩侯。告之曰：此即自浙江過仙霞嶺，自江西過杉嶺，入福建之道也。皆會於福建省城。次引自江西過大庾南出之一綫，及粤漢路綫，會於番禺。次引番禺、閩侯間沿海交通之一綫。次引自湖南沿湘水入桂林之一綫。次引此綫至蒼梧，自蒼梧東引之至番禺，西引之至邕寧龍州。次引自常德經貴陽至昆明之綫。次引自昆明至騰衝，西入緬甸，及滇越路綫。次引自滇越鐵路分歧達邕寧之綫。告以以上所述：皆南區交通大道。 使諦視總圖一過，分別其孰有鐵路，孰無鐵路，然後以南區現在之鐵路綫授之。

比較統括

（一）南區鐵路與北、中二區之比較。北區鐵路幹綫，興築最多，中區次之，南區惟粵漢滇越兩路，可稱幹綫，餘皆支綫耳。

（二）復習北、中兩區交通大道，使繪內地十八省陸路交通圖，分別孰有鐵路，孰無之？

練習應用

（一）北、中二區，所界皆本國之地，南區獨界緬越，而鐵路最不發達。設法自安南發兵，入犯雲南，我國自內地調兵運饟以救之，能如法之敏捷否？今欲鞏固雲南之形勢，當先築何路？（二）告學生曰：今欲興築南區之鐵路，故集五省人士，共議興辦之法，分學生爲五組，使各代表一省，協議其興造之先後。

第二時（航路　住民　行政區分）

豫備

（一）復習本册第八課及第二册第五課。（二）復現沿海航路與河川航路之比較，帆船航路與汽船航路之比較諸觀念。（三）問沿海之民，與山居之人，性質同異若何？使本前授鄞縣及湖南人之性質推之。（四）問苗族初居何地？後爲漢族所排，向何方面退卻？

提示

（一）使閱地圖，復述珠江及閩江之源流。然後分別示以本區諸水，孰可通航？孰不能通航？何處可通汽船？何處僅通帆船？（二）使復閱第二册第九課，問“內通本國各口岸”句，“各口岸”三字何指？然則自本區沿海各口岸至上海，可通航否？然則本區沿海各口岸間，可互相往來否？以示本區沿海航路，使讀課文，問本區水路，何故以番禺爲中心？（三）問中區苗族，雜居何處？第二册第九課。告以南區苗族，多居雲、貴、廣西三省，問與中區苗族居地，相連接否？其同點若何？均居山地。示以沿海人民與山居者性質之不同，可以閩廣與雲貴相比較示例。（四）使學生講本課全文。

比較統括

（一）南區航路與中區之比較。中區航路最長，南區較短。中區淮水、浙江，均藉運河，與長江相聯接，南區如閩江、烏江等，均不與珠江相通。中區航路，以上海爲中心；南區航路，以番禺爲中心。

（二）漢族與苗族之比較。

（三）沿海人民與山居之民之比較。海濱、山地、平原三種人性質之比較。

練習應用

（一）使學生繪北、中、南三區航路圖。（二）漢族對苗族之義務若何？

參考

滇越鐵路，自雲南省城至河口，長九百四十里，法款。

廣九鐵路，自廣東省城至九龍，三百三十里，中英合資。

新寧鐵路，自新寧至三夾海口，二百十里，商款。

三廣鐵路，自三水至南海，長一百里，商款。

潮汕鐵路，自潮安至汕頭，長九十里，商款。

粵漢鐵路，見前。

南區交通要道，多未築有鐵路，今略舉如下：一自閩侯西北出南平，北出建甌浦城，逾楓嶺，入浙江，西北走順昌，至光澤，逾杉關，出江西。一自閩侯沿海，經莆田、晉江、龍溪、漳浦、詔安，通廣東之潮安，西經惠陽至番禺。一自番禺北至曲江，東北至南雄，逾大庾嶺入江西，西北經樂昌至宜章，逾騎田嶺，即粵漢路綫也。一自番禺沿西江，經高要，達蒼梧。一自桂林北出全縣，通湖南。一自桂林沿桂江，至蒼梧。一自桂林西南至馬平，南經來賓遷江至賓陽，分道，西經百色入雲南，西南經邕寧龍州至鎮南關，自馬平北行，經柳城融縣，至貴州之永從。一自貴陽東經平越鎮越入湖南。一自貴陽西經安順，逾關索嶺，經普安，至霑益，西達昆明，自霑益北行，東北經威寧，及自貴陽西北行，經黔西大定，均至畢節，入四川之敘永。一自昆明西經楚雄、大理，西北經麗江、中旬，入西藏，西南經保山，至騰衝。一自昆明西南經元江，至寧洱。

水道，粵江自蒼梧以下，可航大汽船，蒼梧以上，小汽船溯鬱江，可至南寧，更上溯，於增水期間，吃水最淺者，南可至龍州，北可至百色，帆船上溯，尚可達雲南之剝隘云。黔江航路，始於遷江，其支流柳江，卻可通小汽船，自馬平迄桂平，自此上溯，大船至三江縣南之長安司，小船至貴州都江縣。桂江，水急多灘，不通汽船，帆船航路，則自桂林至蒼梧，凡三百六十里云。又西江支流繡江，自籐縣與西江相會，自此上溯，汽船可至容縣，遵陸至北流，復可浮羅成江，下北海，西江汽船未通時，廣西貨物，由此出北海港者極多，法人要求築鐵路，自北海達鬱林，即欲以吸收此路之商貨也。北江航路，始南雄縣，其支流樂昌水，宜章以下，亦可通航，至英德，則可航小汽船。東江航路，始和平縣，其支流新豐江，則自連平以下，可以通舟云。閩江航路，自閩廣至水口所，通小汽船，自此溯建溪，帆船至崇安浦城，溯富屯溪，至光澤，溯沙溪，至永安。
九龍江航路，始龍巖縣東四十里之雁石街，雁石至龍巖東之津頭，不能通舟，
然自龍巖至津頭二十里，又可航小船云。韓江，大舟自潮安以下，可以航行，
小舟上溯，可至長汀。其支流梅江，航路可通長樂、興寧；梅江之支流，水道又
可通武平縣云。

第七章　南區地方誌

第十三　福建省（二時）

教材

　　福建，位閩江流域，簡稱閩省。南嶺之脈，分迤爲武彝、杉嶺諸秀峯，閩江貫流其間，頗擅水利。此外，晉江、九龍江，除下流一部外，俱湍急，不利舟楫。海岸富島嶼，多良港。人民强健，而有冒險性，移住海外者甚多。物産有茶、煙草、諸糖、樟腦及諸果品。閩江上流有材木。礦産有金、銀、鉛、煤、鐵等，又有石材。全省分四道，凡六十二縣。

　　省會曰閩侯，爲閩江流域貨物所集散，商埠在江中南臺島上。其東方馬尾，形勢險固，船政局在焉。

　　三沙灣，港寬水深，可容巨艦，天然軍港也。其口有三都島商埠。

福建省圖

　　思明縣，在廈門島上，爲南半省貨物集散之所，本省人民移住海外者，多自此出境。

　　南平縣，在閩江上流，北出浦城，則通浙江，西北出光澤則通江西，爲本省堂奧之地。

教授方法

第一時

豫備

（一）復習第九、第十、第十一三課。（二）問武彝、杉嶺，均屬何山之脈？（三）問南區沿海，除珠江外，以何水爲最大？其航利若何？（四）問南區沿海之人，其性質若何？

提示

（一）書"閩省"二字於黑板，問學生，知此爲何省否？（二）使學生讀圖，問福建之水，共可分爲幾流域？使觀閩江與晉江、九龍江之間，有山脈以爲之界否？（三）問前述閩江、晉江、九龍江，航利如何？尚能記憶否？試復述之。問航海事業之發達，與海岸綫之長短，島嶼之多少，有關係否？可引前所授鄞縣事爲證。本省之沿岸如何？本省之人，對於航海事業應如何？（四）書"華僑"二字於黑板，問此二字何義？汝等知華僑多爲何處人否？（五）問南區富於何種植物，其用途若何？書"樟腦"二字於黑板，説明其性質及用途。問南區材木，以何水流域爲最著名？（六）講課文第一節。

比較統括

福建省與浙江省之比較。兩省皆西負南嶺正支，惟浙江省北接太湖平野，而福建北方亦

馬尾圖

負山脈,閩江可比浙江,晉江、九龍江,可比甬江、靈江、甌江,惟福建省有汀江,南流至廣東入海,浙江省無之。

練習應用

使學生自製福建省圖,分別山脈用黃色,河流用藍色,鐵路綫用紅色,以墨筆填注地名。

第二時

豫備

(一)復習第八、第九兩課,及第一冊第四課。(二)問福建北半省之貨物,應以何處爲集散之地。使以浙江爲例推之。南半省之貨物,亦應於此地集散否?(三)問自江西、浙江通福建之路如何?

提示

(一)問我國沿海,爲各國所租借之軍港有幾? 使列舉之。使讀課文第二、第三節,問我國設欲振興海軍,福建省中,有可爲軍港之地否? 示以馬尾及三沙灣之形勢。(二)告之曰:閩侯及三沙灣,非獨爲經營海軍要地,抑亦本省重要商埠也。使讀課文第二、三、四、五節,告以本省商業,分爲二大區域:北半省集散於閩侯,南半省集散於廈門。繪廈門與臺灣、南洋羣島交通圖於黑板示之,告以本省移住海外之民,多自此出境之由。(三)使讀地圖,自浙江江山縣來者,達本省之何處? 自江西南城縣來者,達本省之何處? 自此二處至閩侯,當相會於何地? 使復觀自製之陸路交通圖。

比較統括

(一)閩侯與杭縣之比較。閩侯爲閩江流域貨物所集,杭縣爲浙江流域貨物所集,但航閩江可自達海,航浙江則不能。閩侯爲軍事上重要之地,杭縣則否。

(二)復習第二冊第五課,問浙江省中,尚有何良軍港? 問昔興海軍,以南洋翼北洋,今興海軍,以南洋爲重要根據地,可否?

練習應用

(一)告以福建人移殖南洋,及其受侮外國之大略情形。問西人之據南洋羣島,其始亦不過其移殖之民,爲之前驅耳,乃彼則能開疆拓土,爲國家宣示聲威,我則不免受制於人,爲人作牛馬,何也? 設使我國今日有雄大之海軍,以福建爲根據,而浙江及廣東爲之輔,外人對待華僑,尚敢如此否? 設使我國之海軍,既伸其威力於南洋羣島矣,然東南一方面,尚有一地方,亟應恢復者,諸生試思之,此地爲何地?(二)福建省之形勢,一小中國也。西北兩面界陸,而可爲陸的發展,東南兩面界海,而可爲海的發展,然福建人因不能征服陸地,故不得已乃謀食於海外,而又爲他人所迫蹙,與中國今日之西北支離,東南漂泊者,抑何相似乎?

參考

福建省移住海外者,以漳、泉一帶之人爲最多。蓋本省山領崎嶇,耕地面積既小,而地味又復瘠薄,徒藉農耕,殊不足以自給,地距長江流域較遠,而居其西南之廣東,產業又夙興盛,商工業之發展,又不如鄞縣之易,故不得不相率謀生於海外也。

福建省之茶,以武彝所產爲最著名,輸出俄國者最多。俄人自設廠於福州製造之。煙產於龍巖、汀、漳一帶。蔗糖,龍巖附近所產最多。樟腦,全省皆有之。材木出於閩江上流,以不加保護故,大材亦逐年減少矣。果品有橘、柚、橄欖、荔枝等,以興化所出桂圓,爲最有名。

福建省形勢,可略以中央一帶之大山脈爲界。此一帶山脈,分閩江與木蘭溪、晉江、九龍江諸水之上源。自此以北,商業集散,皆屬於閩侯;以南,則以廈門爲總匯之地。閩侯之貿易,與上海、香港間行之者最多,又與營口相往來,以土產易其農產品。廈門居上海及香港之間,東南望臺灣,南控南洋羣島,以其位置論,實爲貿易上極有望之地,惜陸上貿易區域太狹,故輸入超過,年嘗數千萬兩,然本地方之匯兌,曾不因此而受影響者,則由華僑攜寄回國之金,有以彌補之也。華人之出洋謀生者,以廣東及福建二省爲最多,其出航及歸國,在福建,多在廈門;在廣東,多在汕頭。攜寄歸國之金,亦多匯至此二處云。

第十四　廣東省(三時)

教材

廣東,在福建西南,簡稱粵省,亦曰粵。東北負五嶺,西憑句漏,西江來自廣西,會北江、東江,成大三角江,而入南海,與其東方之韓江,俱有舟楫之利。海岸島嶼羅列,海南島最大。人民勤敏,善經商,移殖海外者亦多。物產,多米、穀、絲、茶、棉、麻、蔗糖、香料及諸果品。各種工業亦盛。全省分六道,凡九十四縣。

省會曰番禺,爲南區第一都會,貿易之盛次於上海、漢口。東南虎門,設有礮臺。西南佛山鎮，爲三江船舶所萃，舊四大鎮之一。三水、甘竹、江門等皆其附近之商埠也。

曲江縣，扼北江二源會口，爲通湖南之商業地。南雄縣，負大庾嶺，路通江西。

汕頭，爲韓江流域貨物集散之所，移殖海外之民多自此出境。

北海港，在合浦縣南，水深風靜，足稱良港，惟貿易區域頗狹。

海南島，爲吾國第一大島，黎母山矗立中央，山中之水分流入海。瓊山縣，北有海口商埠。島之南岸有榆林港，良軍港也。

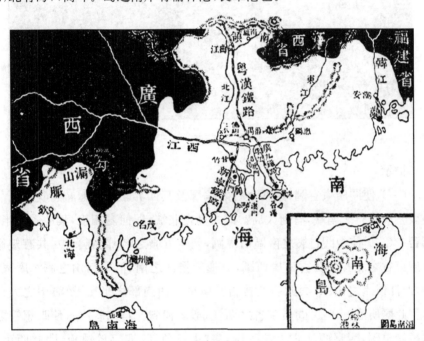

廣東省圖

教授方法

第一時（第一節）

豫備

（一）復習第八課、第十課。（二）問南區五省除福建省外，沿海者尚有何省？有一省，大部分界海，而正南一隅，獨與他國陸地接界者，何省歟？（三）書"粵"字於黑板，問何二省皆以此字名，該二省何以名粵？不能答，使復習歷史第二冊第八課。

汕頭圖

提示

（一）使閱廣東省圖，觀察全省之輪廓及其四界。注意與越南接界之一段。次使觀察廣東省之南端，有何大島？此大島之北端，與何處相接，其地系一半島形否？（二）使復觀自製之南區山脈圖，列舉五嶺之名，問五嶺中，共有幾嶺，在廣東省之北？使閱雲南廣西圖，分迤於鬱江之南者，爲何山之脈？廣東省中，西江以南之山脈，與此脈銜接否？廣東省西南部之半島，及海中之大島，是否此脈所成？（三）問廣東省之西江，發源何省？自何省來？使瞑想答之。然後使讀圖，觀察西江之上源一過，書“大三角江”四字於黑板，問此四字何義，知之否？不能答，使復習長江入海之口，又不能答，然後授之。問珠江下流，何以能成大三角江？問在廣東省之西江，航利若何？東江、北江與韓江，航利若何？不能答，使復閱自製之航路圖。（四）使學生講課文，至海南島最大。（五）問廣東人民，性質應如何？使讀“人民勤敏，善經商，移殖海外者亦多”三句，問“亦”字何指？問廣東省人民性質，與福建人相類否？何故相類？（六）閱讀“物產”以下三句，問廣東省何故多產此等物品？（七）使學生講課文，自“人民勤敏善經商”以下。

比較統括

（一）廣東與福建之比較。地勢之比較、水利之比較、人民性質之比較。

（二）海南島與臺灣之比較。

練習應用

（一）使自製廣東省圖，如福建省之例。（二）廣東省與西人交通最早，故其民最通知外情，其能勤敏善經商，固由於地理上之影響，抑未始非通知外情之賜也。觀此，可知閉關自守，老死牖下，非今日之國民所宜出。（三）廣東與福建，地理上之形勢相類，人民之性質，即亦相類，觀此，可知地理之影響於人事，如影隨形，不爽豪髮。

第二時（第二、三節）

豫備

（一）復現上海爲中區貨物之集散點，天津爲北區貨物之集散點之觀念。（二）復現五嶺爲南嶺山脈五通道之觀念。（三）問香港、澳門及九龍半島，均與何處相近？

提示

（一）使閱圖，觀察珠江下流之水道：一自三水經甘竹至江門，一自江門分歧至磨刀門，一自甘竹至橫門，一自三水經佛山至番禺，此道東經黃埔，又東南出虎門。告之曰：此諸水道，皆可通航，而欲直達番禺，則以航行虎門爲最捷，故我國向者之守番禺，以虎門爲重險，鴉片戰爭，及咸豐時葉名琛被虜之役，皆虎門先陷，然後番禺失守者也。問西江與北江之會流點爲何處？使觀察甘竹、江門、佛山，是否均當航行之要道？又使觀察北江源流，詳審曲江、南雄二縣之位置，並使觀湖南、江西二省圖，審自曲江、南雄北出之道。（二）使學生講課文第二、第三節。

比較統括

番禺與上海、天津、漢口之比較。四大鎮之比較。曲江與惠陽之比較。

練習應用

廣東省昔日與北方交通，以陸路爲重，故秦始皇既略南越地，即遣兵戍守五嶺。海道未通前，嶺南貨物，道五嶺北出者尚多。南雄一縣，以代客運物過嶺爲生業者，至數萬人。自汽船行後，乃頓改舊觀矣。於此可知交通事業，影響於都會之盛衰者甚大。鐵路告成以後，嶺南北交通之情形，必又大變，於此，可知沿海及河川交通時代，與大陸交通時代，情勢之不同？

第三時（第四、五、六節）

豫備

（一）問廣東省沿海，除珠江外，獨立入海之水何名？（二）問廣東省之西

239

南,有一通商港,此港何名? (三)問廣東省沿海島嶼,以何者爲最大?

提示

(一)使讀圖,尋汕頭商埠之所在,問汕頭在何水之濱? 汕頭之貿易區域當若何? 使觀察韓江之源流及其流域,問汕頭之貿易區域,限於廣東省內否? 抑可兼及他省? 使讀課文"汕頭"以下四句,問汕頭與廈門,相同之點若何? (二)使閱地圖,尋北海港之所在,觀此港之位置,是否在廣東省之西南隅? 問北海是否爲中國沿海最西南之通商港? 使閱廣西省圖,告以西江流域之貨物,昔亦有取道鬱林,出北海港者,自汽船暢行後,多直至番禺,故貿易區域大狹。 (三)使閱地圖,海南島之水,流向若何? 海南島之地勢,應若何? 告之曰:凡地勢如海南島者,必中央多山,僅沿海之地低平。問現今苗族與漢族,孰居平原,孰居山地? 告之曰:海南一島,亦如此也。漢族之開闢,自沿海漸進於內地,黎人則多居中央山中。使觀察海口所與榆林港之位置,然後略以二港之情狀示之。 (四)使學生講課文第四、五、六節。

比較統括

(一)汕頭與北海之比較。榆林港與三沙灣之比較。

(二)使將本省地名,列爲下表。

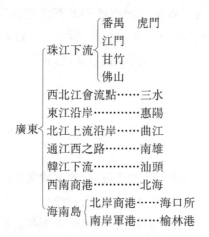

練習應用

(一)使學生作游記,自江西至福建,福建至廣東,廣東入湖南,再至江西。 (二)漢族之開闢海南島,自沿海地方,漸入內地,西人之開闢南洋羣島,亦多如此。土民蟄居深山,遂終古不能自振矣。於此可知海口之重要。

參考

　番禺爲滇、黔、兩廣諸省通海之尾閭,又爲中國與後印度半島、南洋羣島通商之所,故其貿易極盛。其爲南部出入之總匯,一如上海之於中區,天津之於北區也。惜珠江下流,遠洋汽船,不便航行,而一切商業機關,又不如香港之整備,故與外人直接貿易甚少。佛山爲三江船舶薈萃之地,今日珠江流域,除自蒼梧至番禺一段外,商業猶多藉帆船以行之,故佛山貿易之盛,與番禺相並。海南島,在雷州半島南端,五指山矗立中央,山中之水,四面離披,分注於海。低平之地,惟沿岸有之,漢人移殖者居焉。黎人居中央山中,時出爲漢人患。清光緒十五六年,廣西提督馮子材,率兵深入,隨山刊木,開大路十二,然後黎人失險,爲患稍息矣。今惟瓊山一口,輸入全島之貨物,其商況亦不甚盛。榆林港,在島之南端,距崖縣八十里,口內水深,能容巨大軍艦,良軍港也。

第十五　廣西省(二時)

教材

　廣西,在廣東之西,簡稱桂省,亦曰粵西。地勢北控五嶺,南憑句漏,全省成邱陵狀,而傾斜於東南。桂江、柳江、盤江、鬱江,貫流域內,皆有運輸之利。人民漢苗雜處,性質勇悍,多業農。物產米、麥糖、油靛、木材、肉桂。礦產有金、銀、銅、錫、鐵、銻、鉛、煤等。全省分六道,凡七十七縣,夷族住地,則設土司治之。
　省會曰桂林,負越城嶺,爲通湖南衝途,沿桂江達蒼梧縣,本省及雲貴貨物總匯處也。
　桂平縣,爲黔、鬱二江合流處,自此乘小汽船溯鬱江而上,達邕寧,貿易次於蒼梧;更西南至龍州縣,則爲接越南要衝矣。南有鎮南關,爲控扼要地。
　百色縣,據本省西邊要害,當商業中心。馬平縣,爲柳江流域要會。

教授方法

第一時(第一節)
豫備
(一) 復習第九、第十課。(二) 問前言苗族住地,雲貴外以何省爲多,尚能記憶否？（三）問前言南區森林，閩江外，以何水流域爲最著？（四）問西江之大部分，在何省境內？

提示

（一）使閱地圖，問五嶺中之最西一嶺，在何省之北？問本省南部之山脈，與廣東省西南部之山脈相連否？使讀雲南省圖，確認此山脈發脈之處？使讀課文，問何以知廣西地勢，傾斜於東南？（二）使復述黔、鬱、桂三江及柳江之源流？問是諸水，航利如何？使復觀自製之航路圖。（三）書"靛"字"肉桂"字於黑板，問汝輩知此爲何物否？使舉其所知者以對，然後以其形狀性質示之？（四）使讀"礦産"句，歷舉各礦産物之用途，問廣西省之礦産多否？（五）書"土司"二字於黑板，説明其意義。（六）講課文第一節。

廣西省圖

比較統括

廣西與廣西之比較。廣東沿海，廣西則否；二省皆多邱陵地，二省皆富於水利；二省氣候物産之比較。

練習應用

（一）使繪廣西省圖，如福建、廣東例。（二）問苗族何以不能與漢族完全同化？同化苗族，是否漢族之責任？西南諸省之土司，應否逐漸改流，使其人民，均爲編户？東西各國探檢家，頗有深入苗疆游歷者，諸生長大後，亦頗往否？欲同化苗族，先須深通苗族之風俗語言文字，非深入且久居其中不可，諸生亦有此堅苦卓絶之行否？

第二時（第二、三、四節）

豫備

（一）復習第十二課及第一册第一課。（二）問自西江溯桂江，可達何省？

溯黔、鬱二江,可達何省?(三)問廣西與外國接界否?所界者爲何國?

提示

(一)使閱廣西省圖,問北負五嶺,陸路可通湖南者爲何處?桂江與西江之會流點爲何處?黔、鬱二江之會流點爲何處?均使閱圖,舉其名。使於圖中覓鎮南關三字,問在與安南接界之地否?自此北行,則達何地?使觀邕寧在何水之瀕?西南與龍州,形勢聯接否?自此至桂平,鬱江能否通航,使檢閱自製之航路圖。問航路圖中,溯鬱江北源,可至何處?又柳江能否通航,馬平在此水之濱否?(二)使學生講課文二、三、四節,問本省之貿易,何故以蒼梧爲最盛?桂平及百色次之。

比較統括

(一)沿邊要隘與沿海口岸之比較。桂平與曲江、南雄之比較。

(二)使學生列爲下表。

$$
廣西
\begin{cases}
通湖南要地\cdots\cdots\cdots\cdots桂林 \\
桂江與西江會流點\cdots\cdots蒼梧 \\
黔鬱二江會流點\cdots\cdots\cdots桂平 \\
黔江流域要地\cdots\cdots\cdots\cdots百色 \\
鬱江流域要地\cdots\cdots\cdots\cdots邕寧 \\
柳江流域要地\cdots\cdots\cdots\cdots馬平 \\
邊防要地\cdots\cdots\cdots龍州\cdots\cdots鎮南關
\end{cases}
$$

(三)廣西省位置,看似偏僻,實則沿西江而下,可達番禺,距海口不遠;溯黔江而上,可通雲南;溯柳江而上,可通貴州;溯桂江,逾嶺而北,可通湖南。凡雲、貴二省之貨物,欲達廣東海口者,皆以廣西爲必經之途。西南一部,控扼越南,形勢尤爲險要,實關係重要之地也。

練習應用

廣西省會,有謂宜遷至桂平者,有謂宜遷至邕寧者,試評其説。

參考

土司爲對於流官之稱,其制始於元,凡西南部族之來歸者,多以是處之。其大部酋爲宣慰司,次則宣撫安撫司,又次則長官司,明清二代因之。本與漢地畫彊而治,後乃漸改爲流官。今湖南、廣東二省,已無土司,四川、雲南、貴州、廣西四省,則尚有之。《清會典》所載,其數凡一百七十九,在四川省者二,雲南省者五十,貴州省者八十一,廣西省者四十六云。

廣西省位置較僻，又多苗族雜處，故其開闢較遲，然西人論中國商業地理者，謂其地極爲有望。其故：一、氣候温暖，物産豐饒；二、礦藏之富，爲西南各省最；三、距中原雖較遠，而去海口則甚近云。

廣西形勢，若與北方交通，則其控扼之處，當在桂林，故歷代政治之中心，恒在於此。然今日則形勢較異，以全省、雲、貴、貨物委輸之途論，則其門户，當在蒼梧；以控扼黔、鬱、柳三江之通路言，則其中點，當在桂平；以控制越南之邊防言，則其重要之地，當在邕寧。故入民國後，有遷置省會之説也。馬平爲本省北部及貴州東南部百物所集，百色爲本省西部、貴州西南部、雲南省東部百物所集，亦皆桂省都會也。

第十六　雲南省（二時）

教材

雲南，在廣西西北，簡稱滇省。地勢爲一大高原，傾斜於東及南兩方，水勢因之，龍川江、怒江、瀾滄江、元江等南流，南、北盤江東流，金沙江折而東北流，山間之水，則瀦爲湖泊焉。住民：漢苗雜處，樸直勇悍，多業農，牧畜亦盛。山中有良木材，兼饒野獸。礦産，五金皆備，而銅最著，又多井鹽。全省分四道，凡九十六縣。苗族住地，則設土司治之。

省會曰昆明，爲滇越鐵路發軔地，與蒙自、河口，俱闢爲商埠，市肆殷闐。曲靖縣，路通貴州，本省之東門也。

楚雄縣，爲井鹽産地之中心，頗繁盛。自此西行，抵大理縣，本省西部堂奥地。

騰衝縣，爲通緬甸商埠。西北片馬、西南蠻允，均爲邊境要地。麗江縣，扼通藏之途，貿易頗盛。

思茅縣，亦爲對緬甸通商埠，其北寧洱縣，産茶有名。

教授方法

第一時（第一節）
豫備
（一）復習第一册一課，及本册第九、第十課。（二）問南區除廣西省外，尚有何省？與外國接界，其所界者爲何國？界綫之長短，較廣西如何？

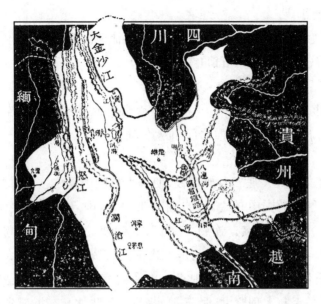

雲南省圖

（三）問苗嶺之脈，來自何處？大江從何省入四川？南、北盤江發源何省？

（四）問除沿海及鹽池外，尚有何處可以産鹽，前已有授過者否？

提示

（一）使閱地圖，雲南省大水共有幾支？可分爲幾流域？告之曰：雲南省之水，共可分爲三種：怒江、瀾滄江、元江，南流者也。南、北盤江，東流者也。長江，東北流者也。蓋雲南省西部之山脈，即橫斷山脈，其勢皆傾斜於南，東折者則爲南嶺正支，及其分支之句漏山脈，南嶺正支，長江、盤江之界，句漏山脈，則盤江與元江之界也。故雲南省之地勢，傾斜於東及南兩方。問雲南省山間之水，又有瀦蓄爲湖泊者，何也？（二）問雲南省亦有苗族住居否？雲南之民，性質應如何？使以山地及漢苗雜處之地爲例推之。（三）問前言南區畜牧之業，在於何處，尚能記憶否？（四）書“雲白”二字於黑板，問曾於市招中見此二字否？（五）講課文第一節。

比較統括

（一）雲南與四川之比較。兩省均多山，但四川則專屬長江流域，雲南則兼屬長江、盤江及橫斷山脈中諸水流域。

（二）雲南與廣西之比較。廣西沿珠江，可達海口；雲南沿元江，可達海口；但珠江下流在本國；元江下流，則在異國。

（三）內地十八省中，與他國接界者，惟雲南、廣西二省，而雲南界綫遥長。

練習應用

（一）使繪雲南省圖，如前例。（二）説河流與山脈之關係。作文題。

第二時（第二、三、四、五節）

豫備

（一）復習第十二課。（二）問自雲南南達越南之鐵路何名？自雲南向西，可通緬甸否？自雲南向西北行，則爲何地？

提示

（一）寫昆明、大理二名於黑板，使學生於圖中覓之。次寫"曲靖"二字於黑板，使學生於圖中覓之，問自曲靖東北行，則入何省？次使沿滇越路綫，尋蒙自、河口二地名。次書"寧洱"二字，使於圖中覓之，問寧洱之南，有何商埠？自此西南行，則入何地？次使觀察騰越、片馬、蠻允，是否與緬甸接界？自騰衝東行，即抵大理否？次使觀察楚雄，是否在昆明、大理之間？麗江，是否在大理之北，所瀕何水？（二）告之曰：雲南省以昆明、大理爲中心，自昆明東北行，經曲靖，則入貴州，由貴州達湖南，此通中原之正道也。自昆明東南行，沿滇越路綫，經蒙自、河口二埠，則入越南，西南行，經思茅，則入緬甸，故蒙自、河口、思茅者，控扼越南、緬甸之要衝，而雲南則總制其後路者也。片馬、蠻允，以騰衝爲後路，騰衝以大理爲後路，而又北出麗江，更西北行，即可入藏。故大理者，控制西藏及緬甸兩方面者也。而昆明、大理之間，則以楚雄爲中樞之地。（三）使學生講課文第二、三、四、五節。

比較統括

（一）昆明與大理之比較。蒙自、騰衝、寧洱三地方之比較。

（二）今欲屯勁旅於昆明，以控制緬越，屯勁旅於大理，以控制藏緬，而以楚雄爲之運饟，諸生以爲此策如何？

（三）列下表以示學生。

昆明 ┤
- 東北出　曲靖
- 東南出　蒙自河口
- 西南出　寧洱

大理 ┤
- 東出　　楚雄
- 北出　　麗江
- 西南出　騰衝 ┤
  - 西北　片馬
  - 西南　蠻允

練習應用

（一）使學生作遊記，自廣西入雲南，雲南北出四川。（二）使作滇桂二省邊防形勢論略。

參考

雲南之銅，産於滇中、騰越二道，其脈北延於四川之建昌道。鹽井凡二十有四，四在寧洱，六在廣通，在姚縣、威遠、麗江、鎮沅、安寧者各二，在劍川、景東、雲龍、元謀者各一。其所謂一井者，皆合一地方數十井而名之。又皆山間湧出之鹽泉，不勞開鑿，此其異於四川者也。

雲南形勢，本以昆明、大理爲二大中心。自滇越鐵路成後，法人勢力，直逼滇中，沿路建碉樓，築地營，已成千里連營之勢，一旦有變，陸軍發東京，不三日，戰於昆明城外矣。蒙自、河口，均爲沿鐵道商埠，鐵道未成時，滇南貨物，多自蒙自陸行至蠻耗；乃泛元江而下，水程七日達東京。故其地凤爲滇越貿易之中心點。鐵路成，貿易乃益盛，河口與越屬勞開，隔元江相望，今已架有鐵橋，貿易亦迴非昔比矣。大理爲南詔舊都，物阜民殷，凤稱滇西都會，又控扼麗江、騰衝兩方，形勢亦殊重要也。騰衝，當自八莫東來之衝，其間有地曰蠻允，爲水陸衝途，騰衝西北則爲片馬，英人藉口畫界，駐兵其地者也。思茅在寧洱之南，多輸出普洱茶，思茅、騰衝，因交通不便，故貿易均不甚盛。

第十七　貴州省(二時)

教材

貴州，在雲南東北，簡稱黔省。婁山山脈亙於北，苗嶺山脈亙於南，其支脈東北出者，爲武陵山脈，爲烏江、沅江、西江之分水界，航行之利頗鮮。住民苗族頗多。物産多米、甘蔗，有良木材。礦産銅、鐵、鉛、錫、煤、硫磺、硝石，而以水銀爲最富。全省分三道，凡八十一縣，苗族住地，設土司治之。

省會曰貴陽，在省中央，位置頗爲閉塞。恃鎮遠爲東門，安順爲西門，輸入湘滇貨物，故此二處，貿易稍盛。

畢節縣，在省西北，西南扼七星關，當蜀、黔、滇三省之衝，形勢殊要。遵

貴州省圖

義縣，北扼婁山關，亦入蜀要隘也。

都江縣，爲柳江之終航點，貿易稍盛。

教授方法

第一時（第一節）

豫備

（一）復習第一課、第三課。（二）問自雲南至湖南，中間當經何省？自湖南入此省，有水道可行否？（三）問南嶺山脈，在何省有苗嶺之名？長江南岸，有一水，在四川西南部入江，然此水之大部分，卻不在四川，此何水也？

提示

（一）使閱地圖，問貴州省當屬長江流域乎？抑當屬珠江流域乎？（二）告之曰：貴州省之水，大部屬長江流域，然其地漢苗雜居，南嶺山脈，蔓延省中，地形民俗，皆與珠江流域近，而與長江流域遠，故入之南區五省也。（三）使閱圖，問何處爲南嶺之正支？烏江、沅江之間，有無山脈界之？此山脈何名？烏江與大江之間，有山脈界之否？（四）使兼閱四川、湖南、雲南、廣西四省圖，觀察烏江、沅江、南北盤江、柳江之源流，再閱總圖以結合之。問是諸水皆有航利，然貴州一省，航行之利殊鮮，何也？可航行之部分皆在他省。使復觀自

貴陽圖

製之航路圖,此諸水之航路,迄於何處?(五)書"米、甘蔗"於黑板,問貴州省何以能多產此物?書"木材"二字於黑板,問知其出於何水流域否?(六)書"硫磺、硝石、水銀"等字於黑板,説明其用途。(七)使學生講課文第一節。

比較統括

(一)貴州與雲南、廣西之比較。雲南、廣西,皆去海口頗近,惟貴州最遠。雲南、廣西,皆與他國接界,貴州則否,然地距雲南、廣西皆甚近,爲雲南、廣西之後援者,貴州也。

(二)四川、湖南、江西、雲南、廣西、貴州,皆山地,然航利以雲南、貴州爲最乏。

練習應用

(一)使繪貴州省圖,如雲南等省之例。(二)貴州爲沅江、烏江、南北盤江、柳江之上源,然航行之利殊鮮。凡地勢高,而爲四面之水之發源地者,往往如此。

第二時(第二、三、四節)

豫備

(一)復習第一課。(二)問沅江航路,迄於何處?(三)問自貴州西南行,則入何省?(四)問岷江與長江會口,其地何名?沱江與長江會口,其地何名?此二地方,情形若何?

提示

(一)使讀圖,覓貴陽之所在。問貴陽之位置,是否略在全省之中央?

（二）使於圖中覓鎮遠及安順二地名，告以鎮遠爲沅江航路之終點，與自湘入黔之陸路相連接。安順一縣，實當入滇大道。（三）又使觀察畢節縣所在。告以自此向西北，則可達四川之瀘縣，向西南，亦達雲南之曲靖，故畢節當雲、貴、四川三省間之衝。又使觀遵義縣，問其北有何險隘？告以自貴陽北出遵義，踰婁山關，亦爲入蜀之要道。使閱四川省圖，自遵義北出，路抵何處？（四）又使閱圖，覓都江縣所在，問此縣瀕何水？此水之終航點在何處？然則此縣商業，應稍興盛否？（五）講課文第二、三、四節。

比較統括

（一）貴陽與昆明之比較。七星關與婁山關之比較。

（二）貴陽在苗嶺及婁山山脈之間，自此出婁山關、七星關，皆逾婁山山脈之隘道也。過關索嶺，則逾苗嶺之隘道也。

（三）本省入蜀之道有三：一逾婁山關，一出七星關，一沿烏江，故本省與四川關係頗大。

練習應用

（一）使作遊記，自四川入貴州，自貴州出湖南，入廣西，再還貴州。（二）貴州位置，極爲閉塞，然居湘、蜀、滇、桂四省之間，貴州不能發達，則是四省亦扞格而不通，故開發貴州之物產，而便利其交通，實爲經營西南之要務。

參考

婁山，在遵義、桐梓二縣間。山脈自烏江上源來，東北迤爲長江與烏江之分水界，亦稱爲南望山脈。南望山在貴陽縣北百里。貴州在十八省中，開闢最晚，又居湘、蜀、滇、黔之間，去海口遠，而水利交通不便，故風氣甚爲閉塞。貴陽處萬山之中，恃鎮遠爲東門，輸入湖南貨物；安順爲西門，輸入廣西貨物而已。鎮遠爲水陸要衝，西有偏橋，即明偏沅巡撫駐所也。安順西南有關索嶺，爲自黔入滇，逾南嶺山脈之所，有清聖祖所書"黔南鎖鑰"四字。遵義、畢節，昔亦設險之地，苟能於此諸道，皆築鐵路，則黔中形勢，成爲四達之衢，物產之開發，文化之進步，均一日千里矣。

第八章　東北區地方概說

第一　位置　海岸（一時）

教材

東北區爲遼河、黑龍江流域。北及東北接遠東新共和國，東接日本領朝鮮，南瀕黃海、渤海，西南接直隸，西接蒙古。

海岸自與朝鮮分界之鴨綠江口起，至老鐵山頭止，瀕黃海；自此以西北，則瀕渤海。

黃海沿岸著名商港，爲大連灣及大東溝；渤海沿岸，則以營口爲最著；新闢之連山灣，亦爲不凍口岸。

教授方法

豫備

（一）復習第一冊第一課、第二課、第四課。（二）問十八省之外，尚有幾省？其在東北之三省何名？（三）問我國沿海之省有幾？試自南而北，列舉之。（四）問何謂黃海？何謂渤海灣？以前所授沿海各省，孰瀕黃海？孰瀕渤海灣？

提示

（一）使閱圖，觀察東三省之位置，孰最在南？孰次北？孰最在北？次使觀察東三省之四界，問三省皆與外國接界否？其所界者爲何國？試列述之。（二）問東三省中，最大之河流何名？（三）使學生講課文第一節。（四）問東三省中，沿海者有幾省？使閱圖，奉天省海岸綫，東起何處？西迄何處？（五）問奉天省中,有一半島否? 此半島何名? 向嘗聞之否?（六）問奉天省瀕渤海乎?
抑瀕黃海乎? 渤海、黃海,以何爲界?（七）使閱圖,覓旅順、大連灣之所在,次
使覓營口之所在,次使覓大東溝之所在,次使覓連山灣之所在。（八）問此四
港,孰瀕大河下流? 孰則否?（九）講課文第二、三節。

比較統括

（一）營口與大東溝之比較。營口與大連灣之比較。營口與大連灣之關
係,與芝罘與膠州灣之關係,相似否?

（二）試述渤海之區域若何界? 渤海者,共有幾省? 試述黃海之區域若何?
中國界黃海者,共有幾省? 其界綫自何處起? 至何處止? 黃海以南爲何海? 更
南爲何海? 中國界黃海、東海、南海、渤海灣,而世多言中國界太平洋,何也?

（三）使繪中國沿海圖,系之以説。

練習應用

（一）關東三省,昔時進出口之貨物,皆沿遼河,集於營口,於此可見大河
流之功用。自大連灣開港後,營口商務遂漸爲所奪,於此可見河流淤塞之害,
及港灣設備經營之不可緩。（二）東三省舊壤,黑龍江下流,亦在我國境內。
自割屬俄國後,沿海之地,遂僅餘奉天一省;可以通海之大河,僅餘一遼河而
已。鴨綠江,尚與人共之也。

参考

關東三省,本包有俄領阿穆爾省及東海濱省,即庫頁島,亦吉林舊壤,其海岸
綫之長,數倍今日。自咸豐八年、十年,兩次割讓後,沿海之地,僅餘奉天一省而已。
奉天省,自旅順之老鐵山角以東,濱黃海,以西北,皆瀕渤海。渤海中,又分灣入於
東北者爲遼東灣,灣入於西南者爲直隸灣。盛京省之地,則皆瀕遼東灣者也。

大連灣,在旅順東北,光緒二十四年,與旅順同租於俄。日俄戰後,又轉
租與日。灣南北九海里,東西十三海里,前面有小島三,灣之沿岸,隨處屈折,
更成數小灣,中可泊船,並適於軍隊上陸。自俄人租借後,一切設備,竭力經
營,日人踵其成規,更求美備,商務遂蒸蒸日上,營口貿易,漸爲所奪矣。大東
溝,地近鴨綠江口,與朝鮮之龍巖浦隔江相望。港內水勢不深,汽船往來,恒
寄泊於大和島前數里。其輸出,以鴨綠江上流之材木爲大宗。營口在遼河左
岸,距牛莊九十里。牛莊本昔時大市,自遼河下流淤淺,船舶出入不便,商市
乃漸移於此。然俗亦稱營口爲牛莊焉。地當遼河下流,本爲東三省惟一之商

埠,自其附近諸埠,漸次開放,營口貿易,乃漸爲所奪。大連灣租借後,一切設備,俱較營口爲完美,而勢乃益炎炎矣。惟遼河流域之農產物,自此輸出者仍不少。連山灣,在寧遠縣連山驛之東,一稱錦州澳。葫蘆島、增島,左右迴抱,成一大灣。京奉鐵路通過其北,有支綫以聯絡之,位置、氣候,均甚佳良也。

東三省商埠表

商埠	稅關	開放原因	各國駐紥領事	所在地
營口	山海	咸豐八年中英《天津條約》	英、德、日、典、俄、美、法、荷、那、奧、丹	奉天
連山灣葫蘆島		光緒三十四年自開		
安東	安東	光緒二十八年中美及中日條約	美、日、英	
	大連	大連灣我僅得設關抽稅之權		
大東溝	大東溝	同安東		
奉天瀋陽		同上	俄、德、日、美、英、法	
鳳皇城鳳城		光緒三十一年《中日條約》		
遼陽		同上	日	
新民屯		同上	日	
鐵嶺		同上	日	
通江子		同上		
法庫門法庫		同上		
洮南		民國三年自開		
吉林		同鳳皇城	日、俄	吉林
長春		同上	同上	
哈爾濱濱江	哈爾濱	光緒二十八年《中俄新約》,三十一年中日條約	俄、日、英、美	
寧古塔寧安		光緒三十一年《中日條約》		
琿春	琿春	同上	日	
東寧	綏芬河	同連山灣		
三姓依蘭	三姓	同上		

商埠	稅關	開　放　原　因	各國駐紮領事	所在地
龍井村	龍井村	宣統元年	日	
局子街延吉		同上	日	吉林
頭道溝		同上	日	
百草溝汪清		同上	日	
齊齊哈爾龍江		同寧古塔		
海拉爾呼倫		同上		黑龍江
滿洲里臚濱	滿洲里	同上		
璦琿	璦琿	同上		

第二　地　勢（一時）

教材

陰山之脈，自察哈爾折東北行，與興安嶺，至黑龍江，東南折爲伊勒呼里山脈，盡於松花江會口。越松花江而起者爲長白山，其脈南走者爲千山，爲遼東半島之脊；北走者爲完達山脈，爲松花江與烏蘇里江之分水界。三省概多山地，惟遼河及松花江流域較爲坦平。

教授方法

豫備

（一）復習第一册第五課。（二）問陰山、山脈，自直隸省東北行，入於何處？山東省泰山之脈，自何處來？（三）問山東西半省之地，地質上成因若何？東半省之地，成因若何？

提示

（一）使閱圖，觀察黑龍江之流向。次使觀察黑龍江南岸之山脈，問其走向，與黑龍江之走向相同否？次使觀察此山脈，來自何處？此山之南，屬何水流域？此山之北，屬何水流域？（二）使觀察松花江以南之山脈，與松花江以北之山脈，相接否？告之曰：松花江以南，爲長白山脈，即興安嶺之脈，越松花江而起者也。寫"人"字於黑板，而中斷其撇，問人字之上半撇爲何地？_{遼東半島。}下半撇爲何地？_{山東半島。}捺爲何地？_{朝鮮。}然則遼東、山東、朝鮮三大半島，是否皆長白山脈所成？是否皆崑崙山系所構造？（三）使閱圖，問東三省平地，在於何處？告之曰：關東三省，全體多山，惟遼河流域爲平原。松花江流域，山勢低夷，成爲邱陵狀，幾與平原等而已。（四）使學生講課文。

比較統括

（一）陰山、北嶺、南嶺之比較。_{三脈中惟陰山最長。}

（二）使作陰山山脈，述略。

（三）山東、遼東兩半島，皆長白山脈所構成。渤海灣，又山東、遼東兩半島環抱所成。

練習應用

（一）漢人移殖東三省者，盛京省之地墾闢最多，吉林次之，黑龍江最少，於地勢有關係否？（二）沿海有半島，則海岸綫延長，且使航海者易與陸地接近，故半島之於交通，利益甚大。

參考

東三省山脈，可分爲二大支：在松花江以南者，爲長白山；在松花江以北者，爲興安嶺。而長白之脈，實仍根於興安。興安之脈，西祖陰山，自遼河上源東北迤，爲今熱河道轄境，與察哈爾道轄境之界。其山之高大者，爲海喇喀山，_{老哈河上源。}爲默爾哲嶺，爲阿爾噶靈圖山，_{在阿巴哈納境。}爲喀拉克山。東北行，爲蘇克蘇魯。_{烏珠穆沁與阿魯科爾沁之界。}又東北，當洮爾、淖爾、雅爾諸河上源，至呼倫，起頂爲索岳爾濟山。又東北，爲雅克山。自雅克山以東，總稱曰內興安嶺，成弓形，盡於黑龍江與松花江之會口。又因嫩江之水源爲界，有東興安嶺與西興安嶺之稱。其越松花江而起者，爲長白山，其正脊，在今奉天省之長白縣，與朝鮮界上，高凡九千零二英尺。自此山脈，又分迤爲數多之支脈：其東南走，爲朝鮮半島之脊骨者，大關嶺也。西南走，爲遼東半島之脊骨者，摩天嶺_{在遼陽縣東。}及千山_{在海城縣東南。}之脈也。其東北及西北走於牡丹江之兩岸者，則所謂完達山脈及小白山脈也。在烏蘇里江之東，當俄嶺東海濱省地方者，錫赫特山脈也。_{名見胡文忠地圖，此山即烏蘇里江上源，濱海最大之山也，今譯或}

訛爲希霍塔。此諸山脈，惟小白山最爲低夷，坡陀起伏，幾與平原無異。故言東三省之平地者，遼河而外，必惟松花江流域。

第三　河　流（一時）

教材

黑龍江曲環本區之北垂，自綏遠以下，入於俄境。松花江挾其支流，曲折與之會，其流域殆占黑、吉二省之全部。奉天省之大部分，屬遼河流域。此外烏蘇里江，分中俄之界。鴨綠江及圖們江，分中韓之界。湖泊，以興凱湖爲最大。

教授方法

豫備

（一）問關東三省之水，下流在我國者有幾？何水與人共之？（二）問營口在何水之濱？（三）問關東三省，地勢較爲平坦之處，在何水流域？

提示

（一）使閱圖，關東三省之水，共可分爲幾流域？黑龍江之支流，最大者爲何水？松花江之支流，最大者爲何水？烏蘇里江屬何流系？是否爲中俄之界？鴨綠江爲何國之界？與鴨綠上源相近，流向相反，而亦爲中韓之界水者何水？此水之下流，在中國否？遼河之上流，在東三省否？（二）繪黑龍江流系全圖於黑板示之。（三）使閱蒙古圖，觀察黑龍江之上源。更使觀察遼河之上源。（四）授以諸水源流。（五）使學生講課文。

比較統括

（一）黑龍江下流，既不在我國，鴨綠、圖們、烏蘇里諸水，亦與人共之。東三省之水，全爲我有者，當以遼河、松花江爲最巨。遼河、松花江下流，流向恰相反對。（二）二河流域，皆爲東三省農業之中堅，而遼河直達海口，在商業上之價值尤大。

練習應用

（一）長白一山，爲鴨綠、圖們、松花諸水之源，凡爲諸水之源者，其地勢必高。此山在中韓間，誠有高屋建瓴之勢，屯兵於此，以下窺朝鮮，猶撫其背也。

昔鮮卑慕容氏及清太祖之攻韓，兵皆自此出，而皆占勝利。諸生亦有志於此否？（二）使繪東三省山脈水系合圖。山用黃色，水用藍色，地名用紅色。

參考

黑龍江二源：北曰敖嫩，南曰克魯倫，俱出外蒙古車臣汗境肯特山之支阜。敖嫩河出肯特山西北小肯特山，克魯倫河出肯特山東南一幹之支峯。敖嫩源在克魯倫源西北三百餘里。敖嫩入俄境，會音果達，俄人以此水爲黑龍江上源。稱石勒喀河，東北流，至黑龍江省西北隅，與克魯倫河會。克魯倫自發源處東北流，至黑龍江省，瀦於呼倫湖，復出，稱額爾古訥河，行數十里，爲黑龍江省與俄後貝加爾省之界，曲曲東北流，與石勒喀河會，二源既合，總稱黑龍江。東南流，爲黑龍江省與俄屬阿穆爾省之界，至同江縣西北，會松花江。東北流，爲吉林省與阿穆爾省之界，至綏遠縣東北，會烏蘇里江，自此以下，兩岸皆入俄境。東北流，至尼科來伊佛斯克入海，全長凡八千七百里，其支流之最大者爲松花江。松花江，源出長白山北麓，西北流，入吉林省。經吉林縣城東北，又東北流，至扶餘縣西北，與嫩江會。嫩江，源出龍江道北境伊勒呼里山之南，南流，右合甘河、諾敏河、雅爾河、綽爾河、洮兒河，左合納穆爾河、瑚裕爾河，與松花江會。松花江既合嫩江，東北流，至雙成縣西北，南受拉林河。又東北，至濱江縣境，北受呼蘭河，南受阿什阿，至依蘭縣西北，受牡丹江，東北至同江縣，與黑龍江會。自發源處至此，長三千四百餘里。遼河，源出熱河道圍場縣西北，經棚縣西南山中，蒙古語曰西喇木倫。東北流至敖漢旗北，老哈河合英金河，東北流來會。老哈河，即古白狼河，源出凌源縣西南。英金河，出圍場縣海喇喀山。又東流入奉天省，至遼源州北，折而南，合赫爾蘇河。源出東豐、西安二縣間，亦稱東遼河。西喇木倫，稱西遼河。又南經通江口，入柳條邊，西南經鐵嶺、新民、遼中諸縣境，至營口入海。支流之著者，爲渾河，源出興京縣，西經瀋陽，合太子河，至海城縣西境，入遼河。鴨綠江，源出長白山南麓，西南流，爲奉天省與朝鮮之界水，至安東縣南入海。支流之大者爲佟家江，源出通化縣北之衣兒哈雅範山，經通化、桓仁二縣境來會。圖們江，源出長白山，曲曲東北，折東南流，爲吉林省與朝鮮之界水。自慶興以下，乃爲俄與朝鮮之界水。又南，入於海。烏蘇里江，源出俄屬東海濱省之錫赫特山，西北流，會刀畢河，又西北，與松阿察河會，自此以下，爲吉林與東海濱省之界水，至綏遠縣東北境，俄哈巴羅甫喀西北。入黑龍江。興凱湖長一百六十里，闊當其四之三，受北西南三面來之水，洩出爲松阿察河。其北又有一小湖,稱小興凱湖,亦曰達巴庫,闊約四十五里,長當其三之一。二湖之水,皆四時不涸。

第四　氣候　物産（一時）

教材

本區氣候:夏期頗短,冬期較長,春秋兩季各不過一月耳。雨期在七八月間。

土沃宜農,然耕地已開闢者,通計不及三之一。森林區域之廣,煤、鐵、砂金礦産之饒,瀕江漁獲之豐,山林狩獵之利,均爲移殖最良之土。惜貨棄於地,不免爲人所覬覦耳。

教授方法

豫備

（一）復習第一册第七課,第二册第八課,第三册第十一課,使比較北、中、南三區氣候之差。（二）問東三省之氣候,汝等曾聞人述及否?（三）問日俄兩國,均在東三省擴張權力,攘我主權,汝等知其目的所在乎? 以物産甚饒,貨棄於地故。

提示

（一）問關東三省之氣候,以緯度論,應較内地如何?（二）問東三省之北方,氣候寒邪抑? 其南方,氣候寒邪? 山脈足以障礙冷風否? 使以南嶺南北,氣候不同之例推之。東三省南部之山脈,高度達一萬餘尺,而北部之山脈,高度平均僅三千尺,然則東三省應受北來之冷氣多? 抑南來之暖氣多? 然則東三省應愈北愈寒否?（三）汝等知北、中兩區,均有所謂雨期乎? 試述其在何時?（四）書"農業、漁業、狩獵、森林、礦産"等字於黑板,使學生釋其意義,告以是諸利益,東三省皆有之。（五）略述東三省各種產業情形,及今日貨棄於地,未能盡闢之狀。日俄兩國之覬覦東三省,即爲此故。（六）使學生講課文。

比較統括

（一）東三省氣候與内地之比較。

（二）東三省耕地與內地之比較。東三省森林與南嶺地帶森林之比較。東三省漁業獵業，與內地之比較。

（三）東三省各種產業，多屬於農業之範圍，工商業尚未發達。

練習應用

（一）我國內地，久有人滿之患，而邊省則殊患土滿，移內地之民，以啟發邊省之利源，實於國計民生，兩有裨益。惜乎貨棄於地，遂為他人所覬覦。然今日東三省之利權，雖為他人所染指，而主權固猶屬我也。他人雖欲攘奪其權利，究不能禁我國之不自啟發也。實力所至，利權隨之，空言無施，雖切何補！劍及屨及，經營東省之實業，以保權利而固邊圉，凡我國民，人人有此責矣。（二）觀於日俄二國之侵略東三省，而知今日世界生計競爭之可危。蓋昔之亡人國者，不過出於其君若將相一二人之野心，而於全國之人，初無與也。其亡人國也，必以兵力，兵力一衰，則形勢又隨之而變矣。今也舉國之民，皆以生計迫蹙，地狹人稠之故，而思侵略他國之土地，兵力所至，經濟政治之力隨之，且有不居攘奪土地之名，而陰行吸收利權之實者。被侵略者處此，乃無以自存矣。今日外患之迫，皆以此故，可憂懼者，正不獨一東三省也。

参考

關東氣候，皆現大陸性，寒暑俱甚。東北部之地，自十月至四月，常為冬季氣候，南部亦略短耳。其溫度，夏期最高時，至華氏表九十度，冬期尚下於零度十度，較諸歐洲、俄羅斯同緯度之地，尚覺寒冷云。其大原因，則因南方之長白山脈，最高點至一萬餘尺，足以障礙南來之溫熱，而北方之內外興安嶺，平均高度，均不過二三千尺，最高峯亦不過五六千尺。不能遮蔽北來之冷風故也。

關東三省，土沃宜農，耕地面積，四倍日本，西人目為東方之美利堅。清初禁止漢人出關，迨承平日久，禁令漸弛，內地貧民，始潛往墾闢。其移殖，多自沿海漸入內地，故沿奉吉二省官道，開闢之地最多。綜計今日，盛京省已闢之地，約占十之六，吉林省十之四，黑龍江尚不及十一也。農產物有大麥、小麥、高粱、粟、黍等，而豆尤著。豆油、豆餅，歲為輸出大宗。又產苧麻、青蔴、煙草，奉天省亦可植棉。遼東沿海，兼產野蠶絲。又長白山中之人參，吉林之烏拉草，亦均為著名特產。森林幾於全部有之，最盛者，則黑龍江省之伊勒呼里,吉林省之完達、小白兩山脈,及盛京省鴨綠江上流也。礦産,黃金最饒,自奉天省之東邊道,延及吉林省吉長、延吉二道之南境,及黑龍江省之黑河道,礦苗均極旺盛。鐵則産於遼陽、海城、岫巖、復縣、錦縣一帶。盛京全省,幾於到處有煤,而遼陽及金復一帶尤著。家畜有馬、騾、驢、牛、羊、犬、豕,野獸則山羊、黃羊、熊、羆、麋鹿、狼、狐狸、麝、麞、貂鼠、栗鼠、松鼠等。魚類江河中處處有之,興凱湖、松阿察河、烏蘇里江爲尤著。

第五　交通　住民　行政區分(一時)

教材

本區鐵路,頗爲發達,惜多爲外人所經營。中東鐵路,西接西伯利亞鐵路,東達海參崴,俄所營也。其支綫,自長春以南爲南滿鐵路,割歸日本。又有安奉鐵路,亦均日人所經營。其純屬我國管理者,惟京奉一綫耳。

本區巨川,均有通航之利,惜冬期冰結頗久。

此地本滿族故土,今則漢人移住殆遍,滿人多爲所同化。生業以農爲主,西部蒙古人業遊牧,北部有從事漁獵者,總人口凡一千三百萬。

全區行政上,分爲奉天、吉林、黑龍江三省。

教授方法

豫備

(一)復習第一册第八課。(二)問汝等曾聞南滿洲鐵道會社之名否? 此名係何國人所定? (三)設有一國鐵道航路,均爲他人所管理,於此國之主權,關係如何? (四)復現冰期之觀念。

提示

(一)使閱地圖,觀察東三省之鐵道,共有幾綫? 問中東鐵路與外國鐵路,相連接否? 安奉鐵路與外國鐵路聯接否? 有南抵外國人之租借地者,此何綫也? 通至内地者何綫? (二)懸世界掛圖,示以中東鐵路西接西伯利亞鐵路,西伯利亞鐵路西接歐俄鐵路之狀。或繪圖於黑板示之。(三)講述俄國人築造中東鐵路本支綫,及支綫自長春以下割歸日本;又日本人自由行動,築造安奉鐵路之歷史。(四)問東三省河流,大者有幾? 試略述之。問此諸河,冬季亦可通航否? 抑應冰結? 使以白河爲例推之。(五)授以本區航路情形。(六)書"滿洲"二字於黑板,問汝等知此爲地名乎? 抑爲種族之名乎? 使列舉五族之名。問滿族住地,與何二族接近? 與何二族相距較遠?(七)使學生講課文。

比較統括

(一)東三省鐵路與内地之比較。以面積之大小,與鐵路綫之長短比較,則東三省鐵路,足與北區相頡頑,爲中、南兩區所不逮,惜實權多爲外人所操耳。

(二)東三省航路與内地之比較。冰期頗久,爲與内地最大之異點。

(三)試將東三省鐵路航路,統列一表。

練習應用

(一)使繪東三省鐵道航路圖,並附以説。(二)試述交通事業與主權之關係。作文題。

參考

中東鐵路,起黑龍江臚濱縣境,至吉林省界外,長二千八百十六里。支路,自濱江縣起,至旅順,長一千八百四十二里。本俄國經營,今自長春以下,一千四百零四里,割歸日本,改名南滿洲鐵路。吉長鐵路,自吉林至長春,二百三十五里,中日合資。安奉鐵路,自安東至瀋陽,長五百七十里。日俄戰時,日人築輕便鐵道於此,聲明事後即行拆去,後竟食言,要求改爲商用鐵道,商議未洽,遽爾自由行動,中國無如之何也。此清宣統元年事。

東三省交通要道,尚未築有鐵道者:其一,自瀋陽東抵興京,東北達海龍,南通長白,今擬築之開原路綫。與此平行,一自瀋陽西北出洮南,由洮南西南至承德,此即今日之洮熱路綫。自洮南而北出,又可至外蒙古車臣汗境。其一,自吉林東北達寧安,分歧,東達東寧,東南達琿春。其一,自龍江東北出,經嫩江以達璦琿。皆與邊防形勢,關係極巨者也。

水路:黑龍江自額爾古納河、石勒喀河會流點以下,可行小汽船。松花江,扶餘縣以下,汽船暢行,上至吉林,亦通淺水汽船,自吉林至同江,航路凡二千一百五十一里。此系日本南滿洲鐵道會社實測之數,下同。其支流嫩江,自嫩江縣以下,可以航行,水路凡五百十里。呼蘭河,自河口上溯,航路凡三十五里。嫩江之支流甘河,航路凡八十里。牡丹江水淺無航利,伊通河昔時可以通航,今亦不能容舟。

遼河自營口至遼源，航路凡一千五百二十八里，其支流渾河，自瀋陽以下，航路一百九十里。渾河之支流太子河，自遼陽以下，航路一百二十里。圖們、鴨綠，皆在山間，無航利可稱。

　　移殖於關東三省者，以山東人爲最多，直隸人次之，山西人又次之。山東人專業農，山西人專業商，直隸人則兼業農商。滿洲人之數，通計不逾五百萬。其居城市者，盡操漢語，與漢人幾無識別矣。興安嶺西，皆蒙古人；以東，多達呼爾人，契丹人，或謂達呼爾，即大音差著。及索倫人。依蘭以東，又有所謂魚皮韃子者，專恃叉魚爲生計。索倫人則多事田獵。

第九章　東北區地方誌

第六　奉天省(三時)

教材

　　奉天,位遼河流域,簡稱奉省。地勢:長白東迆,曁巫閭西峙,遼河縱貫其間,川原相錯,海岸島嶼羅列,良港亦多。住民:遼河流域最稠密,鴨綠江流域次之。多業農,因交通便利,工業亦盛。物產有豆、麥、高粱、苧麻、煙草。森

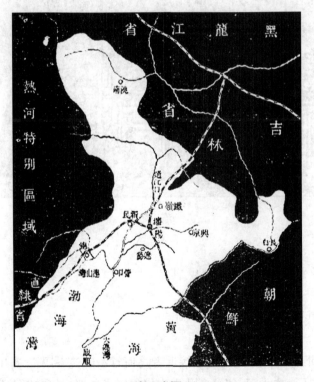

奉天省圖

林區域,在鴨綠江上流。礦産：富有煤、鐵、砂金。遼東産野蠶,沿海亦有鹽利。全省分三道,凡五十七縣。

省會曰瀋陽,清初舊都也,當鐵路要衝,爲三省第一都會。其北鐵嶺縣,南遼陽縣,俱闢爲商埠。撫順縣爲著名煤産地,有鐵路通瀋陽。

營口縣,瀕遼河下流,本爲東三省惟一口岸。自遼河日漸淤塞,而日人經營大連灣,不遺餘力,貿易遂漸爲所奪。然豆餅、豆油,由此出口者尚不少。其上流之通江子,仍爲賈舶所集焉。

錦縣,爲遼西要會。東南連山灣,新闢之不凍港也。

新民縣,鐵路通瀋陽,爲一繁盛之商埠。其北法庫縣,漢蒙歲市最盛。

安東縣,當安奉鐵路之起點,東有鴨綠江大鐵橋,以通朝鮮。其西南有大東溝,鴨綠江材木,自此輸出。

興京縣,爲清未取瀋陽前舊都。長白縣,清室發祥處也。

洮南縣,在省西北,漢蒙雜處,爲新闢之地。

瀋　陽

教授方法

第一時(第一節)

豫備

（一）問東三省中,與内地最接近者爲何省？（二）問東三省中,沿海者何省？有南流入海之大河,何名？此省中何處屬半島部？何處屬大陸部？

營　口

提示

（一）使閱奉天省圖,先分析全省爲三部：一、遼東,二、遼西,三、新關之
洮昌道境。（二）告之曰：陰山山脈,在秦隴燕晉之北垂,則爲黄河流域與蒙
古高原之界。其折而東北行者,則爲東三省與蒙古高原之界。此皆地文地理
上之真界綫也。洮昌一道,地亦在此山脈以東,故可畫入東三省區域。
（三）使觀察遼東半島多山否? 問此爲何山之脈? 更使觀察遼西地方,有山脈
否? 問此山脈何自來?（四）使復述遼河、鴨緑江之源流,及其航利。（五）問
奉天省中,地勢以何處爲最平坦? 移殖之民,應多居於何處?（六）使復述奉
天省中各鐵路之名,問交通便利否?（七）講課文第一節。

比較統括

（一）遼東半島與山東半島之比較。（二）遼東與遼西之比較。遼東、遼
西與新關之洮昌道地方之比較。

練習應用

（一）使繪奉天省圖,如前例。

第二時（第二、三、四節）

豫備

（一）復習第五課。（二）問奉天省中,鐵路之交點爲何處?（三）問遼河
下流之商港何名? 其上流之終航點在何處? 復現航路與陸路比較之觀念。

提示

（一）使閱圖,觀察奉天省中,交通要道如下：一自瀋陽至山海關之路。

二自瀋陽至興京長白之路。三自瀋陽至吉林之路。四自瀋陽至旅順之路。五自瀋陽至安東之路。使確認瀋陽是否爲此諸路之中心點。（二）問三省最大之平原在何處？遼河流域。三省中氣候以何省爲較暖？三省中移殖之漢人，以何省爲最多？告以瀋陽爲清初舊都，終清之世，常爲陪京。（三）然則東三省中，政治之中心點，當在何處？三省中最繁盛之地，當在何處？（四）使講"省會曰瀋陽"以下四句。（五）使讀"其北鐵嶺"以下五句，於圖中自覓鐵嶺、遼陽、撫順三地名。使觀察鐵嶺是否當瀋陽通吉林之道？遼陽是否當瀋陽通營口、旅順之道？告之曰：遼陽形勢，昔與瀋陽並稱，謂之遼瀋。鐵嶺則瀋陽北邊之門戶也。（六）使讀圖，確認營口及通江子之位置。（七）使講課文第三節，師發問如下：營口在昔，何故爲東三省惟一之口岸？現今貿易何以漸爲大連灣所奪？豆油、豆餅，何以仍由此出口？（八）書"不凍港"三字於黑板，問學生知其義否？使閱圖，自山海關至瀋陽，錦縣是否爲適中之地？（九）講課文第四節。

比較統括

（一）瀋陽與內地諸省會之比較。瀋陽當邊防之衝，形勢較內地爲尤要。

（二）營口與大連灣、連山灣之比較。營口商業，所以漸移於大連灣者，其原因有數端：冬期冰結，一也。遼河下流淤塞，大船出入，必須候潮，二也。港灣市街及一切商業機關之設備，均不如大連灣之完善，三也。他種原因，均可以人力補救，惟冬期冰凍，則出於天然而無可如何。故必以連山灣補其闕，營口之與連山灣，頗似天津與秦皇島。

練習應用

說疏濬遼河之利益。作文題。

第三時（第五、六、七、八節）

豫備

（一）問奉天省西界何處？（二）問奉天省東南，與何國鄰接？以水爲界乎？抑以山爲界乎？奉天省之森林區域，在於何處？（三）問爲北區及蒙古高原之真界綫者，何山乎？

提示

（一）使閱圖，覓新民縣之所在。問新民縣是否沿鐵路綫？此鐵路西通何處？東通何處？（二）使於圖中，覓法庫縣之所在。書"歲市"二字於黑板，說明其意義。（三）問安奉鐵路，起點何處？其東與何國接界？問內地鐵路，亦有築鐵橋以渡大河者否？使讀"東有鴨綠江大鐵橋"二句，問如此，交通便利否？於國防之關係如何？（四）使於圖中覓大東溝之所在。問大東溝在何水下流？鴨綠江上流材木，何故均自此輸出？（五）使於圖中覓長白、興京二縣之所在。略授以清室發祥之歷史。（六）使於圖中，覓洮南縣之所在。告以洮南一帶，本蒙古人牧地，今乃漸開闢爲耕地。（七）使講課文第五、六、七、八節。

比較統括

（一）新民縣與錦縣之比較。

（二）安東縣與鎮南關、河口之比較。

（三）興京、長白與瀋陽、遼陽之比較。

練習應用

（一）使分別本課所授各都會，孰濱河流？孰沿鐵路？（二）問奉天省中，國防要地何在？使列舉之。（三）凡歲市，常受生産季節之支配，可以節終年設肆之勞費，而大市場中剩餘之貨物，亦恒以此爲尾閭。

參考

瑿巫閭山，在北鎮縣西十里，舊廣寧縣也。隋開皇十四年，以瑿巫閭爲北鎮，故今以名其縣。

奉天省之地，可分爲三部分觀之：一遼河下游流域，遼瀋道。二遼東半島山地，東邊道。三遼河上游流域及洮爾河流域洮昌道。是也。遼河下游流域，地勢最平坦，地味亦最腴沃，自古即開置郡縣，其中最重要之都會，有若瀋陽，爲三省政治之中心點，又爲全省鐵路交會之處，東北形勢，無重於此。營口爲東三省惟一口岸，今雖形勢非昔，然遼河流域之農産物，猶均藉此爲運輸。錦縣，南近連山灣，北通朝陽，東通瀋陽，西接山海關，爲遼西第一形勢之地。而新民則介於錦縣與瀋陽之間，皆最重要之都會也。遼東半島，地勢崎嶇，故開闢較晚，其中惟鴨綠江流域，住民較爲稠密，高麗及滿洲之先，皆興於此。滿洲即鞨鞨之白山部，以居長白山得名。高麗之都城丸都，在今臨江縣境。以兵事地理論，實爲奉省最形勝之區。今安奉、京義鐵路告成，鴨江失險，藩籬俱撤，雖欲閉關自守而不可得矣。遼河上游流域，皆在舊日邊墻以外，其地初未開闢，但爲蒙人牧地。漢蒙互市，以法庫爲薈萃之區。自庚子以後，俄兵馬賊，迭起蹂躪，漢人苦之，多有遠出避難者，相率屯聚，漸成邑落，而今洮南諸縣之境以闢焉。其地近接蒙疆，控扼最易，而地味腴沃，耕牧兼資，逼近嫩江，轉輸最捷，亦將來有望之地也。

第七　吉林省(二時)

教材

　　吉林,在奉天東北,簡稱吉省。完達山脈及小白山脈,蔓延其間,爲三省最大之森林區域。而松花江沿岸,平疇衍沃,又爲三省農業之中堅。物産除豆、麥、高粱外,特産人參,及烏拉草。山中多毛皮獸,瀕江又産東珠,礦産多金、銀、煤。全省分四道,凡三十七縣。

吉林省圖

　　省會曰吉林,瀕松花江,有鐵路以達長春。長春縣,東清、南滿二鐵路分界處也,爲三省與蒙古貿易之要會,極爲繁盛。濱江縣,當東清鐵路本支綫分歧處,水陸交通,均極便利。

　　依蘭縣,近牡丹江口,農産物所集,松花江下流一都會也。

　　寧安縣,爲沿東清鐵路之商埠,控制東寧及延吉、琿春諸縣,爲東境樞要之地。

教授方法

第一時(第一節)

豫備

(一) 問長白山脈之正脊,在於何處? (二) 問前述東三省地勢,遼河流域外,以何處爲最坦平?

提示

(一)使閱圖,觀察吉林省中之水道,入黑龍江者何水? 獨立入海者何水? 入松花江者何水? 使觀察松花江與烏蘇里江、圖們江之間,是否有山脈界之? 松花江與拉林、牡丹諸水間,是否有山脈界之?(二)告之曰:在松花江與烏蘇里江、圖們江之間者,爲完達山脈。在松花江與牡丹、拉林諸水之間者,即小白山脈也。完達山脈,勢頗高峻;而小白山脈,則傾斜甚緩,殆與平原無異。故三省中,除遼河流域外,最適於農業之地,厥惟松花江流域。又此山脈,無論其爲高峯,與谿谷之間,均有森林覆蔽之,完達山脈中之森林,且有從古未受斧斤者,故又爲三省最大之森林區域。(三)書"吉林人參"四字於黑板,問學生,知爲何物否? 又寫"烏拉草"三字於黑板,説明其性質及用途。書"毛皮獸"三字於黑板,問獸何故以毛皮稱?(四)講課文第一節。

比較統括

(一)完達山脈與小白山脈之比較。

(二)吉林省之地,大部分屬松花江流域,産業亦以松花江流域爲最饒裕。

練習應用

(一)使繪吉林省圖,如前例。(二)與人書,論人參之功用。作文題,授以材料使作之。

第二時(第二、三、四、五節)

豫備

(一)問中東鐵路本支綫,在何處分歧? 支綫自何處以下,割歸日本?(二)問吉林省與他國接界否? 其界綫如何? 試略述之。

提示

(一)使閱圖,觀察吉林之位置,在何水之濱? 與長春相距幾何?(二)問南滿、北滿,爲吾國固有之名乎? 抑外人强立此名乎? 外人何故强立此名? 告之曰:今東三省在日、俄二國之勢力範圍中,而日、俄二國之勢力,則以長春爲界。由此以北,屬俄人勢力範圍,以南屬日人之勢力範圍。曰北滿、南滿者,彼欲區別其勢力範圍,故爲是名稱耳,非吾固有之名稱也。(三)使觀察濱江、長春兩地方之位置。(四)使復述松花江航路之大略。不能舉,使復觀自製之三省航路圖。問東三省,除遼河流域外,農業之中堅,在何水流域? 營口之貿易,今漸移於大連灣,然營口仍爲著名口岸者,何也? 以農産物多集於此故。然則松花江流域,亦應有農産物聚集之地否? 使讀"伊蘭"以下四句。使讀課文第五節,問"樞要"二字何解？告之曰：樞者，猶户之有樞，爲關鍵所在，要即緊要之義。吉林省沿邊之地，以延吉、東寧關係爲最重要，而居延吉、東寧之後路者，則寧安也。使觀圖，確認延吉、東寧之位置。（五）使講述課文第二、三、四、五節。

比較統括

（一）濱江與長春之比較。吉林與長春之比較。濱江與依蘭之比較。

（二）自吉林至海參崴，較自吉林至延吉、琿春，孰爲便利？

（三）自長春以北，皆屬於俄人之勢力範圍，東清鐵路，固俄所經營，而松花江航權，我亦與彼共之也。自長春以南，均屬日本勢力範圍，吉長鐵路之成，即日人自長春擴充其勢力，達於吉林之證。然日人復有自吉林築鐵路達朝鮮會寧之説，則自吉林至延吉、琿春，亦爲日人勢力所充滿矣。日、俄勢力，既以長春爲界，則奉天省當屬何國之勢力範圍？黑龍江省當屬何國之勢力範圍？吾人當設法將此"勢力範圍"四字，驅之境外否？

練習應用

（一）哈爾濱在吾國人手中時，不過一荒邨，自俄人竭力經營，遂儼成東省一大市場，與日人之於大連正相似。於此可見，雖有形勢之地，亦藉人力經營。（二）凡兵事，最重居中控馭，又後路應援，亦不可忽。吉林省若有戰事，寧安實爲最形勝之區，以其距東北東南兩邊，均爲居中控制之地，且爲後路應援所繫也。

參考

小白、完達兩山脈，並富森林，延袤輒數百里，狐狸、貂鼠等，棲息其間，故皮貨出産極盛。東珠産松花江及其支流諸川中，大者可半寸，匀圓瑩白。滿洲貴人，以爲冠飾。烏拉，草名，製爲履，輕頓適體。諺所謂東珠、貂皮、烏拉草，爲吉林三寶者也。人參産長白及完達山脈中，每歲清明後，土人結伴入山採之，是爲野山參，於藥品中爲最貴。然野生者不能多得，普通所售者，大抵種參也。中國本草，誇人參有回生起死之功，謂能回垂絕之陽，救已涸之陰。然據藥物學家化驗，則惟略有開胃之作用，與雞那霜等耳。

吉林，土名船廠，自此以下，松花江皆有運輸之便，故夙爲本省一大都會。然其貿易，殊不及長春。蓋長春本爲邊門外一市場，今又據中東、南滿、吉長三鐵路之交，吉、黑二省之貨物，均於此集散也。濱江，土名上房，本阿勒楚喀西北一小邨落，俄人歷年經營，築市街，設警廳，遂煥然成一大都會。俄人目爲東方之莫斯科,其志可知矣。依蘭,舊三姓副都統城,土人稱曰依蘭哈達,爲松花江下游最大都會。寧安,即舊寧古塔,渤海之上京龍泉府也。滿洲未遷赫圖阿拉以前,亦宅居於此。

延吉,土名局子街,其東南光霽峪,臨圖們江。江中有江通灘,韓民呼爲間島,本准韓民租種,後韓人越界耕墾者日多,漸及和龍峪今和龍縣。一帶,日人遂誣指圖們江左岸地爲間島,欲以海蘭河爲兩國之界。爭執經年,始就了結。然龍井邨、局子街、頭道溝、百草溝均因此開爲商埠。吉長延路,亦由先而許延至會寧焉。

第八　黑龍江省(二時)

教材

黑龍江,在吉林省西北,簡稱黑省。伊勒呼里山脈,曲曲如環,分界山陰之水,入黑龍江。山陽之水,集爲嫩江、屯河,入松花江。既利運輸,亦資灌漑。住民多達呼爾、索倫、鄂倫春諸打牲部落,性質勇悍。物產大豆、麥、牲畜、金、煤。全省分三道,凡二十三縣,七地方。

省會曰龍江,濱嫩江,歲市頗盛。嫩江縣,爲是江之終航點。

呼蘭縣,在松花江北岸,農產物所集也。其北綏化縣,爲新開地,市肆殷闐。

璦琿縣,瀕黑龍江,防俄要地也。其南蘿北縣,及其西北呼瑪、漠河二縣,均以金鑛著名。

呼倫縣,沿東清路綫,歲市甚盛。臚濱縣,爲東清鐵路起點,中俄界上要地也。

教授方法

第一時(第一節)

豫備

(一)問長白山之脈,來自何處? (二)問松花江之支流,最大者爲何水? (三)問東三省之氣候,以何省爲最寒? 地利之開闢者,以何省爲最少?

提示

(一)寫"環"字於黑板,問學生,此爲何字? 次寫"曲曲如環"四字於黑板,

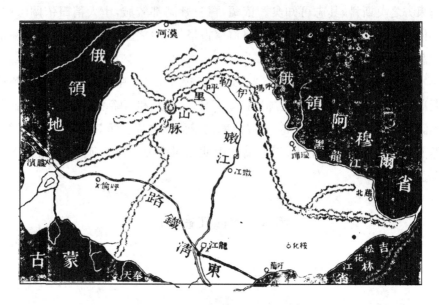

黑龍江

問黑龍江之流向，與此四字相似否？黑龍江流向，何故如此？（二）問內興安嶺，爲何二水之分水界？使復述嫩江之航利如何？不能記憶，則使復閱自製之東三省航路圖。（三）問東三省人民，皆以耕農爲業乎？抑不盡以耕農爲業乎？不能答，使復習第五課。三省中漢人之移居者，以何省爲最少？授以達呼爾、索倫、鄂倫春諸部落。（四）講課文第一節。

比較統括

（一）本省中黑龍江流域與松花江流域之比較。

（二）黑龍江省產業與奉天、吉林二省之比較。

（三）松花江流域記略。作文題。

練習應用

（一）使繪黑龍江省圖，如前例。（二）凡游牧人種，性質恒勇悍，練之爲兵，最爲相宜。惟文化程度較低，應如何思所以啓發之。

第二時（第二、三、四、五節）

豫備

（一）問黑龍江省中，有何鐵路？此鐵路自何處來？向何處去？（二）問黑龍江省中，有何航利？（三）書“漠河”二字於黑板，問曾聞其名否？

提示

（一）問黑龍江省中，除黑龍江及松花江，最大者爲何水？問黑龍江、松花江、嫩江三水，當以何水流域，農業爲最興盛？（二）告之曰：今假定本省之地，分爲三區，則凡興安嶺以北之地，黑龍江流域也，興安嶺以南，除嫩江獨立爲一流域外，其餘諸水，均假定爲松花江流域。則興安嶺以北之地，氣候最寒，地勢亦極崎嶇，故產業最不興盛。然黑龍江及額爾古納河，曲曲數千里，皆爲中俄之界水，則此流域，實防俄要地也。嫩江流域略居全省之中央，是水之終航點，與省城龍江復有水運之便，故較興安嶺以北爲繁盛。自嫩江會口以下，松花江沿岸之地，氣候最溫和，地勢亦最肥沃，耕地之開闢者亦最多。與吉林省中，松花江流域之地，殆無甚區別。故在本省中，爲最繁盛。（三）使讀課文第二、三、四、五節，分別課文中所述諸縣，孰在黑龍江流域？孰在嫩江流域？孰在松花江流域？並使之撮述其大略，然後教師講授之。

比較統括

（一）龍江與吉林之比較。<small>吉林有吉長鐵路，以接南滿；龍江有齊昂鐵路，以接中東。吉林有松花江水運之便，龍江有嫩江水運之便。</small>

（二）呼倫與長春、法庫之比較。<small>均爲漢蒙互市之地。</small>

（三）臚濱與東寧、延吉、琿春之比較。

（四）本省交通之道有四：一、黑龍江航路，二、松花江航路，三、嫩江航路，四、中東鐵路。今俄人自西伯利亞入本省，極爲便捷。而本省各地方交通，殊爲不便，黑龍江濱各縣，勢尤孤懸，可不設法聯絡之乎？

練習應用

（一）使作黑龍江、松花江航行記。

（二）關東三省，爲我國產金地。現今世界各國貨幣，皆改用金，惟我國尚用銀，銀之產額日多，價值日跌，且弗論，即以匯兌磅虧論，受損已非小矣。故改用金幣，實爲我國今日之要圖。然此事非可徒託空言，金之現存者既不多，購諸外國，又無其力，則非求諸礦藏不可。故開採金礦，又我國今日之急務也。

參考

鄂倫春人，居黑龍江沿岸，<small>烏蘇里江、綏芬河之谷亦有之。</small>自漠河至呼瑪，其俗略同，皆居帳幕，藉射獵爲生。其射擊之技頗精，獵得栗鼠數百頭，彈丸所中，無不在頭部者。惟住於璦琿附近者，程度最高，能築室而居，亦能蓺豆麥蔬菜等。索倫人住額爾古訥河東岸，興安嶺山麓中。或曰索倫，即肅慎音轉，滿族最純之種也。亦恃射獵爲生，騎射之技，冠於滿洲。最嗜酒，常以狩獵所得，與山西人交易云。達呼爾人，居黑龍江兩岸，及嫩江沿岸，以畜牧漁獵爲業，亦有知耕稼者。或曰：達呼，即大賀音差，實契丹人也。觀其信奉佛教者，較奉薩滿教者爲多，此説似可信。龍江，即齊齊哈爾城，地瀕嫩江，爲本省百貨所集，故頗繁華，尤以自蒙古來之馬，及嫩江之漁獲品爲多。嫩江，舊墨爾根城，嫩江之終航點，亦龍江、璦琿間陸路之中樞也。璦琿，即舊黑龍江城，其璦琿城，實在對岸，自江東地割屬俄乃徙治於此。北有黑河屯，與海蘭泡隔江相對，衝要之地也。呼倫，即舊呼倫貝爾，西有甘吉寺，爲清代所敕建，每歲中秋開廟，蒙人南自張家口，北至恰克圖，皆來朝禮。因開歲市，貿易頗盛。臚濱，在呼倫西北，舊滿洲里也，自此西北行四十餘里，即入俄境。綏化、呼蘭，皆松花江沿岸市場，以豆、麥、牲畜著名。

第十章　西北區地方

第九　概　説（二時）

教材

西北區爲塔里木、伊犂二河流域，東北接蒙古，東接甘肅及青海，南接西藏，西南接英領印度，西接俄領中亞細亞。地勢因天山山脈橫貫其間，分爲南北二路。北以塔爾巴哈台山脈，連接阿爾泰，南與阿勒坦塔格，包圍一大沙漠。南路，蔥嶺、于闐二水集合爲塔里木河，瀦於羅布淖爾。北路之水，以伊犂河爲大，惜下流均入俄境。氣候寒暑俱烈，雨量極微。

本區面積雖廣，而沙漠綿延，可耕之地，北惟伊犂，南惟塔里木河流域。此外則天山之麓，藉雪水以資灌溉轉爲農牧適宜之境焉。農產有麥、黍、高粱，又有瓜、桃蘋果、葡萄等果品。天山兩側，亦饒礦物。住民：南路多回族，北路有蒙古人游牧其間，總人口凡二百萬。

教授方法

第一時（第一節）

豫備

（一）復習歷史二册第十二、三册第十、第十一課。（二）復習第一册第一課。（三）由問答，整理其對於沙漠之固有觀念。（四）問何謂內陸流域？（五）復現大陸性氣候海洋性氣候之觀念。

提示

（一）繪新疆省輪廓於黑板，使學生填注其四周所界地名。使再諦觀地圖，新疆省何處與本國界？何處與外國界？所界之外國有幾？（二）使閱圖，

天山圖

觀察新疆省之山脈：一蔥嶺，二阿勒坦塔格，三天山，四塔爾巴哈台山脈。（三）告以阿勒坦塔格，屬崑崙山系。天山及塔爾巴哈台，屬阿爾泰山系。而二山同祖蔥嶺，蔥嶺西接帕米爾高原。（四）使閱圖，觀察新疆省之沙漠，其面積是否甚大？又是否在阿勒坦塔格及天山之間？（五）使觀察新疆省中，有何大水？北路之水何名？南路之水何名？（六）使觀察伊犂河及塔里木河之源流，問伊犂河上源有幾？其下流是否在本國？塔里木河，上源有幾？其下流歸於何處？此二水，是否所謂內陸流域？（七）問新疆省應爲大陸氣候，抑應爲海洋氣候？沙漠地方，雨量當如何？（八）講課文第一節。

比較統括

（一）天山南路與天山北路之比較。

（二）伊犂河與塔里木河之比較。

（三）阿勒坦塔格，西祖蔥嶺。東入甘肅省，爲祁連。又東爲賀蘭，爲陰山。東北行，爲內興安嶺。是爲崑崙山系之北幹。其餘脈爲長白，爲千山，爲泰山，爲朝鮮之大關嶺。

練習應用

（一）使繪新疆省圖，如前例。（二）漢西域諸國，今已多淪爲沙漠者，於此可知中亞地方地質變動之劇烈。沙漠地方，雖乏水，特深滲入地下耳，非真乏水也。若仿法人治阿耳及耳之法治之，可化瘠土爲沃壤。（三）伊犂河流域,大部已入俄國。天山北路,雖稱伊犂河流域,實已名存而實亡。然是河下流,地質肥沃,且富於航通之利,我徒據其上流一小段,真乃棄沃壤而寶石田耳。

第二時(第二節)

豫備

(一)問沙漠地方,地味如何? 可耕種否?(二)復現雪綫之觀念。(三)復習歷史第三册第十一、十三課。問回族之根據地,今在何處? 汝輩知之否?

提示

(一)問新疆省中,宜於耕牧之地,當在何處? 伊犂河及塔里木河流域。此外尚有適於耕牧之地否?(二)告之曰:新疆省中,人口之分布,除大河流域外,均依天山之麓而居,汝輩知爲何故乎? 蓋耕牧之業,所最不可缺者爲水,而沙漠地方,則水量最爲缺乏者也。天山高度頗大,而新疆氣候特寒。其高處,大都冬期結雪,至初夏,乃漸融解。而其融解及凍結,頗有一定之次序。凍結時,必先高而後下,融解時,必自下而及上。故居於天山之麓者,即可藉雪水以資灌漑焉。設使無此作用,則一經凍結,必謀涓滴之水而維艱;一旦融解,又將全山之水,皆匯爲洪流,奔放而下矣。天然之作用,不亦奇妙乎!(三)書"瓜桃蘋果葡萄"等果品之名於黑板上,問學生以其形狀及性質,然後進而説明之。(四)略述回族之居地風俗,及其遷居天山南路之始末。(五)講課文第二節。

比較統括

(一)河域與山麓耕地之比較。

(二)使以新疆省之面積除人口,與北、中、南三區及東三省,比較其疏密。

練習應用

(一)凡大陸中央之地,往往有平原則氣候惡劣,或患乾燥。至山中,則轉雨澤均調,和煦宜人者。則人類之住居,亦轉密於彼而疏於此,正不獨天山雪水,足資灌漑也。(二)回族性質,本最强悍,其所奉之宗教,又利於團結,故其人自昔即以勇悍善戰稱,迄今尚爲世界各國所畏憚。此次歐洲戰事,惜乎我國之無能爲役耳,若新疆有精兵三十萬,則阿富汗、波斯、土耳其,皆爲所牽引,懾西亞以制東歐,非難事矣。

參考

天山之脈,西接蔥嶺。蔥嶺者,今喀什噶爾河,《水經注》謂之蔥嶺北河,于闐河，《水經注》謂之蔥嶺南河，則二水所發源之處，皆蔥嶺矣。迤邐東北行，爲我國新疆省與俄屬七河省之界。又東，平列五行，東向而走，分新疆省爲南北二路，其曰汗騰格里者，伊犁河與塔里木河之分水界也。曰闊克帖克者，《漢書·西域傳》所謂北山，海都河與塔里木河之分水界也。曰那喇特者，伊犁河與海都河之分水界也。曰博羅布爾噶蘇者，伊犁河與博羅塔拉河之分水界也。曰齊爾者，博羅塔拉與額米爾河之分水界也。又北，爲塔爾巴哈台山，於額爾齊斯河上流，與阿爾泰山脈聯接。崑崙山脈，亦自蔥嶺東南迤，其在和闐縣南者，曰卡拉胡魯木達坂，即《一統志》所謂岡底斯北幹之僧格喀巴布山。自此準望，于闐河在其東北，而山產玉甚美，殆即古所謂崑崙也。迤而東，至克里雅城南，分爲二派，東南走者，入青海，是爲巴顏哈喇山之脈。東北走者，曰托古茲達坂，又東曰阿勒坦塔格。阿勒，蒙古語謂金也，塔格亦作塔克，回語山也。即《漢書》所謂南山也。入甘肅省，是爲祁連山。新疆省中，沙漠居十之四，山地居十之三。

伊犁河二源：西南源曰特克斯河，東南源曰空格斯河，下流注俄境之巴勒哈什湖，舊圖亦稱庫里鄂模。此河長二千五百里，下流可行舟楫者一千五百里，皆割屬俄。我國境內，可通舟楫者，伊犁城西百三十里而已。

塔里木河二源：北源曰蔥嶺河，南源曰于闐河。蔥嶺河亦二源：北曰喀什噶爾河，合烏蘭烏蘇、雅璊雅爾二水而成。南曰葉爾羌，合澤勒普善、聽雜阿布二水而成。和闐河，亦二源：西曰哈喇哈什，東曰玉隴哈什。四水既合，東南流，注於羅布淖爾。即《漢書》所謂蒲昌海，一名鹽澤，《山海經》所謂泑澤者也。

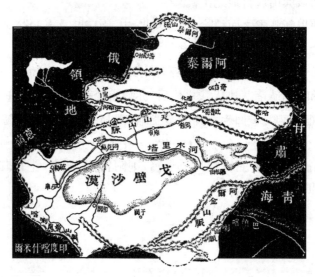

新疆省圖

第十　地方誌(二時)

教材

省會曰迪化,爲關外第一重鎭,與俄貿易頗盛。其東北古城,及東方吐魯番、哈密二縣,亦皆與俄通商埠也。

伊寧縣在伊犂河北岸,爲邊防第一要地。次之者,爲塔城縣也,兩處俱爲與俄通商埠。

焉耆縣,扼南北路之衝,爲全省中樞,地亦繁盛。

南路大城,爲阿克蘇、温宿、庫車諸縣,商業俱繁盛。其最盛者爲疏勒縣,英、俄及西域諸國商賈,來此者極多。莎車縣,繁盛亦與疏勒相亞。

和闐縣,以出玉石及織物、毛氈名。于闐縣之東,有大産金地。

教授方法

第一時(第一、二節)

豫備

(一)復習第二册第四課。(二)問自臯蘭至新疆,當如何取道?(三)使復述新疆省與俄國接界情形。

提示

(一)師繪新疆省圖於黑板,擇優生,使填注迪化、哈密、吐魯番、古城、焉耆、伊寧、塔城諸地名。(二)使觀察此諸地方,何者在天山之南? 何者在天山之北?(三)問此諸地方中,邊防情形,何處最爲吃緊? 與内地形勢,何處最爲接近?(四)告之曰:新疆省孤懸西北,内地形援,惟恃甘肅一省。而伊寧、塔城,孤懸新疆省之西北,形勢尤爲吃緊。在昔伊犂河流域,未割隸俄國時,控扼尚易,今則下流沃壤,全屬他人,惟恃伊寧、塔城二處,互相應援而已。伊寧、塔城,形勢如此,自不能不恃内地爲形援,而爲天山北路之中樞者,則迪化也。自迪化入内地,有二道:一東北出古城,一東南出吐魯番,而皆會於哈密,自此達甘肅之安西縣。故伊犂、塔城,邊防要地也。迪化,天山北路之中樞,而亦全省政治上之中心點也。哈密、古城、吐魯番,均自内地達迪化之要道也。(五)使學生講課文第一、二節。

比較統括

（一）若以迪化擬瀋陽，則何處可擬山海關？試復習第二册第四課述之。

（二）伊犂與安東、延吉諸地方之比較。

（三）中國防俄要地，在於何處？試合東三省及新疆述之。

練習應用

使作遊記，自皋蘭至伊犂。

第二時（第三、四、五節）

豫備

（一）使復習新疆省，除俄國外，更與何國接界？（二）問天山南路之沙漠，較天山北路孰大？

提示

（一）使優生於黑板上繪新疆省圖，除前一時所授諸地方外，更添注焉耆、庫車、温宿、阿克蘇、莎車、疏勒、和闐、于闐諸地名。（二）使觀察此諸地方，在天山南路，抑在天山北路？（三）更使觀察此諸地方，在沙漠之北，抑在其南？（四）使觀察新疆省中，是否人口稠密之處，均在天山兩側，及塔里木、伊犂二河流域？至天山南路之大沙漠，則人口分布極希？（五）告以此諸縣中，惟焉耆縣扼天山南北路之中區，其庫車、温宿、阿克蘇、疏勒、莎車等，皆爲南路著名大城，和闐、于闐二縣，皆在大沙漠之南，路通西藏。（六）略述天山南路諸城情形，而使學生講述第三、四、五節課文。

比較統括

（一）天山南北二路之比較。

（二）試以本課所授各縣，分別其孰在天山北路？孰在南路？列爲表。

練習應用

（一）使續前作遊記，自迪化至和闐。（二）今擬築鐵路，自皋蘭至新疆，分達天山南北二路，試擬其路綫，並繪圖列説以明之。

參考

迪化，番名烏魯木齊，瀕同名之河，水草豐美，爲關外最富庶之地。自此東北出奇臺，即古城。鎮西，東南出吐魯番、鄯善，均可至哈密。而自鎮西又可通外蒙。此道水草尤美，故商旅之出此者尤多。自迪化西北出昌吉、綏來、烏蘇、精河諸縣，即抵伊寧矣。其出天山南路，則以焉耆爲控扼之地，故焉耆實爲全省中樞。唐時經營西域，即以此爲重鎮。庫車、温宿，皆爲南路互市之處，俄、印商人，旅此者各數十家。阿克蘇，則牛羊駝馬之交易最盛。焉耆產良馬，多輸入俄。而商務最盛者，必推疏勒，英、俄、中亞、阿富汗、波斯、印度、克什米爾之商人皆集焉。官署有九種譯員，以通交涉，繁盛爲全省第一云。莎車，亦路通阿富汗、印度，故繁盛與疏勒相亞。

新疆省商埠表

商　　埠	開 放 原 因	各國駐紮領事
伊犂（綏定）	咸豐元年《中俄條約》	俄
塔爾巴哈台塔城	同上	
喀什噶爾疏勒	咸豐十年《中俄續約》	俄
烏魯木齊迪化	光緒七年《中俄條約》	
吐魯番	同上	俄
古城奇台	同上	
哈密	同上	

第十一章　蒙古高原地方

第十一　概　説（二時）

教材

　　蒙古在北區及西北區之北，東北區之西，地勢爲一大高原。阿爾泰山彙，蟠鬱西北境，其北出者爲薩彥嶺，分中俄之界。南支有杭愛、肯特諸峯，爲東北區及西伯利亞諸水之源。南以賀蘭、陰山之脈，界秦隴燕晉。東以興安嶺之脈，界東北區，中間包一大沙漠。水系，漠南則黃河、遼河、灤河，漠北則鄂嫩、克魯倫、烏魯克穆、色楞格諸水爲著。氣候現極端之大陸性，晝夜寒暑，相差甚大，少雨，而多暴風。

蒙古沙漠圖

　　產業以畜牧爲主,最多者馬、駱駝、牛、羊,次則驢、騾,又多畜犬。西北山林中,亦饒野獸。內蒙兼事農業,產豆、麥、粟、黍、高粱,礦產最著者阿爾泰山之金,內蒙古之鹻,阿拉善之鹽。製造以毛氈、黃油、酥酪名。住民多蒙古族,次則土耳其族,漢人移住者,東南部最多。總人口凡二百五十八萬。

　　分全土爲熱河、察哈爾、綏遠三特別區域,寧夏鎮守使、阿爾泰辦事長官二轄地,及外蒙自治區域六區。

蒙古人生活

教授方法

第一時(第一節)

豫備

(一)使復述前課所授,關於沙漠之觀念。(二)問在歷史上,住居漠北者,爲何種族? 其人民之生業若何? 性質若何? (三)問黃河自甘肅省出長城,至山陝之間,乃復入長城,其間行經何地? (四)使復述陰山山脈之大略。

提示

(一)使閱圖,觀察蒙古之四界。(二)次使觀察蒙古之山脈:一薩彥嶺,二杭愛山脈,三賀蘭、陰山及興安嶺之脈。薩彥及杭愛、肯特,均屬阿爾泰山系。賀蘭、陰山及興安嶺,均屬崑崙山系。此兩山系之間,包括一大沙漠。此沙漠之高度,平均出海面,約自三千尺至四千尺,故蒙古地勢,爲一大高原。（三）次使觀察蒙古諸水系：一、黃河，二、灤河，三、遼河，四、鄂嫩河、克魯倫河，五、烏魯克穆河、色楞格河。黃河、灤河、遼河，爲漠南之水。其餘諸河，則爲漠北之水。一在阿爾泰山系之陰，一在崑崙山系之陽，二山系之間。沙漠地方，則爲無水區域。（四）問以新疆之例推之，蒙古之氣候當如何？（五）講課文第一節。

比較統括

（一）蒙古地勢與新疆之比較。南北均有大山，中央均有大沙漠。新疆有塔里木河之大水，下流亦在境內，蒙古無之。

（二）蒙古、新疆之沙漠，勢本相連，在古代共爲一內海。故蒙古、新疆，地質上之構造相同，可合稱爲一個高原。

（三）蒙古與新疆氣候之比較。

練習應用

（一）使繪蒙古圖，仍山脈用黃色，水系用藍色。其各政治區域，或分別著色，或以朱綫界之。（二）阿爾泰山系，南峻而北弛。崑崙山系，則北峻而南弛。故對於蒙古一方面，不能含畜水源，而蒙古地方，遂無大河。惟無大河也，故古代一大內海之水，蒸發之量，遠過於其回歸之量，遂終至涸竭而成沙漠。於此可悟山脈河流，互相關係之理。

第二時（第二、三節）

豫備

（一）復習國文第四冊第十二課。（二）復習歷史第三冊第十二課，第四冊第一課。（三）問自古住居於蒙古地方之人種，多以何事爲生業？何故彼等均以遊牧爲業乎？（四）問東三省之滿洲人，自始即知耕稼邪？抑自漢人移殖其地，而後其土地漸次開闢邪？

提示

（一）使讀"產業以畜牧爲主"四句，說明馬、駱駝、牛、羊、驢、騾、犬諸動物之用途。（二）次使讀"西北山林中亦饒野獸"句，問蒙古之野獸，必產於西北山林中，何也？（三）次使讀"內蒙兼事農業"二句，告之曰：蒙古地方，非盡不宜於農業，然外蒙距內地遠，漢人移殖者，尚未能至，故墾拓之業，始自內蒙。漢人移殖既多，則蒙人亦爲所同化，而漸知從事於耕稼矣。（四）書"鱗、毛氈、黃油、酪酥"字於黑板，說明其性質及用途。講"礦產以下"六句。（五）使解釋課文第二節之字句，告之曰：自成吉思汗崛起後，蒙古地方，始終未曾爲他族所奪據，故此地方之住民，今猶以蒙古人爲主。土耳其，即突厥，亦蒙古地方之最大種族也。故其住民之數,猶次於蒙古人。(六)使講課文第三節,告以特別區域(一冊二課)及自治區域之性質。

比較統括

(一)馬、駱駝、驢、騾之比較。首駱駝、驢、騾與牛、羊之比較。馬、駱駝、驢、騾、牛、羊與犬之比較。

(二)内蒙農産,與内地及東三省之比較。

(三)蒙古製造品與内地之比較。

(四)漢人移殖於東三省者,與移殖於蒙古者之比較。

(五)蒙古人口之疏密,與内地及東三省、新疆之比較。

(六)試將蒙古之山脈、河流、氣候、産業、住民,列爲一表。

練習應用

(一)話云:地廣不治,是爲土滿。土滿之患,與人滿正同。吾國除内地十八省外,東三省、新疆、青海、西藏,無不以土滿爲患者。但凡漢人移殖之處,則皆曠土日闢,屯聚日繁。有土斯有財,有人斯足以爲守,而他國之覬覦息矣。但今外力之侵入日亟,而漢人之移殖者,專恃人民自營,其力甚微,殊不足以與之敵,斯爲可慮耳!漢人之移殖漠南,不自今日始也。歷代北族歸化,邊垂無事,漢民即相率出塞屯墾。然一再傳後,北族漸强,中國之兵力,不能制馭,則塞下屯聚之漢民,悉遭蹂躪,而前此墾闢之功盡棄矣。觀此,可知今日綏撫蒙邊之爲急務。與歷史聯絡。

參考

阿爾泰山脈,來自新疆,蟠鬱於烏布薩泊及伊克阿拉克泊之西,此段亦稱賽留格木嶺。爲新疆阿山道及科布多與俄屬西伯利亞之界。其分支東出者有三:一在唐努烏梁海與科布多之間,是爲唐努山脈。一在唐努烏梁海之北,爲中俄之界山,是爲薩彥嶺。音譌,爲薩揚,或稱噎耳奇克達耳憂克山脈。其一,蟠烏布薩泊之南,東南行,接於杭愛,凡唐努烏梁海及科布多境諸山,亦稱阿爾泰山彙。

蒙古沙漠,東起興安嶺西麓,西訖天山東端,殆占全土三分之一。東自東經四度起,西至西經三十六度止,長約三千六百里,南自北緯三十七度起,北至四十八度止,闊自一千二百里至二千二百里。高於海面,自三千尺至四千尺。道經其間,一望無際,惟見童山起伏,若大海中之有島嶼而已。

烏魯克穆河,二源:一出烏梁海東南境,曰騰吉斯河。一出烏梁海東北境，曰貝克穆河。合流，西北入俄境，爲葉尼塞河上源。色楞格河，七源：北源三，皆出唐努山脈東麓。南源四，皆出杭愛山脈東麓。合流於三音諾顔部右翼後旗北，東北流，有額赫河，北承庫蘇古爾泊之水，東南流來會。右岸則鄂爾坤、圖拉二河，合流來會，下流潴於俄境之貝加爾湖，亦爲葉尼塞河上源。

蒙古氣候：春秋皆祇一月，夏凡二月許，餘皆冬令矣。其氣候，變化甚劇，一日之間，寒暑表可差至九十餘度。亦因山脈之向背，地勢之高低，與沙漠距離之遠近而不同。然寒暑俱烈，空氣乾燥，則通全部皆然。秋冬多烈風，沙漠地方尤甚。

蒙古政治，大別之爲部，小別之則爲旗。部以民族分，旗以政治分。旗之長曰札薩克，佐之者有管旗、章京、副章京、參領、佐領等，其編丁之制，則起於佐領。每一佐領，有丁百五十人，而各旗所有之佐領，多少不等。合一部若干旗，或數部若干旗，則爲一盟。盟有盟長，及副盟長各一人。其不成旗者，不置札薩克，若唐努烏梁海是也。亦有雖成旗，不置札薩克者，若內屬之察哈爾土默特是也。凡不置札薩克者不設盟，然亦有雖置札薩克而不設盟者，若科布多之和碩特，西套蒙古之額魯特土爾扈特是也。又有雖設盟而無盟長者，若青海蒙古是也。其部落大別凡七：曰內蒙古，分六盟。曰哲里木盟，凡四部十旗。曰卓索圖盟，二部五旗。曰昭烏達盟，八部十一旗。曰錫林郭勒盟，五部十旗。所謂東四盟也。曰烏闌察布盟，四部六旗。曰伊克昭盟，一部七旗。所謂西二盟也。曰外蒙古，分四盟。曰汗阿林盟，即喀爾喀後路土謝圖汗部，凡二十旗。曰齊齊爾里克盟，即中路三音諾顔汗部，凡二十四旗。曰客魯倫巴爾和屯盟，即喀爾喀東路車臣汗部，凡二十三旗。曰札克必拉色欽畢都哩雅諾爾盟，即西路扎薩克圖汗部，凡十九旗。曰西套蒙古，凡二部，各一旗。曰科布多，分二盟：曰賽音濟雅哈圖盟，一部十六旗。曰青色特起勒圖盟，一部二旗。又有不設盟者，五部十一旗，曰烏梁海，分四部三十六佐領。直轄於定邊左副將軍者十五，屬札薩克圖汗者五，三音諾顔汗者十三，哲布尊丹巴呼圖克圖門徒者三。曰青海蒙古，凡五部二十九旗，爲一盟。曰內屬遊牧蒙古，察哈爾八旗，歸化城土默特二旗。清時，其政令，皆總隸於理藩院，而又分設駐防大臣以監之。於外蒙古，則爲定邊左副將軍，定邊參贊大臣，烏里雅蘇臺參贊大臣。於科布多，則爲科布多參贊大臣，帮辦大臣。仍受定邊左副將軍節制。於青海蒙古，則爲西寧辦事大臣。於內屬蒙古，則爲察哈爾都統副都統，及綏遠城將軍，歸化城副都統。惟內蒙古及西套蒙古，不設駐防。今則內蒙古之哲里木盟,畫入東三省,開建郡縣。卓索圖、昭烏達二盟,建爲熱河特別區域。
錫林郭勒盟,爲察哈爾特別區域。烏蘭察布、伊克招二盟,爲綏遠特別區域。
西套蒙古,則歸寧夏鎮守使管理。青海蒙古,歸甘邊寧海鎮守使管理。至外
蒙地方,則民國二年十一月,中俄訂約,承認其自治權,其區域,以清庫倫辦
事大臣烏里雅蘇臺將軍及科布多參贊大臣所轄之境爲限云。科布多參贊幫辦
大臣,本均駐節科布多城,前清末年,幫辦大臣,移住承化寺,分轄新土爾扈特一
盟二旗,新和碩特一旗,及阿爾泰烏梁海二旗。今改爲阿爾泰辦事長官。

第十二　熱河特別區域(一時)

教材

　　熱河特別區域,在直隸東北長城外,西倚興安嶺,西遼河、灤河,挾支流貫
注其間,山川雄秀,水草豐美。人民,蒙古業牧畜,漢人從事農業。物產有穀
物、果品、牲畜、毛皮,鑛產有金、鐵、煤、鹽,而蘑菰及建昌綢尤有名。轄道一,
凡十四縣,十六旂。

　　首邑曰承德,一名熱河,爲關外富庶之區,有避暑山莊及喇嘛寺院。西方
圍場縣,清帝秋狩較獵地也。

　　朝陽縣,當通東北區要道。赤峯縣,穀物、毛皮、雜貨,貿易頗盛。

教授方法

豫備

　　(一)復習本冊第一課。(二)問陰山之脈,自何處入東三省?(三)問遼
河上源,發於何處?

提示

　　(一)使閱圖,觀察興安嶺山脈,在熱河特別區域之何一方?(二)次使觀
察本區域諸河流:一、西喇木倫河,二、老哈河、英金河,三、灤河、熱河,
四、大凌河。(三)告之曰:蒙古高原,與黃河流域及東三省之眞界限,爲陰山
及興安嶺之脈。蒙古之哲里木、昭烏達、卓索圖三盟,皆在興安嶺以東,故其
地肥沃可耕,並非沙漠性質也。今哲里木盟地,已畫屬東三省。卓索圖、昭烏
達二盟,現亦畫爲熱河特別行政區域。(四)使觀察承德縣所在,問以東瀕何

熱河圖

水？又使觀察圍場縣與承德縣之距離。次使觀察朝陽縣在何水之瀕？使閱奉天省圖，問與朝陽縣最近之港灣何名？連山灣。又使觀察赤峯縣，在何水之濱？（五）講課文。

比較統括

（一）遼河、灤河、大凌河之比較。

練習應用

（一）使繪熱河特別區域圖。遼河、灤河、大凌河上下流，均須完全。（二）使作遊記，自京師東北出喜峯口，至承德。西北經圍場，至赤峯。東南至朝陽，達錦縣、連山灣。

參考

老哈河，出平泉縣北明安山。英金河，出圍場縣北蝦蟆嶺。二水合流於赤峯縣東，東北流，入西喇木倫河，此水之長，與西喇木倫河略相等。灤河，源出多倫縣西南土山中，經承德縣南，入喜峯口。其支流之大者，爲庫兒奇勒河，爲宜孫河，爲熱河，熱河在承德縣南合灤河。大凌河，源出凌源縣西南尾蘇圖山。東北流，經朝陽縣入奉天省，折東南，於錦縣境入海。建昌綢，出土默特旗，地多櫟樗樹，采其葉，可飼野蠶，蠶種與山東同，綢質重厚，最宜禦寒，而價頗廉。

承德，地名熱河，避暑山莊，建於清康熙時。雉堞繚垣，周十六里有奇，殿閣輝煌，山川奇麗，爲口外勝景。圍場縣，林木繁茂，禽獸衆多，今亦闢爲耕地。屯墾其間者，多山東人也。赤峯縣，爲長城外一市場，蒙地須用漢物，多自天津、烟台，運致於此。朝陽，爲自承德通錦西之要道，若自承德築鐵路，經此以達連山灣，則熱河一帶，距海口甚近矣。

第十三　察哈爾特別區域（一時）

教材

察哈爾特別區域，在熱河區域之西，南憑陰山，土脈深厚，宜耕宜牧。蒙古

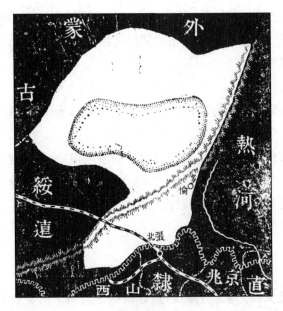

察哈爾圖

人外,漢人移住者日多。牧畜業盛。物産,馬頗有名。轄道一,凡七縣,十八旂。

　　首邑曰張北,在長城口外。其南張家口,爲京張鐵路之終點,北區與蒙古交通要道也,闢爲與俄通商埠,商業繁盛,冬季爲最。東境多倫縣,有大喇嘛廟,漢蒙貿易亦盛行。

教授方法

豫備

　　(一) 復習第一册第十課、第二册第一課。(二) 問陰山在何省之北?
(三) 問京張鐵路,自何處起? 至何處止?

　　提示

　　(一) 使閱圖,察哈爾特別區域,在何二省之北? 何特別域之西? (二) 使閱圖,陰山及内興安嶺,在察哈爾之何一方面? 察哈爾區域内,有無大河流?
(三) 告之曰:今興和道之地即内屬察哈爾牧地,而錫林郭勒盟亦歸興和道管轄,是爲察哈爾特別區域。錫林郭勒盟之地,已在陰山之北,故多砂磧,無大河流。興和道境内諸縣,均在陰山南麓,土性肥沃,宜牧宜耕,即昔察哈爾各旗牧地也。(四) 使閱圖,覓張北縣之所在,告以此爲自内地直達蒙古之大道,故内外蒙古之貨物,均聚集於此,以達天津。問蒙古北與何國爲界? 然則内地各省與俄國之貿易,須經過蒙古否? 即須取道於張北否? 使閲直隸、山西省圖,觀察京張、張綏兩鐵路。（五）又使閲圖,觀察多倫縣所在,問此縣南瀕何水?（六）講課文。

比較統括

（一）察哈爾、熱河兩區域之比較。張北、多倫、赤峯之比較。

練習應用

（一）使繪察哈爾特別區域圖,京張、張綏兩鐵路,均須全繪。（二）都會之成因有種種,多倫及黑龍江之呼倫縣,均因地有喇嘛廟,蒙人詣廟頂禮者多,貿易遂因之興盛,是爲因宗教而成之都會。

參考

張北,即張家口,爲北通庫倫,西達歸綏之大道。漢蒙貿易,以此爲最盛之區,羊、駝毛自此輸入天津者最多,與俄貿易,以茶爲大宗。多倫,舊多倫諾爾,元上都,明開平衛也。北負龍岡,南襟灤河,爲漠南最形勝之地。昔本一小市,清康熙時,勅建喇嘛寺二,乃漸興盛。今則數千里内蒙人,奔走膜拜,儼然漢漠間一都會矣。其貿易,以糧食、牲畜爲大宗。

第十四　綏遠特別區域(一時)

教材

綏遠特別區域,在察哈爾之西,賀蘭、陰山之脈,縣亘其間,黄河曲流其南,土極肥沃。漢人移住者,從事農業,土人多業牧畜。物産,羊皮最有名。轄道一,凡八縣,十三旂。

首邑曰歸綏,東通張北,南接包頭鎮,商業繁盛,西路毛皮運銷天津者,皆取道於此。

教授方法

豫備

（一）復習第一册第六課。（二）問賀蘭山脈,在何省之北?（三）問黄河

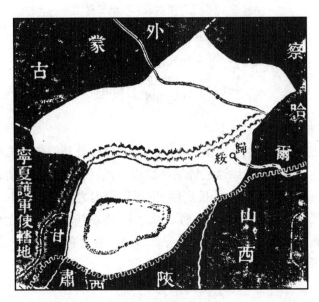

綏遠圖

當何處,謂之河套?

提示

（一）使閱圖,綏遠特別區域在何二省之北？何特別區域之西？（二）使閱圖,本區域中,有何河流橫貫之？平行於此河流之北者,爲何山之脈？此山脈,是否爲黃河流域與蒙古高原之界？（三）告之曰：今山西北方之綏遠道,本内屬土默特旗地,因其土地肥沃,漢人往開墾者多,故亦開置郡縣。黃河以北之地,爲烏蘭察布盟。河套以内,爲伊克招盟。所謂西二盟也。今亦屬綏遠道管轄,是爲綏遠特別區域。（四）問以前所授黃河之航利若何？告之曰：黃河之上流及下流,殆無通航之利,獨其中流,自甘肅之寧夏縣境起,至綏遠之包頭鎮止,水勢平穩,可以行舟。陝甘諸省所產之羊毛,即自此至天津者也。繪黃河航路圖於黑板示之,更使閱地圖確認歸綏及包頭鎮之位置。（五）使學生講課文。

比較統括

（一）綏遠道與興和道之比較。均係將内屬蒙古之地,開建郡縣。

（二）察哈爾、綏遠兩特別區域,均跨陰山脈之兩側。惟熱河特別區域,全在興安嶺之陽。

（三）列下表以示學生：

練習應用

（一）使繪綏遠特別區域圖，須兼繪黃河航路，及其與張綏鐵路連接之港路。（二）熱河、察哈爾、綏遠三特別區域境，有前朝盛時，亦多開置郡縣。若蒙古地方之遊牧人種强盛，侵擾邊陲，則郡縣即因之荒廢。今幸北邊無事已三百年，漢民相率出關，又得藉手胼足胝之勞，復前代疆理提封之舊。自今以往，漠南數萬里之地，其將永成樂土，而無復烽燧之驚乎？欲求久安長治之規，當益講勞來安集之策矣。

參考

黃河航路，起寧夏縣下流之西嘴子，達山西邊外之包頭鎮，其間行程，號稱千二百里，水勢頗急，順流而下，一小時可行二三十里不等，航行時期，大約七日。

歸綏，即舊歸化城，綏遠城在其東北，相距甚近，爲河套之東一大都會。昔時運羊、駝毛至天津之橐駝，多至二十萬頭云，茶市亦盛。包頭鎮，亦稱巴爾朱城，爲黃河航路之終點，亦西二盟與漢人之一互市場也。

第十五　寧夏鎮守使轄地（一時）

教材

寧夏鎮守使轄地，爲河西額魯特之地，在綏遠特別區域之西。地多沙漠，然有湖沼，富魚鹽之利。分二部：曰阿拉善額魯特部；曰額濟納，舊土耳扈特部。凡二旂。東南有定遠營，漢人營商於此者甚多。

教授方法

豫備

（一）復習第二册第四課。（二）問在甘肅省西北陲之山脈何名？此山

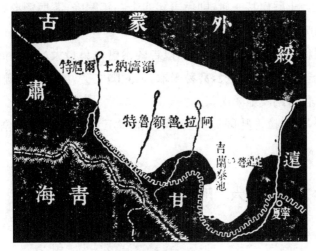

寧夏轄地圖

脈，係蒙古高原與黃河流域之界否？（三）問寧夏縣形勢如何？使略述之。

提示

（一）使閱圖，觀察寧夏管區之位置及四界。（二）使觀察此區域內是否爲沙漠之地？有無河流？其下流均歸於何處？河流不必詳授，但使知此一帶屬內陸流域而止。使閱總圖，觀察此地方之沙漠，東與察哈爾綏遠兩區域，西與新疆省之沙漠連接否？（三）使閱圖，寧夏管區內有何部落？更使觀察，阿拉善額魯特及額濟特土爾扈特之牧地，孰在東南？孰在西北？（四）使觀察吉蘭泰鹽池之所在？（五）又使覓定遠營所在，觀察其與寧夏之距離。（六）講課文。

比較統括

（一）定遠營與寧夏之比較。定遠營爲阿拉善札薩克所在，寧夏爲鎮守使所住，在政治上有從屬之關係。

（二）定遠營與包頭鎮之比較。

（三）試總述蒙古、新疆之大沙漠，東起何處？西訖何處？

練習應用

使作遊記，自張北至定遠營。

參考

河西額魯特，亦稱賀蘭山額魯特，青海固始汗之後也。康熙十六年，爲噶爾丹所襲，遁逃至此，清廷許其遊牧，畫阿拉善山爲界。阿拉善，即蒙語賀蘭山之音差也。土爾扈特一旗,則係康熙四十一年歸降,詔與額魯特同牧者,以居額濟特河畔,故名。

河西額魯特之地,鹽池頗多,而以吉蘭泰鹽池爲最大。周百餘里,產鹽甚多,池畔凝鹽,自二尺至六尺,甚易采取,無煮曬之勞,誠天然財源也。鹽質潔白,號曰吉鹽,行銷漢地頗廣。

定遠營,爲阿拉善扎薩克所居,蒙人稱曰王爺府,有土城木郭,爲漢蒙互市之處。

第十六　阿爾泰辦事長官轄地(一時)

教材

阿爾泰地方,在新疆東北,北倚阿爾泰山脈,額爾齊斯河及烏倫古河,貫流其間。水草豐美,兼饒森林狩獵之利。辦事長官駐丞化寺,地當交通要會,蒙、俄貿易頗盛。

教授方法

豫備

(一)復習本冊第九、第十一課。(二)問蒙古森林狩獵之利,饒於何方?

提示

(一)使閱圖,觀察阿爾泰地方之位置及四界。告之曰:阿爾泰地方,政治上本與科布多合爲一區。自前清末年,科布多幫辦大臣移駐丞化寺,乃與科布多分境而治,今改爲阿爾泰辦事長官。使詳審丞化寺之位置。(二)使觀察阿爾泰山脈,在阿爾泰地方之北,抑在其南?(三)使觀察額爾齊斯河之源流。又使觀察額爾齊斯河之南,與之平行者爲何水?授以烏倫古河之大略。(四)使讀"水草豐美,兼饒森林狩獵之利"二句,問此地方何以能如此?(五)講授課文。

比較統括

(一)阿爾泰地方與天山北路之比較。丞化寺與伊犂、塔城之比較。額爾齊斯河、烏倫古河與伊犂河之比較。

練習應用

使將額爾齊斯河流域，南至伊犂河流域之地，合繪一圖。

參考

烏倫古河，源出阿爾泰山脈南麓，並十餘川南流，折而西，又折而北，繞土爾扈特旗之東、西、南三面，而匯于赫薩爾巴什泊，長五百餘里。丞化寺，亦稱薩拉時美，位額爾齊斯河之北柯蘭河岸，爲蒙俄商人互市之處。

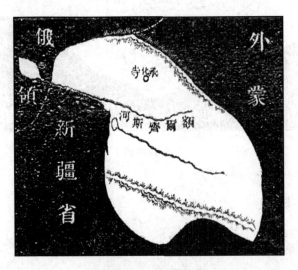

阿爾泰辦事長官轄地圖

第十七　外蒙古自治區域(二時)

教材

外蒙古，南部多沙漠，北部有適於耕牧之地，森林、鑛產、狩獵之利尤饒。分四部：曰車臣汗部，土謝圖汗部，三音諾顏汗部，扎薩克圖汗部，即爲四盟，凡八十六旂。又西北唐努烏梁海，及西方科布多，爲外蒙古之一部。

庫倫，在土謝圖汗部，與俄通商埠也。爲喇嘛教中心，寺廟甚多，哲布尊丹巴呼圖克圖駐焉。買賣城，亦爲與俄通商埠，僅以木柵界俄境恰克圖，貿易頗盛。

烏里雅蘇臺，在三音諾顏汗部西方，當交通孔道，亦爲與俄通商埠。科布多，當通俄要道，貿易以夏季爲盛。

外蒙古圖

教授方法

第一時（第一節）

豫備

（一）復習第十一課。（二）問內外蒙古，以何爲界？（三）問蒙古磽瘠之地，獨沙漠地方爲然乎？抑全境皆然邪？

提示

（一）觀察地圖，外蒙古與俄領地之境界。（二）使讀課文第一節，并觀地圖，確認外蒙之疆域及四界。（三）告之曰：所謂外蒙者，本指喀爾喀四部而言，然唐努烏梁海及科布多，地均與外蒙相接，且清時同受定邊左副將軍管轄。故此次與俄訂約，并認爲自治區域。（四）詳授以自治二字之意義，及俄人主張外蒙自治之用心。（五）次使閱地圖，復述外蒙地方之山脈、河流。次使觀察沙漠在外蒙古之何方？問外蒙古可耕牧之地，當在其南部，抑在其北部？（六）師講"外蒙古以下"四句，又使學生解釋以下課文，至第一節畢。

比較統括

（一）外蒙古與內蒙古之比較。內蒙古可資耕牧之地在南，外蒙古可資耕牧之地在北，何故？

（二）使將外蒙古各區域，列爲表。

練習應用

（一）使作外蒙自治權釋義。就師所講授者筆述之，不可責以高深之語。（二）阿勒泰地方，昔雖與科布多爲一區，然自清季畫分區域後，已不歸科布多大臣管轄。而中俄所定條約，明定外蒙自治之區，以庫倫辦事大臣烏里雅蘇臺將軍科布多大臣所轄之地爲限，則阿勒泰地方，當然在自治區域範圍之外。

第二時（第二、三節）

豫備

（一）問喇嘛教爲何種宗教？汝輩夙有所知否？庫倫有一活佛，爲何如人？曾於報章中見及，或聞人述及否？（二）問商埠之區別如何？一册四課。蒙古之商埠，當爲何種通商埠乎？

提示

（一）使閱圖，復觀外蒙各部之分界。（二）次使就圖中，覓庫倫、買賣城、烏里雅蘇臺、科布多四城之所在。使觀察庫倫，是否略在喀爾喀四部之中。使觀察賣買城，在庫倫之何方？是否在中俄界上？次使觀察烏里雅蘇臺，地屬何部，在庫倫之何方？次使觀察科布多，地屬何部？在烏里雅蘇臺之何方？（三）次示以此諸地方，與內地交通，道路里程之大略，繪圖於黑板示之。（四）次告以庫倫及烏里雅蘇臺、科布多三城，均爲前清駐防大臣之駐所。（五）次講授喇嘛教之大略，及哲布尊丹巴。（六）講課文第二、三節。

比較統括

（一）庫倫與多倫、呼倫之比較。三者均爲宗教上之都會，而庫倫勢力遙大。庫倫與伊犂之比較。均爲邊防要地。

（二）庫倫本不過一宗教上之都會，然因蒙人迷信喇嘛教過甚，哲布尊丹巴亦兼有政治上之實權，故庫倫亦爲政治上之要地。

練習應用

（一）試作中俄邊界圖，系之以說。（二）使作遊記，自張北經外蒙至新疆。

參考

俄人爲外蒙古爭自治權之意，在防止中國之移民與練兵。先是漢人之經商於外蒙者甚多，蒙人多有負其債者，王公尤甚。經商年久之漢人，或亦受地於各扎薩克，從事開墾。此皆民間所自爲，與政府無涉也。俄人之覘國者，遂疑中國政府有意開拓蒙地，而憚用兵力。故使商人爲之前驅，多貸款於蒙古王公及庶民，竢其不能償還時，乃收土地耕作之權，畀之漢人，爲以借債亡人國之策略。其實此等計謀，西人習用之，中國素所不省。彼自本其眼光，以觀察他人，遂至見豕負塗，載鬼一車。可笑也。彼又知蒙古人無能爲，而慮漢人移殖後，中國將整頓兵備，則西伯利亞之邊防，影響甚大。此等議論，俄人之注意蒙事者，幾多數主張之。故其政府，採其意見，以定外交之方針，乃有民國初元中俄之交涉，俄人承認中國在外蒙之宗主權，而中國承認外蒙古之自治權。其用意，不過在中國政府不得派遣駐防之官員及兵隊，又不得派送殖民而已。俄人以此爲自衛計。蒙人愚昧，亦謂如此可脫中國之羈絆，故始終受俄之牢籠，而不知蒙古之在今日。非藉中國，斷難自立。而中國之經營蒙古，則其首要，即在練兵與殖民，蒙人助俄，以是限制中國之權力，而不知即所以自弱而自斃也。悲夫！然條約不過能限制中國政府之派遣殖民，而不能禁止中國人民之自行移殖。内地漢人之稱殖蒙古者，本未嘗藉政府爲之派送也。然則政府之行動，雖受限制，而國民欲保全蒙疆，正不慮無策耳。

庫倫，在土拉河源之西，四圍皆山，地勢高於海面，凡四千二百尺，氣候頗寒，地於外蒙爲適中，且爲中俄咽喉，故昔置辦事大臣於此，司中俄界務及貿易事。買賣城，在色楞格河右岸，道途平坦，市肆喧闐，中俄之大貿易場，亦國防上之要地。烏里雅蘇臺，在同名之河北，地多河澤，土沃民殷，爲外蒙及科布多烏梁海之中樞，故昔定邊左副將軍駐此。科布多在伊拉阿拉克泊西岸，科布多支流那彦圖河環流三面，四圍峯巒重疊，氣候温暖，實蒙疆西北樂土云。自内地至外蒙古者，以出張家口之道爲最著，凡四百里，至賽爾烏蘇，分爲二：北出者九百八十里至庫倫，又九百二十里至恰克圖。西北出者，三千里至烏里雅蘇臺，又千三百里至科布多云。

喇嘛教，源出印度，爲佛教分支。初西藏種人，自古不相統一。唐時，其英主曰棄宗弄讚者，始統一西藏，入寇松州。太宗遣侯君集擊破之。棄宗弄讚懼，請和親。詔以宗女文成公主下降，公主信佛教，其下嫁也，以僧百人往。棄宗弄讚又擊破泥婆羅，娶其王女曰脱利公主者，公主亦信佛教，西藏佛教遂大行。然自中國傳入者，與自印度傳入者，宗派不同。自唐至五代初，自中國傳入之佛教盛行。五代末，北印度僧有巴特馬撒巴巴者，入西藏，其教大張，自中國傳入之佛教遂爲所奪，此即喇嘛教之初祖也。元初，其教益盛，高僧八思巴，受世祖封，爲帝師大寶法王。明時，西僧亦多受封號，皆賜紅綺禪衣，蓋印度袈裟舊式也。然其教末流，專持密咒，至以吐火吞刀，炫耀愚俗，無異師巫，盡失戒定慧本旨，於是宗喀巴興。宗喀巴者，以明永樂十五年生於西寧衞，而得道於西藏之甘丹寺，成化十四年示寂。宗喀巴初亦習喇嘛教，疾其末流之弊，乃別説新義，定戒律，而與其徒，黃其衣冠以示別。於是人稱喇嘛教舊派曰紅教，新派曰黃教。黃教僧徒，皆禁取妻，故以弟子襲衣鉢。宗喀巴死，遺命達賴、班禪二大弟子，世世以呼畢勒罕轉生，是爲黃教二大支，即今日分居前、後藏者也。達賴三世曰鎖南嘉穆錯，布教始及於漠南，順義王俺答躬往迎之，自是達賴常躬往蒙古布教。及衞拉特據青海，蒙人入藏之途爲所阻，乃自奉宗喀巴第三大弟子哲布尊丹巴之後身爲呼圖克圖，亦世世以呼畢勒罕轉生，是爲黃教之第三支，即今庫倫所謂活佛云。

外蒙古之被俄人擾亂，始於民國八年之末，爲舊黨謝米諾夫所侵入，冀挾制活佛，號召全蒙，被我軍擊退後，復圖謀大舉。至民國九年春，庫倫與買賣城，皆爲其攻陷。繼則俄之新黨即遠東共和國。攻擊舊黨，於是謝米諾夫完全失敗，而庫倫等地，復入於新黨之手。今我國與俄人交涉，令其撤兵，俾恢復舊日之版圖。

蒙古商埠表

商　埠	開　放　原　因	駐紮領事國	所在地
赤峯	民國三年自開		熱河
多倫諾爾多倫	同上		
歸化歸綏	同上		綏遠
張家口張北	同治元年《中俄瑷琿續約》，民國三年自開		察哈爾
恰克圖	雍正五年《中俄條約》		
庫倫	同治元年《中俄條約》	俄	
烏里雅蘇臺	光緒七年《中俄條約》	俄	外蒙古
科布多	同上		

第十二章　青海高原地方

第十八　概　説（一時）

教材

　　青海，在甘、新、川、藏之間，巴顏哈喇、唐古剌之脈自此東南趨，入川邊，爲橫斷山脈，地勢傾斜於東南。巴顏哈喇之陽，長江上源出焉，其北，黃河出焉。又北爲柴達木河及青海區域。地味大部瘠薄，惟環湖諸地，水草豐美，牧場天成。

　　氣候乾燥少雨，寒暑皆烈。牧畜，犛牛最重，羊馬次之，湖泊中多魚鹽之利。

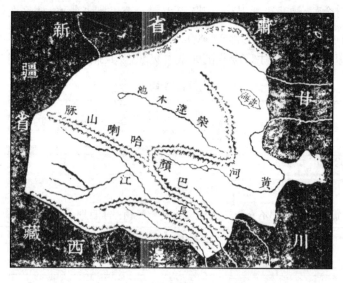

青海圖

教授方法

豫備

（一）問自甘肅西南行，至何處？（二）問黃河、長江發源何處？（三）問隋唐時之吐谷渾，在今何處？歷史第三冊第十、第十一課。

提示

（一）使閱圖，觀察青海之四界。（二）問青海地勢，高低如何？使以長江、黃河發源於此之理推之。（三）使閱圖，確認黃河、長江之上源，並述其大略。問黃河、長江之間，應有山脈界之否？界黃河、長江之間者，何山脈也？使閱地圖，並讀教科書答之。（四）問教科書謂青海地勢傾斜於東南，然否？使閱圖，觀察柴達木河及青海。（五）問青海之氣候當如何？使以大陸性氣候爲例推之。（六）書"犛牛"二字於黑板，講釋其形狀及用途。（七）講課文。

比較統括

（一）青海與蒙古、新疆之比較。青海地勢，亦爲高原，但無沙漠。

（二）黃河、長江上源之比較。長江上源尤遠。

（三）青海與羅布淖爾之比較，又與洞庭、鄱陽諸湖之比較。

練習應用

河源探檢記。江源探檢記。犛牛與駱駝。作文題。

參考

巴顏喀喇山脈，自新疆省之克里雅城南，與阿勒坦塔格分離，東南行，入青海境。其正支在江河之間，入川邊，爲橫斷山脈。其分支則在黃河與青海柴達木河之間，大雪、積石等山，均在此脈中。

柴達木河，源出阿拉克薩拉山之扎遜池，東北流，有布隆吉爾河承布隆吉爾池之水來會，瀦於達布遜淖爾。源流千餘里，兩岸皆沙磧之平原，亦稱柴達木平原。

青海，番名庫庫諾爾，周五百餘里，峯巒重疊，縣亘四周，風景甚美。四圍受水十餘，以布喀河爲最巨。源出阿木尼厄庫山英額池。湖中有小島二：東曰魁孫陀羅海，西曰察罕哈達。島有喇嘛廟，番僧甚眾，湖水每年冰結者四閱月。

第十九　地方誌(一時)

教材

青海住民凡十五萬,多蒙古人及唐古忒人。蒙古族分和碩特、喀爾喀、綽羅斯、輝特、土爾扈特五部,凡二十九旂,有旂長管理之;唐古特有四十姓,土司管理之;皆屬甘邊寧海鎮守使管轄。其牧地,蒙古人在青海及黃河柴達木河沿岸,四十族皆在黃河右岸。與漢人互市,多在西寧,次則四川之松潘境外。

教授方法

豫備

(一)問青海自古爲何種人所居? 使就歷史科所授,述其大略。書"藏族"二字於黑板,問此爲五族之一否? 此種人在歷史上名稱如何? 何時始與中國交通? 歷史三册十一課。(二)復習二册第四課、三册第一課。

提示

(一)書"唐古忒"三字於黑板,問此爲何種人? 汝輩知之否? 告以唐古忒即圖伯特,亦即吐蕃二字之音轉,即藏族之稱也。(二)問青海地方,應有藏族住居否? 告之曰:青海、西藏,自地勢上言之,本爲一個高原,故青海地方亦爲藏族住地。然又有蒙古人,自北方侵入者。(三)使讀"住民"以下九句,問青海之住民,稠密乎? 抑稀疏乎? 使復述土司之意義。問甘邊寧海鎮守使,駐節何處,能記憶乎? (四)使閱圖,觀察蒙古人與四十土司之牧地。使讀"其牧地"以下三句,使與地圖比較觀之。(五)又使釋"與漢人互市"以下三句,師略示以松潘之形勢。

比較統括

(一)西寧與松潘之比較。

(二)蒙古族與唐古忒人之比較。唐古忒族爲土著,蒙古人爲後來侵入者。凡青海地方,異族人之侵入,大抵以黃河兩岸,即巴顔喀喇山脈之北方爲限,此山脈以南,多爲唐古忒人之住地。

練習應用

青海境內,無都會之可言,然內蒙實亦如此,其互市最繁盛之所,皆在漢地,或沿邊也。

參考

　　唐古忒,即圖伯特。忒者,異譯作特,統類之詞。唐古圖伯,同音異譯,實即吐蕃二字音轉。蕃,讀如播。《遁甲開山圖》:人皇氏興於提地之國,亦即此。此種人,中國史稱爲河西鮮卑之後,然據其國相傳之古書,則實來自印度云。

第十三章　西藏高原地方

第二十　概　説（一時）

教材

西藏，在中區、南區之西，西北區及青海之南，爲世界第一高原。崑崙山系屏其北，喜馬拉雅山脈障其南，岡底斯山峙其中，橫斷山脈盤亘東部。怒江、瀾滄江、金沙江，南流入雲南，雅魯藏布江沿喜馬拉雅山東流，折而南，入印、緬。

氣候，西北部乾燥少雨，寒暑並烈，東南部少温潤。生業以牧畜爲主，東南部亦事農耕。家畜之重者爲犛牛，次則羊、馬、驢、騾，又饒麝、鹿等野獸。礦産，金最富，諸湖中亦産鹽。

住民爲西藏族，人口凡六百八十萬。

教授方法

豫備

（一）復習第三册第一課、注意於四川、川邊之境界。第十六課。注意於金沙江、瀾滄江、怒江。（二）復習歷史中關於西藏諸課。

提示

（一）書"世界第一高原"六字於黑板示之，問此爲何地？汝輩向有所知否？欲研究其地之情形否？（二）使閲圖，確認西藏高原與四川、雲南、新疆、青海及外國之界限。（三）次使觀察西藏地方諸山脈：一、喜馬拉雅山脈，二、岡底斯山脈，三、唐古剌山脈，四、橫斷山脈。告之曰：喜馬拉雅及岡底斯山脈，均屬喜馬拉雅山系。唐古剌山脈及橫斷山脈，均屬崑崙山系。（四）次使

西藏圖

觀察西藏地方諸水系：一、雅魯藏布江，二、怒江，三、瀾滄江，四、金沙江，五、西藏湖水區域。（五）使確認西藏諸水，多行於兩大山之間。（六）問西藏地方，氣候如何？以緯度論，當如何？然西藏地勢甚高，高處較低處，溫度應如何？何故中區氣候與南區相差甚遠？喜馬拉雅山脈之高低，較南嶺如何？然則西藏與印度之氣候，應相差若干？（七）講課文。

比較統括

（一）西藏高原與蒙古高原之比較。

（二）前藏與後藏之比較。<small>後藏地勢高而且平，前藏則傾斜於東南。</small>

（三）試將全國山脈，列爲一表。

練習應用

（一）水鄉之民多活潑，山地之人多樸塞。大平原之上，事故之變動常劇烈，故進化速；山間閉塞之區，事故之變動常緩慢，故進化遲。以西藏之民，與閩、廣、燕、齊、楚、豫、江、浙之民較，其例可見。

參考

喜馬拉雅山，起於蔥嶺之南麓，印度克什米爾地方。萬山蟠鬱，紋如腦皺，自此東南迤於印藏之間者，皆喜馬拉雅山系也。喜馬拉雅，藏語謂雪，山高逾雪界，終年戴雪，故名。其分迤於雅魯藏布江之北岸者，東籍稱岡底斯山脈，中國之言地理者多從之。西人亦稱外喜馬拉雅，又稱喀喇崑魯穆嶺。

　　橫斷山脈北接崑崙，而南迤於後印度半島。其分怒江與雅魯藏布江之谷者，雪山山脈也。或作伯舒喇嶺。分怒江與瀾滄江之谷者，他念他翁山脈也。分瀾滄江與金沙江之谷者，雲嶺山脈也。分金沙江與雅龍江之谷者，沙魯里山脈也。日譯譌爲素龍山。分雅龍江與大渡河之谷者，大雪山脈也。

　　雅魯藏布江源出後藏西南境之達木楚克山，下流會恒河入印度洋。其西北有狼楚河及拉楚河，即印度河上源也。

　　西藏氣候，平壤甚熱，居高則寒，有十里不同天之語。夏秋二季，高陸嚴寒如三冬，山谷中蒸熱如釜。藏北天氣，寒暑相差尤大，日間攝氏表升至八十八度，入夜即降至冰點下四度。雨量極少，西北部地方有二三年始降雨一二次者。

第二十一　川邊特別區域(一時)

教材

　　川邊特別區域，在川藏之間。橫斷山脈，駢走南北，怒江、瀾滄江、金沙江、鴉龍江，貫流其間。山高谷深，特宜畜牧。人民：漢、番雜處，番族設土司治之。物產有山羊、綿羊、犛牛、麝香、虎骨等，產金特饒。凡分三十三縣。

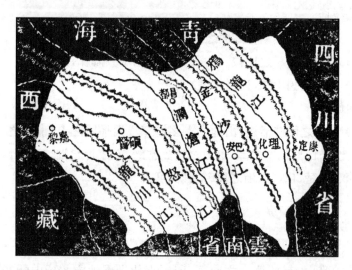

川邊圖

首邑康定縣，爲川邊第一要隘，漢番互市最盛。自此西行，渡鴉龍江，至理化縣。又西行，至巴安縣，渡金沙江，西北至昌都縣，藏東第一要隘也。

教授方法

豫備

（一）問特別區域四字意義若何？使復述之。（二）問縣亘於西藏高原之東部者，爲何山之脈？橫斷山脈高度若何？其間之谷地，深度若何？問四川與川邊，以何水爲界？尚能記憶否？

提示

（一）師繪川邊特別區域圖於黑板，擇學生，使填注橫斷山脈及流行於其谷地諸水之名。（二）使閱圖，復觀自四川入西藏之路。（三）問康定在何二水之間？自此西行，渡鴉龍江，則爲何地？更西至何地，則渡金沙江？自此向西北行，則至何地？（四）示以康定、理化、巴安、昌都之形勢。（五）使學生講課文，而師發問如下：川邊地勢，何以特宜畜牧？川邊宜有野獸否？氂牛、山羊、綿羊皆家畜，麞、虎皆野獸。川邊礦產，何以特饒於金？

比較統括

（一）川邊地勢與四川之比較。四川山脈皆向東南兩方傾斜，與川邊頗相類，但高度視川邊遙小。

（二）川邊諸水皆向南流，無一橫行者。

（三）川邊物產與青海之比較。

練習應用

（一）授以材料，使作入藏紀程。須詳記里程及行期。（二）今欲築一鐵路直達西藏，從甘肅經青海，或從四川經川邊，孰便？使就地勢之夷險、道里之遠近比較之。（三）川邊之土司應盡使之改流否？必如何，然後能使川邊諸土司逐漸改爲流官？

參考

康定，舊稱打箭爐，據大雪山高處，街衢寬廣，番民疊石爲屋，聚族而居，川邊一大市場也。其貿易，以茶爲大宗。理化，即舊裏塘。巴安，歸舊巴塘。均川藏要隘。其地氣候和暖，儼如內地。過此以西，則荒山草逕，冰雪不消矣。昌都，舊稱察木多，路通西藏及雲南，故爲藏東第一要隘。

第二十二　西藏自治區

教材

　　前藏，一稱衞，首邑拉薩，人煙稠密，市肆殷繁，爲全藏第一都會。有達賴喇嘛宮殿，頗雄壯，藏人稱曰聖地。

　　自拉薩沿雅魯藏布江西行，入後藏，首邑曰日喀則，班禪喇嘛駐焉。江孜商埠，在日喀則東南，扼後藏咽喉。南境亞東，地據要害，亦商埠也。聶拉木，當通廓爾喀要道，爲邊疆重地。加托克，後藏西境商埠也。

拉薩布達剌寺

教授方法

豫備

　　（一）書“達賴、班禪”四字於黑板，問此爲何人？居於何地？諸生夙有所知否？（二）問在西藏之南境者爲何山？過此山，即爲何地？（三）書“廓爾喀"三字於黑板,問此爲何國?

提示

(一)使閱地圖,復觀印藏之界綫。(二)使復述前、後藏四周之山脈。又使復述前、後藏之河流。告之曰:西藏諸河流,皆行於高地,可利用之處殊少。惟雅魯藏布江流域,地最坦平,人口之分布,亦以是爲最多。(三)使覓拉薩及日喀則二地方所在,問在雅魯藏布江流域否? 更使觀察,亞東、江孜、加托克三商埠,問在藏印界上否? 告之曰:西藏夙稱秘密國,與外國之交涉甚少,其與印度之有關係,則自亞東開埠以來也,並略述英兵入藏及江孜、加托克開埠之歷史。(四)講授廓爾喀地形、國勢及其與我之關係。(五)使學生講課文。

比較統括

(一)拉薩與日喀則之比較。拉薩、日喀則與庫倫之比較。

(二)亞東與買賣城之比較。

練習應用

授以材料,使作遊記,自川邊入藏,經後藏至噶大克,入于闐。

參考

拉薩,在雅魯藏布江支流米底克藏川之谷,即唐時吐蕃所都之邏娑城也。城北北山之南五里許,平地特起一石峯,周五里有奇,高千餘尺,是名布達剌。<small>釋言孤山。</small>因山築樓十三層,爲達賴坐牀之所,全寺僧徒二萬餘人。日喀則,有大寺曰札什倫布,爲班禪額爾德尼坐牀之所。殿宇壯麗,亞於布達剌。亞東,地名春丕,介不丹、錫金之間,南去大吉嶺二百四十餘里,至大吉嶺即有鐵路,通孟加拉矣。加托克,南通印度、泥泊爾,西通波斯、阿富汗,北通新疆和闐,爲交通要道。自日喀則經定日、聶拉木二城,則入廓爾喀之道也。

西藏商埠表

商　埠	稅　關	開 放 原 因
亞　東	亞　東	光緒十九年《中英印藏條約》
江　孜		光緒三十年《中英印藏條約》
加托克		同上

第十四章　租界地

第二十三　黄海沿岸租借地

教材

大連灣,在遼東半島南端,港寬水深、冬不冰凍。西方旅順港,形勢險固,港口甚狹,而内可容巨艦。清光緒二十四年,與其附近爲俄所租佔,約期二十五年。日俄戰後,轉入日本,設政廳治焉,并設都督府於旅順口。

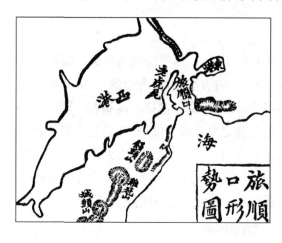

威海衞,在山東半島東北端,水深可停巨艦,劉公島扼其口,形勢壯險。自清光緒二十五年,爲英所租佔,約以二十五年爲歸還期。

膠州灣,成山以南第一良港也。清光緒二十四年,與其附近之地,爲德國所租佔,約以九十九年爲歸還期。近後爲日本所破。

教授方法

豫備

(一)復習第一册第四課、第十一課,本册第一課、第六課。(二)問旅順、大連灣在何省? 威海衞在何省? 膠州灣在何省? (三)書"軍港、商港"四字於黑板,使學生釋其意義。(四)問何謂不凍港。

提示

（一）使學生閱圖，確認旅順、大連灣、威海衞、膠州灣之位置。（二）告以是諸地方，皆爲租借地。略説中國有租借地之歷史，及租借地之性質。見一冊四課參考。（三）使學生讀課文，問灣内寬廣，水量頗深，有何益處？又問："冬不冰凍"四字，北方諸港，皆能如此否？

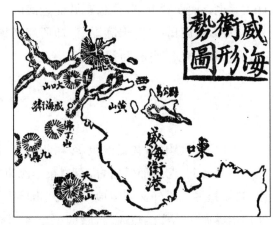

使連讀"灣内寬廣"以下二十字，問大連灣，何故能大船巨舶，出入利便？（四）問旅順港口甚狹，何以港内可容巨艦？港内可容巨艦，而港口甚狹，其形勢佳良否？（五）問租借地，並非外國領土，何以彼能在此設政廳，并設都督府？其心目中，尚視爲我之領土否？（六）問威海衞之形勢，較旅順何如？（七）問膠州灣，何以稱爲成山以南第一良港？膠州灣之形勢，但與軍事有關係乎？抑兼與商業有關係乎？膠州灣之商業，何以能凌駕煙臺？（八）使學生講課文。

比較統括

（一）軍港與商港之比較。

（二）旅順、大連灣、威海衞、膠州灣形勢之比較。

（三）試總述商港之形勢當如何？軍港之形勢當如何？

練習應用

（一）使計算旅順、大連灣展租之期，爲今後幾年？今設欲先期收回，當用何策？（二）今世立國，注重海權，海濱、港灣、島嶼，吾人每以爲彈丸黑子之

地，不甚措意。殊不知地無大小，惟其形要耳。三寸之鍵，可以制七尺之户。門户盡失，而謂堂奧之可以即安，非所聞也。況欲求保守，先事進取，海濱要地，盡爲人有，又斷無進取之望乎？（三）吾國京城，咸豐、光緒，兩陷於敵，此實奇

恥大辱也。而揆厥由來，實緣京城逼近海隅，而濱海防禦不嚴之故。故昔興海軍，特以威旅爲重鎮，保護渤海，即所翊衛畿甸也。今者北門鎖鑰，倒戈授人，而京師形勢之淺露，乃益甚於往昔矣。

參考

　　大連灣、旅順口，昔爲俄租，今轉租於日。其租借區域，自遼東半島西岸亞當灣之北起，穿過亞當山脊，至遼東半島東岸貔子窩灣北盡處止。界綫以南，均屬租界。界外又畫隙地一段，凡租界內，吾國軍隊不得駐紮，人民亦無使用租界海岸之權。隙地內，路鑛工商各利益，非經俄國應允，不得讓與他國。自日本續租後，稱其地曰關東州，設都督於旅順，租期今又展爲九十九年。

　　威海衛，租期爲二十五年。其租借區域，係劉公島及威海衛附近各島嶼，威海衛全灣沿岸以內十英里之地，界外亦畫隙地一段。凡租界內，吾國得駐官員，惟不得設兵備。隙地內，英有駐兵隊，築礮臺，修治道路，建設醫院之權。英派總督一人，駐劉公島上。

　　膠州灣，租期九十九年。其租借區域，爲膠澳全水面，澳內外各島嶼，並澳口南北面之陸地。又畫離膠澳海面潮平周徧一百里之陸地爲隙地。凡租界內，德有建礮臺、駐兵隊之權。吾國軍商各船，須受其約束。隙地內，德國兵隊，可自由通過。吾國兵隊駐紮，須經彼之許可。德派總督一人，司理租界事務。今租地全境，均爲日本佔領。

第二十四　南海沿岸租借地

教材

　　九龍半島，爲珠江口東壁，與香港相表裏。英人割據香港後，咸豐十年復割九龍，以固其形勢。至光緒二十四年，推廣租界，約以九十九年爲歸還期。增築礮臺，與香港互爲犄角，並駐東方艦隊於此。

　　廣州灣，在雷州半島東，形勢險要。清光緒二十四年，與其北岸、西岸附近之地，并爲法國所租佔，約以九十九年爲歸還期。直轄於法領安南總督之下，設政廳治焉。

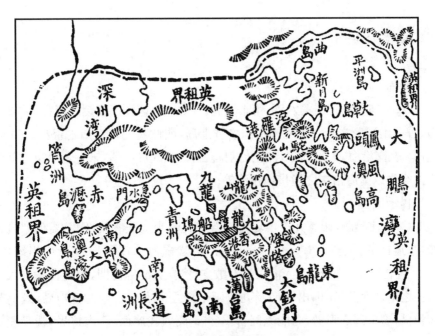

香港及九龍圖

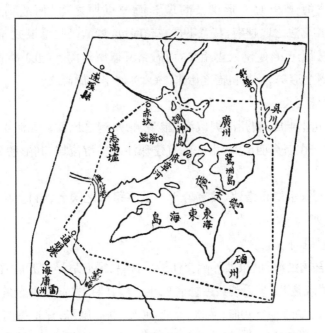

廣州灣圖

教授方法

豫備

（一）復習第三冊第八課、第十四課。（二）繪珠江下流圖於黑板，問以九龍、香山兩半島之名。又於圖中添繪香港島，問此爲何地？知之否？（三）告之曰：吾國沿海，失地固多，然租借割讓，紛紜踵起於一隅，未有若廣東之甚者也。今先以南海沿岸之租借地授汝等。

提示

（一）使讀圖，確認九龍半島之位置。九龍半島與番禺，距離幾何？自九龍，水道能否直達番禺？九龍與香港，距離幾何？其形勢是否互相依倚？（二）告之曰：珠江下流，入海之道有數支，然自黃浦經虎門，實爲自番禺入海最捷之道。而此道，則出澳門及九龍兩半島之間者也。今九龍半島，既爲英所租借，廣東灣之形勢，尚能完固否？（三）問與我廣西、雲南接界，昔爲我屬國，而今淪于法者，何國也？此國之形勢，海道亦與我相近否？使閱圖，觀察安南國與我海道相通之形勢。問瓊洲海峽以西之海，何故稱爲東京灣？（四）告之曰：法之取越南，其意不徒在越南也，實欲以此爲根據，而謀我西南隅。今其鐵路，已自越南入雲南矣，而海路又據廣州灣。（五）略授以九龍半島及廣州灣之形勢，及其租借之始末。（六）使學生講課文。

比較統括

（一）九龍半島、廣州灣與威海、旅順、膠州灣之比較。九龍半島，距省垣最近，廣州灣在廣東西南隅，由此可直達珠江之中游流域，其形勝與膠灣威旅正同。

（二）吾國沿海租借地，共有若干？試將租借之國名、時日、期限，及其贖回之期，統列一表。

練習應用

（一）吾國沿海，廣東與外國交涉最早，搆兵禍亦最早。五口通商之役，省城幾陷。清咸豐時，卒爲英兵占據者三年。然其時，九龍半島全屬我有，珠江下流，形勢固在也。今九龍、香港，皆屬他人，屯據艦隊，建造礮臺，幾有反客爲主之勢，則形勢之可危，又非昔日之比矣。（二）南海沿岸，時有颶風，海舶往來，航路最宜審慎。香港九龍間，夙爲閩粵往來要道，今兩岸皆爲英有，水道之阻滯可虞也。（三）外人要索權利，往往同時並起，彼此互不肯落後。故膠灣一失，旅大、威海、廣州灣、九龍半島，紛紛繼之。觀此可知交涉之宜慎。

參考

九龍，本新安縣屬境，以地有九龍山，故名。其租借區域，北自大鵬灣迤西，迄深州灣西之小半島，南包大濠諸島。租界内一切權利，與威海衛略同。是地受香港總督管轄。

廣州灣，租借區域，自遂溪縣東明港起，北經赤坎，折而東，至吳川縣屬海口爲止。又自海口南行十里，與東明港東行十里之綫相遇，中包湛川諸島嶼。凡租界内，法有築礮臺，駐兵隊之權。法以此地歸安南總督統轄。

第十五章　割讓地一

第二十五　南區之割讓地

教材

香港島，在九龍半島之南，故隸新安縣，清道光二十二年，割讓於英。英人竭力經營，遂成東亞大商埠，且與九龍並爲其東洋艦隊根據地。

澳門，在廣東灣西岸。明季葡人納稅賃居其地，至清光緒十二年，立約割讓於葡，而界址不明。今其近旁之地，多爲葡人所侵佔。

雲南西南方野人山一帶，及科干山、孟連、江洪等地，故隸雲南省。自法割江洪境內之孟阿，英遂取科干山等地佔領之。

臺灣及澎湖諸島，故隸福建，清光緒間，始改設行省。光緒二十一年，割於日本。

澳門圖

教授方法

豫備

（一）問九龍半島之對岸爲何地？（二）問廣東灣之西壁，爲何半島？（三）問雲南省與何國接界？（四）問東海及南海，以何處分界？

提示

（一）使學生閱地圖，觀察香港，

在何半島之南？此半島爲中國主權完全之地乎？抑否乎？（二）更使閱地圖，觀察香山半島，是否爲廣東灣之西岸？澳門，是否在香山半島之南端？（三）書“東洋艦隊”四字於黑板，說明其意義。（四）指示滇邊新舊界綫，使閱地圖，確認之。（五）使閱圖，確認臺灣之位置，并略說其形勢地利。（六）講課文。

比較統括

（一）租借地與割讓地之比較。

（二）沿邊割讓地與沿海割讓地之比較。

練習應用

（一）英人初得香港時，以其地勢低窪，苦於卑溼，來者死亡相繼，一部分人，幾欲棄之。然經營其事者，卒堅忍不撓，興極大之工程，以改良其住居之處，經營數十年，遂蔚成東方之巨鎮。於此，可見外人經營新地，魄力之宏大，爲我國人所宜取法。（二）香港以一小島，而能蔚成東方通商大埠，南區之對外貿易，半操於其手，其故何也？觀此，可見地無大小，惟在用之之如何。（三）西人之所以蠶滅異國，成侵奪其土地者，純恃海軍之精强，此人人知之。昔者其目的尚不專注於我，今則別有所謂東洋艦隊者矣。試問此“東洋”二字何指？其目的究在何國？能不爲之寒心乎！（四）吾國失地之歷史亦多矣，而其最可痛最可惜者，尤莫如臺灣。他地方或爲彈丸黑子，而臺灣則儼然大島也。他地方或爲荒涼未開闢之土，而臺灣則已建爲行省也。剝牀之痛，既已及膚，覆車不戒，能無噬臍。

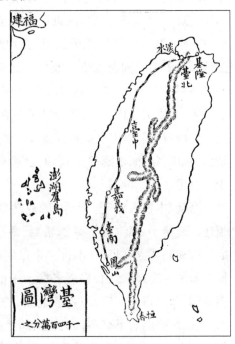

臺灣圖

參考

香港，距番禺二百八十里，廣約二十六里，最長處約十六里。鴉片之役，割讓於英。英設總督治之，駐島西北之維多利亞城。

葡人之居澳門,始明嘉靖三十六年,崇禎元年,葡始設官於其地,清仍之。年納地租五百兩,由香山縣徵收。光緒十三年,以葡人代收鴉片稅功,竟許其永遠管理,訂不得讓與他國之約。然葡自道光季年以後,占地日廣,光緒十三年之約,仍未將占地爭回。三十三年,又要求推廣界址,交涉迄今,未有定議。

雲南西南,與野人山及緬甸、暹羅毗連,關係極重。暹羅自英、法二國分割其北境後,不復與我接壤。自緬甸被奪於英,於是有滇緬畫界之議,幾經交涉,始定雲南西境,以伊洛瓦諦江爲界,江東野人山起,概歸中國。雲南南境之科干山,即孟艮土司。孟連、江洪等地二千餘里,亦均歸中國。惟約明不得以孟連、江洪,割讓他國。蓋指法國而言也。及中日之戰,俄、德、法居間調停,清廷以江洪境内之孟阿一部酬法,英遂藉口前議,割去科干山地,時光緒二十三年也。至庚子勘界,又以尖高山爲界,滇灘關外數百里之地,即野人山一帶。割歸英人。又順太平江西岸,溯洗帕河、紅蚌河而下,割去木邦,孟密、孟養、南頃、遮闌、猛谷、精倫、隴川、猛卯、里麻等土司地,計一千七八百里,合滇灘關外之地,共有二千一百里以上。

臺灣,本番人窟宅。明季,鄭成功據之,以與清抗。鄭氏亡,清收其地,隸福建。光緒十一年,始析臺澎諸島,爲臺灣省。及割歸日本,臺人始則爭之,繼乃推總統獨立,以與日本抗。卒以衆寡不敵,爲日所陷。臺灣初隸閩省時,祇有臺灣一府,及鳳山、嘉義各縣。清同治年間,闢臺南之琅橋新地,別立恒春一縣,并建臺北一府,以控馭北路。光緒時,又移臺灣省治於臺中,稱臺灣府,而改舊臺灣府爲臺南。又於東部置臺東州,於是全島沿海之地,盡闢爲州郡矣。自割於日,以臺北爲首府,置總督治焉。

第二十六　東北區之割讓地

教材

吉林、黑龍江二省舊壤,東抵日本海,北至外興安嶺,此清康熙時與俄勘定之界也。至咸豐八年,俄人乘我内亂,割黑龍江以北之地。後二年,又以介我與英、法議和爲功,割烏蘇里江以東之地。今俄之阿穆爾、東海濱二省,即以所割之地建設。

庫頁島,在黑龍江口,林深箐密,富有煤礦,且饒魚利。清廷以其荒遠,不務墾闢，爲日、俄所佔。後全島歸俄。日俄戰後，俄復割其南半歸日。

教授方法

豫備

（一）復習本册第一、第二、第三、第七、第八五課。問關東三省，現今與俄國之疆界如何？此三省中，今尚有幾省沿海？三省中今尚有據山脈，與俄分界之處否？（二）復習本册第十一課，注意於阿爾泰山脈。

提示

（一）使閱圖，觀察吉林、黑龍江二省舊壤。（二）指示外興安嶺山脈，使兼閱蒙古圖，知此脈，與蒙古地方阿爾泰山脈相連，我北邊必全得此山脈，而後形勢乃全。（三）示以東北區舊壤，面積之廣，及地利之饒。（四）使閱圖，觀察庫頁島之位置，及日、俄兩國之界綫。問吾國沿海各島嶼，足與庫頁島頡頏者，何島也？（五）略述庫頁島之地利。（六）講授吉、黑二省舊壤，及庫頁島割讓之歷史。（七）講課文。

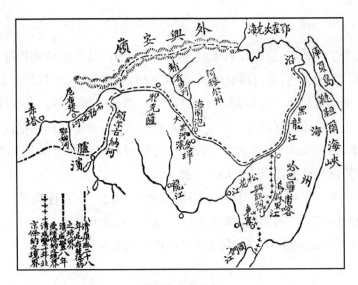

吉黑二省舊壤圖

比較統括

（一）吉、黑二省舊壤，與東三省之比較。面積、利源均略相等。

（二）吉、黑二省舊壤，在俄領西伯利亞中，爲氣候最佳，物產最豐饒之地。

（三）庫頁、臺灣、海南，爲我國沿海三大島，今已喪其二矣。若吉、黑二省舊壤,暨庫頁、臺灣二島不失,則我國今日之海岸綫,當在二萬五千里以上。

（四）惟吉、黑二省舊壤被割,然後黑龍江及其支流之航行權隨之以去。惟吉、黑二省之舊壤被割,然後俄得據海參崴以爲軍港。惟俄得據海參崴以爲軍港,而欲築一鐵路,自西伯利亞直達之,然後東清鐵路以成。惟東清鐵路之權入於俄人,然後東三省有後此種種之禍端,以成爲今日之狀態。與以前所授各課相聯絡。

練習應用

（一）以戰敗而失地者,列國容或有之。若不煩一兵,不折一矢,而邃以三百萬方里之土地,割送於人,從古未之聞也。有之,自中國之割讓黑龍江北烏蘇里江以東之地始。於此可見不明地理之害。（二）俄人當時,於東方形勢,亦不了了,且不知庫頁之爲島,又誤謂黑龍江口不可航行,故其對於東方,侵略之心亦淡。自經其國之冒險家實行探檢後,始知庫頁之爲大島,黑龍江航行之便,自鄂霍次克海至日本海,又有韃靼海峽之便道,而侵略之謀乃益亟。於此可知,凡事當恃國民之自爲謀,而不能專責諸政府。

參考

吉、黑二省舊壤,東抵日本海,北抵外興安嶺,爲清康熙時與俄勘定之界。咸豐八年,中俄界約,始言黑龍江、混同江左岸,由額爾古訥河口,至混同江入海之口,盡爲俄屬地。右岸順江至烏蘇里江,盡爲中國屬地。自烏蘇里江以東至海,作爲兩國共管之地。咸豐十年《北京條約》,復定自烏蘇里江口而南,以烏蘇里、松阿察兩水,興凱湖、白棱河,及穆棱河東南之山嶺,瑚布圖河、琿春河爲界,而烏蘇里江以東之地又去矣。

庫頁,本三姓轄地,清廷以其僻遠,久敝屣視之。日人遂竊爲己有,易名樺太。吉林東部,既割與俄,俄遂與日爭其地,卒以千島十八島易之,易其名曰薩哈連。日俄戰後,又以北緯五十度以南之地割歸日。

第二十七　西北區及蒙古之割讓地

教材

齊桑泊西南至伊犁河以南之地,舊隸新疆省。俄人乘清時回匪之亂,侵據其地。至光緒七年,結《伊犁條約》,償以巨金,僅歸還伊犁,而霍爾果斯以西之地,遂入俄矣。

　　恰克圖,本蒙古領地。清初與俄結約,割於俄,是爲蒙古土地喪失之始。厥後俄人漸侵西北地方,塔城一約,而賽留格木嶺以西百十餘萬方里之地,復入俄版圖。

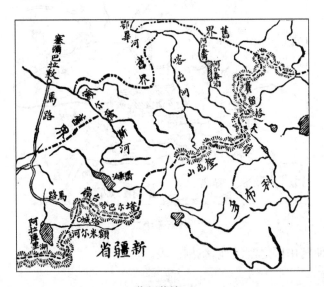

蒙新舊壤一

教授方法

豫備

　　(一) 復習第十課及第十七課。(二) 問今日天山北路,邊防情形如何?形勢穩固否? (三) 問外蒙古西北,以何山脈與俄國爲界? (四) 問庫倫以北,在中俄境上之商埠何名? 與何地方相對?

　　提示

　　(一) 使閱圖,確認伊犁河下流,入何湖泊? 此河之大部分在俄境? 抑在中國境內? 此水下流之大部分爲豐沃之土乎? 抑磽瘠不毛之地乎? (二) 指示新疆省新舊境界。(三) 使復閱地圖,外蒙與俄國之境界綫。(四) 指示外蒙古所失之地。(五) 略述新疆及蒙古失地之歷史。(六) 使學生講課文。

　　比較統括

　　(一) 西北區及蒙古割讓地,與雲南及吉、黑二省割讓地之比較。

　　(二) 西北區與蒙古割讓地之相互比較。

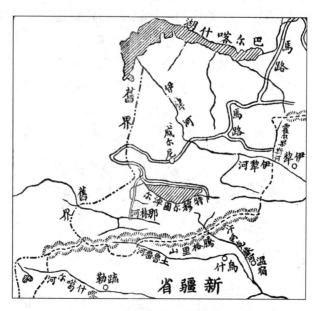

蒙新舊壤二

（三）使將中國之割讓地，統例一表。

練習應用

使製中國割讓地圖，分沿邊、沿海二種。將第二十五、二十六、二十七三課之教科書附圖仿繪，並系説於其下。

參考

蒙俄邊界，始於清雍正五年《恰克圖之約》。其界：自恰克圖分東、西樹立界碑，而至沙濱達巴哈，凡二十四；東至阿巴海圖，凡六十三；合東西二段，爲車臣汗、土謝圖汗、及唐努烏梁海北邊之界。當時喪地雖多，然至今尚未改易。若唐努烏梁海及科布多西邊之界，則始訂於前清同治三年，再訂於八年、九年，三訂於光緒九年，每次議界必蹙地，而以同治三年之約，失地爲尤多。阿爾泰諾爾、烏梁海二旗，及定邊左副將軍所屬唐努烏梁海十佐領，即於是約割去。至額爾齊斯下游齊桑泊一帶，舊本全在界内，自有同治三年、八年之約，始半出界外，自有光緒九年修改之約，乃全出界外矣。

伊犁舊壤，前清道咸以前，直抵巴爾哈什湖，伊犁河域，悉隸我國。同治三年界約，欲割下游與俄，然界綫猶在奎屯河之西。光緒七年，乃益移進，沿霍爾果斯河爲界。

第十六章　割讓地　二

第二十八　朝貢國之割讓

教材

朝鮮，本中國藩屬。中日戰後，離我獨立，日俄戰後，歸日保護，至清宣統二年，遂爲日所併。

琉球，在東海之東，與浙江省相對。自明以來，臣服我國，清光緒五年，日本併之，廢其王，建爲沖繩縣焉。

安南，在滇越之南，本我朝貢國。自法越搆兵，越屢割地，清廷不之顧。光緒十年，因越事與法搆兵，及議和，割歸法屬。

緬甸，在雲南西南，亦我朝貢國。清光緒十二年，爲英所滅，今爲英領印度之一部。

錫金，在西藏之南，昔亦臣屬我國。清光緒十六年，歸英保護，今爲印度之一地方。

教授方法

豫備

（一）問朝貢國三字，意義如何？使舉其固有之觀念以對。（二）問朝鮮、安南、緬甸三國，在中國之何方？與何省接界？此諸國之名，在歷史教科書中，曾見之否？其事跡若何？試略述之。（三）復習第三册第八、第九。

提示

（一）說明朝貢國之意義。（二）使學生閱地圖，觀察朝鮮、琉球、安南、緬甸、錫金諸國之位置幅員及境界。（三）略述諸國之地形、歷史如下：朝鮮爲一大半島國,其半島之骨骼大關嶺之脈,即我國長白山脈之分支也。與第二課聯絡。此半島之主軸,略偏於東,故地勢東峻而西弛,東稍瘠而西極肥沃,海岸綫頗長,凡半島之海岸綫,恒較大陸爲長,其地形使然也。沿海良港亦不乏。氣候物產,略似東三省。自古爲東方著名之國,其國勢及文化,略與日本相等。琉球,合東海中諸小島而成,地雖小,然事中國最恭順。今海上交通發達,海中島嶼,關係極重,正未可以其小而忽之也。安南、緬甸,皆居後印度半島,爲崑崙山系橫斷之脈所成。中國境內,南流諸大川,下流皆在此半島。地處熱帶,物產豐饒。安南自建國以來,常爲有名之國。緬甸進化稍晚,然近代國勢亦頗盛。錫金,地亦甚小,然介印藏之間,當英人入藏通道。自錫金亡,藏邊始多事矣。(四)略述諸朝貢國割讓之歷史。(五)講課文。

比較統括

(一)朝貢國割讓與領土割讓之比較。朝貢國看似非領土之比,然惟朝貢國失,而後領土危。朝鮮亡而後安奉鐵路成,間島交涉起;緬甸亡而後滇邊蹙。其明證也。

(二)試將本課割讓之地,統列一表。

練習應用

使檢歷史教科書,并授以材料,使作中國割讓諸朝貢國考。是諸國者,皆中國之朝貢國也。彼其所以不恤屈己,而朝貢於中國者,以中國爲強,臣服焉,足以託庇也。今是諸國,皆滅亡矣,中國坐視而不能救,對於諸國國民,能無愧乎?

參考

朝鮮建國,始自檀君,然其歷史,殊茫昧不可信。其可信者,當斷自箕子朝以下,則即我中國人,有以輔翼而開化之也。自是以後,爲衞氏,爲高麗,爲百濟,爲新羅。高麗、百濟出東胡族,新羅、衞氏皆漢人。百濟出於高麗,高麗出於夫餘,夫餘即濊,濊即貊,乃貊之一種。《史記》濊、貊、朝鮮,或分濊、貊爲二種人,非也。《詩》:“王錫韓侯,其追其貊。”據《朝鮮史》韓侯即箕子之後,是時來朝。舊說以韓城當之,非也。否則追貊在東北塞,何由以錫西河之國乎? 新羅出於辰韓,辰韓即秦韓音譌,以中國人當秦時逃出塞,與韓人雜居,故有此名。見《後漢書》。新羅卒統一半島,其文化,當三國分立時,即模範中邦,雖日本人之知漢學,亦朝鮮人啟之。世界諸國中,傳中國之文化者,莫古於朝鮮矣。今雖屢弱不振,偶爲日本所亡,此特一時之事,數十百年之光陰,自建國悠久之民族言之,固一極短之時期也。況朝鮮之亡,未及十稔乎。半島面積,略與江蘇、安徽二省相埒。長白山脈,縱貫其間,總稱曰大關嶺。水系除鴨緑江、圖們江外,有漢江、大同江、洛東江、錦江等。北部饒於林木,沿海富於魚鹽。農業之利,略與滿洲相同,亦饒煤、鐵、金、銀、銅、錫諸礦。故都曰漢城,今已有鐵路,自此北通新義州,南達釜山矣。會寧,在朝鮮東北境,有許日本自吉林築鐵路達此之約。

琉球列島三十六,介日本、臺灣間。唐宋以來,世奉正朔,文物制度,亦模範中朝。國土雖小,而土脈肥美,物產豐盈,人民多以耕漁爲業。今其首府曰那霸,在沖繩島上。那霸東十里,有一城,名首里,即其故都也。那霸有迎恩亭、天使館,爲舊日迎接中國使臣之所。

安南、暹羅、緬甸之地,總稱爲後印度半島。橫斷山脈,自西北東南趨,爲此半島之骨骼。其地勢,北高南下,多山岳,少平原,富良、元江。湄公、瀾滄江。湄南、薩爾溫、怒江。伊洛瓦諦龍川江。諸川,縱貫其間。地處熱帶,濕而且熱,故植物生長極易。穀類收穫,年可二三次云。安南本中國郡縣,宋以後始自立,一切文物制度,亦皆模範中華,爲半島最文明之國。緬甸進化稍後,然迨近代,其國勢,亦足與安南方駕云。

錫金,即哲孟雄,界不丹、廓爾喀之間,南接大吉嶺,爲自印入藏衝途。清道光三十年,爲英吉利所滅。

新式高等小學地理教授書第五册

第十七章　世　界　概　説

第一　經緯綫及五帶(二時)

教材

　　地球以南北之直徑爲軸,自西向東,二十四小時一周,是爲自轉。由一定軌道,一年繞太陽一周,是爲公轉。地軸之兩端曰南、北極。就地球中腰,畫與兩極等距離之圈,曰赤道。與赤道平行之綫曰緯綫,與赤道正交,而通過兩極之綫曰經綫。

　　距赤道南北各二十三度半,是爲回歸綫。距兩極各二十三度半,爲極圈。回歸綫以内之地曰熱帶,極圈以内之地曰寒帶,熱、寒兩帶之間曰温帶。

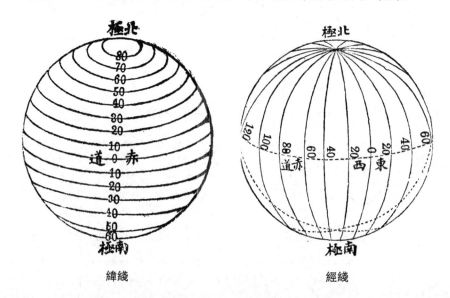

緯綫　　　　　　　　　　　　　　經綫

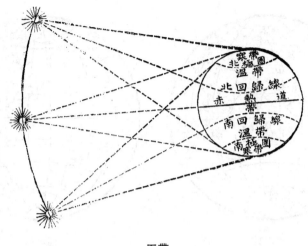

五帶

地球表面分海與陸，海之面積，約二倍半於陸，大別爲太平洋、大西洋、印度洋、北冰洋、南冰洋五大洋。陸地，大別爲亞細亞、大洋、歐羅巴、阿非利加、北亞美利加、南亞美利加六大洲。就中南、北美二洲，在西半球，餘皆在東半球。

教授方法

第一時（第一節）

豫備

（一）由問答，探知學生關於地圓固有之觀念。問昔人謂天圓而地方，或又謂天動而地靜，其說然乎？（二）書"軌道"二字於黑板，問學生，此二字作何解？（三）由問答，整理學生關於點、綫、面、體固有之觀念。不盡明了之處，教師爲説明之。（四）書"經緯"二字於黑板，問學生，此二字作何解？不能答者，可使檢查字書，以明確其觀念。（五）問何謂南、北極？何謂赤道？汝等向有所知否？（六）告之曰：地面上此等現象，汝等向者雖略聞其故，究未嘗依條理爲精密之研究也，今此課所授，即告汝等，以關於此等現象之智識也。

（一）書"地軸"二字於黑板，説明其意義。地軸及經緯綫等，均係吾人所假設。實驗上，經、緯綫之係屬假設，爲學生所易明，而地軸則劣等生往往誤爲實有，須注意。（二）説明地球之運動有二種：一爲自轉，一爲公轉。須使之詳確分別，并繪地球軌道圖於黑板示之。（三）使讀課文，自"地球以南北之直徑爲軸"起，至"是爲公轉"止，須使之字字注意。讀畢，任擇一二生，使講解之。（四）問一晝夜間須歷若干時？然則地球之自轉一周，須歷若干時？其公轉一周，須時幾何？是否一年？世間固有晝

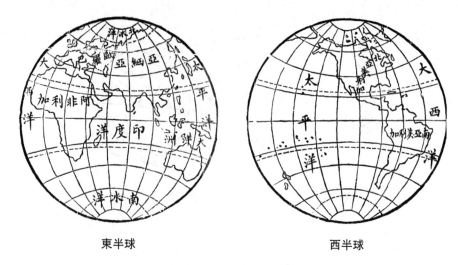

東半球　　　　　　　　　　　西半球

夜及年之別，而地球自轉、公轉之時間，適與之符合，抑吾人因地球自轉及公轉之時間，而爲日與年之區別歟？（五）地球自轉與公轉，二種運動，同時並行，抑當爲一種運動時，停止其他種運動歟？設使二種運動，同時并行，其形狀若何？試以實物試驗之。（六）釋“地軸之兩端曰南北極”句。（七）釋“就地球中腰，畫與兩極等距離之圈，曰赤道”句。（八）釋“與赤道平行之綫曰緯綫”二句。（九）説明赤道及南、北極受太陽光熱之不同。（十）自“地軸之兩端”以下，至課文第一節完，更使學生講述之。

比較統括

（一）自轉與公轉之比較。

（二）設使地球公轉，不依一定之軌道，亦能生四時之關係，而成爲一年歟？

（三）南、北極與赤道之比較。

（四）緯綫與經綫之比較。

（五）本課之統括如下：地球有兩種運動，一爲自轉，一爲公轉。自轉生畫夜，公轉成四時。由其自轉，則其南北若有軸者然，因此而定南、北極之位置。畫通過兩極之綫，而經綫以立。由其公轉，而地球南北之部，對太陽之關係，因時節而不同。而其受熱最多者，實爲地球之中腰。於此定爲赤道，畫與之平行之綫，而緯綫以立。

練習應用

（一）人或謂中國方畫，美國爲夜；及中國夜，美國又方畫。其説然歟？然則地球各處之畫夜，時刻不同矣，其區別因東西而立乎？抑就南北而分乎？

（二）問地圖上，設不畫經緯綫，或但畫經綫而不畫緯綫，或但畫緯綫而不畫經綫,亦能確定某點之位置否? 使詳思之。

第二時(第二、三節)

豫備

(一)問黃河、長江、珠江三流域,孰最寒? 孰最暖? 孰寒暖最適中? 東北區及蒙古,視黃河流域如何? 此諸地方,寒暖不同,其故何歟? (二)問洋與海之區別如何? 使就太平洋及黃海、東海、南海等推之。(三)問西半球與東半球之別,東西兩半球分界處,果有天然之界域歟?

提示

(一)使復述地球之中央部,與兩極地方,受熱不同之理。(二)示以回歸綫之所在,使知日北至此,則漸向南,南至此,則漸向北。(三)以北溫帶爲主體,説明北溫帶之春,其餘四帶爲何時,北溫帶之夏秋冬三季同。(四)使學生講第二節課文。(五)懸地球掛圖示之,使確認海與陸之區別。(六)問地球表面,可區別爲水陸二地,而水不止海洋,凡江河湖沼之屬,皆是也。今但云地球表面,分海與陸,何歟? (七)説明陸地有大陸與島嶼之區別,而島嶼恒附屬於大陸,共稱爲洲。(八)使觀圖,確認六大洲之分界,及其名稱。(九)使觀圖,確認五大洋之分界,與其名稱。(十)使觀六大洲,孰在東半球? 孰在西半球? 問五大洋,亦能以東西兩半球爲其分界歟? 然則各大洋之界畫,因何而立? (十一)使比較海洋與陸地,面積孰廣? (十二)使講課文第三節。

比較統括

(一)寒熱溫三帶之比較。

(二)北溫帶與南溫帶之比較。北溫帶多陸地,南溫帶多海。

(三)北寒帶與南寒帶之比較。

(四)南北兩半球之比較。

(五)東西兩半球之比較。

(六)六大洲面積廣狹之比較。六洲中何洲之島嶼爲最多?

(七)五大洋之比較。

(八)試將本課所授各項,列爲表。一、地球之運動,二、經緯綫及五帶,三、六大洲及五大洋。

練習應用

(一)使觀地圖,我國之地,跨五帶中之何帶? (二)使就地圖,以次觀察,六大洲之地,其大部分在何帶? (三)使以前法觀五大洋? (四)告以寒帶大寒,熱帶大熱,世界文明,恒發生於溫帶之理。問世界文明,不發生於南溫帶,而發生於北温帶，其故何歟？南温帶陸地少故。（五）使復述水爲交通之助力，陸地交通，較水上交通爲困難之理。問江河湖沼如是，海洋亦如是歟？然則六大洲之交通，必遲至近世而後發達，何也？觀各洲陸地多相連，而近世以前之交通，不能發達，可知陸地交通之困難。然海洋雖爲交通之利器，亦必至近世，而後能收其效。又可見雖可供利用之物，亦必人有利用之之能，而後能收其利也。然則生今之世，尚可以大陸自域，而視海洋爲畏途歟？然海洋雖爲交通之利器，立國之根據，仍在大陸。故大陸國之憑藉，終較島國爲優。

參考

地爲圓體，其證有六：船舶之來，桅檣先見，漸及船身，往則船身先隱，漸及桅檣。一也。人在平野，則所見之地狹，至高山，則所見之地廣。二也。人向南行，見北方之星，漸低而没，北行者反是。三也。日之出没，東西各異其時。四也。航海者，向東直進，復能自西而歸。五也。月蝕之時，映在月面之影，常爲圓形。六也。然地球自轉，必生離心力於中央部分，故中央澎漲而南北兩端微扁，成爲一種迴轉橢圓體，其直徑之差約八十餘里。

地球自轉一周，凡二十四時。繞太陽一周，凡三百六十五日又五時四十八分四十六秒，是爲一歲。其繞日之道，成橢圓形，故在公轉中，必經過最近太陽處與最遠太陽處，其最近者名近日點，最遠者名遠日點。

地球繞日之道，成橢圓形，名曰軌道，長十七億五千三百二十萬里。地球循軌而行，日凡四百八十萬里，故公轉一次，當自轉三百六十五次有奇，即閱三百六十五日又五時四十八分四十六秒，而環繞太陽一周也。

地球表面，廣漠無垠，苟無縱橫二綫以明之，即不能確定某點之所在，此經緯綫之所以爲用也。緯綫，一稱緯度，又曰緯度圈，與赤道平行，由赤道分向兩極，各作平行圈綫九十，均分地面爲百八十分，即百八十度。在赤道北曰北緯綫，一稱北緯度。南曰南緯綫，一稱南緯度。近兩極處曰高緯度，近赤道處曰低緯度。其在地面通過兩極與赤道成直角之大圈者，曰經綫，一稱經度，又曰經度圈。緯綫之基綫有定，而經綫之基綫無定。三十年前，世界地學家開會議於華盛頓，定以通過英倫格林威池天文臺之綫爲基綫，由此以東，爲東經綫，以西爲西經綫，是爲世界經綫。我國未入此會，故國中圖籍，今猶以通過京師觀象臺之綫爲基綫焉，經綫各分爲百八十分，即百八十度，合之爲三百六十分，即三百六十度。

極圈,又稱冰圈,以界内終年冰凍也,亦曰黑道,以其半年無日光也。回歸綫,以太陽一達此點,即漸回向赤道名。又以太陽達此點之日爲夏至,故又稱夏至綫,亦曰黄道。北半球以南回歸綫爲冬至綫,南半球以北回歸綫爲冬至綫。

各帶所占緯度,熱帶與寒帶相同,而熱帶之區域,爲地球最澎漲之處,寒帶區域則反是,故熱帶占地多,寒帶占地少。若夫温帶,則所占之緯度既多,而面積之漲縮又適中,故占地爲最廣。計熱帶占土地五分之一,寒帶十二分之一,温帶二分之一。

地球之初成,柔輭如汁,沸熱若湯,形似火球,無異於日。後乃熱氣漸涼,地面漸縮,凝結堅定,而爲地球。先涼者凹,後涼者凸,而其中心之熱,更蒸發爲氣。氣散遇冷,凝結爲水,充塞凹處則爲洋海,凸處則爲大陸。其水之面積,凡一萬三千七百二十六萬六千英方里。陸之面積,凡五千五百八十九萬英方里。以陸與水較,合成一與二五之比例。

大陸分東西二羣：東曰東大陸,一稱舊大陸;西曰西大陸,一稱新大陸。其名稱面積列表於下：

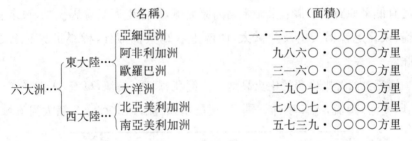

		（名稱）	（面積）
六大洲…	東大陸…	亞細亞洲	一・三二八〇・〇〇〇〇方里
		阿非利加洲	九八六〇・〇〇〇〇方里
		歐羅巴洲	三一六〇・〇〇〇〇方里
		大洋洲	二九〇七・〇〇〇〇方里
	西大陸…	北亞美利加洲	七八〇七・〇〇〇〇方里
		南亞美利加洲	五七三九・〇〇〇〇方里

又有南大陸者,爲南極未盡發見之地,面積之大,略小於歐洲。

六大陸既不相聯續,於是由六大陸而組成五大洋。在東大陸之東,西大陸之西者,曰太平洋。在東大陸之西,西大陸之東者,曰大西洋。在東大陸之南,太平、大西兩洋間者,曰印度洋。附近北極者,曰北冰洋。附近南極者,曰南冰洋。其名稱面積流域如下表：

	（名稱）	（面積）	（流域）
大洋…	太平洋	六五九〇・二〇〇〇方英里	七五三・三七〇〇方英里
	大西洋	三五四六・〇〇〇〇方英里	一七六〇・四五〇〇方英里
	印度洋	二六六九・二〇〇〇方英里	六六九・三六〇〇方英里
	南冰洋	四七八・〇〇〇〇方英里	八六一・三〇〇〇方英里
	北冰洋	四四三・二〇〇〇方英里	二五六・五五〇〇方英里

五大洋面積,以太平洋爲最大,而流域實以大西洋爲最廣,故其海岸綫亦最長。

第十八章　亞　細　亞　洲

第二　概　説（四時）

教材

　　亞細亞洲，在東半球北部，占世界陸地三分之一。北臨北冰洋，東南臨太平洋，南臨印度洋，西連歐洲，西南由蘇彝士地峽而連非洲。地勢：中央崇高，四周有低平原野。山脈：由帕米爾高原發脈，東南走者爲喜馬拉雅，東走者爲崑崙，東北走者爲天山及阿爾太，西南走者爲興都庫什，皆爲世界有名之大山脈。

　　河流：大者概導源於中央高地。黑龍江、黃河、長江，東流，入太平洋。恒河、印度河，南流，入印度洋。鄂畢、葉尼塞，北流，入北冰洋。諸大河流域，概

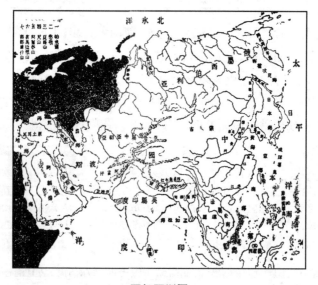

亞細亞洲圖

有廣大原野。

海岸：太平洋及印度洋岸多屈曲，有岡札得加、朝鮮、印度支那，及印度等半島。其海上，有日本列島、臺灣島、馬來羣島，而圍鄂霍次克海、日本海、東海、南海。西南有阿剌伯半島，與非洲間挾紅海，西方有小亞細亞半島，突出地中海與黑海之間。

本洲包有寒、溫、熱三帶，故氣候極不一致。北部極寒，南部極熱，東南部最溫和，中央沙漠地方變化最劇。其雨量則以南部及東南部爲多。物產：南部熱帶植物，生長繁茂，又有象、猩猩、鱷魚、孔雀等動物。南部及東南部，產米、茶、蠶絲。內部草地行畜牧，漸進於北方，則生物漸少，至極北，僅生矮小樹木及苔類，並馴鹿、白熊而已。

住民：總數凡八億餘，占全世界人口二分之一。東部及南部最稠密，黃種最多，白種次之，椶種又次之。宗教：釋教行於東部，信徒最多。印度教行於印度，回教行於西部，基督教雖行於各處，而信徒不多。世界諸大宗教，皆起於本洲。

本洲獨立諸國，自我國外，東部有日本，南部有暹羅、蒲旦、尼泊爾，西南部有阿富汗斯坦、波斯，西部有東土耳其、阿曼。其他概爲西洋諸國屬地。北部及西北部爲俄領亞洲。印度半島及緬甸，爲英領印度。印度支那半島東部，爲法領印度支那。馬來羣島，大部爲荷蘭領地。

教授方法

第一時（第一節）

豫備

（一）問亞細亞洲，在東半球？抑在西半球？東半球共有幾洲？與亞洲均聯接否？歐洲在亞洲之何方？非洲在亞洲之何方？大洋洲在亞洲之何方？然則亞洲在東半球之何部？（二）使復述崑崙、阿爾泰、喜馬拉雅三大山系之大略。但述其大勢而止，不可過於支蔓。

提示

（一）使觀地圖，確認亞細亞洲在東半球之位置。授"亞細亞洲在東半球北部"句。（二）授"占世界陸地三分之一"句。問世界陸地，設以六洲之數，平均除之，每洲當得幾分之幾？其數較三分之一若何？（三）使閱地圖，確認亞細亞洲之四界：一、北冰洋岸爲何國地？二、太平洋及印度洋岸爲何國地？

三、與歐洲分界處，有無山脈界之？四、與非洲連接處，形勢若何？使講"北臨北冰洋"以下四句。（四）使觀察亞洲諸山脈：一、喜馬拉雅，二、崑崙，三、阿爾泰及天山，四、興都庫什。（五）問此諸山脈，皆發脈何處？然則亞洲之山，皆發脈於洲之中央歟？然則亞洲之形勢，中央與四方孰高？（六）告之曰：亞洲中央之地，即我國之蒙古、新疆，及青海、西藏。青海、西藏固所稱世界第一高原，即蒙古、新疆亦高出於海面數千尺以上也。青海與西藏、蒙古與新疆在地理上均看做一個高原，已見第一冊第三課參考。至其四周之地，則皆較爲低平，在北者有西伯利亞，稱世界第一大平原，次即我國江河流域之平原，又次則印度恒河流域之平原，又次西方美索不達迷亞平原，此諸平原，雖其面積大小不等，無不較亞洲中央之地爲低，故亞洲之形勢，乃中央高而四方低者也。使就地圖，細觀之。（七）使學生講課文，自"地勢"起，至第一節畢。

比較統括

（一）亞洲面積與他洲之比較。

（二）亞洲界海之地，與界陸之地孰多？

（三）界北冰洋與界太平洋、印度洋之綫孰長？界北冰洋與界太平洋及印度洋，孰爲有利？

（四）亞洲諸大山系之比較。

（五）以亞細亞五部之地，列表示之。

練習應用

（一）使製亞細亞洲地勢圖。圖中須備載亞洲諸大山系，高原及低原，須以色別之。

（二）問我國自古與蒙古、新疆方面交涉最多，西藏及後印度半島次之，蔥嶺以西諸國，交涉最少，與地勢有關係否？

第二時（第二、三節）

豫備

（一）使復述亞洲之地勢，問亞洲之大河，應自中央流向四方乎？抑不然乎？自亞洲中央流向東方之水爲何水？汝輩能舉其名否？（二）復現海岸綫曲折及平直之觀念，問海岸綫曲折者長乎？平直者長乎？海岸綫曲折與平直，孰爲有利？（三）復現半島之觀念，半島之有無，與海岸綫之長短，關係若何？（四）問何謂支海？支海與島嶼及半島之關係若何？

提示

（一）使閱地圖，以次觀察下之諸水：一黑龍江、黃河、長江，二恒河、印度河，三鄂畢河、葉尼塞河。（二）使觀察諸河之流向，是否或向東，或向南，或向北。其向東者，是否入太平洋？ 向南向北者，是否分入印度洋及北冰洋？
（三）使觀察諸河，是否皆發源於中央？ 然則亞洲大河，是否由中央流於四方？
亞洲之地勢，是否中央高而四方低？（四）問前一時所授，亞洲何處之地爲大
平原？ 試復述之。此諸平原，均有大河灌漑之否？ 試述之。（五）使講課文第
二節。（六）使觀察北冰洋、太平洋及印度洋之界。（七）使觀察北冰洋岸，有
何島嶼及半島？ 次使觀察太平洋岸，亦如之。次使觀察印度洋岸，亦如之。
（八）舉鄂霍次克海、日本海、東海、南海、紅海、地中海、黑海諸名，使於圖中覓
之。問此諸海，一方面爲大陸，一方面爲何陸地？ 試讀圖，列舉之。（九）然則
半島及島嶼，於海之形勢，有關係否？ 太平洋、印度洋岸，較北冰洋岸，曲折孰
多？（十）使講課文第三節。

比較統括

（一）入太平洋、印度洋、北冰洋諸川之比較。

（二）亞洲西方，亦有巨川，即底格利斯、幼付拉底斯二河是也。使就圖中
覓之，與上述諸川，比較其大小。

（三）亞洲四圍原野之大小，與其河流之大小，比例若何？

（四）太平、印度、北冰三洋沿岸之比較。一、海岸綫之曲直，二、半島之大小及多
少，三、島嶼之大小多少。

（五）諸半島大小之比較。

（六）諸島嶼大小之比較。

（七）試將本課第三節所授各事項，分列數表。一、本洲諸半島，二、本洲諸島嶼，
三、本洲諸支海。

練習應用

（一）使繪亞細亞洲沿岸略圖。（二）任舉一支海之名，問其一面界大陸，
其他一面界何島嶼及何半島？ 又任舉一島嶼及半島之名，問其與大陸之間所
界爲何海？ 如是反復練習。

第三時（第四、五節）

豫備

（一）使學生復述氣候與緯度之關係。（二）使學生復述氣候與地勢之關
係。（三）問珠江流域之物產，與中北區差異若何？（四）問我國之米、茶、蠶
絲，出於何處？（五）問以大較言之，我國何處行畜牧？ 何處行農業？

提示

（一）使閱地圖，觀察本洲之地何處在寒帶以內？ 何處在溫帶以內？ 何處

在熱帶以內？（二）使復述本洲之地勢，何處爲高原？何處爲平原？（三）授以本洲沙漠之所在，使閲地圖，諦觀之。（四）問本洲之氣候，北部當如何？東部當如何？南部當如何？西部當如何？中央部當如何？使學生掩卷答之。（五）授課文第四節。（六）略述氣候與生物相關之理，及三帶生物之特質。（七）略述熱帶植物及寒帶植物之大略。（八）講述象、猩猩、鱷魚、孔雀、馴鹿、白熊等之大略。（九）授課文第五節。

比較統括

（一）熱帶動植物與寒帶之比較。

（二）寒熱兩帶生物與温帶之比較。

（三）喜馬拉雅與其東西平行之山脈，爲本洲温熱二帶之界綫。阿爾泰山脈，爲本洲寒温二帶之界綫。而中央亞細亞高原，即西藏、蒙古二高原。因其地勢之高，且多沙漠故，其氣候又爲特別，而生物亦即因之而殊焉。要之東方亞細亞，爲温帶性氣候之代表。南方亞細亞，爲熱帶性氣候之代表。北方亞細亞，爲寒帶性氣候之代表。中央及西方亞細亞，爲大陸性及沙漠性氣候之代表。

（四）試將亞洲五部之氣温、雨量、動物、植物，分列爲表。

練習應用

（一）試述三帶生物之異，及其與人生之關係。或使講演，或用爲作文題。

第四時（第六、七、八節）

豫備

（一）由問答，整理學生對於種族固有之觀念。（二）書“人口疏密”字於黑板，問學生以其義。（三）由問答，整理其對於宗教固有之觀念。（四）使復述釋教、回教、基督教之大略。（五）問何謂獨立國？何謂非獨立國？何謂屬地？

提示

（一）略述世界人種之差異，及其配布之大略。（二）略述人口分布，與氣候、雨量相關之理。（三）使學生講課文第六節。問世界人口總數，應得若干？何故東部及南部最稠密？告以五種人各有其根據地，而亞洲實爲黃種人之根據地。（四）講述印度教之大略。（五）書“大宗教”三字於黑板，略釋其意義。（六）略述釋教、印度教、回教、基督教，在本洲現在之狀況。（七）使學生講課文第七節。（八）略述本洲諸國國勢及歐洲人屬地。（九）使學生以課文第八節與地圖對觀。（十）講課文第八節。

比較統括

（一）亞洲面積，占全世界陸地三分之一，而其住民，占全世界人口二分之一，則其密度，超過於全世界人口平均密度者幾何？試以算術計算之。

練習應用

（一）動植物之分布，與氣溫及雨量有關係，人口之分布亦然。然則人口之配布，與動植物之配布，亦有關係歟？

參考

亞洲之地，西抵東經二十六度三分，即北京西經九十一度。東抵西經百六十九度，即北京東經七十三度四十六分。南抵北緯一度十分，北抵北緯七十八度十二分。以我國北京西經六十度，與北緯四十度之交點，爲本洲之中央。東西最廣處七千英里，南北最長處五千三百英里，面積一億三千二百八十萬方里。大於歐洲四倍餘，非洲一倍餘，大洋洲四倍半餘，南美二倍餘，北美一倍半餘，爲世界之第一大洲。

興都庫什，正譯當作印度固斯，謂印度地方之大山也。以此譯名沿用已久，仍之。此山脈，與崑崙山系同爲亞洲最早生成之骨幹。舊說：或以蘇里曼山系，與阿爾泰、崑崙、興都庫什、喜馬拉雅並稱，爲亞洲五大山系。然今地理家多不取此說，本書從之。

本洲海岸綫長約三萬五千英里，其屈曲遜於歐洲，故以大陸面積相較，海岸綫不及歐洲之長。蓋歐洲約二百方里中有海岸綫一里，而亞洲須五百方里，始有海岸綫一里也。

本洲南鄰赤道，北跨寒帶，故有寒、溫、熱三帶之氣候。喜馬拉雅山及其東西聯絡之諸山脈，實爲本洲溫、熱二帶之界限。自此以南，純乎炎熱之地。自此以北，達北緯六十度，爲本洲溫帶。然以地勢高低，氣候亦不盡同。如太平洋沿岸，由地勢與暖潮流之故，氣候適中。小亞細亞，因瀕於地中海、黑海之故，氣候亦溫和，然視北美及歐洲西岸同緯度之地，則溫度較低。若夫中央部，則因地勢太高，不能受海洋之調劑力，寒暑均酷。而沙漠之區，雖盛夏晝熱如焚，夜間仍有結冰之處。北緯六十度以北，爲本洲寒帶之地，地底終年結冰。如北冰洋沿岸，雖當盛夏，地面堅冰仍不融化，諸河口皆不通舟楫。故本洲之地，南苦熱而北苦寒，惟中部則爲溫和之區。

生物之發育，以赤道下爲最盛，緯度益高，種類愈少，至兩極則幾絕滅。其故因植物之生，以溫溼二者爲不可缺之要素。熱帶地方，炎熱多雨，易於蕃殖,故花實並美,液汁甚多。温帶氣候温和,亦爲植物生長適宜之區,惟春榮秋萎,不若熱帶之四時不彫耳。其不彫者,僅松柏等之常綠樹。寒帶植物最稀,鄰近温帶之地,尚多森林,至兩極,則僅有蘚苔等隱花植物。至動物,大都以植物爲食料,亦依温度以蕃育,故其種類及分布與植物同。熱帶地方多軀幹偉大,性情猛烈,如獅、虎、豹、象、鱷魚、毒蛇之類。温帶地方,則有用者多,如馬、牛、羊之類,惟如蛇、蛙之類,至冬日則蟄伏不動。至寒帶地方,植物既稀,所産動物,僅白熊、馴鹿之類,惟水族發達,居民多賴以度日。

　　熱帶生物,發育極速,故多偉大之動植物。然動物有用者少,害人者多。植物如椰子樹等,果實纍纍,人民取以爲食,已覺供過於求。故性多懶惰,常止於野蠻之境。寒帶生物,則陸不如水,世界著名之大漁場,多附近寒帶。如白令海一帶等。然氣候嚴寒,不適生人。至温帶生物,雖不如熱帶之繁盛偉大,要皆爲人生日用所必需之品,如松、杉等之植物,供建築房屋、橋梁及製造器具之用,牛馬等之動物,性馴而供人役使,且可與羊、豬、鷄、鴨等兼佐食用是也。

　　世界人口,或云十六億以上,或云十五億以上,或云十四億以上。其所以無確數者,以人口衆多之國,户口無確實之調查也。大約不外十五億左右之數。粗分之則有五種,細別之可至數十百種,雖研究人種學者,分之亦甚困難。茲將五種分別之大略,列表如下:

種別	膚色	形　　狀	人　數
亞細亞	黄	面廣鼻平,顴秀眼小,髮剛而直,鬚髯不多	五・八〇〇萬
歐羅巴	白	額廣面長,高鼻深目,富於鬚髯	六・七〇〇〇
阿非利加	黑	額廣唇厚,鼻平髮短,鬚髯甚少	一・九〇〇〇
馬來	椶	外貌似亞人,頭蓋與目近似歐人,鬚髯甚少	〇・九〇〇〇
亞美利加	紅	鼻高顴聳,睛黑髮直,鬚髯甚少	〇・一五〇〇

　　上之區分,據美國人種學家布利多氏之説。以膚色而分者也,馬來種又稱鳶種,亞美利加種又稱曰銅種,總之不離乎據其近似之色而言。

　　人口之數,以歐羅巴及亞細亞二種爲最多,阿非利加種次之,馬來種又次之,亞美利加種,則存乎世界者僅矣。蓋人種之消長,視強弱而定,現今世界以歐羅巴人爲最強,故其數最多,次爲亞細亞,勢力差足以相抗,故其數亦多。餘數種,大都服屬於歐羅巴種之下,或爲其牛馬,或爲其魚肉,漸將翦滅。就中以阿美利加種爲尤甚,致歐人有創保全其種類之説,以爲若不保全,此種人將滅絶於世界。優勝劣敗,適者生存之説,信不誣也。

第十九章　亞洲地方誌

第三　日　本(二時)

教材

　　日本，在亞洲東部，太平洋中一島國也。自割臺灣，縣琉球，并朝鮮，國土加闢，面積約當我國十七分之一。地勢多山，無大河及大原野。物産：絲、茶次，我國；水産極豐。住民凡六千萬。工業發達，輸出我國者，爲棉紗、煤、棉

日本圖

織物、水産物等，自我國輸入者，爲棉花、豆粉等。

國都東京，在本洲島之東南。其西南橫濱，爲其重要商埠。京都，爲日本舊都，風景頗佳。其南大阪，爲日本工業中心。西南神户、門司，西方黃海沿岸之長崎，皆其重要商埠也。

朝鮮，爲突出日本海、黃海間之一半島，北以鴨綠江、圖們江，與我東北區分界，東西南三面臨海，港灣頗多。首邑曰漢城。其商埠之重要者，在日本海岸有元山、釜山浦，在黃海岸有仁川。

臺灣物産豐饒，日人稱爲寶庫，北端臺北，茶市極盛。澎湖諸島，在臺灣西南，扼東海門户之要地也。

教授方法

第一時（第一節）

豫備

（一）復習第四册第二十五、第二十八課。（二）復現島國與大陸國之觀念。（三）問我國出口貨中，最著名者爲何物？（四）問沿海之地，除鹽利外，尚有何種利益否？（五）復習國文第五册第七、第八兩課。

提示

（一）使閱地圖，觀察北海道、本州、四國、九州四島。（二）次使觀察千島及樺太島。（三）次使觀察朝鮮、琉球。（四）次使觀察臺灣及澎湖。（五）使計算日本之地，自最北至最南，共跨緯度若干。（六）使觀圖，合朝鮮、琉球、臺灣及庫頁島之半，其面積較本州北土、四國、九州諸島如何？（七）授課文自"日本在亞洲之東部"起至"當我國十七分之一"。（八）使閱地圖，觀察日本之地勢：一諸島之中央，是否有山脈貫之？二其地勢多山否？三有無大河流及大原野？（九）授"地勢多山"二句。（十）使學生講課文，自"物産"起，至第一節完。問日本之物産，有與我國相類者否？日本輸入我國之貨，與我國輸入日本之貨，孰爲生貨？孰爲熟貨？

比較統括

（一）日本與瓊州之比較。

（二）本州與四國、九州諸島之比較。

（三）日本之人口，較我國疏密如何？

（四）試將日本所有之地，總列爲一表。

練習應用

（一）使繪日本國圖，山脈、河流、鐵道、都邑等，均分別著色。（二）日本自割朝鮮後，尚可稱爲島國否？（三）觀日本之物産，與我相同，則知其於對外貿易上，能奪我之利。然其所以朘削我者，不但如是而已也。自彼國工業，日益發達，而我國之工業，依然不振。彼遂改良製造，擴充販路，以我國爲其貨物之市場。又以地狹人稠，日求擴充殖民地於外。而臺灣割，朝鮮夷，滿洲繼之，而名存實亡。東蒙、山東又繼之。而剝牀及膚矣，嗚乎！遠交近攻，古有明訓。吾國自與英法諸國交涉以來，受其齮齕者寧得云少，究之所失之土地有限，所失之權利，亦尚可設法收回也。獨至與俄國一交涉，而東三省所失之土地，乃與現存者相侔。與日本一交涉，而其取於我之土地，幾等其本國之面積之半。嗟我國人，尚可不知大患之所由致，而於對外之策，不審所先務乎？

第二時（第二、三、四節）

豫備

（一）復習第三冊第十三課。（二）復習第四冊第六、七兩課。（三）前所授關於朝鮮、臺灣諸事項，使復述之。

提示

（一）使閱地圖，觀察東京之所在。次使觀察橫濱之所在。又次使觀察京都之所在。次使觀察大阪、神户、門司在京都之何方？又次使觀察長崎之所在？（二）講述是諸地方之形勢。（三）使學生講述課文第二節。（四）使學生閱地圖，復觀朝鮮與我國之界綫。（五）講述朝鮮山脈河流及沿岸之大略。（六）使學生閱地圖，觀察漢城之位置，及自漢城與中國交通之道。（七）使觀審朝鮮沿岸諸商埠。（八）講課文第三節。（九）示以臺灣全島形勢之大略，及其物産情形。（十）使觀察澎湖島之位置，及其對於臺灣及福建之形勢。（十一）講課文第四節。

比較統括

（一）臺灣與福建之比較。朝鮮與東三省之比較。臺灣利源，略與福建相類。朝鮮利源，略與東三省相類。日本既據臺灣及朝鮮，即不能保其不覬覦福建及東三省。

（二）日本東京與西京之比較。

（三）試將本課所授各事項，統列一表。此表事項較繁，師須補助之。

練習應用

（一）使繪東三省與朝鮮交通圖。（二）使作臺澎形勢説。注重於對福建之關係，師須輔助其材料。

參考

日本舊有大島四,中島五,小島三千餘,面積凡十四萬七千六百五十五英方里。今則北得千島、庫頁,南獲琉球、臺、澎,西并朝鮮,面積之廣,達二十四萬三千八百九十八英方里,幾占舊境之半。然與亞洲相較,僅及七十分之一。與我國相較,僅及十七分之一。

日本四面瀕海,故海岸綫甚長,約計達五萬二百五十餘里。就中太平洋沿岸之海岸綫,較日本海沿岸之海岸綫長及二倍。惟天然之良港甚少,亦一憾事也。其地體,由崑崙、庫頁二大山脈,構造而成。庫頁山脈一稱樺太山脈,由東北趨西南,其脈自庫頁島渡宗谷海峽,進入北海道,後渡津輕海峽入本州之東部,稱曰外帶山脈,其最高峯達八千八百尺。崑崙山脈自西南趨東北,其脈從我國長白山脈,進入朝鮮爲大關嶺,縱貫朝鮮全境,渡朝鮮海峽,越對馬島,又渡對馬海峽,過九州而達於本州之西部,稱曰內帶山脈,其高峯達萬二千尺。更有火山脈三支,橫截南北中三部。故其地勢極崎嶇,全國無大河流,亦無大原野。東京,舊名江戶,位本州東部中央,太平洋方面之東京灣内,爲日本新京。於前皇明治二年,遷都於此。全市人口約百八十萬,爲全國第一都會,世界第六大城。橫濱,在東京西南五十里,當太平洋航路之衝,商業之盛,冠於全國,每年輸出入額,占全國總額之半焉。人口約三十餘萬,華僑多閩廣人,設有中華會館,我政府派領事駐此,兼管東京商務。京都,位本州之西南,爲日本千餘年之故都,襟山帶水,形勢便利,全國第三都會也。大阪,在大阪灣之東北部,爲第二都會,工業之盛,甲於全國,有著名之炮兵工廠,及造幣局、造船所、造糖廠、紡織廠、火柴廠等。神戶,在大阪之西,有我國領事署,兼轄大阪商務。門司,爲九州北部之要道,與馬關隔水相望。長崎,爲九州惟一之商埠,由亞洲航北美之首衝,故商務自昔稱盛,有我國領事館,華僑約萬餘人。

朝鮮三面環海,其内部之山脈,自北而南,漸次低降,而其主軸偏於東,故平原多在西境。河流之大者,北有鴨綠江、圖們江,南有洛東江,西有漢江、大同江等。全境舊分八道,即京幾道、江原道、黃海道、忠清道、全羅道、慶尚道、咸鏡道、平安道,後又分忠清、全羅、慶尚、咸鏡、平安五道,各爲南北兩道,合之爲十有三道。

漢城因瀕漢江得名,爲李氏開國舊都,今日置總督府於此,我國總領事駐焉。城外有鐵道,通至各道,其幹綫南達釜山者,曰京釜鐵路,北通新義州者,曰京義鐵路。元山津位咸鏡南道,日本海永興灣西南岸,爲東海岸第一良港,亦北部之水陸通衢。釜山浦位慶尚南道,瀕洛東江口,爲京釜鐵道終點,距對馬三十海里，馬關百二十海里，又爲日韓間之要道。仁川，一稱濟物浦，位京畿道，與我國芝罘相對，爲漢城之門户。此三處均有我國領事館。

臺灣見前。_{加羅林羣島等，見大洋洲。}

第四　印度支那半島（二時）

教材

印度支那半島，在我國南方。地勢多山，有湄公、湄南、薩爾温等大河。全境分三部：曰法領印度支那，曰英領印度支那，曰暹羅。

法領印度支那，爲我國所屬安南、柬埔寨等國。地勢多山，惟南北二部有原野。域内分爲五區：曰東京，曰交趾支那，爲法屬地，曰安南，曰柬埔寨，曰老撾，爲法保護國。首邑曰河内，爲東京首府。其東有海防商埠，貿易極盛，有鐵路以通我雲南省城及廣西龍州。西貢爲交趾支那首府，法國極東艦隊根據地也，貿易亦盛。

英領印度支那，分二部：一緬甸，在雲南省西南，原爲我屬國，分上緬甸、下緬甸二部，下緬甸首邑曰仰光，與我國貿易頗盛，有鐵路通至八莫，接近我雲南境。一爲海峽殖民地，在暹羅南，首邑曰新嘉坡，當東洋交通要衝，貿易之盛，爲南洋諸埠冠。

印度支那圖

暹羅，在印度支那半島中央，爲君主專制國。昔亦我屬國，現今我國僑民流寓其國者尚極多。都城曰曼谷，當湄南河口，王宮寺院頗壯麗。

教授方法

第一時（第一、二節）
豫備
（一）問亞洲南方，有何大半島？（二）復習第三册第九課，第四册第十八、

第二十課。注意於橫斷山脈。（三）復習第三冊第十五、第十六課，第四冊二十八課。

提示

（一）使學生閱地圖，確認印度支那半島之境域。（二）使觀察此半島是否多山？其山脈爲橫行，抑系縱行？自何處來？（三）使觀察此半島有何大河流？（四）示以此半島全境，分英領、法領及暹羅三部，使熟觀何國當何水流域？（五）使學生講課文第一節。（六）使學生閱圖，觀察法領支那之地，共分幾部？次使以"域內分爲五區"以下八句，與圖對讀。（七）使觀察安南之地，何處爲山岳？何處爲平原？此平原之地，在何水流域？（八）使就地圖中，覓河內之所在。次使觀海防在河內之何方？沿海否？（九）使觀察西貢之位置。（十）講課文第二節。

比較統括

（一）印度支那半島與朝鮮半島之比較。

（二）半島之山脈河源，皆導自我國。

（三）屬地與保護國之異同。

（四）河內與海防之比較。

（五）河內與西貢之比較。可略講安南近世史事，以資聯絡。

練習應用

（一）使學生繪印度支那半島圖。須分國著色。（二）問我國今日欲恢復安南，出兵之道若何？因其答，可略述古來用兵於安南之歷史，以啓發之。

第二時（第三、四節）

豫備

（一）復習第四冊第二十五課。（二）問後印度半島中，昔爲我屬國，而今獨立者，何國乎？（三）板書"暹羅"問此國中，我國僑民，占幾分之幾？此國爲何國？汝輩願聞之乎？

提示

（一）使學生閱地圖，觀察緬甸之境域。（二）使觀察海峽殖民地。（三）使觀察印度支那半島之南，是否另爲一小半島，此半島之南端與何處相望？其間是否爲一海峽？（四）使閱圖，觀察仰光之所在。（五）使沿鐵路綫，觀察八莫之所在。（六）使學生以自製我國南區割讓地圖，與緬甸地圖對觀。（七）示以東西洋航路之大略，可就黑板圖示之，或用掛圖指示。及新嘉坡繁盛之狀況。（八）講課文第三節。（九）使觀察暹羅國中，有何大水？其都城，是否當此大水流域？（十）略述暹羅華僑繁盛之狀況。（十一）講課文第四節。

比較統括

（一）暹羅與安南、緬甸之比較。

（二）設使我雲南西境尚未割讓，則其形勢，較現今如何？

（三）新嘉坡與香港之比較。

練習應用

（一）所謂殖民者，移殖之人，所從事者，必爲生利事業，又當同化他人，而不受他人之同化，我國人之於南洋，庶幾近之，惜無國力爲之保護，不免爲歐人所魚肉耳。（二）安南、暹羅、緬甸，文化皆出我國，又多信佛教，佛教在我國亦盛行，則宗教亦相同也。當英、法侵略緬甸、越南時，是諸國者，無一不傾誠內向，迄今猶然，惜我國力不足，不能拯援之耳。今者英、法之待緬、越，殊爲苛虐，法人尤甚。我國苟能出師，以援此二邦，彼於我師，必有簞食壺漿之迎也。

参考

印度支那，一稱後印度，以印度爲前印度。又曰恒河外之印度。其地依統治權區爲三部：西爲緬甸，東爲安南，中爲暹羅。今則以英領、法領、暹羅稱此三部云。

河內本扼紅河即雲南元江下流。貿易之要衝，法國安南總督駐焉，今其商業漸爲海防所奪。海防爲東京灣中之一大海口，法於此築鐵路，一通我之雲南，一通我之廣西龍州，我國東南諸省，往雲南龍州者，多繞道於此。西貢一稱柴棍，爲全境第一商埠，法殖民副總督駐焉，人口十八萬，華僑佔三分之一。

仰光一曰郎棍，位緬甸南境，臨馬達般灣，距海七十里，爲南洋通商要地，米之輸出額甚高。自隸英後，即以此爲首府，城中名寺甚多，東自暹羅，西自印度，遠來頂禮者踵相接。商業多操於西人之手。我國有領事駐此。八莫一稱新街，當伊洛瓦底河汽船之終點，入滇要道也，陸路貿易甚盛。

海峽殖民地，即印度支那南部馬來半島前端之地，又爲亞洲極南之點，其間分爲麻刺甲、檳榔嶼、新加坡三區。麻刺甲在半島西岸，檳榔嶼在其北，新加坡在麻刺甲南，爲一小島。長八十里，廣三十里，面積二千方里。城與島同名，市廛稠密，商舶雲集，繁華甲於南洋，有我國總領事館。

曼谷，又曰盤谷，一稱濱角，人口四十萬，華僑居其半。暹人性頗怠惰，除農業外，工商事業皆非所長，一切貿易，非經華人之手則不行。入其國，儼然華人之殖民地也。

第五　不丹　尼泊爾　英領印度（一時）

教材

不丹、尼泊爾，皆在西藏之南、喜馬拉雅山中，我國之朝貢國也。不丹，國都曰普奈楷。尼泊爾，國都曰加德滿都。

印度在我國西南，爲文化早開之國，面積約當我國三分之一，英國重要之領地也。恒河、印度河流域，原野肥沃，多產米、麥、茶、棉花。有鐵路達北方大吉嶺，近我西藏。住民約當我國三分之二，信奉印度教。恒河上流德列，爲其首邑。下流之加爾各答，舊首邑也，貿易頗盛。孟買爲西岸商埠。東南岸麻打拉薩，亦著名。可倫波，在錫蘭島西岸，爲印度洋航海要路。

教授方法

豫備

（一）復習第四冊第二十二課。（二）復習歷史第二冊第十四課，第三冊第十一課。（三）問爲亞洲溫熱兩帶氣候之界綫者，何山脈邪？此山脈之北爲何地？其南爲何地？（四）問亞洲南方之大平原，在於何處？

提示

（一）使學生閱地圖，觀察印度與我國之疆界。（二）使觀察印度之南方，是否爲半島形？（三）使觀察印度何處爲高地？何處爲平原？其平原地方，有何大河？然則亞洲南方之平原，爲何水流域？（四）問以地勢觀之，印度當饒於何種物產？以氣候論之，印度當饒於何種物產？（五）使觀察不丹、尼泊爾二國境域，及其都城所在。問此二國之地，在平

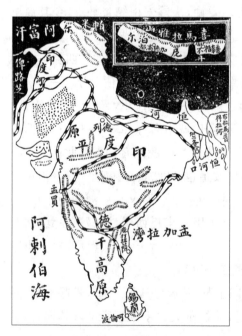

不丹尼泊爾印度合圖

原歟？在山間歟？（六）説明不丹、尼泊爾二國形勢大略。（七）使觀察德列及加爾各答二地方，在何水流域？（八）使就地圖，觀察孟買及麻打拉薩二處？（九）使觀察錫蘭在印度之何方？島上有何地名？（十）略述德列、加爾各答、麻打拉薩、孟買、可倫波之形勢。（十一）講課文。

比較統括

（一）印度與我國之比較。均爲世界文明古國，但印度自古未能統一，故易爲人所滅亡。

（二）不丹、尼泊爾，與朝鮮、琉球、安南、暹羅、緬甸之比較。

（三）印度物産，與後印度半島之比較。

（四）德列與加爾各答之比較。

（五）加爾各答、麻打拉薩、孟買之比較。

練習應用

（一）使學生製印度半島圖。不丹、尼泊爾，須分別著色。（二）不丹、尼泊爾，雖爲我國僅存之藩屬，然我無實力以及之，亦終爲人有耳。哲孟雄亡而西藏危，可爲前車之鑒也。（三）印度爲東洋文明古國，佛教之輸入，尤於我國宗教史、學術史上，放一異彩。今其人研精學術，憤慨思自立者尚不少，非終爲人屬者也。我國人坐視印度覆滅於英，而不能助，抱媿多矣！乃亦隨歐人之後，詆印人爲不愛國，半開化，何其厚顏！印人之言曰：歐人論事，每以强弱爲是非，視貧富爲毀譽，覩印人之受役於英也，則從而詆之，見日本人之一戰而勝也，則從而譽之。實則富强乃一時之業，文明非可假之名。印度文化，今雖式微，以固有與乞假於人論之，猶斷然在日本之上也。又曰：西人之論文野，徒皮相耳。彼謂中國文化，高於印度者，豈知其真哉？見中國人居處飲食，皆較優於印人，從而爲之辭耳。可謂知言。（四）印度之茶，爲我國出口貨之大敵，棉爲我國入口貨之大宗。

参考

尼泊爾，舊稱廓爾喀。不丹一作蒲旦，舊稱布魯克巴。與哲孟雄俱爲我國藩屬。清光緒十六年，與英訂《印藏界約》，承認哲孟雄由英國一國保護管理，其内政外交，均由英國一國逕辦，哲自此遂亡於英。越二年，英遂與尼泊爾訂約，認爲獨立之國，然光緒三十四年，尼泊爾猶循例入貢，及聞孝欽、德宗之喪，亦具表奉唁，則廓人固猶以我之屬國自居。不丹於清同治三年，與英訂約，年受補助金，然亦未明與我絶，則二國以名義上論，固猶我之藩屬也。

　尼泊爾，在喜馬拉雅山間，地勢崎嶇，人民性質强悍，與藏人交易，以藥材、家畜等爲主。都城加德滿都，今有英兵一隊駐焉。普奈楷，在不丹西境，近亞東關，其地時序融和，土田肥沃，蔬穀咸殖，尤多驢、馬、牛、象，與藏人交易，略與尼泊爾同。

　印度全境，可區爲四部：北爲喜馬拉雅山地，南及中爲高原，山地高原之間爲平原。其間又分爲印度河流域，恒河流域兩平原。至印度沙漠，則包在印度河流域之中。地臨熱帶，氣候炎蒸，物産豐饒，雨量充足之地，農産尤富，故輸出品亦以是爲大宗。

　德列位恒河上流，印度河之東，與加托克遥遥相對。本莫臥兒帝國舊都，在昔盛時，人煙稠密，達二百餘萬，今已減至十分之一。近英以其地當北部貿易之要衝，商務工業，又日視發達，工業現爲全國第一。乃改爲首府，駐總督，實則其意不在商業，而在我國與阿富汗也。加爾各答，位恒河口三角洲上，爲印度第一大都會，輪舶汽車，四通八達，商業之盛，冠於全印。

　孟買位於半島之西，地在一小島上，爲印度西岸第一要港，全印第二大都。自蘇彝士運河鑿通後，商舶雲集，貿易益盛，機織業之發達，尤爲亞洲諸國所未見。麻打拉薩，位半島之東岸，城建於沙邱之上，地濱大海，頗占形勝，印南境之第一大都也。

　印度全境，英設一總督轄之，惟錫蘭島直轄於英政府，不受印督節制。可倫波，在島之西岸，爲東西郵船所必經，故商業頗盛。

第六　伊蘭高原諸邦(一時)

教材

　伊蘭高原，在印度西北，周圍環山，内地多沙漠。分三部：曰阿富汗，曰俾路芝，曰波斯。

　阿富汗在伊蘭高原之東北部，名爲獨立，而實權皆操於英國。國都曰喀布爾，占軍事商業上重要之位置。

　俾路芝，在阿富汗之南，全部殆屬英國。

　波斯在阿富汗、俾路芝之西，國都曰德黑蘭。波斯灣東岸，有布什爾商埠。

伊蘭高原諸邦圖

教授方法

豫備

（一）問自帕米爾高原，分向西行之山脈何名？（二）此山脈之北爲何地？其南爲何地？（三）書"波斯"二字於黑板，問在歷史中，曾見此國名否？

提示

（一）使閱地圖，示以伊蘭高原地理上之限界。（二）使觀察伊蘭高原，政治上現分幾國？（三）使觀察伊蘭高原之地勢。（四）使觀察伊蘭高原之沙漠，此沙漠與印度半島之沙漠連接否？（五）使學生講課文第一節。（六）使學生觀察波斯、阿富汗、俾路芝三國，孰在西？孰在東？孰在南？孰最大？孰最小？此三國，孰最與我相近？孰最與印度相近？（七）略述此三國之現勢。（八）講課文第二、三、四節。

比較統括

（一）波斯、阿富汗、俾路芝國勢之比較。

（二）伊蘭高原與蒙古高原、包新疆。西藏高原包川邊青海。之比較。

練習應用

（一）使學生繪伊蘭高原圖。分國著色。（二）漢與大秦之交通，爲安息所阻,元之兵威,震於歐洲,其基肇於滅花剌子模,則伊蘭高原,乃我國通歐洲之孔道也,而今爲英人所據,以固其印度之勢力。歷史上,印度之被侵略,恒起於伊蘭高原方面,英人之自海道以墟印度,乃變例也。故必兼據伊蘭高原,而後其形勢始完固。設我國欲耀兵西亞,收伊蘭高原爲己有,其用兵之道當若何?

参考

伊蘭高原,在俄領中央亞細亞之南,帕米爾印度之西,南瀕阿剌伯海,興都庫什山、厄爾巴阡山橫障於北,蘇里曼山蜿蜒於東,科魯特山自西北而東南,斜貫其間,中部爲沙漠帶,故地多斥鹵,惟緣邊及濱海之地,土質尚沃,適於農業。境內江河雖少,而鹽湖甚多。東部山脈沙漠之間,肥田所在多有。山雪消融時,溝澮皆盈,灌溉便利,百果五穀,無歲不書大有也。

阿富汗,爲酋長政治,全境分四部,各有酋長,奉一大酋爲帝,稱曰阿密爾,然乏統一之力。又爲英、俄兩國競争之地,致國勢益不堪問。幸民氣剛勁,一遇攻伐之事,無不同心効命,故尚未盡失其獨立。然自一千八百七十九年,與英訂非經英國承認不得與他國開戰之約,亦不啻爲英之保護國矣。俾路芝政體與阿富汗同,全境分爲六部,統屬於克勒特大酋。昔臣服於阿富汗,自一千八百七十六年,與英訂約,仰其保護,英每年補助其歲入金十五萬,印度總督遣員監理其要政。其東北部,已全爲英之領土矣。波斯爲亞洲西部一獨立國,本君主立憲政體,一千九百零六年,始改爲立憲。惜英國伺於南,俄瞰於北,一切政治,均不免受人干涉。

喀布爾在阿富汗東境,爲中亞與印度往來要衝,貿易甚盛,於軍事上亦佔重要位置。英派使臣駐此,名爲保護英商,實藉以干預阿國內政。德黑蘭,在裏海之南,製毛氈、磁器最有名。

第七　東土耳其　阿剌伯　阿曼　亞丁(一時)

教材

東土耳其,在亞洲極西部,有底格利斯及阿付臘底斯二河流域平原,並小亞細亞半島,東南臨地中海地方,爲上古夙開之地。近地中海岸,有耶路撒冷,以基督墓地著名。紅海沿岸,有麥地拿,以謨罕穆德墓地著名。

　　阿剌伯半島,爲一大高原,概屬沙漠。内地各部落,分戴酋長,業遊牧。阿曼,在阿曼灣口,亦一酋長國也。

　　亞丁,在阿剌伯南部海岸,據紅海口,屬英,航海上要地也。

東土耳其阿剌伯合圖

教授方法

豫備

　　(一)問前述亞洲西部平原,在於何處? 尚能記憶否? (二)問基督教起源何地? 天方教起原何地? (三)書"大食"二字於黑板,問在歷史教科書中,會見此國名否? 其國在今何地? (四)問突厥至何時始强盛? 其所據者,爲今何地?

　　提示

　　(一)使閱地圖,觀察在土耳其及阿剌伯半島之地:一、此處是否有兩半島? 二、此地方之最大河流何名? 三、此地方是否有大沙漠? 此沙漠與伊蘭高原之沙漠相連接否? (二)使觀察此兩半島,三面所界者爲何海? (三)書"東土耳其"四字於黑板,告之曰:土耳其,即突厥之異譯也,並説明東字之意義。（四）略述美索不達米亞地方，古代開化之歷史。（五）使觀察底格利斯、阿付臘底斯二河源流，並略述此二河流域狀況。問此地方古代之開化，與此二河有關係否？（六）使觀察耶路撒冷及麥地拿二地方。（七）講課文第一節。（八）使觀察阿曼及亞丁之所在。（九）使讀"內地各部落，分戴酋長"二句。問阿剌伯半島之政治，與阿富汗，俾路芝相似否？（十）問亞丁何以爲航海要地？試思其故。（十一）講課文第二、三節。

比較統括

（一）小亞細亞半島，與阿剌伯之比較。

（二）地理學家謂亞洲南方有三大半島，係指何三半島而言？試思之。

（三）底格利斯、阿付臘底斯與恒河、印度河之比較。

（四）本課中所舉各都會，有可稱爲宗教上之都會者否？試思之。前所授本國地理中，何者爲宗教上之都會？試述其一二。

（五）亞丁與新嘉坡之比較。

練習應用

（一）使學生繪小亞細亞、阿剌伯兩半島圖。分國著色。（二）說河流與文化之關係。作文題。

參考

東土耳其者，別於歐洲之西土耳其而言之也，位亞洲極西，其南即阿剌伯。東土耳其包小亞細亞半島及阿剌伯半島兩旁之地，面積約五百萬方里。阿剌伯面積約一千三萬方里，其自立者，約九百七十萬方里，餘爲土耳其、英吉利兩國占領。以此東土耳其與阿剌伯，可區爲三大部：一、曰土耳其領地，其間又分爲小亞細亞、西里亞、亞美尼亞、美索不達米亞、阿剌伯沿岸五部。一曰英吉利領地，在土領阿剌伯沿岸之南。一曰土人部落，即阿剌伯人獨立之各地是也。

亞丁，扼巴布厄爾曼得海峽，當東西航路之孔道，形勢險要。爲英國所佔，築礮臺，駐海軍，重要與香港無異。該地直轄於英印度總督。

第八　南洋羣島（一時）

教材

南洋羣島，在我國南方，諸島中婆羅洲最大，雖在熱帶，常起海風，調和暑熱。物產有糖、煙、橡皮、珈琲、香料、籐等，而煤油尤多。羣島中除婆羅洲北部屬英，菲律賓屬美外，概爲荷蘭領地。我國人僑居者甚多。

爪哇爲荷蘭領地之最開地。首邑曰巴塔菲亞，輸出糖、珈琲頗多。菲律賓羣島中最大者爲呂宋島，首邑曰馬尼剌，輸出麻、菸、糖有名。

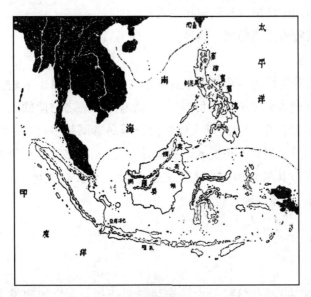

南洋羣島圖

教授方法

豫備

（一）復習第三冊第十三、十四兩課。（二）問近來各種實業多有爲華僑所經營者，此等廣告，汝輩嘗見之否？華僑在外洋受人虐待，或被人限制驅逐之事，汝輩曾聞之乎？抑曾於報紙中見之乎？此等華僑，多居何處？汝輩願聞之乎？（三）復現大陸性氣候與海洋性氣候比較之觀念。

提示

（一）告以南洋羣島，與大洋洲諸島之界限。繪圖於黑板上示之，更使就黑板圖與地圖對觀。（二）使就此界綫以內，屬於南洋羣島之諸島，一一觀察。（三）使觀察此諸羣島，北起何緯度？南迄何緯度？（四）問此諸羣島，氣候當若何？（五）問此諸羣島，物產當若何？（六）講課文第一節。（七）使就地圖中，覓爪哇島之所在。次使觀察巴塔菲亞之所在。（八）使就地圖中，覓呂宋島之所在。次使覓馬尼剌之所在。（九）講課文第二節。

比較統括

（一）南洋羣島與臺灣、瓊州之比較。

（二）與日本、琉球之比較。

（三）諸島中孰最大？孰與我最近？

（四）試將南洋羣島列一簡表。

練習應用

（一）使學生繪南洋羣島圖。各國屬地，分別著色，大洋洲諸島，不著色。（二）歷史上，南洋羣島與我國之關係若何？（三）就南洋羣島之物産觀之，我國若收此諸島入版圖，有利否？（四）華人僑居南洋羣島者既甚多，何以我國不能收此諸島入版圖，且華僑尚不免受人虐待迫逐？（五）聯絡南洋華僑並保護之，使不受外人虐待，其策當如何？諸生試思之。可啓發之，使之各述意見，而教師批評訂正之。此等政策，汝輩亦願自行之乎？

參考

南洋羣島在亞洲之南，與大洋洲諸島相連接。近世地理學家，由海岸地質以及島上生物詳加考察，始繪一綫，自大巽他屬之巴里島與小巽他屬之琅玻克間之琅玻克海峽起，北經馬加撒海峽，婆羅洲西里伯間。西里伯海、西里伯北。菲律賓羣島之東，直趨臺灣以接閩浙海岸。綫以西，海底隆起，水深不過五十尋，而其生物人種，又與印度支那相類。其東則頓成深海，飛潛動植之組織，又近似大洋洲。即以此綫爲亞洲與大洋洲天然境界。南洋羣島與我國交通，古來不絕，華僑之居此者甚多。歐人未東來以前，其勢力大半握於華僑之手，往往有驅逐土酋而王其地者。如蘇門答剌之三佛齊，爲粵人梁明道、張璉所據，先後稱王，盛極一時。婆羅洲之坤甸，清乾嘉時，亦爲粵人陳蘭芳所據，自立爲王。他若蘇門答剌之亞珍，（一名亞齊。）宋以後常入貢我國。菲律賓羣島之蘇禄，昔亦入貢我國。故馬來羣島者，我中華之殖民地也。乃自隸屬歐美各國以來，華僑勢力漸弱。近年荷人，對於華僑，設種種苛例。如加重賦稅、人頭稅。最近爪哇一帶，荷人慫恿土人與華僑爲仇，而阿剌伯人又爲之作倀。阿人信回教，嘗以重息放債，盤剝土人之利，華僑亦有經營此業者，利息較輕，大爲阿人所忌，遂以排出異教爲名，與華僑尋仇。華僑託身異域，無領事爲之保護，致有託籍日本，以求庇護者，殊可歎也。昔日僑民不下千萬，今僅數百萬而已。

第九　俄領亞細亞（一時）

教材

　　俄領亞洲，分西伯利亞、中亞、高加索三部。西伯利亞，占亞洲北部，面積較我國尤大。地勢爲低平原野，西有烏拉山，爲歐亞之境。原野北半，氣候嚴寒，不適農耕。中部以南，有森林沃野，產麥、毛皮。太平洋沿岸，有著名魚場。住民，多俄國移民。人口當我國六十五分之一，多業農，土人業漁獵。

　　海參崴，臨日本海之軍商港也，西伯利亞鐵路發軔於此，連東淸鐵路，橫斷吉黑二省，遠通歐洲。伊爾庫次克及托穆斯克，其重要都會也。中亞地方，概爲沙漠草原，多鹹湖，裏海最大。高加索，分南北二部，臨裏海有巴庫，其附近多產煤油。

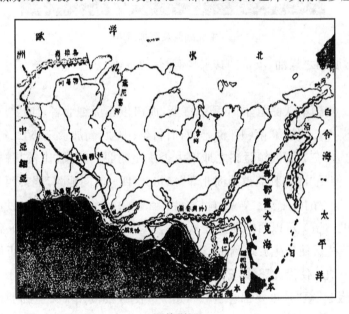

西伯利亞

教授方法

豫備

　　（一）問亞洲北方之平原，亦卽世界最大之平原，其地何名？（二）問歐亞二洲，以何爲界？（三）復習第四冊第五課，及第二十六、二十七課。（四）問

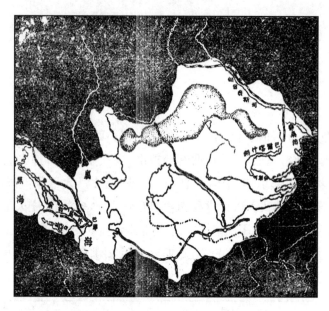

中亞細亞及高加索

吾人日常所用之煤油，汝輩知其來自何國乎？可就煤油之牌號質問之。

　　提示

　　（一）使讀本課標題，問不稱俄羅斯，而曰俄領亞細亞者，何也？使以東土耳其爲例推之。（二）使讀"俄領亞洲，分西伯利亞、中亞、高加索三部"二句，更使就地圖觀之。（三）問俄領亞洲之地廣大否？使閱亞洲總圖，比較其幅員，較我國如何？使讀"西伯利亞占亞洲北部"二句。（四）使閱地圖，觀察西伯利亞之地勢。一、南方有何山脈？二、西方有何山脈？三、自此以外，是否概爲低平之地？使講"地勢"以下三句。（五）示以西伯利亞之氣候、物產及其住民狀況。（六）講課文畢第一節。（七）使學生於地圖中，覓海參崴之所在。（八）使觀察西伯利亞鐵路路綫。（九）使沿此路綫，覓伊爾庫次克及托穆斯克二地方。（十）講課文自"海參崴起"至"其重要都會也"。（十一）使觀察俄領中央亞細亞地勢。一、南憑何山？二、北面是否爲低平之草原？三、鹹湖之大者有幾？入此鹹湖之水何名？（十二）使觀察高加索地方，因高加索山脈，分爲二部。次使觀察巴庫之所在。（十三）講課文畢第二節。

　　比較統括

　　（一）西伯利亞與我國江河兩流域平原之比較。

　　（二）自西伯利亞東端，至俄領中央亞細亞，與自東三省至新疆之路之比較。

　　（三）阿爾泰山脈，西起何處？東迄何處？試總括述之。

（四）自中國至歐洲，陸路以何道爲最捷？若出海道，當若何？試略述之。

練習應用

（一）使學生繪俄領亞洲圖。（二）使於前所繪之亞洲地圖中，添繪自亞入歐海路航綫。（三）西伯利亞，地大於我，而人口只我六十五分之一，其氣候又酷烈如此，較之蒙新海藏，豈不更爲荒涼？然俄人據此，獨勢雄力厚，儼然爲我之大敵者，何也？設無西伯利亞鐵路，其形勢亦能如今日之完固否？（四）我國今日所用之煤油，非來自美，即來自俄。諸生亦尚憶我國有煤油出産最饒之地乎？試舉其名。二冊三課。

參考

西伯利亞地方，可分四帶：一、山岳帶，係緜亙東南兩部諸山之總稱，富於礦產。二、曠野帶，位山岳帶之北，地質膏腴，氣候較溫，農產豐富。三、森林帶，自北緯六十五度，至五十五度。喬木鬱蒼，猛獸羣集，皮毛產額，因之而盛。惟夏季炎燠殊甚，蚊虻遍處發生，雖猛獸猶不能堪。四、凍土帶，包北緯六十五度以北之地，地形卑下，其近北冰洋岸一帶，地面冰結甚深，至夏季僅略融其表面，蓋廣闊之澤地也。冬季溫度極低，不適於人。

中亞細亞地勢，東部爲高原，羣山連亙，或高至一萬五千尺。山谷之間，土地肥沃，草木暢茂。東南隅最高，即帕米爾高原也。西部爲平原，遍地沙漠，中多鹽池，及海產類貝介之殼。故知其古時爲海。至裏海沿岸，地形尤低，較之海面且低六十四尺。阿母、錫爾兩河，自東而西，流於平原之間，注入鹹海。裏海，長七百三十英里，廣二百七十英里，面積十四萬英方里。中央深三千尺，近岸多淺灘，內富魚類，汽船往來駛行。俄駐裏海艦隊於此以示威。冬令北畔凝冰，水帶鹹味，爲世界第一鹹湖。高加索介裏、黑兩海之間，高加索山脈矗立中央，由西北而東南，以此區全境爲南北兩部：北部多平原，富於湖澤草原；南部地形複雜，有小高加索山脈緜亙其間。

托穆斯克，爲西伯利亞西部一大都會，又爲一大商埠，各種製造廠，多至七十餘處。伊爾庫次克，爲南部一大都會，自墨斯科、海參崴至此，道里適均，貿易殷盛，茶與皮毛尤多。巴庫爲裏海艦隊之根據地，又爲煤油產地之中心，與波斯貿易極盛。其油遍地俱是，油井多至七百餘處，旺處，舉足稍重，即上浮，海濱之水，與油殆不可辨。有鐵路西通黑海岸之波的，其地亦爲商埠，自巴庫至此，有運油之大鐵管，長一千八百里，凡銷售各處之煤油，皆由此裝運也。

第二十章　大　洋　洲

第十　概　說（一時）

教材

　　大洋洲，合澳大利亞，及其附近諸島嶼與太平洋中諸島而成。大部在赤道之南，面積約當我國三分之二。

　　本洲大部位於熱帶，然有海風調劑，不甚酷熱。惟澳大利亞，幅員廣大，氣候不一。

　　住民凡五千餘萬，歐美移民最多，漢人僑民其地者亦不少。土著之黑人，

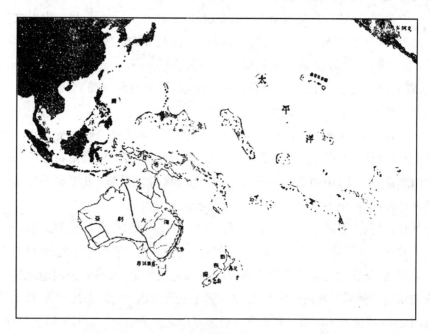

大洋洲

漸減少矣。宗教，移住之民多奉基督教。物產牧畜業最盛，農產次之。

陸上交通雖無甚可觀，海上則有通歐美各航路。

教授方法

豫備
（一）問六大洲中全然與他大陸相離，孤立於南半球者，爲何大陸？（二）復習第八課。注意於亞、澳二洲之界限。（三）問何謂大陸？何謂島嶼？使舉其固有之觀念以對。

提示
（一）示以大洋洲之境域，使就兩圖觀察之。一、澳大利亞大陸，二、其附近諸島嶼，三、太平洋中諸島。（二）使觀察澳洲之地，是否大部分在赤道之南？（三）講課文第一節。（四）問澳大利亞之氣候當如何？次使讀課文第二節。告之曰：大陸與島之區別，即以海洋氣候能否及於內地爲斷。澳大利亞之爲大陸而非島嶼，即以此故也。（五）講述澳洲住民情形。一、歐美人之移殖，二、華僑之被迫促，三、土著之減少。（六）講述澳洲宗教情形。（七）講述澳洲物產大略。（八）講述澳洲交通情形。（九）使學生講課文第三、四節。

比較統括
（一）澳洲與亞洲之比較。一、面積之比較，二、氣候之比較。
（二）澳洲土人現迫蹙於歐洲人，與亞洲諸國漸次爲歐人所蠶食，相似否？

練習應用
（一）使學生繪大洋洲圖。照前段所列表，分爲三幅。（二）現今世界，不惟國與國相競爭，亦且種與種相競爭。愚弱之種，與文明之種遇，生計、政治，種種受其迫蹙，不必刀兵水火，而亦將自趨於滅亡。謂今世界祇有國界，而無復種族之見者，謬也。事勢所趨，雖優強者無排斥異族之見，劣弱者亦將無以自存，況不然乎！

參考

大洋洲，一稱海洋洲，或譯音作澳薩尼亞洲，由太平洋中無數島嶼合成，六大洲中最不完全之大陸也。故以其佔有區域極點之距離而言，居六大洲首，南北自北緯三十度至南緯五十度，東西自東經百十度至西經百三十度。而實際之陸地則居末。面積合計凡二千九百七萬方里，當亞洲五分之一，我國四分之三，六大洲中最小之洲也。地跨溫熱兩帶，赤道綫橫貫中央，而稍偏於北。故氣候北熱南溫，然地爲羣島組成，海風得以調劑其間，故不至呈劇烈之象。惟澳大利亞內部，現大陸性，則以其離海洋較遠故也。人口五千九百餘萬，就中歐、美人佔其首席，華僑約四萬餘，日本人約七萬餘。土人爲阿非利加種及馬來種，風俗卑陋，不可究詰。自歐洲殖民以來，土人日見減少。如澳大利亞某處，竟已全滅，而白人之移居者，則生殖日繁焉。

第十一　澳大利亞（一時）

教材

澳大利亞，面積約當我國四分之三，爲最小之大陸，全部屬英國。地勢內部低而周邊高，山脈以沿東南岸者爲最大，海岸概少出入，島嶼大者爲塔斯馬尼亞。氣候東南部溫和，內地乾燥，而成沙漠。物產有袋鼠、鴨嘴獸、珊瑚、牛、羊、小麥，種皆來自歐洲。又多產金、銀、煤。住民凡三百八十萬，大概爲英國人，土人爲黑人種。墨爾鉢恩、悉尼二港，俱在東南岸，貿易繁盛。

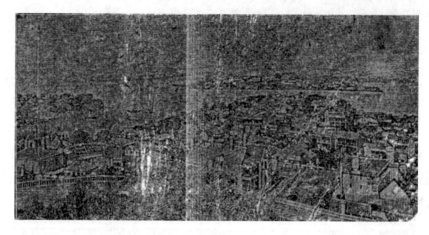

悉尼

教授方法

豫備

（一）問大洋一洲之中，有可稱爲大陸者乎？（二）問澳洲地勢如何？試爲總括語述之。（三）問南温帶之季節，視北温帶如何？

提示

（一）使閲總圖，比較澳大利亞與我國之面積孰大？（二）使觀察澳洲之地勢。一、山脈在於何處，二、澳洲之地勢，中央高乎？四周高乎？（三）問澳洲之沿岸有大半島乎？有大灣乎？（四）問大洋洲諸島，可稱爲附屬於澳大利亞者爲何島？試自地勢上觀察之。（五）講課文自“澳大利亞”，至“大者爲塔斯馬尼島”。（六）使學生講“氣候”三句，問何故乾燥之地，即成沙漠乎？復現蒙古沙漠之觀念。（七）講述澳洲生物情形，及自他大陸移殖之品。（八）使觀察墨耳鉢恩、悉尼二港之所在。（九）講課文畢。

比較統括

（一）山脈在大陸中央，與在大陸沿邊者孰優？

（二）澳大利亞海岸綫與亞洲之比較。

（三）澳大利亞之四季，較我國如何？

（四）澳洲固有生物，與自他洲移殖之品之比較。

（五）澳洲與亞洲之異點何在？試總括述之。

練習應用

（一）澳洲固有之生物，有益於人者甚少。然自牛、羊、小麥等，自歐洲移殖後，遂開莫大之利源。可見世無無用之土地。（二）澳洲繁盛之地，多在大陸沿岸，何也？欲開發其中央，當用何策？

參考

澳大利亞形狀爲一大團塊，沿岸出入殊乏，山脈圍其四周，内地有大沙漠。著名之河，與他大陸長短相同之河比，水量恒少，且因時節而有大差。内陸灌域，又極廣大。凡此種種，均與非洲相似，惟全體均在南半球，則爲此洲之所獨耳。其地季節，正與北半球相反。北部暑而濕，乾雨兩節，盡然無差，殆類印度。南方暑氣較減，降雨亦較均調。中央雨量極少，甚至二三年始見一次，故其酷熱，不讓非洲。生物與北半球顯著差異，然利於人用者甚少。現今所栽培牧養者，均自他大陸移殖，而畜牧尤爲此土之最大利源云。牛羊馬之數，合計達一億，肉類皮革，輸出極多，且爲世界毛織品原料之供給地。袋鼠，一名更格盧，四肢前短後長，尾剛直，能支持體腔及跳躍之用，腹部有袋，育兒其中。鴨嘴獸，以嘴形如鴨名，常穴居水邊，卵生。

悉尼又稱西德尼,我國人以其附近產金,稱雪梨金山,爲新南威爾士之首府,澳大利亞最古之都會也。市肆櫛比,商舶雲集,風景之佳,爲南半球第一。英海軍駐焉。人口約五十萬,推爲全島第一大都。墨耳鉢恩又稱末爾波,華僑稱曰新金山,蓋別於美之舊金山也,位維多利亞境內,港闊水深,八千噸之汽船可直抵埠頭,街市繁盛,人口約五十萬,我國領事館在焉。近爲聯邦首府,英總督代表英皇握行政全權,亦駐節於此。

第十二　大洋洲諸島(一時)

教材

本洲諸島,面積凡三百萬方里。住民凡三百萬人,爲黑人種。全部悉爲歐美諸國所分領,其重要者,爲巴布亞、新西蘭、檀香山諸島。巴布亞,島內多蠻民。新西蘭,在澳洲東南海中,分南北二島,屬英國。羊毛、凍肉輸出頗多。檀香山,在澳洲東北,屬美國。氣候溫暖,多產糖。我國人僑寓其地,從事耕種甘蔗及製糖業者不少。和諾魯魯港爲太平洋航路之要津。

教授方法

豫備

(一)問大洋洲,自澳大利亞大陸外,爲何等地方組合而成?(二)此諸羣島,在澳大利亞之何方?(三)諸島中大者爲何?(四)此諸群島,所占之緯度若何?

提示

(一)使學生以自製之大洋洲分圖三幅,與總圖對觀。(二)使觀此諸島中,以何島爲最大? 巴布亞。(三)使參觀第十一課地圖,所有新西蘭南北二島,在澳大利亞之何方?(四)使觀察檀香山群島,與澳洲大陸距離若何? 又使參觀總圖,檀香山羣島與亞美二洲大陸,距離如何?(五)略述諸島之氣候,物產。(六)略述諸島土人狀況,及現今爲歐美各國占領情形。(七)講課文。

比較統括

(一)大洋洲諸島,與亞洲諸島之比較。可略示以海島、陸島之區別。

(二)新西蘭與巴布亞氣候、物產之比較。

（三）檀香山與新西蘭、巴布亞等大島之比較。

練習應用

（一）海中島嶼，較諸大陸，面積大小，恒覺不侔。散居大洋中之海島，尤若彈丸黑子比。然其地雖不足重，而扼航路之要衝，往往以極小之地，而所關甚重。此歐美人所以殫力以爭之也。

參考

巴布亞，一名新幾内亞。炎熱多雨，低地雖土人不能居，兼之森林鬱蒼，土人性質，又極慓悍。故内地情狀，殆全不明。其地動物與澳大利亞同，植物富熱帶性，森林頗多有用之材。華僑多居沿岸，業採金沙、珊瑚。新西蘭，有南北二島，地勢多山，有大冰河，富湖泊，風景秀絶，土性亦膏腴。首府曰威爾倫敦，華人僑居二島者，二千五百餘人。檀香山，居亞美澳三洲間，位置甚爲重要。我國人抵於此者，萬有二千。和諾魯魯，所在島名阿湖，有我國領事。

第二十一章　歐羅巴洲

第十三　概説（四時）

教材

歐羅巴洲在東半球西部，東連亞洲，北臨北冰洋，西面大西洋，南隔地中海，而對非洲。面積當亞洲四分之一，較小於我國。海岸多出入，富島嶼、半島、內海。山脈自西南亘南部，其他斯堪的納維安半島外，殆全爲廣大原野。山脈之著者爲阿爾卑斯，其延於東北者爲喀爾巴阡，南出者爲亞平寧，西南出者曰比利牛斯。

河流導源西南部山地者，多腦河最大，東北流入黑海。來因、易北二河次之，北流注北海。導源於東部平原中者，有窩瓦河，東南流入裏海。諸河上流，多由運河互相連絡，饒舟楫之利，河口又擅港灣之勝。

本洲大部位於溫帶，氣候頗溫和，西部受灣流影響，尤爲溫暖。東部原野，冬季河水結冰。

本洲産業：土地墾闢，多産麥、甜菜、葡萄。牧畜，牛、馬亦盛。穀物須仰給於他洲。東部、中部有森林，西部、中部多産鐵及煤，故商工業發達，輸出工藝品極盛。

交通機關，極爲完備。陸路普設鐵路，縱橫交錯，密如蛛網，路線延長，足環繞地球七週而有餘。阿爾卑斯山間，通有各大隧道，河流多由運河相連，以助交通之便。海岸多良港，且航路適居新舊兩世界要衝，船舶往來，絡繹不絕，運輸極便。

住民約四億，密度冠六大洲。除東南部及北部有黃種人外，其餘多屬白種人。宗教多奉基督教，惟巴爾幹半島多奉回教。教育概普及，學校技藝，研究進步。

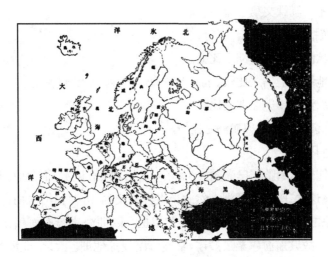

歐羅巴洲圖

　　本洲之國，大小共二十餘。東部有俄羅斯，其西有德意志及奧斯馬加，西部有法蘭西、英吉利二國，南部有意大利，國勢皆盛，稱歐洲六大强國。其他：斯堪的納維安半島，分瑞典、挪威二國；北海沿岸，有比利時、荷蘭二國；北海與波羅的海間，有丹麥；阿爾卑斯山間，有瑞士；伊伯利安半島，分西班牙、葡萄牙二國；巴爾幹半島，有土耳其、希臘等國；皆爲立憲政體。自法蘭西、瑞士、葡萄牙三國外，皆爲君主國。英、法、俄、德、荷、比，皆有廣大領土於他洲。

教授方法

第一時（第一節）

豫備

　　（一）問在亞洲之西北者爲何洲？（二）與吾人時有交涉之英、俄、法、德諸國，諸生知其在何洲乎？（三）在歐美二洲之間者，爲何大洋？

提示

　　（一）使閱地圖，觀察歐洲之四界。先與亞洲之界，次與大西洋之界，次與北冰洋之界，次與地中海之界。使觀察地中海與大西洋相通否？地中海之南岸爲何洲？（二）使觀總圖，歐洲幅員，較亞洲大小如何？次使比較歐洲與我國大小如何？（三）使觀察歐洲之地勢。一、其山脈是否偏於一隅，二、所偏在者爲何方？（四）指示阿爾卑斯及其歧出之山脈，次指示基阿連、烏拉嶺二山脈，問歐洲自此之外，是否均爲平地？（五）使觀察歐洲之沿海。注意於黑海、波羅的海、北海及南歐三大半島。（六）使觀察不列顛羣島。（七）講課文第一節。

比較統括

（一）歐洲幅員與亞洲之比較。

（二）地勢與亞洲之比較。山脈皆在大陸之中央,其主軸皆偏於西南。

（三）歐洲沿岸與亞洲之比較。

（四）就以上三者,與澳洲之比較。

練習應用

（一）使學生繪歐羅巴洲圖。分國著色。（二）歐洲地勢,不啻亞洲一大半島,故其地運發達之速,過於亞洲。然此後世界之交通,方將由沿海而進於大陸,則我亞洲國民之雄飛,當又非歐洲人所敢望也。歐洲海岸綫與面積比較,在六大洲中爲最長,故其航海事業最發達,常從海路侵掠他洲。反之,亞洲面積於六大洲中爲最廣,則吾亞洲人之陸上事業,亦當於世界中爲最精强。即可從陸路以統一世界。

第二時（第二、三節）

豫備

（一）問歐洲之河流,應自中央流向四方乎？抑否乎？使以歐亞二洲之地勢比較推之。（二）問半島地方之氣候,應較大陸如何？

提示

（一）使閱地圖,觀察歐洲中央之分水界。一、阿爾卑斯及喀爾巴阡,二、比里牛斯,三、瓦爾岱邱陵。（二）使觀察阿爾卑斯及喀爾巴阡山脈以北,水均流入何海？其南,均流入何海？（三）使觀察比里牛斯是否爲依伯利安半島與大陸之分水界？（四）使觀察窩瓦河流域以北,水均流入何海？以南,水均流入何海？（五）使觀察多腦、來因、易北、窩瓦諸河源流。（六）講課文第二節。（七）問歐洲之氣候較亞洲當如何？以歐洲地勢爲亞洲之一半島推之。問歐洲之氣候,當東暖於西乎？抑西暖於東？（八）講灣流與氣候之關係。（九）講課文第三節。

比較統括

（一）歐洲河流與亞洲之比較。一、長短之比較,二、水量之比較,三、航利之比較。

（二）與澳洲之比較。

（三）以面積比較言之,澳洲內陸流域最廣,亞洲次之,歐洲又次之。澳洲沙漠地帶亦最多,歐洲則無沙漠,可知沙漠與河流,常相反對。

（四）多腦、來因、易北、窩瓦諸河之比較。

練習應用

（一）使學生作歐洲山脈、水系略說，并附以圖。（二）歐洲河流甚多，其支流與本流多成直角。又其發源之地，地勢不如亞洲之崇峻，故上游概多安流，可以運河聯結之，其交通之便，遂爲六洲冠。觀歐洲河流交通之便利，可知運河關係之巨。

第三時（第四、五節）

豫備

（一）問人口稠密之處，土地墾闢乎？抑人口稀疏之處，土地墾闢乎？（二）復習國文第五册第八課。（三）問在陸地上最爲交通之障礙者，何物乎？山脈。欲免除此等障礙，宜用何法。可引粵漢鐵路鑿隧道通過北嶺山脈之事，以啓發之。

提示

（一）講述歐洲諸國農業情形。（二）略述諸國牧畜情形。（三）指示歐洲森林區域。（四）講述歐洲商工業發達情形，及工藝與煤鐵相關之理。（五）講課文第四節。（六）指示歐洲鐵道重要綫路，可於黑板繪圖示之。並使觀察阿爾卑斯山系，知其爲歐洲陸路交通之大障礙，藉鐵道以破除之。（七）使閱世界總圖，觀察歐洲航路，是否居新舊兩世界之衝？（八）講課文第五節。

比較統括

（一）歐洲産業與亞、澳二洲之比較。

（二）歐俄之森林與西伯利亞之森林，其緯度相同否？

（三）以大較言之，歐洲畜牧業盛於何處？農業盛於何處？商工業最發達之地爲何處？

（四）歐洲人口之密度，較我國如何？

練習應用

（一）歐洲天産，未必能優於我國。然其産業之發達，顧冠絶六洲者。緣其學術興盛，能應用科學，以改良生産運輸之方法也。於此可知學術與富力之關係。（二）宗教之關係，多由於人種，而不由於地域。如歐人雖在亞洲，亦奉基督教。土耳其人雖在歐洲，仍奉回教是也。

第四時（第六、七節）

豫備

（一）書“人口密度”四字於黑板，使學生解釋其意義。（二）問歐洲諸國，最强者爲何數國？試略述其與我之關係。僅述大略，不可冗漫。（三）復習第四册第二十一課至第二十八課。

提示

（一）使學生讀課文第六節。問歐洲人數，不逾於我，何以其密度爲六大洲之冠？巴爾幹半島，何以多奉回教？（二）使閱地圖，在歐洲東北，而占據歐洲之大半者，何國也？（三）次使觀察奧斯馬加。（四）使觀察奧斯馬加以西爲何國？更西爲何國？（五）問以上諸國，皆在歐洲之大陸部否？（六）歐南亦有三大半島，立斯於最西之半島者爲何二國？次東之半島爲何國？最東之半島，有何諸國？歐洲土耳其，與亞洲土耳其，地勢相聯接否？（七）此外尚有大半島否？半島上有何二國？（八）歐洲之島國，何國也？（九）以上諸國，孰在山地？孰在平地？（十）問歐洲各國中，有不沿海者否？（十一）講課文第六、七課。

比較統括

（一）歐洲民數及密度與亞洲之比校，又與我國之比校。

（二）歐洲諸國大小之比較，强弱之比較。西歐與東歐，孰爲繁榮？

（三）合計六大强國之面積，與其餘諸國之面積孰大？

練習應用

（一）使生徒描寫歐洲各國輪廓，然後暗射之。（二）使觀歐洲地方，大半爲六大强國所占，其餘諸國，雖强大不逮，亦差足自立。其紛雜難理者，惟一巴爾幹半島耳。此今次歐洲戰役之所以起。（三）諸强國在歐洲，既無復可占之地，故不得不并力以向外，此爲各國在他洲皆有廣大之領土之由。英、法、德等國，其本土皆不可云大，荷蘭尤小，然能在他洲領有廣大之土地。我泱泱大國民，反不能然，可恥孰甚！

參考

歐羅巴洲，東西最長處約九千餘里，南北最廣處約七千二百里，面積三千一百六十萬方里。六大洲中，除大洋洲外，此爲最小。小於我國一百餘萬方里，若與亞洲相較，則相去尤甚，約一與四又二二之比。南海岸綫之長，達二萬六千五百七十二海里，與面積相較，遠出各洲之上。全洲海岸屈曲，半島港灣，觸處皆是，故其地勢亦極複雜。約言之，山地分南北兩部，南部即阿爾卑斯山脈地帶，北部即大不列顛羣島與斯堪的納維安半島。二部之中，介以大平原。總全洲而論，山地占三分之一，平原占三分之二。

多腦河，長五千一百里，流域三十萬英方里，爲本洲第一大川，世界第一內陸河。來因河，長二千一百里。易北河長二千零十六里，窩瓦河長六千六百里。

歐洲大部分在北溫帶內，距海洋極遠之地甚少，故大概有海洋性氣候，雨量充足，益以大西洋中墨西哥海灣之暖流，繞其西北，以此北部鄰近寒帶之地，較同緯度之亞洲尚覺溫和。如英、俄、瑞典、挪威等國，人煙稠密，而同緯度之亞洲地方，已人跡罕至也。惟東境一帶，以離海洋稍遠，呈大陸性。要之本洲之氣候，隨緯度之高低，自南而減於北。又因海洋之影響，自西而減於東。其結果自西南向東北溫度次第減少，雨量亦因此爲增減也。

全洲人口三億六千餘萬，約居全球人數四分之一弱，均計每英方里九十六人，爲六洲中人口最稠之地。其中又以比利時爲最密，計每英方里五百四十人。人民大概屬歐羅巴種，因氣候地勢之殊，而容貌性質，遂亦不同。別之爲四大支：一、條頓族，佔西北大部，英、德、荷、丹、比、挪、瑞典諸國人屬之。二、斯拉夫族，佔東北大部，俄、奧、塞爾濱、羅馬尼、保加利亞、門的内格羅諸國人屬之。三、拉丁族，多居西南方，法、意、班、萄諸國人屬之。四、希臘族，希臘人屬之。此外又有亞細亞族，一稱土耳其族。土耳其、匈牙利，及俄國之芬蘭人屬之。拉丁族奉基督舊教，即天主教。條頓族奉基督新教，即耶穌教。斯拉夫族、希臘族奉希臘教，亞細亞族則奉回教。

歐洲農業，盛於西部。自俄羅斯西南之黑土地帶起，至比里牛斯山脈止，其間除北海沿岸砂丘，及瑞士等過高之地外，皆沃土也。牧畜，以俄羅斯、匈牙利、荷蘭等國爲最盛。廣大之森林區域，在瑞典、挪威二國，及俄羅斯自北緯六十度至北極圈之地。

交通進步，他大陸皆非其比。蓋天然之河流既多，而人工開鑿之運河亦不少。且除巴爾幹半島外，道路皆完全，山脈多不高，無礙交通。其高山如阿爾卑斯等，又有著名之隧道，以貫通之故也。如聖哥大隧道，新伯隆隧道是。全洲鐵路綫之長，共達五十萬里以上，居世界全數三分之一。位置適當東西兩大陸之中樞，主要之港，多爲内外航路之中心，於交通事業，尤爲發達云。

第二十二章　東歐北歐諸國

第十四　俄羅斯（二時）

教材

俄羅斯，在歐洲東部，面積過歐洲之半，人口凡一億二千五百萬，併所領亞洲計之，幅員幾倍我國。地勢平坦，中部稍有邱陵，重要河流，多導源于此，川窩瓦河爲最著。

氣候，因土地廣大，海洋影響，不及內地，故極不一致。北冰洋沿岸，寒冷而爲凍原，其南有森林，更南爲農田。人民勇敢猛鷙，善進取，多業農牧。教育頗不普及，以比英、德相去甚遠。物產有麥、麻、馬之產額，居世界第一。烏拉山脈，產貴金屬有名。西南兩部，煤田極多。

國都曰彼得格勒，臨波羅的海支灣，水陸交通，均極便利，爲通國第一商埠。西伯利亞鐵路，自此起點，經墨斯科入亞洲。墨斯科，略在國之中央，爲俄舊都，當陸路交通要衝，商工業頗盛。臨黑海之敖得薩，控南部之農產地，輸出麥類頗多。

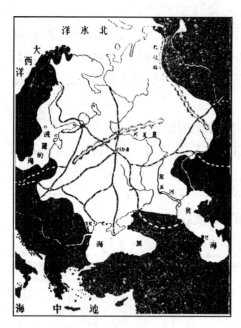

俄羅斯圖

彼得格勒圖

教授方法

第一時（第一、二節）

豫備

（一）問歐洲東部平原，以何爲分水界？（二）問歐洲之氣候，東部較西部如何？（三）復習本册第九課。

提示

（一）使閱地圖，觀察俄羅斯之地，是否佔歐洲之過半？（二）更使閱亞洲地圖，觀察俄在亞洲領土之面積。（三）授課文自“俄羅斯”起，至“幅員幾倍我國”。（四）使閱地圖，觀察瓦爾岱邱陵，及自此分流南北諸水。（五）使觀察窩瓦河之源流，告以此爲歐洲第一長流。（六）使學生講“地勢平坦”以下五句畢第一節。（七）使學生講“氣候”以下五句。（八）師講“北冰洋沿岸”四句。（九）略述俄國人民、物產情形。（十）使學生講課文畢第二節。

比較統括

（一）俄國幅員廣大，幾倍於我，其實力亦當倍於我否？

（二）佔歐洲平原之大部份者，何國也？

（三）歐俄氣候與西伯利亞之比較。

練習應用

（一）使學生繪俄羅斯圖。（二）國勢之强盛，恃乎人民程度之高。以俄國之廣土衆民,而昔見扼於英、法,今又被敗於德,非以其教育程度,不和英、德之故歟?

第二時(第三節)

豫備

(一)復習本册第九及第四册第五課。(二)問在俄羅斯、瑞典之間者,何海也?(三)問小亞細亞半島之北爲何海?(四)問乘西伯利亞火車,直向西行,可至何處?

提示

(一)書"彼得格勒"四字於黑板,問此爲何地? 諸生夙有所知否? 又書"彼得堡"三字於黑板,問與彼得格勒系一地否?(二)使閱圖,觀察彼得格勒之位置。(三)使於圖中覓墨斯科之所在。(四)使觀察墨斯科,是否爲歐俄鐵路之中心點?(五)略述俄大彼得之爲人,及其遷都之歷史。(六)略述俄國新舊二都之形勢。(七)告以歐俄之西南一部分,爲著名之農業地。使閱地圖,確認之。次使觀察敖得薩之位置。(八)講課文第三節。

比較統括

(一)俄人目哈爾濱爲東方之墨斯科,形勢相似否?

(二)使作西伯利亞鐵路遊記,并附以圖。

(三)彼得格勒與海參崴之比較。

(四)敖得薩與營口、大連灣之比較。

練習應用

(一)觀彼得改革,必遷都於海濱,可知近世海權關系之重要。(二)拿破崙攻墨斯科敗退一役,可略述之,以增進學生軍事上之智識。拿破崙事,詳見《國文教科書》六册二課,授至此時,可與此課相聯絡。

參考

俄國面積一千六百六十四萬方里,占歐洲全境二分之一強,約十與六之比。若加以亞洲領土,實占全球七分之一,爲世界第二大國。

歐俄氣候,大概呈大陸性,又以區域廣大,各處不一。大致在北緯五十度以南,夏長冬短,天氣甚暖。自五十度至六十度,氣候溫和,然冬寒亦甚,河海皆冰。自六十度以北,氣候嚴寒,河封半年不解。北極之地,殆終年結冰。以此其生物亦可區爲五帶:一、極北之凍野帶,生蘚苔、灌木等,夏季表面稍融解,成卑溼之沼澤地,馴鹿徘徊其間。二、中部以北之森林帶,麥、麻之產亦多。三、黑土帶,有俄羅斯穀倉之稱。四、草原帶,西半部多牧場,東部無雨,爲沙磧之區。惟鹹湖不少。五、極南部之暖土帶,爲玉蜀黍、小麥、葡萄、橄欖等之產地。然自西而東,亦有多少之差異。

俄國以礦產發達著名於世,大半出於烏拉山,其白金之產額,占世界十分之九。金之產額,居世界第三。錳之產額,居世界第一。南部窩瓦河邊及西部一帶,多煤田,層厚而質美,產額亦不弱。南部之巖鹽層及鹹湖,出多量之食鹽。牧業爲歐洲各國冠,馬之頭數,達二千九百萬,有全球之半。

彼得格勒,瀕波羅的海之芬蘭灣。俄之鐵路,起點於此,東南行。經墨斯科,折而東,越烏拉山,接西伯利亞鐵路。墨斯科爲俄舊都,鐵路東接西伯利亞,西達波羅的海,南抵寨伐斯篤軍港,北至白海,西南通德奧,東南聯巴庫,實全國陸路交通之要地也。

敖得薩,爲俄南部門戶,俄國穀物多自此輸出。

第十五　瑞典　挪威　丹麥(一時)

教材

瑞典、挪威二國,以基阿連山脈爲界,東爲瑞典,西爲挪威。挪威海岸,雖爲絕壁,以多出入,頗便泊舟。近海盛行漁業,兩國共產木材,瑞典產鐵類極良。

瑞典國都曰斯德哥爾摩,挪威國都曰格里士特阿拿,皆在南部海岸。

丹麥合日德蘭半島北部及其附近諸島嶼而成,東扼喀德加特海,地勢低平,盛行農牧,牛酪輸出甚多。國都曰哥卑納給,在東部島上,西北大西洋中之冰洲爲丹麥領土。見歐洲總圖。島中多火山,有有名間歇泉。

教授方法

豫備
(一)問波羅的海之外,爲何半島?(二)問歐洲除阿爾卑斯山系及烏拉嶺外,尚有何山脈?(三)問在瑞典、挪威之南,德意志之北者,何國也?

提示
(1)使閱圖,觀察斯堪的納維安半島。(二)次使觀察日德蘭半島及其附近諸島嶼。(三)使觀察波羅的海之四界。(四)使觀察丹麥以西爲何海?(五)使

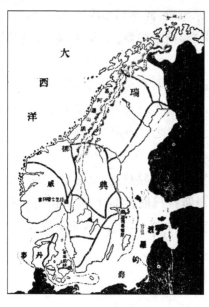

瑞典挪威丹麥圖

觀察北海及波羅的海間之海峽。（六）使觀察瑞典、挪威二國之境界。（七）講述二國之地形、氣候、沿岸形勢之不同。（八）使觀察瑞、挪二國都城之所在。（九）講課文第一、二節。（十）使觀察日德蘭半島，及佛寧、西蘭、拉蘭三島。（十一）使觀察日德蘭半島之地勢。（十二）使觀察丹麥國都之所在。（十三）使觀察冰島之位置。（十四）講課文第三節。

比較統括

（一）瑞典與挪威之比較。

（二）瑞典、挪威與丹麥之比較。

（三）試將丹麥所有之地列爲一表。

（四）丹麥不建都於大陸，而建都於島上，何也? 以扼波羅的海出入要地故。

（五）基阿連山脈與大關嶺之比較。

練習應用

（一）使學生繪瑞典、挪威、丹麥合圖。分國著色，北海及波羅的海，圖中須完全。

（二）瑞典、挪威，立國於窮北苦寒之地。丹麥以一小國，而扼波羅的海北海航路之衝，卓然爲重於歐洲，俱足令人起敬。（三）試述寒帶之森。作文題，以歐俄及西伯利亞、瑞典、挪威爲材料。

參考

基阿連山脈，爲斯堪的納維安半島之脊，而偏於西。故挪威全國，悉山嶺崎嶇，瑞典則頗有平地，河川分布，亦偏於東，在西部悉成急流瀑布。海岸綫延長，萬有五千英里，西部悉成絕壁，多峽灣，東部則反是。

瑞典、挪威，地味殊瘠。就中瑞典以地勢平坦故，燕麥、稞麥及大、小麥等，供給民食，尚有餘饒。挪威則耕地面積，不過全國百分之三，民食皆仰給於外。百分之七十五爲不毛之地，其二十二爲森林。其惟一之富源，則爲山林、漁業、礦物。漁業挪威最盛，羅佛敦羣島，每當漁期，漁夫之集此者，三萬餘人。礦物富於瑞典，以製鐵爲最有名，惜乏石炭耳。森林兩國共盛，歐洲市上之材木，半出於此,出口最多之歲,價值達五十兆元云。

　　斯得哥爾摩建於九島之上,河水縈繞,橋梁橫跨,樹木蓊翳,山石巉巖,樓臺殿閣,輝耀四圍,頗擅風景之勝。又爲是國著名商港,與俄、德貿易頗盛。格里士特阿拿建於格里士特阿拿灣北,爲挪威第一通商埠,輸出材木最多。

　　日德蘭半島,連於北德意志,爲歐洲平原,西岸砂土相連,地味殊瘠。東岸則反是。沿海間有低於海面之處,亦藉堤防以障海水。民務農牧、產麥頗多,漁業亦盛。都城哥卑納給,在東部西蘭島上,臨蘇德海峽,最狹處不足一海里。與瑞典相望,形勢雄壯,爲波羅的海之門户,每年船舶之進出者,不下萬六千艘。

第二十三章　中歐諸國

第十六　德意志（二時）

教材

　　德意志，爲聯邦國。在俄羅斯之西，與奧、法二國接境，歐洲中央部之大國也。面積約當我國十二分之一，人口凡六千萬。地勢據瑞士高地之北，南部高亢，北部低平。河流皆向北流，多水量，且由運河相聯絡，如萊因、多腦河，可聯絡北海與黑海。又有幾爾運河，以助波羅的海之交通。

　　農產多麥、番薯、甜菜、葡萄，林業以進步有名，礦產煤、鐵爲最。工業極盛，出鐵器、織物，砂糖極多，尤以麥酒出產，位世界第一。又多化學工業品，外國貿易額次英國，位世界第二。輸出多鐵及鐵器織物，輸入以棉花、羊毛、麥爲大宗。人民篤實勤儉，獨立自尊，兼尚文武，富愛國心，頗有爭霸世界之

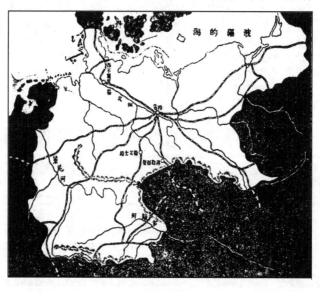

德意志圖

概。教育普及,工業發達,陸軍精壯,皆非他國所能及。國都曰柏林,學術商工業甚盛,有有名大學。昂不爾厄,爲全國第一貿易港。得勒西登,以美術工藝名。其西北勒不士格,以出版業著。

教授方法

第一時(第一節　至運河)

豫備

(一)問此次歐戰,以一國力抗全歐者爲何國? 汝輩亦有所聞乎? (二)問在俄國之西,法國之東者爲何國? (三)問自北海入波羅的海,取道如何?

提示

(一)使閱地圖,觀察德國之四界。(二)使觀察阿爾卑斯山系,在德國之何方? 德國之地勢,何方高? 何方低? (三)使觀察德國之河流。一、萊因河。二、易北河。三、阿得河。四、多腦河。(四)問多腦河與其餘諸河,流向是否相反? 然則爲德國分水界之山嶺,當在何處? (五)指示萊因及多腦間運河。(六)使更觀察波羅的海及北海間航路,然後指示幾爾運河之所在。(七)講課文,自"德意志"至"以助波羅的海之交通"止。

比較統括

(一)德意志與俄羅斯之比較。

(二)德國北部之平原,亦爲歐洲大平原之一部。

(三)萊因、多腦,均爲歐洲著名大河,而其流向適相反,則可知阿爾卑斯實爲歐洲之大分水嶺,猶中亞高原之於亞洲也。

練習應用

(一)使學生繪德意志圖,如前例。(二)德爲歐洲第一強國,而其面積僅當我十二分之一,其人民亦僅當我七分之一。以我國之廣土衆民,而積弱如此,寧不自愧!

第二時(第一節　自農産至課末)

豫備

(一)書"柏林"二字於黑板,問學生,會聞此地名否? (二)問此次歐戰,德人以一國力敵全歐,諸生知其原因乎? 亦欲聞此原因乎? (三)告之曰:德人所以能如此強盛者,即以其政治、軍事、經濟上之組織,均非他國所及。而學術之進步,人民之愛國,而又有實力,尤其大原因也。今試以德國情形語汝等。

提示

（一）略述德國農業及林業進步情形。（二）略述德國盛產煤、鐵，及其工業進步情形。告之曰：英國煤、鐵之產，素甲世界，故其國製造最盛。然德以一新興之國，竟一躍而與之並，近且有謂德國煤、鐵產額，實在英國之上者。（三）略述德國陸軍精強，及其人民尚武愛國情形。可多引近事爲證，如報章所載，爲學生所習聞者最佳。（四）略述德國學術發達，及其教育普及情形。（五）講課文第一節畢。（六）使閱地圖，觀察柏林之所在。（七）使觀察昂不爾厄之所在。（八）使觀察得勒西登及勒不士格之所在。（九）講課文第二節。

比較統括

（一）德意志與現今諸強國之比較。

（二）德意志人民與俄羅斯人民之比較。一、性質之比較。二、教育程度之比較。

練習應用

（一）富強二字，自古相因。德人此次，力戰全歐，固足徵其兵力之強，實尤賴其富力之厚。然德爲新興之國，幅員之廣，地形之勝，土性之腴，均不如英、法諸國。而改良政治，擴張軍備，人民負擔之重，抑又過之。然其富力，顧蒸蒸日上，與英、美相頡頏者，則其教育普及，學術興盛，一切政治上、經濟上之措置，均能應用最新之學理，有以致之也。於此可見強國非空言所能有濟，而諸生在校研究學問，不可不格外努力。（二）德國河岸，殊乏屈曲，然諸河口均成良港，故昂不爾厄，遂爲全國商務之所集。凡歐洲諸河，多有此優點。

參考

德意志，合四王國、六大公國、五公國、七侯國、三自由市、一帝領而成，以普魯士王爲德意志皇帝。

幾爾運河，德之北海、波羅的海間著名運河也。初，德意志欲自北海至波羅的海，無江河可通，須假道丹麥，於軍事商業皆有所不利。於是開鑿此河，長六十哩，水深岸廣，可航大舶。從來運河，皆因沼澤爲之，惟此河盡爲陸地，程工十年，費銀八十兆元云。

德國物產，最富煤、鐵，可與伯仲者，惟英吉利三島。然英爲老大之國，德爲新造之邦；英之鑛將竭，德之鑛方富。且煤、鐵相需爲用，而德之鐵鑛，每鄰煤田，製造之業，兩相附麗，尤易爲功云。農產以麥、馬鈴薯爲首，多在北部平原，西部多甜菜，西南多葡萄。森林面積占全國四分之一，均歸國有，爲收入大宗。

柏林在史普里河畔,有著名大學,可容學生八千人。其他普通中等專門學校,約有千百。製造之場,多在郭外,地當四達之衝,商賈雲集,貿易孔殷。故柏林者,人文之淵藪,工商之會歸也。昂不爾厄,因易北河交通之便,在中古時代商業已盛,今為德國第一通商港。我國絲茶之往歐洲東北者,亦由此轉運。得勒西登,為薩克索尼亞之都城,城小而古,考古跡者必於是,講美術者必於是,歐洲中最饒興味之城也。全城多造象骨董,古代之建築,名手之圖畫,按籍索之,如指諸掌。王宮之內,所藏累代異實,指不勝屈。又有著名之歷史博物院,羅致遠東之物,以便未嘗遊東之士,藉以考鏡。我國北京之宮殿,日本之行宮,皆有其模形焉。

得勒西登,為出版業著名之地,有書賈五百家,印刷所百家,每年出版之書,常有六百萬本。

第十七　奧斯馬加（一時）

教材

奧斯馬加,分奧地利亞、匈牙利二國,共戴一君。位歐洲中部,三面接陸,僅西南臨外海。面積約當我國十五分之一,人口四千七百萬。國內山嶺矗起,阿爾卑斯山峙於西,喀爾巴阡山亙於東北,而抱匈牙利原野,多腦河貫流其間,交通頗便。人民多業農牧,物產多葡萄、牛、馬,礦產銀、鉛、巖鹽均甚豐富。工業,西部較盛,輸出織物、酒、糖、玻璨。奧國首都曰維也納,市街壯麗。外海岸之特來斯,為其第一商港。匈牙利首都曰布達佩斯,匈牙利原野之市場也。

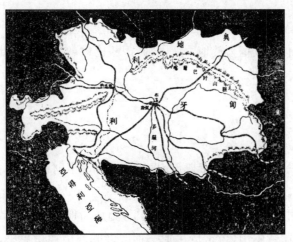

奧斯馬加圖

教授方法

豫備

（一）問此次歐洲戰爭，與德聯合者爲何國？（二）問阿爾卑斯山系，延於東北之支脈何名？（三）問歐洲最大之河何名？大部分在何國境内？

提示

（一）書"雙立君主國"五字於黑板，問學生知爲何義否？（二）略述奧國國體之大略。（三）使閱地圖，先觀察奧匈二國之境域，次觀察奧斯馬加與他國之境域。（四）使觀察奧國沿海之地，共有若干？其地屬奧地利，抑屬匈牙利？（五）使觀察奧匈國内之山脈，屬何山系？奧地利與匈牙利之地，孰爲山地？孰爲平原？（六）使觀察多腦河之流向，奧匈二國，是否均爲多腦河所經流？此河上流來自何處？下流入於何國？在奧匈二國者，是否其中流一部分？（七）講課文自"奧斯馬加"至"交通頗便"。（八）略述奧匈二國産業情形。（九）講課文，自"人民"至"輸出織物、酒、糖、玻璨"。（十）使觀察奧匈二國之都城，問二者均在多腦河流域否？次使觀察特來斯及布達佩斯之所在。（十一）講課文畢。

比較統括

（一）雙立君主國與聯邦之比較。

（二）奧地利與匈牙利之比較。

（三）維也納與布達佩斯之比較。

練習應用

（一）使學生繪奧斯馬加圖。奧地利、匈牙利，須分別著色。（二）奧國以沿海之地太少，不能伸張其權力於地中海，故時覬覦巴爾幹半島。觀此，可知近世制海權之重要。

參考

奧匈爲雙立君主國，奧帝兼爲匈王，掌外交軍事財政之權，内治則各有憲法，不相統一。

奧地當阿爾卑斯山之東坡，重岡複嶺，疊爲高地。東夷爲匈牙利大平原，喀爾巴阡、巴爾幹兩山，環抱於平原三面。多腦河由德境東來，橫貫其間，流入巴爾幹半島，是河首尾雖俱在他國，而奧匈兩國，實占其大部，支流徧布，灌

維也納圖

溉稱便。惟海岸綫延長，僅五百英里，且多峭壁，良港殊少。

物產以礦產爲第一，嚴鹽之產出額，超出世界各國之上，鹽層之厚，有達至四千尺者。多腦河流域，有歐洲穀食之稱，其麥粉品質精良，爲歐陸最。畜牧盛於匈牙利，馬之產額，俄國外無與匹敵者。

維也納，在多腦河右岸，爲全國製造業中心。特來斯，爲沿海最盛商港，全國貿易皆集焉。布達佩斯，本爲兩城，布達在多腦河右岸，佩斯在其左岸，以大鐵索橋聯絡其間，麥市及麥粉製造，在歐洲有甲乙之目。

第十八　瑞　士（一時）

教材

瑞士，在阿爾卑斯山間，爲一小共和國。地勢高亢，爲歐洲冠。來因、羅尼諸河，導源國內。多瀑布湖水，風景極佳，足稱西土公園。鐵路四達，交通至便，阿爾卑斯山中之新伯隆及聖歌大隧道，尤負盛名。人民利用水力，工業頗盛。國都曰伯爾尼，爲萬國郵電聯合會所在。蘇利世，爲重要工業地，本國第一大都會也。給尼發，風景佳勝，製造鐘錶頗盛。

教授方法

豫備

（一）問阿爾卑斯最高峻之處，在何國境內？（二）問工業發達，必藉煤、

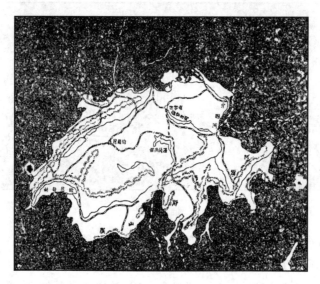

瑞士圖

鐵否？設無煤鐵，亦有他法可濟其窮否？（三）書"歐洲之公園"五字於黑板，問國必如何而後可當此稱？今有一國，負此歐洲公園之稱譽，諸生願聞其風景否？

　　提示

　　（1）使閱地圖，觀察瑞士之四界。（二）使觀察阿爾卑斯山及其支脈，問阿爾卑斯山之正脊，是否在瑞士國中？（三）使觀察來因、羅尼諸河之水源。次使閱歐洲總圖，觀察是諸河流，下流入於何國？然則瑞士之地勢，較此諸國高下如何？（四）使觀察瑞士國中諸湖水。（五）略述瑞士之風景。（六）講課文至"足稱西土公園"。（七）問瑞士地勢如此，其交通當便利乎？抑不便利乎？（八）使講"鐵路四達"以下四句，並使於圖中覓新伯隆及聖歌大隧道所在。（九）師講"人民利用水力"二句。（十）使閱地圖，觀察伯爾尼所在。次使觀察蘇利世、給尼發二地方。此二地方，是否在同名之湖畔？（十一）講課文畢。

　　比較統括

　　（一）瑞士與帕米爾高原之比較。瑞士爲歐洲永世中立國，其民終身不見兵革，而諸大國，亦藉爲緩衝之資。使帕米爾高原亦能如是，我國西陲之形勢，寧不較今鞏固，而惜乎其不能也。

　　（二）瑞士與西藏之比較。瑞士爲歐洲最高地，西藏爲亞洲最高地。瑞士之風景著稱歐洲，而西藏之情狀，則世鮮知者。瑞士除巖鹽外，殆無礦物，而西藏則以大產金國特聞。然其富力，轉遠不如瑞士之發達。

　　練習應用

　　（一）使學生繪瑞士圖，如前例。（二）授以材料，使作瑞士游記。（三）湖山風景,亦藉人力經營。瑞士風景雖美,然其面積僅當我一大縣耳。其天然美景,安足比我國之萬一?然公園之名,噪於歐陸,每年游客,平均達四十萬人,其游資之納諸瑞士者,歲計在一萬萬圓左右。而我國之山川名勝,率多荒廢湮沒,置諸若存若亡之間,古蹟之足以點綴風景,表示文明者,國民又相率破壞之,其在交通便利之處,則西人相率入處,喧賓奪主焉。如廬山等。嗚呼!"子有衣裳,弗曳弗屨;子有鍾鼓,弗鼓弗考。"君子讀《山樞》之什,未嘗不爲中國今日之國民,失聲而長慟也!夫人之所以異於禽獸者,由其有愛美之性也。天然美景,不惟不能增益,且從而破壞之,豈惟坐失利權,抑且全國皆成傖夫,寧不重爲文明之玷。吾人須知天然美景,有待啓發者,當啓發之;有待保存者,當共保存之。不惟增益愛美之心,亦且有裨公德非鮮也。

參考

瑞士地勢,爲一大高原,南歐諸山,多由是發脈。又爲諸巨川之上源,山明水秀,諸湖尤風光明媚。鐵道縱橫,塹山越谷,工程之巨,罕與倫比,尤以新伯隆及聖哥大兩隧道爲最著名。乘車而行,蜿蜒曲折,車輪有齒,故上下不慮其顛越,車外之綠水白山,山頂積雪,終年不消,望之如白山也。與夫噴泉飛瀑,紛呈左右,幾於山陰道上,應接不暇。故有歐洲大公園之目,異國來游之客,歲恒數十萬人云。

伯爾尼,當西部中央,街市清華,工商並盛。蘇利世,瀕蘇利世湖畔,爲製造木棉、羊毛、布匹及絹織物之中心,尤爲文學之淵藪。給尼發,瀕給尼發湖畔,人口十二萬,以製造鐘表聞於世。

給尼發湖,長百三十里,廣二十七里,風景清幽,爲歐洲第一勝地。

第二十四章　西歐諸國

第十九　法蘭西(一時)

教材

　　法蘭西,在瑞士之西,面積約當我國二十分之一,而領地面積甚大,人口凡四千萬。地勢東南多山,西北平坦,塞納河、羅尼河等,貫流其間。灌漑運輸,均極便利。農業頗盛,多產麥葡萄,鹽業亦發達。工業以織物、釀酒、製鐵等爲最,輸出多織物、葡萄酒,輸入爲羊毛、棉花生絲等。我國綢緞之銷售外國者,以此國爲最多。國都曰巴黎,跨塞納河,市街華麗。塞納河口有勒哈佛爾,爲此國第二商埠。里昂,在羅尼河中流,機織業之盛,冠絕歐洲。馬爾賽利亞,在地中海岸,當歐亞非航路之衝、爲法國第一商埠。

教授方法

豫備

　　(一)問世界第三大國爲何國? 尚能記憶否? 講第一册第一課時所授,不能答,使檢查自製之筆記簿。(二)問東接瑞士,西接依伯利安半島者,何國也? (三)問我國之出口貨,與茶并稱爲大宗者爲何物? 外國亦有絲織品否? (四)書"巴黎"二字於黑板,問汝輩曾聞此地名否?

提示

　　(一)使閱地圖,觀察法國之境界,及其幅員。問法之地,不大於德,而能爲戰勝德國者,何也? (二)使學生講課文自"法蘭西"至"人口凡四千萬"。(三)使閱地圖,觀察法國之地勢。一、何處爲山地? 何處爲平原? 二、山地與何國接界? 平原之地,與何國接界? (四)使觀察法國諸河流。(五)略述法國農業之狀況。

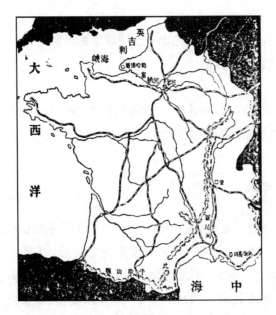

法蘭西圖

巴黎圖

（六）略述法國工業之狀況。（七）講課文，自"地勢"起，至"以此國爲最多"。
（八）使閲地圖，巴黎在何水流域？里昂、馬爾賽利亞，在何水流域？此諸地
方，何者爲大西洋沿岸之商埠？何者爲地中海沿岸之商埠？（九）講課文自
"國都曰巴黎"至課末。

　　比較統括

　　（一）法國面積人口，與德國之比較。德，法面積略相等，而人口則法僅及德三分之

385

一,故戰時出兵人數,不能及德。

（二）法國蠶絲業,與我國之比較。法國蠶絲不能過我,而機織之業過之。

（三）巴黎與柏之比較。

練習應用

（一）使繪法蘭西圖,如前例。（二）使作奧、德、法三國游記。（三）意、法二國氣候,在歐洲稱最温暖,故農蠶二業稱盛。

參考

法國地勢,高地多在東南,平原多在西北。比里牛斯山脈,以急斜面限南境。阿爾卑斯山,重疊連亙於東境。布蘭克之高峰,高萬六千英尺,聳峙於法、瑞、意三國界上。塞納、羅尼二河外,又有日倫大、羅亞爾諸大川,貫流其間。灌溉運輸,兩得其利。因水利富足,圭質腴美,故農業發達。北部平原,多産大麥、小麥、甜菜。葡萄之産,到處有之。特大産地皆沿河流。葡萄酒之産額,推為世界第一,與德國并稱為世界兩大酒國。工業極盛,美術工藝品,尤精巧悦目,馳名世界云。

巴黎跨塞納河兩岸,環繞礮臺,鞏固莫比。城中宮闕巍峨,極營構之巧。有倚富鐵塔,拔地九百呎,造其巔,全城俱入眼中。大學校、工藝院、禮拜堂,宏工巨築,世莫與京。藏書樓卷軸充盈,任人鈔讀。餘若公園、劇場,無不引人入勝,故歐人以大遊樂場稱之。馬賽位羅尼河之東,為法國南部古城,今為第一商埠,法與遠東諸國之貿易物,多由此轉運。里昂據馬賽之上流,為法國重要製造城,近推為世界織造之中心,有紗鄉絹城之名。意大利以蠶桑之先進國豪於歐洲,然不逮里昂遠其也。

第二十　比利時　荷蘭（一時）

教材

比利時、荷蘭二國,在法國北方,面積僅當我國浙江省三分之二。地勢平坦,沿海之地,低於海面,藉砂丘隄防,以障海水。域內河川,縱橫連絡。荷蘭水運極便;比國鐵路,比於面積最長。産業:荷蘭重農牧,産牛酪、乾酪;比國

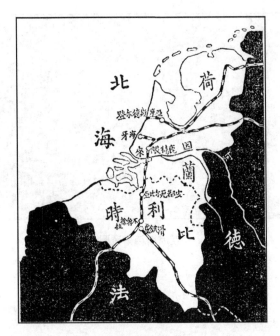

比利時荷蘭合圖

產煤、鐵，製造之業甚盛。商業二國共盛。住民均極稠密。比國首都曰不魯捨拉，市街繁華，現為德攻破，遷都安都厄爾比亞，此國第一商埠也。荷蘭國都曰海牙，在西部海岸，其東北之亞摩斯德爾登與東南之鹿特隈，共為有名商埠。

安都厄爾比亞圖

亞摩斯德爾登圖

教授方法

豫備

（一）問我國各行省，以何省爲最小？（二）問來因河下流在何國？（三）問設有一國，沿海之地，低於海面，此國能免水患乎？（四）問設有一國，人口密度冠於世界，而地味瘠薄，此國之人能免窮困乎？（五）告之曰：今有處水患最劇之地，而能享水之利者；又有以極稠密之人口，處甚脊薄之地，而能以富國聞於世者。今日所授，即此二國也。

提示

（一）問南洋羣島，多屬何國？此國屬地之面積，頗廣大否？汝等亦知其本國之面積，果若何乎？（二）使讀課文首四句。（三）使閱地圖，觀察荷、比二國之地勢。（四）使觀察荷、比二國之河流。（五）問北海沿岸，地味肥沃否？講本冊第十三課時所授。（六）略述荷、比二國治水情形。（七）略述比國交通發達，及工業進步情形。（八）略述二國之商業情形。（九）講課文，自"地勢"至"二國共盛"。（十）使閱地圖，觀察不魯捨拉及安都厄爾比亞二地方。次使觀察海牙及鹿特隈、亞摩斯德爾登。（十一）講課文畢。

比較統括

（一）荷蘭與比利時之比較。荷、比二國，均處北海之濱，沙磧之地。荷蘭耕地，惟萊因河下流之三角洲爲肥沃，比則并此而無之。而二國居民，共極稠密，然一能藉畜牧業以補農業之缺，一能藉工業以救土性之磽，則二國民之能力，均甚卓越也。

（二）比利時與瑞士之比較。皆國小土瘠，而工業興盛。

練習應用

(一)使學生繪荷、比二國合圖，如前例。（二）使閱德、法、荷、比、瑞士五國圖，問德亦與法接境，而攻法必取道於比，瑞士亦歐洲永世中立國，顧德不破壞瑞士之中立，而破壞比之中立，何也？地勢上之關係。（三）荷蘭海外屬地甚廣，與他國貿易之權，夙操於本國人之手。比則工業發達，甲於歐洲。故二國商業共盛，於此可悟殖民地及工業與商業相關之理。

參考

荷、比二國，合計面積二十萬六千方里，僅得我百六十八分之一，而比爲尤小。比國面積九萬六千方里。

地勢適當來因河下流，故低窪，惟比利時東南有高山茂林，漸至西北則漸低，至來因河附近則較海面爲低，故荷蘭有低地國之稱。荷蘭二字即低地之意。賴築堤以障水，而溝渠縱橫，其數多於道路，尤於交通灌漑爲有利云。其治水也，先相度其斥鹵之地，規其遠近。下大木爲楗，楗雙行，分夾木板，護以平頭之釘，慮海中有嚙木蟲，乃運石以填之。既成，復覆泥土，使草木鬱然，根柢蟠互，以固隄岸。隄形有如牆壁狀者，有如巢之中盧，而實以泥石者，隄內之水，以風車引之入渠，而注之海，復潴畎畝，以宣洩內地。水盡，畫野均田，而農業興焉。荷地尤低，故荷人講求水利，尤爲精進。其隄岸之高，大半如三層之樓，寬容二車，同時並驅，而不相妨。

不魯捨拉，居比國中央，分新舊兩城，舊城街路狹隘，而新城規模宏麗，有小巴黎之稱。安都厄爾比，距海口六十英里，爲水運大埠，歐、美、非三洲汽船，皆上下其間，每年入口船隻達四百萬噸，有歐洲大陸麗佛普爾英國海口貿易最盛之處。之稱。

海牙地瀕北海，荷之都城也，爲萬國平和會所在。亞摩斯德爾登爲歐洲有名商埠，建於九十小島之上，駕以巨橋三百，上築層樓，以河爲街。凡荷屬地運來之胡椒、荳蔻、丁香諸香料，俱由此轉運全歐，故有香市之名。鹿特隄，扼萊因河下流，爲通商航路所必經，全國第二大都也。

第二十一　英吉利（一時）

教材

英吉利，歐洲西部大西洋中之島國也，合大不列顚、愛爾蘭二大島及諸小島，稱英吉利合衆王國，加入印度等地，稱大英帝國。面積約等我甘肅省，人口凡四千五百萬,領地極大,約佔全世界陸地五分之一。地勢多山,惟東南部有原野,泰晤士河經流其間。海岸屈曲,河口深而多良港,教育普及,次於德國。產業發達,工商尤盛,商船噸數及貿易,均冠世界。輸出多織物、鐵器、煤,輸入多麥、食物、棉花、羊毛。

英吉利圖

國都倫敦,跨泰晤士河,工廠林立,貿易盛大,人口凡七百萬,爲世界第一大都。其東南有格林威池天文臺,其北岡比利日,及其西疴哥斯佛爾,有有名大學。拍斯穆斯,臨英吉利海峽,爲英國第一軍港。中部麗佛普爾,與北美洲貿易極盛,爲英國第二商埠,輸入多棉花、輸出多棉布。曼徹斯特,機織業冠世界。其南北明翰,以鐵工業著。北部格剌斯哥,造船有名。

倫敦圖

教授方法

豫備

(一)問世界各國中,領土以何國爲最大? 講第一册第一課時所授。(二)復習本册第四、第五、第十一三課，及國文第五册第十八課。（三）問英國之國勢如何？富力如何？汝等向有所知否？試各舉所知以對。

提示

（一）使閱地圖，觀察英國之幅員。一、不列顛、愛爾蘭二大島，二、不列顛分英倫、蘇格蘭、威爾士三部，三、附近諸小島。（二）使觀察英吉利之東爲何海？西爲何海？其南爲何海峽？（三）使學生講課文，自“英吉利”至“全世界陸地五分之一”。（四）使觀察英倫、蘇格蘭、威爾士之地勢。次使觀察愛爾蘭之地勢。（五）使觀察英國諸河流。（六）講課文，自“地勢多山”至“航運極便”。（七）略述英國人民之性質。（八）略述英國工商業達發情形。（九）講課文，自“國都”至“造船有名”。（十）略述增拓之領土。（十一）講課文自“大戰後”至“歸其代管”。

比較統括

（一）英國領地面積與亞洲面積之比較。

（二）英國與日本之比較。

（三）英、法二國領土，與我國之比較。英、法領土雖大，然多散在海外，藉海軍之力以維持之，一旦海軍敗績，即不免有土崩瓦解之憂，西、葡二國之已事，其明證也。故二國領土，雖大於我，其憑藉實不如我。

練習應用

（一）使學生繪英吉利圖，如前例。（二）英國煤、鐵之産，冠於歐洲，故其工業之盛，亦冠世界。又處歐陸及北美之間，殖民地廣，航海業發達，而人民尤富於企業心，故其商業之盛，遂爲五洲萬國之冠。外國貿易，總額達八十一億，占世界貿易總額五分之一。然國民從事耕稼者甚鮮，食料常仰給於外，一旦海軍敗績，外國實行其鎖港政策，則麵包路斷，英人嘗自言其擴張海軍，爲擁護麵包路不得已之苦衷。而三島之居民危矣。於此可見立國者必百業俱備，能自生産其所銷費者，自銷費其所生産者，而無待於外，然後可稱爲經濟上之真獨立。然非廣土衆民，固不能如是也。（三）當海洋交通未甚發達之時，島國常能獨立於大陸紛擾之外，亞洲之日本，歐洲之英國，其適例也。東洋諸國，殆皆一度爲我所吞滅，日本獨免。英國乘歐陸紛擾之時，內修政治，外擴領土，國勢遂爲歐洲冠。然海洋交通，既已發達，則爲島國者，又嫌其根據淺薄，而無以圖存。歐洲大陸，衆國分建，較之英國，亦地醜德齊，故莫能相尚耳。亞洲大陸，有如吾國之泱泱大風，則情勢似又不同也。

參考

英國面積，共約十二萬方哩，有我國三十三分之一。若合他洲領地而言，則有一萬二千余萬方哩，實倍於我國。

地勢，本與大陸相連，其山脈由斯堪的納維安半島而來，陷入北海，復起而爲二大島。故島中山脈高原，悉有自東北向西南之勢。大不列顛東南部爲英格蘭之平原，略有高低，泰晤士河，曲折流貫其間，東注北海。_{流長七百五十里，所過平原，多大城。}北部爲蘇格蘭之高原，西南爲威爾勒士之山地，愛爾蘭四周爲山，中多平地，甚爲卑溼。

海岸綫長約二萬餘里，其曲折之富，以大不列顛西北、愛爾蘭西部爲最，良港佳灣，所在多有。而河流又深廣，故商運頗便。

物產以礦產爲最，煤鐵之產，年計二萬萬餘噸，故工業發達，其著者首推棉織物，次爲毛、麻、絹綢等織物，運銷海外，獲利甚巨。製造鐵器之業，亞於紡織，然亦甚盛。國居海中，交通自便，國内鐵路縱橫，舟楫絡繹，統計全國商船總數約二萬艘，總噸數幾達二千萬，恃舟爲生者二十餘萬人。凡世界各國，無不與之交易，世界各埠，無一不見英船。其貿易最盛處，首推美、法、德、印度，澳洲次之，我國之貿易，亦多因其商船之轉運，棉毛等織貨之輸入，大半在其掌握。

倫敦位英格蘭之東南，跨泰晤士河之上，居民之多，占全國六分之一。河上建有大橋二十，而以倫敦橋爲最著，往來行人，平均每日達五十萬，而橋下之汽船帆船，又往來如織，河底又鑿隧道以利交通，亦可見其繁盛矣。格林威池在倫敦東南六里。岡比利日位倫敦北百餘里，岡比利日大學校在焉，校舍共有十七所，生徒達三千餘人。阿哥斯佛在倫敦西北百五十里，其大學校自十一世紀即著名。拍斯穆斯在英格蘭南海岸，威特島障於前，港灣深闊，形勢雄壯，爲海軍中央根據地，有鞏固之礮臺。麗佛普爾爲英格蘭西北一大商埠，繁盛次於倫敦，每年出入貨物，較倫敦多五百餘萬噸，凡法、德、瑞、挪諸國以及地中海沿岸各地，遠及美國、印度，莫不裝載棉花而來，易棉布而去。曼徹斯特有製布之廠二百五十家，工人半兆，布成則由麗佛普爾轉運各地，故曼徹斯特者，麗佛普爾之製造廠也。北明翰位英格蘭平原中央，附近富於煤礦，工業殷盛，以製鐵名於世，大如軍裝軍械，與夫各式機器，小如鈕子、鋼筆、螺釘、針、鼻針之類，殆無不具。格剌斯哥爲蘇格蘭第一繁華之地，克列得江口，有極大船塢。

第二十五章 南歐諸國

第二十二 西班牙 葡萄牙(一時)

教材

西班牙、葡萄牙二國,在伊伯利安半島,西班牙佔其大部,葡萄牙在其西南。地多山脈,爲一高原。物産有麥、葡萄、橄欖,釀造葡萄酒頗盛。西班牙國都曰馬德里地,在國中央,當交通要路。葡萄牙國都曰里斯玻亞,在西海岸,爲著名商港。直布羅陀,臨直布羅陀海峽,扼地中海西口,爲英國屬地,築有礮臺。

教授方法

豫備

(一) 問南歐三大半島,最西之半島何名? 爲何二國所領? (二) 問阿爾卑斯山,西出之支脈何名? (三) 問我國之澳門,爲何國所據?

提示

(一) 使閱圖,觀察伊伯利安半島之四界。問地中海、大西洋間之海峽何名? (二) 使觀察西班牙、葡萄牙兩國之位置。此半島上,除西、葡二國外,尚有他國之領地,其地何名? 屬於何國? 使以圖與書對觀求之。(三) 使觀察比里牛斯山脈,在此半島之何方? (四) 使觀察此半島之河流。流入地中海者爲何水? 入大西洋者爲何水? 中間之分水界爲何山? (五) 略述伊伯利安半島地質物産情形。(六) 使觀察馬德里地之所在。(七) 使觀察里斯玻亞之所在。(八) 講課文。

比較統括

(一) 西班牙、葡萄牙之比較。幅員以西班牙爲大,而形勢以葡萄牙爲勝,以其西近大西

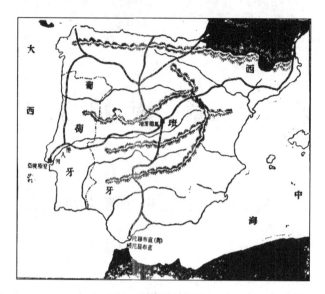

西班牙葡萄牙圖

洋也。

（二）馬德里地、里斯玻亞、直布羅陀三地方之比較。<small>里斯玻亞爲著名商港，直布羅陀爲著名軍港，馬德里地形勢較遜。</small>

練習應用

（一）使學生繪西班牙、葡萄牙合圖，如前例。（二）伊伯利安半島爲一高原，諸河夏則泛濫，冬則乾涸，殊乏灌漑運輸之便。歐洲諸國中，水利之缺乏，次於瑞士，即爲西班牙。（三）西、葡二國立國於地中海及大西洋之交，據歐非往來之道，實占商業上最適宜之位置，在昔時亦爲長於航海之國民，且在歐洲諸國中，實負先進之譽。今則國勢日衰，屬地盡失，生計益蹙，盛強之不可恃如此。西、葡二國，在南洋之屬地今已盡失，惟其占自我國之澳門，則巍然尚存，已歷三百年矣。我國民可不深自警醒乎！

參考

伊伯利安半島，除沿海狹長之低地外，概爲高原，高度約二千英尺，其高臺斜坡，向西南者廣，東南者狹，故大河多向西南流，以德人河爲最著。<small>長約一千六百里。</small>惟諸河上流，率皆水淺多礁，夏令水小，不通巨舟，故水利不溥而西班牙尤甚。

馬德里地，位中央高地，<small>歐洲之國都，此爲最高。</small>大山四塞，幸鐵道四通，故交通尚不感困難。里斯玻亞位德人河北岸,河口寬廣,可容歐洲各國之軍艦而有餘。此港中古時極繁盛,今雖非昔比,然亦尚爲歐洲著名良港。直布羅陀與非洲之摩洛哥相對,海峽狹處,僅四十餘里,地中海與大西洋往來之第一門戶也。於一七〇四年屬英,英設巡撫一,戍兵六千,就山石鑿成礮臺,頗稱堅固。

第二十三　意大利(一時)

教材

　　意大利,自意大利半島及西西里撒丁等島而成,面積約等我直隸省,人口凡三千四百萬。半島中央有亞平寧山脈,多火山,北部原野,產業頗盛,鹽業爲最。其他地方,產橄欖、葡萄,又出硫磺、大理石。人民長於美術,繪畫、彫刻,備極精巧。國都羅馬,爲羅馬帝國舊都,古代遺蹟甚多。那不勒斯臨那不勒斯灣畔,其東有維蘇威火山,風景極佳。北部地中海岸有熱內亞,爲此國第一商埠。西西里島之南,有馬耳他島,爲英屬地,以軍港著名。

意大利圖

教授方法

豫備

（一）復習國文第五册第四課。（二）問南歐三大半島中，次東之半島何名？（三）問阿爾卑斯山，有南出之支脈否？（四）問歐洲鹽業最盛者爲何國？

提示

（一）使閱地圖，問地理學家言，歐洲南部有一半島，如人著鞾之形，向地中海而蹴，此何半島也？（二）使觀察此半島近旁，有何大島？哥爾塞牙，撒丁，西西里。（三）使分別此三島，孰爲意屬？孰非意屬？（四）使於圖中覓馬耳他島之所在。（五）問意大利半島之脊骨，爲何山脈？（六）使觀察意大利半島之地勢。北部原野，屬何流域？除此流域外，是否全體多山？（七）略述意國產業情形。（八）略述意國人民之性質。（九）使觀察羅馬之所在。問羅馬城濱何水？（十）略述羅馬之形勝，及其古蹟。（十一）使觀察那不勒斯及熱內亞二地方。（十二）略述馬耳他島之形勢。（十三）講課文。

比較統括

（一）法蘭西與意大利之比較。兩國鹽業均盛，人民均長於美術。法國多絲織品，而意國多產絲，蓋一多生貨，一多熟貨也。

（二）馬耳他與直布羅陀之比較，又與亞丁、香港之比較。

（三）試將意大利之地，列爲簡表。

練習應用

（一）使學生繪意大利圖，如前例。（二）意大利、西班牙二國，土地多爲貴族所佔，農民負擔加重，故沃土多荒，農業凋敝，於此可悟地權不平均之害。（三）羅馬爲千餘年前舊都，然古代遺蹟存者極多。我國前代著名之都邑，奚啻一羅馬，然古蹟多已蕩焉無存。以視西歐，能無自媿？

參考

意大利北境，爲瑞士高原之南坡，阿爾卑斯山之陽。亞平寧山由此東南趨爲半島之脊。山之兩坡，東側峭拔，無巨川，西側較平坦，川流略長。半島盡處一小灣曰大蘭多，西南淪入海，再起爲西西里島。島之大，在地中海爲第一。

其西北一島較小,曰撒丁島,南有一小島,曰馬爾他島。撒丁島之北一小島曰哥爾塞牙島,屬法蘭西。

羅馬爲古羅馬帝國之都城,本洲宗教之中心點也。城築於十五高邱之上,地伯利河經其中,建四石梁以渡。城中宮殿林立。古城今已湮沒,今城即建於古城上之新城也。高於古城約數丈。然荒煙蔓草,廢宮頹垣之中,猶得見其遺跡。那不勒斯爲本國之第一大都會,前臨第勒尼安海,背控維蘇威火山,風景絕佳,故西諺有之曰:遊那不勒斯而後死,死亦瞑目。維蘇威火山高四千英尺,西曆六十九年,該山大爆發,淹沒鄰近之邦卑與罕古蘭尼二城。百五十年前,始發見其遺跡,於是去其泥土,全城遂現,街衢廬舍,人民器物,一一俱存。入其中不啻置身二千年前,與其人物相周旋也。熱内亞,背山面水,風景入畫,居民稱之爲福地。發見新大陸之哥侖布,即誕生於此。當哥氏時,熱内亞與威内薩位亞得利亞海方面。握地中海商業之霸權,凡世界已知之陸地,無不有熱内亞之工業,今亦不失爲意大利第一商埠。

第二十四　巴爾幹半島諸國(一時)

教材

巴爾幹半島,東南隔他大尼里、博斯破魯斯兩海峽,而對小亞細亞半島、希臘半島,突出於南方。海岸屈曲,其東南海中多島嶼,曰多島海,内地雖多山地,而北部多腦河流域有原野,爲重要農產地。其間諸國林立,半島中部爲歐洲土耳其,國都曰君士坦丁,臨博斯破魯斯海峽,扼黑海咽喉。

土耳其之南爲希臘,國都曰雅典,爲歷史上有名之都,古代遺蹟甚多。此外又有保加利亞、羅馬尼、塞爾濱、門的内哥羅、阿爾巴尼亞等國。

教授方法

豫備

(一)復習國文第五册第五課。(二)復習本册第七課。(三)寫"巴爾幹半島"五字於黑板,問曾從報章書籍中見此地名否?與此次歐戰有關係否?(四)問此次歐戰,首先開釁者爲何二國? 奧塞。此等發問,不過藉覘其固有之觀念,爲教授上之準備,不能答,即置之。

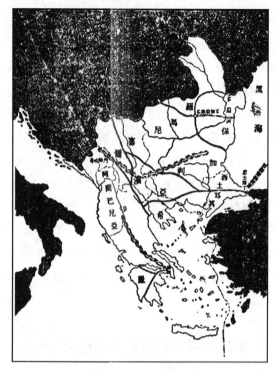

巴爾幹半島諸國圖

提示

（一）使閱地圖，觀察巴爾幹半島之境域。（二）使觀察此半島上，共分幾國？一、土耳其，二、希臘，三、羅馬尼，四、保加利亞，五、塞爾濱，六、門的内格羅，七、阿亞爾巴尼亞。（三）問此半島之南部，又自成一半島，爲何國之地？（四）使就圖中覓馬爾馬拉海之所在。問馬爾馬拉海在何二海之間？其兩端之海峽何名？據馬爾馬海之西岸者，何國也？東岸亦爲此國之地否？（五）使觀察此半島之山脈，沿亞得里亞海者爲海濱阿爾卑斯，東入此半島之中部爲巴爾幹山，其分支南走於希臘半島。問巴爾幹半島以北，屬何流域？其南，尚有大水否？（六）使觀察多腦河上流者爲何國？巴爾幹山脈，横貫其中央者爲何國？塞爾濱、門的内哥羅二國，今合併於何國？（七）略述此半島之地勢及產業。（八）略述此諸國之形勢。注重於土耳其及希臘。（九）講課文。

比較統括

（一）巴爾幹半島與意大利伊伯利安兩半島之比較。巴爾幹較意大利面積遥大，視伊伯利安，則地利遠勝，然在政治上、宗教上、國際上則最紛亂。

（二）博斯破魯斯、他大尼里兩海峽，與直布羅陀海峽之比較。

（三）雅典與羅馬之比較。均爲歐洲文明發源之地。

練習應用

（一）使學生作巴爾幹半島形勢述略，并系以圖。（二）俄人欲擾西歐，必出他大尼里海峽，欲擾東亞，必出韃靼海峽。其在西歐，爲英、法二國所扼，迄今未能得志。而在東亞，則有中國，舉黑龍江下流數百萬方里之地贈之，俄人之勢力遂沛乎莫之能禦，演成近百年來之形勢。語曰：一日縱敵，數世之患，豈不信哉？（三）土耳其爲東洋人種，又奉天方教，與基督教不相入，故歐人終外視之。在中國人，固不必隨聲附和。且自蔥嶺以西，直達巴爾幹半島，均爲奉回教之國。在今日，撒革遜大帝之聲威式微矣。惟我國五族共和，對於回族，絶無外視之心，而於宗教，又向任國民之信仰自由，絶無軒輊之念。故在今日，我國實當爲天方教之護法。我國民而苟欲建混一歐亞之大業乎？正宜聯絡諸天方教國，以謀西出之途也。

參考

巴爾幹半島，本皆土耳其屬地。自道光元年，希臘獨立。光緒三年，塞爾濱、羅馬尼亞、保加利亞、門的内格羅等繼之。意土之戰，阿爾巴尼亞復乘機叛土。而土在歐洲之屬地，幾於盡矣。此半島之位置，當歐亞交通要路，且南臨世界最繁榮之内海，而又地勢錯雜，物産饒多，在政治上、經濟上，實均占重要之位置。惜政治、宗教，紛争太甚。人民困於兵役及重斂。富源不能開辟，且爲歐洲諸國競争之目的地，良可惜耳。

土耳其，地臨馬爾馬拉海，扼他大尼里及博斯破魯斯兩海峽，爲黑海、地中海通航要路，軍事及商業，關係均甚重要。都城君士坦丁，爲東羅馬舊都，形勢險要，風景絶佳。有鐵路，分達保加利亞及阿爾巴尼亞，誠海陸形勝之區。

希臘，居巴爾幹半島南端，地勢多山，海岸綫之長甲於世界。山川秀麗，風景清淑，亦冠歐洲。故其民長於航海，富於美術思想，爲歐洲文明先進之國焉。首都雅典，爲古代名城，遺蹟甚多。

保加利亞，地跨巴爾幹山，以農牧爲主業，土地皆歸國有，人民但有永久借地權。都城曰所非，有鐵路，西北通塞爾濱。

羅馬尼，西倚卡批提安山，富森林，盛畜牧。其他之地，悉低平肥沃。多腦河灌漑其間，稱歐洲之穀倉焉。都城曰不加勒斯，有鐵路，東通俄羅斯，西通匈牙利，爲陸上貿易要衝。

塞爾濱、門的内哥羅，均依山爲國。原野甚鮮，生業主農牧，而極幼稚。海濱居民，亦有事漁業者。森林甚多。

阿爾巴尼亞，在希臘及塞爾維亞之間，地勢西部有山，東方坦平，地味肥沃，穀物煙草、果品，均適栽培，惜農業頗形拙劣。此國西瀕亞得利亞海，東面塞羅尼加灣，又有鐵道，北通塞爾維亞，東經塞羅尼加以接土耳其，實半島中樞之地。

第二十六章　阿非利加洲

第一　非洲概説（二時）

教材

　　非洲在歐洲之南，北臨地中海，東臨印度洋，西臨大西洋。面積當亞洲四分之三，爲世界第二大陸。地勢四圍環山，爲一大高原，北部有撒哈拉沙漠，爲世界第一大沙漠，海岸少屈曲，且鮮島嶼，惟東南海中有馬達加斯加大島，

阿非利加洲圖

河流大者有尼羅、剛果、疴蘭日三河,氣候炎熱,空氣乾燥,惟南北兩端稍溫和。

物產:南北部有農產、畜產,中部多森林。動物有象、犀、河馬、麟麟、駝鳥、鱷魚。礦物:南部有金及金剛石。交通雖不便,而南北兩部設有鐵路,中央縱貫鐵路現尚未成。航運:沿岸各要港與歐洲間有定期汽船,尤以蘇彝士運河,為東西兩洋交通之捷徑。住民:北部為白人,中部多黑人,南部多歐洲移住之民。人口凡一億八千萬。宗教:北部奉回教,黑人奉拜物教,移住之白人奉基督教。文化,除移住之歐人外,慨無足觀。全洲自阿比西尼亞、里比利亞二獨立國外,概入歐洲各國勢力範圍。

教授方法

第一時(地勢　沿海　河流　氣候)

豫備

(一)問東半球除亞、歐、大洋三洲外,尚有何洲?(二)問在非洲之東者,為何大洋? 在非洲之西者,為何大洋?(三)問歐、非二洲之間,中隔何海?

提示

(一)使學生閱地圖,觀察非洲大陸之輪廓,及其四界。

(二)使閱東半球圖,比較歐、非二洲之大小。非洲既較歐洲為大,則較澳大利亞大陸何如?

(三)使觀察非洲之沿岸。一、有無大灣,二、有無大半島,三、屬於大陸之島嶼,大者有幾?

(四)使觀察非洲之沙漠,問非洲沙漠之面積較亞、澳二洲如何?

(五)使觀察非洲之河流。

(六)講課文自"非洲"起至"南北兩端稍溫和"止。

比較統括

非洲與亞、歐、大洋三洲之比較。非洲與亞歐二洲,顯著差異。亞歐二洲,皆在赤道以北,非洲則正當熱帶之中心,一也。亞歐二洲,山脈皆在大陸之中央,非洲則山脈圍其周邊,二也。亞歐二洲,平地多於高原,非洲則全體高聳,殆可稱為高原大陸,三也。亞歐二洲,海岸線皆長,非洲則輪廓單簡,海岸線在六大洲中爲最短,四也。亞歐二洲,河多朝宗於海,非洲則內地灌域極廣大,而比於其灌域之廣,水量恒少,又沿途多急流瀑布,近河口處尤甚,五也。凡此種種,類與澳洲相似,惟澳洲全體均在南半球,而非洲則否耳。

練習應用

(一)使學生繪非洲地圖。注意於山脈、河流。(二)觀非洲與歐、亞二洲地理上之異點，而人事亦即隨之而異，可見地理與人生關係之密切。

第二時（物産　交通　住民　宗教）

豫備

（一）問熱帶之物産，與溫帶差異如何？可使以印度及後印度半島與我國長江流域相比較。（二）問黑色人種居於何處？其文明及勢力，視黃白二種人如何？汝輩夙有所知否？（三）復習國文第五冊第十六課。

提示

（一）使學生讀“物産”以下五句，爲略釋象、犀、河馬、麒麟、駝馬、鱷魚等之形狀。使讀南北部有農産畜産句，告以非洲已開闢之地，僅在沿海，南北兩端尤盛，中部則尚爲草昧之域。（二）使讀“礦物”以下三句，爲略述金剛石之形狀性質及用途。（三）使讀“交通”以下三句，就地圖中觀察非洲已成未成各鐵路。注意於中央縱貫鐵路。（四）講“航運”以下五句。（五）略述非洲住民之狀況。（六）略述非洲宗教之狀況。（七）使就地圖觀察非洲二獨立國，及其餘諸國領地。師須輔助之。（八）講課文畢第二節。

比較統括

（一）非洲天産與亞、歐、大洋三洲之比較。

（二）非洲交通與亞、歐、大洋三洲之比較。

（三）非洲人民與亞、歐、大洋三洲之比較。

（四）非洲獨立國與亞、歐、大洋三洲之比較。

練習應用

非洲之生産力，以大體論，自不如亞、歐二洲，然以局部論，亦決不可云乏。如撒哈拉沙漠面積雖廣，然尼羅、公額二河流域，及幾内亞沿岸，亦爲世界上腴。又如沿赤道之大森林，在今日雖爲交通上之障礙，然至將來亦必於本洲之發展上，有極大之關係。而動植礦三界之特産，或爲他洲所無，或雖有之而其産額不逮本洲遠甚，尚不俟論也。

參考

非洲地形，恰如歐、亞大陸西南之一大半島，爲一不規則之三角形，東西最長處約萬五千里，南北最廣處約萬三千五百里，面積九千八百六十萬方里，位六大洲第二，大於我二倍半，得亞洲四分之三。

地勢成一大土塊，海岸乏屈曲，罕有半島港灣，其海岸線之長，僅四萬八千里,計面積二千餘方里,始有海岸線一里,在六大洲中爲最短。沿海島嶼,亦較他大陸爲少,其南部爲大高原,北部亦爲高原,惟較南爲低,兩高原間爲蘇丹平原,大高原東北迤爲阿比西亞高原,西北迤爲塞内岡比亞高原,統計全洲形勢,不若他洲之高下參差,亦不若他洲之山岳平原,交相錯雜。大概四圍爲高原,内部爲平原。撒哈拉,譯言沙漠海,爲世界第一大沙漠,東起尼羅河畔,西盡大西洋岸,南抵尼日爾河,北達亞特拉斯山,東西九千里,南北三千六百里,面積二千五百餘萬方里,較諸地中海面積,猶大數倍也。與阿剌伯波斯等沙漠遥相連續。氣候酷熱,每四五年始降雨一次,多風,揚沙飛礫,積邱陷壑,時或捲成圓柱、盤旋廣地,高至百尺,行旅遇之,每致掩没。漠中無水,間有泉地,多偏於東方。

赤道線橫貫中央,故氣候較他大陸爲熱,然其最熱之地,不在赤道之下,而在沙漠之區。約北緯十度至二十度間,爲地球上最熱界。埃及與努比亞一帶,以蛋置沙上,能自哺出。謬有之曰:努比亞土如火,風如焰,夏令炎陽赫赫,絶無雲翳。若夫赤道之下,植物繁盛,雨量充足,暑熱易消。地中海與大西洋沿岸,感海洋之影響,稍温和。洲之南半部,地高形狹,與海洋之距離不遠,炎威亦較北部爲遜。全洲除一二高峯外,不見有雪。至其雨量,則南北兩部概形缺乏,推厥原由:北爲亞洲大陸吹來之東北風,毫無水汽,西南風之溼氣又爲沿海山脈所阻,加之日光直射,乾燥無匹;南則印度洋吹來之溼風,被月山所阻,故南北兩部稱爲無雨帶,赤道下稱爲多雨帶。

第二　非洲地方誌(二時)

教材

埃及與我國及印度,共爲世界文明古國,在非洲東北部尼羅河下流。雖爲土耳其朝貢國,而實權操諸英。尼羅河畔,土地低平肥沃,產麥、棉花。國都曰開羅,爲非洲第一都會。近旁有金字塔及獅身人面像,爲古代遺蹟。西北亞歷山大,爲埃及第一商埠。

的黎波里,在埃及西北,本土耳其屬國,今意大利占領之。

阿比西尼亞,埃及東南之獨立國也,國内多火山,地勢高峻。國都曰亞的斯亞貝巴。

本洲西北部,有阿爾及耳,土地肥沃,農產豐饒,法國之非洲重要領地也。

摩洛哥,在阿爾及耳之西,爲法保護國,產皮革有名。國都曰非斯。

里比利亞,在非洲北部之西南隅,爲美國解放黑奴所建之共和國。國都曰蒙羅非亞。比領公額,在非洲中央部公額河流域,橡皮、象牙,出産頗多。開普殖民地,在非洲南部,英國之非洲重要領地也。羊毛、駝鳥之産頗盛。西南端開普敦,爲其首邑,輸出金剛石與金。好望角,支出於其南北部肯勃來,出金剛石有名。東北德蘭士瓦,亦英國殖民地,以産金著。

教授方法

第一時(第一、二、三、四、五節)

豫備

(一)問何謂文明古國? 使舉其固有之觀念以對。以前授過之地理中,可稱爲文明古國者,何國歟?(二)問非洲之河流,較大者何名?(三)問非洲之産業文化,南北方發達歟? 抑中央發達歟? 告之曰:非洲山脈,皆走於大陸緣邊,內地與海外之交通,極爲不便,無由與他洲之文明相觸接。而其內地,又無適宜於發生文化之地,故至今尚在榛狉之域,即歐人所占據,亦僅其沿海一部分。故至今日,遂成一沿海發達,中央閉塞之象,而北方地中海沿岸,及南方大陸南端,産業尤爲發達。

提示

(一)使學生閱地圖,觀察非洲北部地中海沿岸地方。此一帶地方,南接撒哈拉蘇丹。(二)次使觀察非洲東部地方,此一帶地方,西以非洲沿岸之大山脈爲限,過山即尼羅河上源地方。(三)使復觀非洲北部及東部政治上之區畫。(四)告以非洲北部,自古爲文明開化之地,其東部則至近世始行開闢。告以非洲東部,獨立者惟一阿比西尼亞國。(五)講述埃及開化之古,及其現今國勢。與國文第五冊第十八課相聯絡。埃及開化與尼羅河之關係。開羅及亞歷山大之情形。(六)講述的黎波里之大略。(七)講述阿比西尼亞之大略。(八)講述阿爾及耳、摩洛哥之大略。(九)使學生解釋課文第一、二、三、四、五節。

比較統括

(一)埃及與我國、印度之比較。又與希臘、羅馬、小亞細亞之比較。世界諸文明古國皆已滅亡,惟我國巍然獨存,此爲我國民可以自豪之點。念此,當益愛國。

(二)非洲地中海沿岸與其餘諸地方之比較。

練習應用

(一)使學生繪非洲北部及東部圖。注重於政治區畫。(二)説河流與文化之關係。作文題。

第二時(第六、七、八節)

豫備

(一)復習國文第四册第十五課,第五册第十六課。問蘇彝士運河未通以前,自歐至亞,如何取道?(二)使復述非洲中貫鐵路之大略。

提示

(一)使學生閱地圖,觀察非洲西部地方。此一帶地方,幾内亞沿岸暨公額河流域,均爲肥沃之地。(二)次使觀察非洲南部地方。注意於英領南非洲。(三)略述橡皮及象牙之用途。(四)使觀察里比利亞所在,並略述其建國情形。(五)使觀察開普敦及好望角。次使沿鐵路綫,觀察肯勃來及德蘭士瓦。問此諸地方之鐵路,與中央縱貫綫,聯接否?(六)略述南非洲畜牧及其產金情形。(七)講課文第六、七、八節。

比較統括

(一)非洲沿海諸部之比較。

(二)非洲中央地方與沿海諸部之比較。非洲中央,課文甚簡,可由教員酌量口授,以補其不足。

(三)蘇彝士運河與繞行好望角南方航路之比較。

(四)非洲現在最繁盛之地爲地中海沿岸,次之則英領南非洲,又次之則舊德領東非洲,又次之則剛果河流域。此其程度之差,一由於開化之早晚,一由於天惠之厚薄。地中海沿岸,開化最早,英領南非洲氣候最良,礦產及畜牧之利亦甚饒。

練習應用

(一)使學生繪非洲西部及南部分圖。注意於政治區畫。(二)啓發荒涼而曠漠之大陸,非鐵道無以奏其功。故英人於澳大利亞及非洲,均有縱貫鐵道之築,而俄人之於西伯利亞,亦築有大鐵道。我國之於蒙、新、海、藏則何如?

參考

尼羅河導源於非洲中央之維多利亞湖,北流入地中海,長近萬里,而少支流,故其海域狹長,此河永古無變遷。上流一帶暴雨有定期,每當夏令,河水漸漲,至九月始退平,漲時淹没兩岸,水含黏土沈積地面,性質甚腴,故種植無需施肥,穀類自然繁殖,年可收穫三次。河口流派數十,淤積爲三角地,性亦肥沃。史家謂埃及開化之早,實食是河之賜云。開羅位尼羅河東岸,距河口三百里,繁榮爲非洲第一。城西三十里,有上古之方塔三,皆以大理石砌成。最大者高四百五十尺,下周七百四十六尺,附近有大石像、獅身人首,已半埋沙土,高尚百尺,爲全座石雕成。中空,入爲一廟宇,下有隧道,可通至大方塔,石像兩足間又有石屋,爲古祭壇。亞歷山大,位尼羅河口,爲馬其頓王亞歷山大所建。埃及古都也。今爲全國第一商埠。

　　阿比西尼亞有同名之山脈,蟠旋全境,爲一大高原,故有非洲瑞士之目。此國古時頗强盛,十九世紀末葉,始由意大利保護。光緒二十七年,與意交戰,仍爲獨立之王國。近又敗於意,沿海邊境,盡爲意有。獨踞山巔,人煙稀少,都城曰亞的斯亞貝巴,瀕淡比亞湖之北。

　　阿爾及耳,分中、東、西三部:中部曰阿爾及耳,城同名,遙對馬爾賽里亞,爲地中海一要港,法置長官一人於此。西部曰阿蘭,東部曰公斯當定納,均有鐵路相連。

　　摩洛哥爲一專制君主國,立國在我明時。其北端突出之部,曰班領休達,與直布羅陀共扼地中海之咽喉。此國曾以文教著名,其都城曰非斯,回人尊曰聖城。今則政煩稅重,民生至苦,故多內亂,德、法二國,時加干預。清宣統二年,卒與法訂約,受其保護。

　　里比利亞,爲七十年前美國所釋放之黑奴,與土番闢土耕田於此,未及數年,遂立爲共和國。紀綱政令,悉仿美國。都城曰蒙羅非亞,亦取美總統之名以名之也。

　　公額,在公額河流域。右岸地屬法領;左岸則一八八五年,各國柏靈會議,認爲永世中立國。政令由比利時主持,比遣長官一員駐其地。前年忽爲比國所併,其首府曰波馬,當公額河口。

　　英領南非,分南非洲聯邦,巴蘇陀蘭殖民地,貝專納保護地,及南非公會領地之羅德西亞四部。南非洲聯邦,又分開普蘭、納塔耳、鄂蘭吉、德蘭士瓦四州。其地氣候溫和,適於農牧而以鄂蘭吉之牧業爲尤盛。綿羊之數,達二百萬頭,山羊半之,牛九十萬頭,馬三十萬頭,駝鳥二千頭。德蘭士瓦,爲世界第一產金國,並饒銀、鐵、鉛石諸礦,而金剛石則以肯勃來爲產地之中心。英總督駐於開普敦,代表英王,監督聯邦議會。我國亦設總領事於此,華僑約萬餘人。

第二十七章　北亞美利加洲

第三　北美洲概説（三時）

教材

　　北美洲在西半球北部，東臨大西洋，南以巴拿馬地峽接南美洲，西臨太平洋，西北隔白令海峽而對亞洲，面積約亞洲二分之一，爲世界第三大陸。

　　地勢北廣而南狹，西部有落機山脈，及其並行之山脈，而成西部高地，東部有押拉既俺山脈高地，中央爲大原野，密士失必河貫流原野中央，南入墨西

北亞美利加洲圖

408

哥灣,爲世界第一長流,原野東部有桑羅稜索河及蘇必利爾等大湖。海岸多
屈曲,東北海中有格陵蘭大島。

　　氣候跨寒、温、熱三帶,各部不齊,中部大部温和適宜,西海岸尤温煖,北
部寒冷,南部炎熱,西部高地少雨,有成沙漠之地。

　　物産,東西兩高地有大森林,中央原野,土地開闢,農牧均盛。菸、小麥、
棉花,出産極豐。礦物金、銀、銅、煤、煤油,採掘極盛。

　　人口凡一億一千萬,以歐洲移民之子孫爲最多,其他爲自非洲移住之黑
人,土人甚少,且有漸歸漸滅之勢。

　　本洲水陸交通,均極便利。陸上有諸大鐵路,橫斷大陸。海上航路,絡繹
頻繁,而巴拿馬運河連絡大西、太平兩洋,尤足助交通之進步。

　　本洲自四百餘年前,哥崙布發見以來,歐人爭相移住,而爲其殖民地,後
各獨立而建共和國。今猶屬於歐洲諸國者,惟北部加拿他,南部中美一部,及
西印度羣島中數島而已。加拿他之南爲美利堅,再南爲墨西哥,墨西哥之南
有中美諸國,西印度羣島有古巴共和國。

教授方法

第一時(第一、二節)
豫備

　　(一)問六大洲之在西半球者何名?(二)問自中國逕向東航,則至何地?
自歐洲向西航,則至何地?(三)復習國文第四册第十五課。

　　提示

　　(一)使閱地圖,觀察南、北美二洲之位置及其輪廓。南北美二洲輪廓,皆略成三
角形。(二)使閱世界全圖,或揭掛圖示之。確認在亞、澳及南、北美洲間者爲太平
洋,在歐、非及美洲之間者爲大西洋。次使觀察巴拿馬地峽,確認此爲太平、
大西二大洋間之間隔。(三)使觀察阿拉斯加半島及白令海峽。(四)講課文
第一節。(五)使觀察北美洲之地勢。一、落機山脈,二、太平洋岸與落機並行之山脈,
三、押拉既俺山脈。問北美洲地勢,何處爲平地? 何處爲高原?(六)使觀察北美
洲之水系。注意於密士失必河、桑羅稜索河及五大湖。(七)使觀察北美洲之沿岸,注意
於哈得孫、墨西哥兩大灣。及島嶼。注意於格陵蘭及西印度羣島。(八)講課文第二節。

　　比較統括

　　(一)北美地勢與亞、歐二洲之比較。又與澳、非二洲之比較。

　　(二)北美洲沿岸與亞、歐二洲之比較。又與澳、非二洲之比較。北美之輪

廓,在亞、歐、非、澳四洲中,與非洲最相似,然其位置地勢氣候,則迥然不同。

（三）北美洲與南美洲,以極狹之地峽相連,與亞洲以極狹之海峽相隔。

練習應用

（一）使學生繪北美洲圖,如前例。（二）試述北美水系與亞、歐二洲之異同。作文題,或使之口述亦可,但須使自行思考,而教員訂正之。

第二時（第三、四、五節）

豫備

（一）問氣候寒暖與海流之關係若何？（二）問雨量多少與地勢之關係若何？（三）問農業宜於平原乎？抑宜於高地乎？（四）問建國於美洲者,爲何種人？汝輩夙有所知否？

提示

（一）使觀察北美洲之緯度。（二）使復述北美之地勢。（三）講述北美洲氣候之大略。一、由於緯度者,二、由於地勢者,三、由於海流者。（四）使學生講課文第三節。（五）講述北美洲產業情形。一、平原之物產,二、高地之物產,三、礦產。（六）講課文第四節。（七）講述北美洲住民大略情形。一、移住之白人,二、移住之黑人,三、土著種族。（八）使學生講課文第五節。

比較統括

（一）北美洲太平洋沿岸與大西洋沿岸氣候之比較。

（二）北美洲中部氣候與我國之比較。北部氣候與西伯利亞之比較。南部氣候與印度、後印度兩半島之比較。

（三）亞洲之地足與北美洲中央原野相提並論者爲何處？我國黃河長江流域之平原。

（四）北美洲土著與非洲土著之比較。

練習應用

（一）昔人以農爲生利,而斥工商爲分利,其說固非。然以農爲本業,而列工商等爲末業,則不能謂之謬,蓋生產之順序則然也。從可知社會經濟,無論若何變遷,而農業終爲最重要之生業。適宜於農業之地,即爲世界最優越之地方。此等地方:必具備:一、爲廣闊之平原,二、水利充足,三、氣候溫潤之三條件,然後足以當之。克當此稱而無愧者,惟北美洲之中部平原及亞洲之東部平原耳。美既以據此而成富國矣,我國可不急起直追,以隨其後乎？（二）觀北美土著種族之日益式微,可知野蠻種族與文明種族遇,終不免於漸就淘汰,已成天演之定例。

第三時（第六、七節）

豫備

（一）復習國文第六冊第六、第七課。（二）又復習第五冊第十七課。（三）問北美洲有大國曰美利堅，汝輩知其國體若何歟？（四）問巴拿馬國，地屬何洲？

提示

（一）問何謂新大陸？何謂舊大陸？自新大陸欲至舊大陸，當如何取道？向東當航大西洋，向西當航太平洋。設自美洲之大西洋岸而欲至太平洋，自美洲之太平洋岸而欲至大西洋，則如何？故橫貫大陸之鐵道，必不可少，而巴拿馬運河，功用尤巨。告之曰：北美洲者，亦世界交通發達之大陸也，今以其交通之情形授汝等。（二）使觀察美洲之橫貫鐵道，一、加拿他太平洋鐵道，二、美國之北中南，三、太平洋鐵道。此等鐵道，是否東起大西洋之濱，西達太平洋沿岸？（三）使觀察自北美洲至亞、歐、澳三洲之航路。（四）使復述巴拿馬運河之大略。（五）使講課文第六節。（六）講述美洲開闢史略及美利堅建國大略。（七）使學生觀察諸國境域。（八）講課文第七節。

比較統括

（一）亞、美二洲鐵路之比較。設以西伯利亞鐵道比加拿他太平洋鐵路，則隴秦豫海鐵道可比何線？川漢鐵路東延而接滬寧，可比他線？又何線可比南太平洋鐵道。

（二）自西伯利亞鐵路乘車至歐洲，渡海，由加拿他太平洋鐵道汽車至蕃古洼，再渡海歸亞洲，爲環游世界最捷之方法。

練習應用

（一）使學生述巴拿馬運河之關係，與蘇彝士運河比較之。（二）北美洲諸國中，惟墨西哥建國最古，亦爲世界古國之一，其餘諸國，舊皆歐人殖民地也。自美利堅建國，影響所及，獨立者接踵，且令英人之對於加拿他，不得不寬其銜勒，可見具優良之地理，必無終屈於人之事。如吾國之地大物博，遇偶遭外侮，不可自餒也。

參考

北美洲幅員，南北長約萬五千里，東西廣約萬里，面積七千八百餘萬方里，當亞洲之半，大於我一倍。其海岸線之長，約九萬九千里，與面積相較，每七百八十餘方里有海岸線一里，較諸非洲二倍有餘，故深廣之港灣最多。全洲輪廓，成一畸狀三角形。西部爲高地，落機山脈縱貫其間，由北冰洋隆起，向東南分馳，爲平行山脈數條，沿太平洋岸，緜延不絶，其最高峯達萬四千尺。其平行山脈之在西部者，爲喀斯喀得、塞拉得諸山。落機山之東，邱陵起伏，爲中央分水界。大平原縱貫其間，爲世界南北行之第一長平原。平原之東，亦爲高地，押拉既俺山脈縱走其間，起於拉布剌達半島，與大西洋平行，西南直抵墨西哥灣。其高度不過二千四百尺，故全境西高於東，而其山脈平行斜趨，宛如開展之摺扇。河之大者，首推密士失必河，長萬餘里，流域之廣，達一千一百萬方里，航路達六千里。次爲桑羅稜索河，長七千餘里。湖泊多在東北部，最著有五：曰蘇必利爾，爲世界最大淡水湖，占地三十九萬方里，深千呎。曰密執安湖，曰休崙湖，皆占地二十一萬里。曰伊爾鼇湖，占地八百方里。曰安剗鼇阿湖，占地七萬方里。五湖首尾相續，如重臺三階，歷階而降。美洲除落機山脈外，無甚著之分水界，故密士失必河上流亦可通舟。又大西洋斜面之河，與五大湖地方之間，運河之連絡甚易，故水利甚富。

　　本洲位置與亞洲相似，故亦跨有寒、温、熱三帶，温帶占十分之九。以地形之關係，氣候不一。大抵東岸北部，感拉布剌達寒流及北冰洋吹來之寒風，因北方無山障蔽。寒威殊甚。南方感墨西哥灣之暖流，加之地處温帶，頗覺温和。若其南端，則以位在熱帶之下，又炎熱如焚。西岸以有日本暖流及海風之影響，四季清朗，和煦宜人。中央大平原，亦頗涼爽。惟北境以鄰北冰洋故，與東岸北方相同。南境在墨西哥灣相近之地，則又炎熱。全洲雨量，西岸最多，緣太平洋吹來之風多含水氣故也。至落機山與平行諸山所挾之高原，乾燥無雨，中央平原及大西洋岸，雨水潤足。

　　人口九千餘萬，計每十分之八方里有一人，其最稠密之區，在大西、太平兩洋沿岸，南方、中央次之，北方最少。土人深目銅膚，髮疏而黑，面廣而平，棲息於本洲內部各地。非洲種爲昔日黑奴之裔，後漸開化者，多居美國南部及西印度諸島。今土人不及總數九分之一，非人亦不及總數十分之一。又有壹斯基摩人，多居阿拉斯加，其族爲黃種之一派，數亦不過二十萬。外此皆歐人及與土人混合之種也。

　　水陸交通，均稱便利，鐵道縱橫，密如蛛網，而尤以東西橫貫之數大幹，爲最有名。計在美國境者，曰南太平洋鐵路，曰中太平洋鐵路，曰北太平洋鐵路。在加拿他境者，曰加拿他太平洋鐵路，延長萬里，實爲大地上之特色。以線路最長之歐羅巴洲與本洲相較，僅及三分之一強，故本洲鐵路之長，實爲各大陸之冠云。

第二十八章　北美洲地方誌

第四　加拿他（一時）

教材

加拿他，殆占北美洲北部，面積稍小於我國，與東岸紐芬蘭島共屬英。住民凡六百萬，多爲英國移民及其子孫。物產南部盛行農牧，且富森林，紐芬蘭島漁業極盛。首邑鄂大瓦，木市最盛。東北蒙特利爾，爲加拿他第一都會。大西洋岸之哈勒法，爲不凍港，橫斷大陸鐵路，發靭於此，西通太平洋岸蕃古洼，爲東洋航路之要港，我國僑民甚多。

教授方法

豫備

（一）問北美洲之北部爲何地？（二）問現在環游世界最捷之方法若何？

提示

（一）使閱地圖，觀察加拿他之位置及緯度。（二）使比較加拿他與美利堅之大小，次使比較加拿他與我國之大小。（三）使確認加拿他與美國之界線。（四）使觀察加拿他之東方，海中有何大島？（五）授"加拿他"以下四句。（六）授"住民"以下三句，告以加拿他係英屬地，經營其地者亦多爲英人。問以六百萬之人口，而分布於加拿他，稠密否？次乃告之曰：加拿他地方，緯度已高，北部極爲寒冷，故凡人口之分布及產業之發達，均偏於南部也。（七）授以加拿他產業狀況。（八）使觀察加拿他太平洋鐵道，東起何處？西迄何處？使於鐵道沿線，覓蒙特利爾，告以此爲加拿他第一都會。又使於其近傍覓鄂大瓦，告以此爲加拿他首府。（九）使學生講課文畢。

比較統括

（一）加拿他與西伯利亞之比較。又與歐、俄及瑞典、挪威之比較。亞、歐、美三洲北部之地，均富森林，盛漁業。

（二）哈勒法與蕃古洼之比較。又與海參崴之比較。紐芬蘭與庫頁島之比較。

練習應用

（一）使學生繪加拿他圖，如前例。（二）授以材料，使作桑羅稜索河及五大湖航行記。（三）加拿他現在之貿易，主行於英、美之間，一由地相近，一由加拿他爲英屬地也。昔銷華茶頗多，今亦漸爲印産所奪矣，於此可悟殖民地之利。

參考

加拿他幅員，東西廣八千四百里，南北長六千里，面積三千餘萬方里，幾與歐洲全土相等，適當我國六分之五。物産以農林爲首，中部地方土質腴美，不需肥料，麥、玉蜀、黍之産甚盛。東西兩部，林木葱鬱，推爲世界第一。松、柏、杉等之有用木材，每年運往歐洲、美國者，爲數甚鉅。落機山一帶，礦産豐富。桑羅稜索河下游，煤鐵甚盛，而以煤、銅、金之産爲最多。

鄂大瓦，位桑羅稜索河之北，爲英總督駐所，加拿他之首府也。蒙特利爾位鄂大瓦之東北，桑羅稜索河之濱，工商麕集，帆檣如櫛，凡往來大西洋各埠及歐洲者，均由此轉運。哈勒法爲大西洋沿岸惟一不凍良港，又爲大西洋方面海軍重鎮，戰艦漁舟，蔽塞海面。蕃古洼爲加拿他太平洋鐵路之起點，又爲航行太平洋各埠汽船薈萃之區，有蕃古洼島橫於前。南端有新興商埠曰維多利亞，航路四通，往來稱便，英國加拿他艦隊即駐其附近，我國總領事亦駐此。江浙之絲，皖贛之茶，景德之磁，皆雲集於是。紐芬蘭或譯新著大島，與亞洲岡札得加半島附近及歐洲挪威西海岸，並稱世界三大漁場，所産多鱉魚，其魚肝油爲治肺病要藥。

第五　美利堅（二時）

教材

美利堅，一稱美利堅合衆國，爲北美洲中部之大國，合亞拉斯加半島、檀

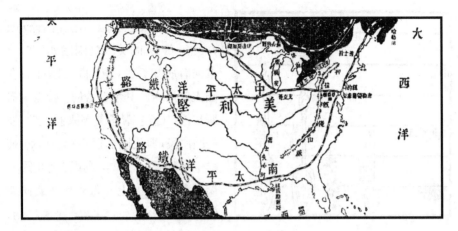

美利堅圖

香山，面積稍小於加拿他。住民多爲歐洲移民及其子孫，人口凡八千四百萬，我國人僑居者頗衆。物產，中部原野，農牧極盛，小麥、棉花，產額極豐。礦產，鐵、煤、煤油、金、銀、銅等特多，足以助工業之發達。製鐵、紡績、製粉等業甚盛，外國貿易次英、德，輸出品以棉、麥、肉類、鐵及其製器爲著，輸入品以糖、藥品、革類、珈琲爲著。自我國輸入者，多絲、茶，輸出我國者爲棉紗、棉布、鐵製品、煤油等。

國都曰華盛頓，近大西洋岸，市街清麗。其東北非勒特爾非亞爲工藝都邑，輸出煤油頗多。紐約在其東北，人口凡四百萬，貿易繁盛次倫敦，爲世界第二都會。東北波士敦爲東部主要商埠，學藝有名。支克哥在中部平原，爲美國第二都會，商市穀物，肉類爲最。臨密士失必河中流之聖路易，中部重要之市場也。下流之紐俄爾連斯，輸出棉花有名。三佛蘭西斯哥，一稱舊金山，爲太平洋岸第一要埠，僑居我國人甚多。

教授方法

第一時（第一節）

豫備

（一）問西半球最大之國爲何？美利堅國勢如何？汝輩向有所知否？使舉其固有之觀念以對。（二）復習國文第五冊第七、第八課。

提示

（一）使閱地圖，觀察美利堅之幅員。（二）使觀察美利堅之地勢。一、太平

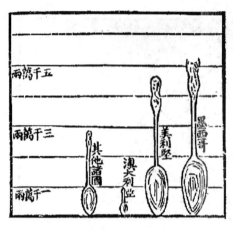

世界銀之産額比較

洋斜面。二、西方高原。三、中央大平原。四、大西洋斜面,最大之河流及五大湖,是否在中央大平原?（三）問美國之國體如何? 汝輩向有所知否?（四）問美國亦有我國人僑居否? 其情形若何? 汝輩向有所知否?（五）講述美國國體大略,及美國住民,與我國僑民情形。（六）使學生解釋課文,自"美利堅"至我國人僑居者頗衆。（七）問美利堅氣候如何? 使據前所授北美洲氣候推之,答不完全者,教師補正之。然則美國之物産若何?（八）講述美國産業大略情形。注意於天産與工業、工業與商業之關係。（九）使學生解釋課文,畢第一節。

比較統括

（一）美國國體與德意志之比較。

（二）美國産業與現今諸强國之比較。

（三）美國國土之廣,物産之饒,均非現今諸富國所及,其足與之頡頏者,惟我國耳。然美日以富,我日以貧,其故何也?

練習應用

（一）使學生繪美利堅圖。阿拉斯加及檀香山,須并繪。（二）略述美國産業界組織情形,使知現今世界,欲啓發利源者,非用新式組織不可。因使復習國文第四册第十六、第十七兩課,以資聯絡。（三）觀美國工業之興盛,則知現今世界,欲求增進富力者,非講求製造不可。否則終不免於生貨輸出,熟貨輸入。（四）現今世界,以歐洲北美爲最繁榮,非此二洲天産獨優,亦非其人智獨長也。此二洲之産業組織,已人於新式時期,而他洲尚滯於舊式,是以不能與之敵也。夫歐美今日之所以富,不過購入他國之原料品,更製造之,以售諸他國,以吸收他國之精華耳。然從地理上論之,此等熟貨之製造,初無必在歐美二洲之理由。不過各洲産業發達,有先後耳。苟使他洲産業之發達,亦如歐美二洲,則歐美不能以其製造工業吸收他國之利源,審矣。然生計之順序,由農牧而進於工商易,由工商而復返於農牧難。吾國古者,所以禁民舍本逐末、以此。蓋深有鑒於一廢棄農而事工商,即不能復返於農也。歐美今者,生活程度即高,其甘於樸質,及勤苦耐勞之風,日以衰息。欲其復返於本業,譚何容易! 縱謂能之,而大多數之資本業已擱置於工業一方面，一旦欲改事他業，其損失何可限量。蓋至是，則歐美人之所以自豪者窮，而他洲人藉手以制歐美人之機會至矣。勢有必至，理有固然。惟能深觀其會通，然後知循環往復之理之不可誣，而不爲目前之富貴氣象所攝。凡我黃人，正可無庸自餒耳。

紐約圖

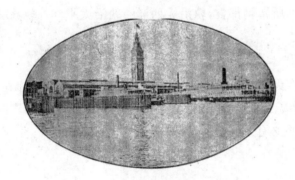

三佛蘭西斯哥圖

第二時（第二節）

豫備

（一）書“華盛頓”三字於黑板，問此爲人名乎？地名乎？（二）復現上海爲我國沿海第一商埠之觀念。使由上海推之紐約。（三）復現漢口爲我國內地第一商埠之觀念。使由漢口推之聖路易、支克哥。（四）問墨爾缽恩，何故亦稱新金山乎？

提示

（一）使閱地圖，觀察華盛頓、紐約、非勒特爾非亞、波士敦四地方。

（二）略述華盛頓、波士敦現今之情形，及其美國創造時之歷史。（三）略述紐約、非勒特爾非亞商工業情形。（四）使觀察中、北二太平洋鐵道之交點爲何處？（五）使觀察聖路易在何水之濱？（六）略述支克哥、聖路易貿易情形。（七）使觀察瀕密士失必河之下流者爲何地？問此地方貿易應繁盛否？其輸出者當以何物爲多？<small>中央大原野之農產物。</small>（八）略述紐俄爾連斯貿易情形。（九）使觀察美國太平洋岸有何要港？（十）略述舊金山之狀況，及華僑情形。（十一）使學生講課文第二節。

比較統括

（一）華盛頓與紐約、非勒特爾非亞之比較。<small>華盛頓與紐約及非勒特爾非亞，相去至近，然工商業之發達不於此而於彼，則知政治上之都會與工商業上之都會，非必一地。</small>

（二）華盛頓與鄂大瓦，紐約與哈勒法之比較。

（三）紐俄爾連斯與蒙特利爾之比較。

（四）支克哥與聖路易之比較。

（五）新金山與蕃古洼之比較。

（六）美國太平洋岸與大西洋岸之比較。

（七）本節所舉諸都會，孰沿大西洋？孰沿太平洋？孰爲美國中央之都會？試分別之。

練習應用

（一）使作美利堅遊記。<small>自紐約至非勒特爾非亞、波士敦、華盛頓，自此至紐俄爾連斯，溯密士失必河至聖路易、支克哥，由鐵道直達舊金山，經檀香山歸國。</small>（二）凡國土廣大者，內國貿易必盛，中央必有大都會。觀我國及俄、美，可見其例。

參考

美國幅員，東西廣八千里，南北長五千里，面積合阿拉斯加半島，計三千餘萬方里。人口七千五百餘萬，面積等於加拿他，而人口則十五倍之。

美國地大物博，加之民性勤勉，物產豐富，故其產業之發達，爲他國所不及，稱之爲世界大農國可，稱爲世界大工業國，亦無不可。其農產，小麥、玉蜀黍、棉花、煙草，莫不居世界產額之首位。<small>每年產額：小麥達一千六百八十餘萬噸，玉蜀黍達三十一億二千五百七十一萬三千英斗，棉花達八十億五千四百五十餘萬磅，菸草達九億四千九百三十五萬七千磅。</small>礦產則銅、鐵、煤、煤油、水銀之產額，亦居世界首位，惟金、銀與鉛，則居第二。東部及中部平原最宜牧畜，所畜之牛數達四千萬頭，豚達三千萬頭,馬、羊之數亦不少,以與世界相比,亦占多數之位置。其工業,則全國工廠不下五十一萬餘所,資本二百餘萬萬元,工役五百餘萬人。托辣斯約九十二所,其資本占全國總額十分之八,全球總額之小半焉。

華盛頓位美國東境,距海岸僅百英里,爲美第一任總統華盛頓氏所建,故即以其名名之。其總統府曰白宮,蓋移都後十年時所建也。一八一二年,英人敗革命軍,佔其京邑,一切建築悉燬於火,是宮以石造,獨存,惟牆壁爲煙焰所灼。後美人收復其都,重修此府,飾以白堊,於是知與不知,皆以白宮呼之。非勒特爾非亞位華盛頓與紐約之間,工業最盛,金、銀幣廠,製汽車廠,與夫船政、紡織諸廠,莫不規模宏大。又有製造煤油廠,油由産地從管中輸送至此,提煉後,復傾入他管,流至大西洋船中。距非城百二十英里有産煤地,歲出五十兆噸,雖盡美國一歲所産之金,猶不能比,故煤油、石炭之貿易最大。地爲美建國時故都,有獨立廳,爲開國會時會議之所。昔日獨立之檄文署於此,聯邦之憲法議於此,其檄文之原稿,至今猶寶藏之也。紐約爲大西洋汽船集中之地,商賈雲集,市廛櫛比,倫敦而外,此爲第一,故有新世界倫敦之稱。美國獨立之初,此地户口不過二萬,百年以來,驟增至二百倍,以此推測,則以後不難駕倫敦而上之矣。波士敦,地濱大西洋岸,人口百萬,爲美國獨立時一大紀念地。當革命軍起時,羣推華盛頓爲大將,波士敦即其誓師地也。當時波城陷於英軍,華氏率民兵擊退之,爲獨立之基所由兆。美國歷史上之大事,惟殖民時代、獨立時代,而考其事,皆始於波士敦。去波士敦三十英里,有一海口曰普里木斯者,即移殖美利堅之英民上陸之所也。支克哥,瀕密執安湖之濱,縮太平洋鐵道之中心,爲內地第一大商埠。美人謂支克哥日後當駕紐約而上之,爲全美第一大城,且將遠過倫敦,而爲世界第一大城。聖路易,爲密士失必河沿岸大城。是河流域,行旅之往來,皆薈萃於此,北美之人出墨西哥灣而至中南美諸國者,亦必由之,陸上則中央鐵路於此交會,汽車之多,亦不下於河中帆檣之數也。紐俄爾連斯,爲輸入歐洲之農産物所集,棉市尤盛,推爲世界第一。舊金山據鐵路起點,爲太平洋岸第一商埠,華僑居此者,約三萬人。

第六　墨西哥(一時)

教材

墨西哥,在美國之南,東臨墨西哥灣,西臨太平洋,面積約當我東北區之二倍。地勢爲一大高原,近海地方有小原野,南部入熱帶,低地炎熱,内地高原温和,適於住民。人口凡一千四百萬,多西班牙人,土人次之,其他有雜種人民。礦産發達,銀産爲最,所鑄銀圓,多輸入我國。農業亦盛。國都曰墨西哥,在内地高原,氣候温和,風景清絶。委内古盧斯,在墨西哥灣,商賈雲集。

教授方法

豫備

(一)書"墨西哥"三字於黑板,問此爲何國？汝等曾聞其名歟？市上通用之鷹紋銀圓,來自何國？汝輩知之歟？(二)問紐俄爾連斯港南瀕何灣？(三)試復述北美洲西部之山脈。

提示

(一)使閱地圖,觀察墨西哥國之位置疆界。(二)使觀察墨西哥國之沿海及地勢。一、東瀕大西洋處,有何大灣？二、西瀕太平洋處,有深灣入於陸地間之海灣,何名？三、墨西哥之地係何山脈造成？是否全國均爲山地。(三)使觀察墨西哥國之緯度,問墨國氣候當如何？物産當如何？(四)講述墨西哥開國大略,及其現今情形。(五)講課文自"墨西哥"至"農業亦盛"。(六)使觀察墨西哥及委拉古盧斯之位置。(七)講課文畢。

比較統括

墨西哥與美利堅之比較。殖民於美利堅者,爲英國之清教徒,殖民於墨西哥者,爲西班牙之中下等社會人。英、西兩國人,能力本不相若,況所移殖之民程度又遠不相逮乎？故美利堅自獨立後,國勢蒸蒸日上,而墨西哥則近今猶以騷亂聞於世。於此可知國家之治亂,與國民之程度關係甚大。

練習應用

(一)使學生繪墨西哥國圖,如前例。(二)外國貨幣,在本國市面上只能作爲生銀行使。我國以幣制不統一,外國貨幣乃乘而入之,甚至在我國發行紙幣,於國權及生計,影響均甚大也。

參考

墨西哥地形,如鰈魚掉尾,頭向西北尾向東南。其濱海之地雖多,而海岸乏屈曲,故沿墨西哥灣無著名之良港,惟太平洋沿岸,有加利佛尼亞灣,爲北美大海灣之一。内地則山巒層疊,成一大高原,平均高度自六千至八千尺,其間高峻之火山甚多,因之國內多地震。高原之東,沿海一帶,地甚卑溼,氣候亦不良。物產則礦產甚富,五金、水銀、硫磺之屬無不備,尤以產銀著於世,共有礦山一千七百餘處,銀礦居四分之一,每年所產可值六千萬圓。

墨西哥氣候,因地形而有不同,高原溫和乾燥,最適衛生,山地頗寒冷,低地則溼而且熱。其都城位於七千尺之高地,故極爽塏。委拉古盧斯爲全國第一良港,惟其氣候亦不甚佳良,且時有暴風之患。

第七　中美諸國及西印度諸島(一時)

教材

中美地方,在墨西哥南,地形狹長,面積約等於我四川省。昔爲西班牙領地,今分六小共和國,與一英領地。就中巴拿馬共和國,在巴拿馬地峽,有有名巴拿馬大運河,爲太平、大西兩洋交通之捷徑。

西印度諸島,橫於加勒比海與大西洋間。就中古巴島最大,有古巴共和國,土地開闢,甘蔗、糖、菸出產頗多。海地島亦分海地、三多明各兩共和國。其餘各島,概爲英、法、美、荷蘭諸國所分領。

教授方法

豫備

(一)問南、北美二洲,互相連續乎?抑中隔以海乎?其連續之部,形狀若何?(二)書"中美"二字於黑板,問汝輩曾聞此地名否?(三)問哥倫布尋獲新大陸,所先至者爲何地。國文第五冊第十六課。

提示

(一)告以中美洲三字之界域。(二)使閱地圖,觀察中美洲諸國。一、危地馬拉,二、桑薩爾瓦多耳,三、闊都拉斯,四、尼加拉瓜,五、哥斯德耳黎加,六、巴拿馬,七、英領闊都拉斯。(三)告以以上六國,均行共和政體,惟闊都拉斯東北有一部地屬英領,故中美地方,共分六共和國,一英領地。(四)略述諸國之地勢,氣候及其物產。(五)講課文第一節。(六)使觀察西印度諸島。一、大安第羣島,二、小安第羣島,三、巴哈麻羣島。(七)告以是諸島中,以大安第四島爲最大。四島中,除牙買加屬英,波爾多黎各屬美外,其餘二島分建三共和國,而以古巴爲大,較有關係。（八）講述西印度諸島地形、氣候、物產。（九）講課文第二節。

比較統括

（一）中美諸國地勢、氣候、物產，與墨西哥之比較。

（二）西印度羣島與南洋羣島之比較。

（三）試將中美諸國與西印度羣島，均列爲表。

練習應用

（一）使學生繪中美諸國及西印度羣島圖，如前例。（二）中美地方狹小，而建國較多，故不能完全統一。（三）巴拿馬運河之開鑿，與我國關係若何？

參考

中美諸國，除巴拿馬外，均與墨西哥同隸西班牙。迨墨西哥自立，亦離西與墨聯合，繼又分立，組織中美合衆國，後又析爲五小國，與英屬地一。今合巴拿馬稱中美六共和國：危地馬拉最北。危之東爲英屬闊都拉斯。南左爲闊都拉斯國。南右爲桑薩爾瓦多耳。闊之南爲尼加拉瓜。又南爲哥斯德耳黎加。更南爲巴拿馬，本南美哥倫比亞屬地，清光緒二十九年，離哥獨立，感美援助之功，以運河地帶讓與美國，而溝通太平大西兩洋之巨工，於是託始焉。尼加拉瓜有尼加拉瓜湖，長三百里，廣百里，深十二尋，美人初議利用此湖以開鑿運河，自大西洋濱聖周安起，沿聖周安河，西三百里，循尼加拉瓜湖百六十里，西向開新河四十八里，出太平洋。惟河長工巨，經營不易。自巴拿馬運河權落美手，而尼加拉瓜運河之問題遂中止。諸國地勢，酷與墨西哥相似，中央高，兩岸低，火山脈自墨國來貫之，入於南美，爲災頗烈。氣候亦高地爽塏，低地炎熱，大西洋岸尤酷。農作物略同墨西哥，金、銀之多亦亞於墨。

西印度羣島爲合衆國與南美洲間，大西洋及加勒比海諸島之總稱。又分爲三：曰大安第羣島，曰小安第羣島，曰巴哈麻羣島。大安第羣島爲古巴、海地、波爾多黎各、牙買加四島，以古巴爲最大，本西班牙屬，今爲獨立共和國。海地分共和國二，東曰三多明各，西曰海地。牙買加屬英，波爾多黎各屬美。小安第羣島分屬英、法、丹麥、荷蘭。巴哈麻羣島全屬英，除巴哈麻爲珊瑚島，地較平坦外，餘皆火山島，地勢崎嶇，總計耕地不過十分之一，然土性肥沃，良港甚多，海風徐來，雖在熱帶，氣候不覺酷熱，實樂土也。

第二十九章　南亞美利加洲

第八　南美洲概説（二時）

教材

　　南美洲在北美洲之南，占西半球之南半，與北美洲共稱新世界，又曰新大陸。東臨大西洋，西臨太平洋，面積約當亞洲十分之四。地勢略成三角形，西部有安達斯山脈，沿太平洋岸縱走，東部有巴西山脈高地，中部爲大原野，亞馬孫河、疴勒諾哥河、拉巴拉他河貫流此原野，而入大西洋。就中亞馬孫河，流域之廣，水量之大，稱世界第一。海岸鮮屈曲，無大港灣。

　　氣候大部在熱帶，炎熱多雨，南境溫和，至極南受寒流影響，較爲寒冷。

　　物産：植物繁茂，亞馬孫河流域有大森林，珈琲、橡皮出産頗多。羊及羊駝，牧畜亦盛。西部地方有銀、硝石等礦。

　　住民凡四千五百萬，比於面積，人煙極稀。西班牙、葡萄牙移民之子孫最多，土人次之，黑人亦不少。

　　交通有越安達斯山鐵路，海岸船舶往來，亦頗便利，尤以巴拿馬運河開通以來，有益南美之發達不少。

　　本洲原爲西、葡二國殖民地，今

南亞美利加洲圖

分十共和國,及一部之歐人殖民地。諸國文化,皆無足道,未開闢之地甚多。

教授方法

第一時(第一、二節)

豫備

(一)問以前所授諸洲,孰在南半球? 孰在北半球? 在南半球諸洲與在北半球者,異點若何? 試略述之。(二)問北美洲地勢與亞、歐二洲同異若何? 又與非、澳二洲之同異若何?

提示

(一)使學生閱世界總圖,觀察南美洲之位置。一、是否在西半球之南半,二、在南半球者,共有幾洲? 其位置又有差異否? (二)使觀察南美洲之輪廓,與非洲、北美同異若何? (三)使閱地圖,觀察南美洲之地勢,與北美洲相似否? 東西有大山,中央有大平原。西岸之山脈何名? 東岸之山脈何名? 西岸之山脈較東岸之山脈孰大? (四)使觀察南美洲中,有何大河? 此等大河是否在中央大平原,其流域廣大否? 其上流互相接近否? (五)使觀察南美洲之沿岸,一、有無大港灣及半島,二、有無大島嶼。然則南美洲之海岸線長短如何? (六)講課文第一節。(七)使觀察南美洲之緯度,其大部分在何帶? 然則南美洲之氣候當若何? (八)講課文第二節。

比較統括

(一)南美洲與北美洲之比較。

(二)南美洲與非洲及澳大利亞之比較。

(三)南美洲有世界最大之河域,最長之山系。

練習應用

(一)使學生繪南美洲圖,如前例。(二)北美洲之密士失必河及桑羅稜索河互爲直角,南美洲之亞馬孫河及拉巴拉他河,亦互成直角。凡此等互成直角之河,航行上利益最大。

第二時(第三、四、五、六節)

豫備

(一)問熱帶地方動植物之發育,較寒溫兩帶如何? (二)問南、北美兩洲,東西之交通較南北之交通,難易若何? (三)復現土滿之觀念。講第四冊第四課時所授。

提示

（一）問以前授過之大森林，共有幾處？其所占之緯度若何？（二）書"珈啡、橡皮"四字於黑板，問此爲何物？知之否？（三）問地廣人稀之處，宜於畜牧歟？抑地狹人稠之處，宜於畜牧歟？（四）問南美礦産，當饒於何地？西部山脈地方。講課文第三節。（五）略述歐人移殖南美之歷史，及南美現今住民狀況。（六）使學生閱圖，觀察南美十共和國及英、荷、法殖民地之區域。諸國中孰最大？孰次之？孰最小？孰全不沿海？地形之最狹長者爲何國？（七）使觀察南美洲諸鐵路綫。（八）講課文第四、五、六節。

比較統括

（一）南美洲産業與非洲之比較。赤道之下均有大森林，非洲有一大沙漠、南美洲無之，非洲之畜牧盛於南部，南美洲則區域較廣。又與澳洲之比較。

（二）亞、非、澳、南、北美各洲獨立地方多少之比較。

練習應用

凡地廣人稀之地，均爲地狹人稠之國之良殖民地，而況南美洲，氣候炎熱，雨量饒多，動植既繁，礦藏尤富，尤爲移殖之民之樂土。而諸國亦以人口稀少，渴望招徠。故昔年巴西國有與我協議，歲準移殖華民若干人之説，惜事未實行。然在今日，中國而欲謀移殖，其在西半球，仍莫良於南美洲也。

參考

南美洲與非洲、大洋洲，共跨南半球，惟非洲在南半球者小半，而南美與大洋洲，則在南半球者居大部也。其幅員東西最廣處九千五百里，南北最長處萬四千里，面積五千七百三十九萬方里，約當亞洲十分之四，小於北美，而大於歐洲幾兩倍。地形略如北美，惟稍鋭長，成一直角三角形。海岸平直，甚於非洲，惟南端稍錯雜。海岸綫之長，計四萬九千五百里，以面積較之，約一千二百方里中，有一里而已。

地勢與北美同，亦可分三大部：安達斯山爲本洲之地脊，一如北美之有落機山。起自本洲南端，縱貫西海岸，長一萬三千餘里，爲世界最長之帶山。西方高原，以此組成。東方高原，一稱巴西高原，中有數帶，曰弗利我山，達巴定加山，其高度皆不大。兩高原間挾一大平原，面積三千餘萬方里，居全洲之大半，又可分爲三部，北部爲疴勒諸哥河流域，中部爲亞馬孫河流域，南部則拉巴拉他河流域也。疴勒哥河發源西部高原，東流四千餘里入大西洋，河口有大三角洲，支河無算，中流多灘，不利舟楫。亞馬孫河發源安達斯山，距太平洋僅百五十里，東流萬餘里入大西洋，流域廣二千四百萬方里，不啻與歐洲相埒，河口廣五百里，深二百尺，其流直激海水於四百里外，流域之廣，水量之大，全球無匹。由河口上溯三千里，可通巨舟，若小汽船可直抵安達斯山足，潮汐逆入一千餘里。拉巴拉他河亦發源西部高地，合數源南流入大西洋，其近海六百里間成大港灣，寬自八十里至四百二十里，內多風濤，自源至委長六千里。

本洲三分之二在熱帶內，故平原之地，炎熱潮溼。山間高原，溫和宜人。南端感寒流之影響，天氣冱寒。安達斯山之東側因大西洋送來之風，俱含水氣，雨量富足。西側反之，往往成沙漠。亞馬孫河上流位在熱帶之內，雨量最多，林木繁茂。

人口約三千九百餘萬，每方里僅一人餘，其大多數人民爲雜種，散居各地。歐羅巴種及阿美利加種次之，前者爲西、葡兩國之裔，居巴西等處，後者多居南北兩境。阿非利加種本非洲販來之奴，專住巴西，自美總統林肯布奴隸釋放之令，販奴之同衰，黑奴遂得次第釋放。

第九　南美洲諸國（四時）

教材

可倫比亞，在南美洲西北隅，地勢高峻，惟東部疴勒諾哥河及亞馬孫河支流諸地稍平坦。產菸、珈琲。國都曰波哥大，在安達斯山中高地，氣候溫和。

委內瑞辣，在可倫比亞之東，南美洲北端一大國也。南北爲高地，中央原野，豐草一碧，牧畜盛行。所產金、銀、真珠有名。國都曰加拉架，有鐵路通委拉港。

圭亞那，在委內瑞辣東南，分三部：東部屬法，中部屬荷蘭，西部屬英，南美地方屬歐人領者惟此。

巴西，在圭亞那之南，爲南美洲第一大國，面積稍小於歐洲全土。國內西部亞馬孫河流域原野有大森林，土地未闢。東南部較開，珈琲出產冠世界，糖、棉花亦多，橡皮質良有名，又有金及金剛石之產。住民凡二千萬，國都曰里約熱內盧，爲國內第一商埠，輸出珈琲頗盛。

巴拉圭，在巴西南之小國也，地勢平坦，牧草繁茂，牧畜業甚盛，出巴拉圭茶，有名。國都曰亞松森，臨巴拉圭河，大汽船可達其地。

烏拉乖，爲南美中最小之國，占拉巴拉他河域，且瀕海，土地平坦，地味肥沃，農業牧畜頗盛。國都曰蒙德維得亞，爲大西洋岸之良港。

不宜諾斯艾利斯圖

阿根廷，在南美洲東南部，爲南美洲第二大國。地勢爲一大原野。氣候溫和，農業甚盛，牧畜業亦世界知名，小麥、羊毛輸出極多。貿易之盛，甲於南美。國都曰不宜諾斯艾利斯，爲南美第一都會，有鐵路通智利之法爾巴來索，百貨輻輳，工業亦可觀。

智利，在阿根廷之西，太平洋岸一狹長之國也。農產稍盛，礦產硝石最富。國都曰散地牙哥，爲南美太平洋岸之大都會，僑居我國商人甚多。西北法爾巴來索，爲此國第一海港。

玻利非亞，在南美洲中央內地，國都曰拉巴斯，在中央高地。

秘魯，在玻利非亞之西，爲南美洲開化最早之國，農林、牧畜、礦產稍盛。我國人移住此國者不少。國都曰利馬，西北加勞爲其第一商埠。

厄瓜多爾在秘魯之北，國都曰基多。

教授方法

第一時（第一、二、三節）

豫備

（一）問巴拿馬本屬何國？（二）問南美洲有歐人屬地否？（三）問南美洲三大河系，其在最北者何名？

提示

（一）使閱地圖，觀察可侖比亞、委內瑞辣二國。（二）問此二國，均當疴勒諾哥河流域否？可倫比亞境內尚有他河支流否？（三）問此二國之地勢，是否完全平坦？在可倫比亞之西者何山？在委內瑞辣之北者何山？在其南者

427

利馬圖

何山？然則此二國之地勢如何？（四）使觀察圭亞那地方，屬何三國？何國地最在東？何國次之？何國最在西？（五）使觀察圭亞那之地勢。（六）使觀察可倫比亞、委內瑞辣二國之都城。（七）略述此二國氣候、物產及其現勢。（八）略述圭亞那地方氣候、物產及歐人占據情形。（九）使學生講課文第一、二、三節。

比較統括

（一）可倫比亞與委內瑞辣之比較。

（二）可倫比亞未失巴拿馬前，較既失巴拿馬後，形勢若何？

練習應用

（一）使學生繪疴勒諾哥河域二國圖。（二）英、荷、法三國之占據圭亞那，僅及其沿海諸地，與西人之於南洋羣島同。然土人則已蟄伏內地，不能自振。可見海口之地，關係重要，決不容他國人輕據。

第二時（第四、五、六節）

豫備

（一）問南美最大之國爲何國？（二）問南美三大河，除疴勒諾哥及亞馬孫外，尚有一河何名？（三）問南美洲中，四面皆不接海者爲何二國？

提示

（一）使閱地圖，觀察巴西之幅員境界。巴西幅員廣大，除智利外，南美諸國均與接境。（二）使觀察巴西國之地勢。（三）使觀察巴西國之水系。一、亞馬孫河，二、聖佛蘭西斯科河,三、拉巴拉他河上游。亞馬孫河流域,殆全屬巴西。（四）使觀察巴西國之緯度。（五）問以巴西之地勢、氣候論之,其物産應豐饒否？前言南美有大森林,此森林在何水流域？尚能記憶否？告以巴西爲一物産最饒之國,其植物種類數量,共甲天下。由其幅員廣大,又占熱帶多雨之區也。（六）講課文第四節。（七）使觀察巴拉圭、烏拉乖二國。拉巴拉他河下流,在何國境上？其上流分爲幾支？巴拉圭國是否在其沿岸。問二國之交通如何。（八）略述二國交通産業情形。（九）使觀察二國之都城。（十）講課文第五、六節。

比較統括

（一）巴西與美利堅、墨西哥之比較。

（二）與印度及後印度半島之比較。

（三）巴拉圭、烏拉乖二國之比較。

練習應用

（一）使學生繪巴西國圖,又使繪巴拉圭、烏拉乖二國合圖。（二）巴西土地之廣,物産之饒,在世界各國,不爲後人。然國勢終不能與諸强國並列者,則以土廣人稀,地利未能盡闢也。從可知欲爲世界第一等國者,廣土衆民均爲必要之條件。而我國以民數之衆,冠於世界,實足以自豪。

第三時（第七、八節）

豫備

（一）問南美洲第二大國爲何國？（二）問南美洲之南部,在温帶歟？抑熱帶歟？（三）問世界中地形最狹長之國何名？

提示

（一）使閲地圖,觀察阿根廷國之幅員及疆界。（二）使觀察安達斯山系,是否爲阿根廷、智利二國之界山？（三）使觀察智利國與何國接境？（四）使觀察拉巴拉他河流域,爲阿根廷所占者幾何？（五）問安達斯山之傾斜,東面峻急歟？西面峻急歟？然則阿根廷、智利二國之地勢當如何？（六）問北美洲之氣候,東岸温和歟？西岸温和歟？然則南美洲之氣候當如何？南美洲之氣候,何故南端寒冷？然則阿根廷、智利二國氣候當如何？（七）略述此二國物産情形,及其現勢。（八）使觀察不宜諾斯艾利斯及法爾巴來索二地方,問此二地方,有鐵路相通否？此鐵路是否兩端均至海口？次使觀察散地牙哥之所在,與法爾巴來索相距遠近若何？（九）講課文第七、八節。

比較統括

（一）阿根廷與巴西之比較。

（二）板書“全世界中可稱爲南温帶之大陸國者,惟一阿根廷”二十字,使學生詳細解釋之。

（三）巴西、阿根廷爲南美大國，智利爲南美洲興盛之國。

練習應用

（一）使學生繪阿根廷、智利二國合圖。（二）美洲諸港，與我關係最密切者，在北惟舊金山，在南則法爾巴來索。

第四時（第九、十、十一節）

豫備

（一）問南美洲除巴拉圭外，尚有一不沿海之國，何國也？（二）問在智利之北方者爲何國？

提示

（一）書“赤道國”三字於黑板，問此爲何義？汝輩知之乎？（二）告之曰：厄瓜多爾四字，譯義即赤道國也。使閱地圖，觀察厄瓜多爾，是否正當赤道之下？次使觀察玻里非亞及秘魯二國所占之緯度。（三）使觀察此三國孰沿海？孰不沿海？玻里非亞與何國接境？（四）使觀察此諸國之地勢。（五）問厄瓜多爾，以緯度論其氣候當如何？合地勢以論之，其氣候又當如何？然則玻里非亞及秘魯二國，其氣候又當如何？（六）講述三國地勢、氣候、物產之大要。（七）使學生閱圖，舉三國都城之名。（八）講課文第九、十、十一節。

比較統括

（一）南美與亞、非、大洋北美諸洲較，爲歐人屬地最少之洲。

（二）南、北美二洲，皆祇有共和國，無君主國。

（三）南美諸邦之統括如下：

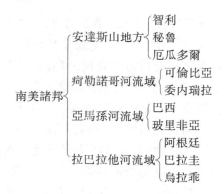

練習應用

（一）使繪玻里非亞、秘魯、厄瓜多爾三國合國。（二）使作南美十共和國述略。（三）玻里非亞，地不瀕海，對外貿易均藉智利、秘魯二國商港行之，設爲他人所扼，即不免於坐困。故自由通海之口，實爲立國所必要。

參考

可倫比亞,本與委內瑞辣、厄瓜多爾同爲一國,後析爲三邦,今巴拿馬州又分立,土地日蹙。安達斯山脈蟠亙全境,故地勢高峻。惟東部略平坦,疴勒諾哥及亞馬孫河支流分流其間,物產豐富,煙草、咖啡、金、銀等,合計每年產額可達八百二十三萬圓。金之產額,昔日推爲世界第一。自舊金山、南非金礦、先後發見,退居次位,然產額較諸他處,數仍不少。波哥大當北境中央,以建於山巔,故雖當熱帶之下,氣候溫和,然時有地震之慮。

委內瑞辣,形如一短柄之菌,哥得列拉山蟠旋於北,巴利米山縣亙於南,惟中央爲一大平原。疴勒諾哥曲曲流貫其間,支流四百餘,河口七百里以上,尚有闊十餘里者,平原之地,豐草一碧,牧業甚盛。都城建於三千餘尺之高地上,時患地震。

圭亞那分東、中、西三部:東部屬法,土地荒蕪,人烟寥落,首府曰加亞那。中部屬荷,地產咖啡、甘蔗、可可,首府曰巴拉馬利波。西部屬英,農商業最有進步,首府曰若爾治。

巴西全國可分爲平原、高原兩部。平原在西北,亞馬孫河及諸支流灌注其間,森林茂密處,永不見日光,實爲全球罕見之大森林。中部與東部爲高原,弗利我山、達巴定加山,南北縱列,縣延其間,爲亞馬孫河、拉巴拉他河之分水界,土地肥沃,植物界之天產,全球無匹,咖啡產額占世界十分之七,棉花、蔗糖、煙草,所產亦多。聖佛蘭西施科河上流產金剛石,間有金礦數所,每年產金十五萬英兩。海軍充實,有兵艦大小二十餘艘,水師三千餘人,爲南美冠。都城曰里約熱內盧,瀕大西洋濱,港口極佳,故又爲本國第一商埠,每年貨物出入占全國商務之半。南美饒富之區,以此爲最。

巴拉圭爲南美內地之國,四面皆不沿海,然據拉巴拉他河上流,交通頗便,貿易亦盛,土脈肥美,產有名之巴拉圭茶,茶爲一種馬德樹之葉,每年產八百萬斤,南美諸國爭購之。爲生息大宗。亞松森位巴拉圭河之左,有定期汽船往來拉巴拉他河沿岸各港。

烏拉乖爲本洲最小之邦,地勢東北高山特聳,內地多草原,間有邱陵起伏,烏拉乖河流於西境,注入拉巴拉他河。河實自是以下始稱拉巴拉他。民業以牧畜爲主,牛、馬、羊、驢之產甚盛。就中以牛爲最多,每年輸出數十萬頭,牛油、毛皮骨之輸出亦多。蒙德維得亞,當拉巴拉他河之左岸,遙對阿根廷京,形勢便利,往來商舶,歲必千餘，爲南美東岸第一商埠。

阿根廷版圖之廣，次於巴西。地勢西北高，東南下，除與智利、玻里非亞交界處，均爲低平原野。除最北一部分外，均在溫帶，氣候中和，誠樂土也。全國多草原，故產業以畜牧爲重，牛、馬、羊、驢，無不蕃殖，其盛況足與美利堅、澳大利亞相伯仲。國內鐵路共長四萬餘里，電線十六萬里，航海船二百餘艘，交通機關最爲完備。民智開化爲南美諸國冠，不宜諾斯艾利斯意即佳氣。爲其都城，位拉巴拉他河之右岸，爲南美最大都會，有海底電綫通西歐、北美。

智利地形如帶，附著於安達斯山西坡，物產多礦物，硝石、銅之產額甚高，硝石之售與歐洲者，年可四億萬噸，銅產額昔日居世界第一。國內政治修明，軍備充實，爲南美第二海軍國，年來戰勝秘魯，國勢日隆，大有雄視南美之概。散地牙哥爲其都城，位於高原之上，時患地震，故屋宇卑小。法爾巴來索爲南美西岸第一要港，有鐵道，經都城，橫斷本洲，東達拉巴拉他河口，故此地爲水陸要衝，又爲南美著名商埠。

秘魯地勢，西方沿海低平，中爲山地，且多火山，東方爲大平原。林密草茂，亞馬孫河支流灌注之，海濱小島上有一種鳥糞，以無雨故，層累甚厚，爲肥田上品，英、美、德、比諸國，咸爭購焉。數年前與智利開釁，戰敗議和，割讓南境二州二州爲鳥糞產地，自割讓後產額銳減。於智。國債之額，亦因之增高。年來獎勵他國移民，我國人之僑居其國者，達四萬五千。利馬爲其都城，商業頗繁盛。

玻利非亞，舊與秘魯合爲一國。稱曰上秘魯，以秘魯稱下秘魯。地勢，安達斯山在境內爲平行二脈，中央高原，出海面萬三千尺，東境爲亞馬孫河、拉巴拉他河之流域，地形斜向東方，居秘魯、智利、阿根廷、巴拉圭、巴西諸國之間，故有無海國之稱。富銀鑛，波多希附近之銀山，三百年來，產額甚盛。國都拉巴斯，巴拉圭茶赴太平洋必經之道也。厄瓜多爾，譯言赤道國，地勢多山，海岸溼熱，高地殊溫和。產小麥、馬鈴薯等，低地產熱帶植物。貿易主行於秘魯之間。都城基多，風景清淑，惟近火山，時患地震。

第三十章　中華民國在世界之位置

第十　概　說（一時）

教材

我國幅員廣大，且全部殆在北溫帶中，氣候温和，地味肥沃。國内有大山脈、有大河流、有大原野，海岸屈曲，良港甚多。農牧既宜，工商尤便。而開化之早，人口之繁，尤爲五洲萬國所不逮。地理上之利益，固甚大也。

教授方法

豫備

（一）復習第一册第一課。（二）復習本國沿海地勢河流諸課。以自製之本國山脈河流圖約之。（三）復習本國氣候、物産、交通諸課。以自製之鐵道航路等圖約之。

提示

（一）問我國面積，共有若干方里？在世界中，幅員僅次於何三國？此三國之土地，雖較我爲大，其實際地理上之憑藉，較我如何？講第五册第二十一課時所授。（二）問我國之地，是否大部分皆在北溫帶？更使閱地圖，諦觀之。（三）問我國之山，共可分爲幾大幹？一、阿爾泰山系，二、崑崙山系之北、中、南三大幹，三、喜馬拉雅山系。（四）問我國之大河，共有幾支？一、黑龍江，二、黄河，三、長江，四、珠江，五、塔里木河。（五）問我國之地，何處爲高原？何處爲山地？何處爲平原？（六）問我國之地，何處最宜農耕？何處最宜畜牧？著名之大森林在何地？著名之金礦及煤、鐵礦在何地？著名之鹽産地在何地？（七）問我國沿海七省之名，此諸省中，海岸線孰爲曲折？孰較平直？自内地欲至海口，何處較易？何處較難？北、中、南三區及東北區較易，西北區及蒙藏較難。（八）問我國人口共有若干？其數是否爲世界各國之冠？（九）問我國開化約在距今若干年前？是否爲世界文明古國之一？（十）講課文。

比較統括

（一）我國幅員，在世界中僅次於英、俄、法三國。然英、法屬地，皆散處海外，不相聯屬。俄則處窮北苦寒之區，其地理上之憑藉，實不如我。前已言之。至世界各國中，幅員之廣，所占緯度之佳，與我相彷彿者，惟一美國。然其地勢之複雜。迥不如我。

（二）所謂獨立者，非徒政治上之獨立而已，即經濟上亦必能獨立。何謂經濟獨立？即國民所需用之物品，本國皆能產之，能自製之，在國內足以自行其分業，雖閉關獨立，亦不致坐困是也。此惟幅員廣大，地勢複雜，人口衆多之國能之，而我國則實有此資格。

（三）世界文明起源之地有五：墨西哥之文化，今已淪亡，可勿論。埃及及美索不達迷亞之文明，則今日西洋文明之祖也，此外即爲印度及我國之文明。印度之文明，我國既已得其精華矣。所當竭誠歡迎之，以補我之不足者，則今日之西洋文明而已。抑西洋文明，埃及、小亞細亞、希臘、羅馬諸國之所共者也。東洋文明，則我國之所獨者也。然則我國民對於世界文化之貢獻，可謂獨厚也已。世界文明古國，迄今日巍然尚存者，惟一我國。則我國者，實東洋文化之代表也。他日東洋之文化能否發揮光大，全視我國之盛衰强弱以爲斷。念此，當知我國民，對於世界、對於古昔哲人，責任綦重。

練習應用

（一）説中國地理上之優點。作文題。（二）語曰：慢藏誨盜。又曰：勇夫重閉。地理上之憑藉愈美，愈足起人覬覦之心。中國向者已割讓之土地無論矣。今者重要之海口，或已爲人租借，交通之主權，亦不完全，而且鐵路所至，礦山隨之，則無盡之寶藏，又爲他人所染指。加之財政竭蹶，邊備空虛，外人設以兵力侵入，固屬無可如何。即不然，而貿易出入，年爲負差，外債灌輸，坐收利子，經濟上之剥削，業已不堪設想矣。此則撫兹地理之美，而不禁爲之寒心者也。

第十一　人　民（二時）

教材

世界人種，因其容貌體格，分黃、白、黑、椶、紅五種。黃種多住於亞洲，白種多住於歐洲，黑種多住於非洲，棪種多住於南洋羣島，紅種爲南北美洲土人。其人口，凡十六億，亞洲最多，大洋洲最少。其密度，歐洲最大，亞洲次之，其餘各洲均甚疎。

我國人民，概屬黃種。細別爲五族：曰漢族，曰滿族，曰蒙古族，曰回族，曰西藏族。漢族多住於北、中、南三區，而分布於全國，人口最衆，文化程度亦最高。滿族多住於東北區。蒙古族多住於蒙古高原及青海。回族多住於西北區及陝西、甘肅等省。西藏族多住於西藏高原。此外又有苗族，多住於南區、西部。人口凡四億三千萬，就中分布最密者爲中、北、南三區，最疎者爲青海及西北區。

教授方法

第一時（第一節）

豫備

（一）復習各洲概説中關於住民各節，其某人種居於某洲，暨其勢力如何，文化如何，均宜使之注意。於課前行之。（二）復現人滿土滿之觀念。

提示

（一）使學生讀課文，解釋首三句，注重於容貌體格四字。凡地居通都大邑，時有外人來往者，可使就所見之外人比量其容貌體格。若偏僻之地，罕與外人接觸者，則當示以圖畫，使仔細觀察之。（二）講"黃種多住於亞洲"以下五句。問亞洲之地，何處爲白人所居？亞洲惟伊蘭高原阿剌伯爲白人所居，印度人膚色雖黑，亦屬高加索種。此外西伯利亞爲俄人所移殖，然其人口甚疎。歐洲之地，何處爲黃人所居？土耳其、匈牙利。非洲之地，現雖爲歐人所占據，然其土著仍可云黑人否？歐人侵入，僅及沿岸一帶，內地大多數仍屬黑人。南洋羣島是否均爲棪色人種所居？紅種現在美洲之勢力如何？（三）講"其人口"以下三句。問世界之人口，凡爲我國人口之幾倍？（四）講"其密度"以下六句。問亞洲人口最多，然其密度反不及歐洲，何也？

比較統括

（一）五種人現勢之比較。所存者惟黃、白、黑三種，紅、棪二種皆幾於滅亡，黑人勢亦不競，其足與白人相頡頏者，惟黃人而已。

（二）五種人文化之比較。黃、白二種最優。

（三）五種之分，僅據膚色，其實不足爲甚堅之證據。以學理論，則世界人類，仍出一源，故當互相親愛。

練習應用

（一）使學生繪人種分布圖。五種人所居之地，各著一色。（二）人類生活必以土地爲根據，即以個人論，亦必於大地上占得一定之面積而後可，住所或居所。否則謂之浪人。一種族亦何獨不然？紅、棕二種之漸就滅亡，黑種之日淪窘蹙，即由喪失土地致之也。（三）歐人雖口言博愛，而實不免於忮忍。試觀白人足跡所至，有色人種非淪於窘困，即入於滅亡可知。我中國人之主義，則正反此。夫扶弱抑强，實爲人類之天職，故我國民，當知今後裁抑歐人，扶掖黑、紅、棕三種人，實爲吾曹應盡之義務。（四）今日歐人，雖似天之驕子，非、美大洋諸洲之地，均爲所占領。然非有實力及之也，觀於各洲人口分布之稀疏可知。我國民苟能急起直追，則世界大地儘有容我伸張之餘地。歐人於非、美、大洋三洲中，惟在北美洲之勢力爲已固，不易動搖，其他皆不可恃也。

第二時（第二、三節）

豫備

我國五族之名稱爲何？住地若何？文化程度若何？均使就已授過之中國地理中，自行溫習。於課前行之。

提示

（一）問五大族之名？（二）問五大族住居何處？（三）問五大族之外，尚有所謂苗族者，其住居地在何處？以上三問均使學生掩卷答之。（四）使學生講課文第二節，注意於概屬黃種句。（五）講課文第三節自"漢族起"至"多住於南區、西部"止，其當注意之點如下：一、分布於全國句，二、漢族文化程度最高，有何證據？使學生各以其意舉之。三、"蒙古高原"四字，爲地理上之名詞，於政治區畫上，包括熱河、察哈爾、綏遠諸特別區域，及寧夏、阿爾泰兩管區。四、"西藏高原"四字，亦爲地理上之名詞，於政治區畫上，包括川邊及青海。（六）講課文末三句，問我國人口何以密於中、南、北三區，而疏於他處？試從地理上舉其原因。

比較統括

（一）五族人口多少之比較。

（二）分布地方廣狹之比較。

（三）文化程度高下之比較。

（四）我國人口當世界總人口幾分之幾？使計算之。

（五）土廣不治，是曰土滿；人庶而無以爲養，是曰人滿。我國東南有人滿之患，西北多土滿之憂，當用何策，以圖補救。

練習應用

（一）種族之見，昔時入人甚深。今則人類之所以結合而求自有者，趨重於國家，已不復因種族而生歧視，故可合五族以行共和。（二）五族一家，貴能同化，必能日趨同化，而後猜嫌之心悉泯，團結之力益強。而漢族文化程度最高，則對此所負之責任愈重。

參考

世界人種及人口，見第五冊第二課。

漢族，亦稱華種。《春秋左氏傳》載孔子之言曰：“裔不謀夏，夷不亂華。”又載戎子駒支對晉人之詞曰：“我諸戎飲食衣服，不與華同”。皆以華與異族對稱，則其爲吾種族之稱名可知。然自漢以降，外國人已習以漢字稱吾人，如唐代之漢蕃對稱，及近世之以漢滿並舉是也。滿族，古稱肅慎，漢時號挹婁，南北朝以後號靺鞨。清室崛起，其部落以滿洲自稱，遂爲此種人之號。蒙古，本室韋別部、譯音亦作蒙兀，或作盲豁勒，亦作萌古、盲骨子。自修正史者采用蒙古二字，遂爲此族名之定譯。回族，即唐代之回紇，後自更號回鶻，元世亦作畏吾兒，明代音又譌作回回。本鐵勒十五部之一，鐵勒即勅勒，漢代之丁零也，皆同音異譯。中國人稱曰高車。藏族，以其地名之其種族之稱，當曰圖伯特。特者，統類之詞，見《元史譯聞證補》卷一，元代王室系出吐蕃，此段所引，實吐蕃先世故事。見予所著之《蒙古種族考》，載《大中華雜誌》第一卷第十期。圖伯，即吐蕃音轉，唐音蕃當讀如播。今西藏人自稱，尚如此也。見《辛卯侍行記》。

第十二　政　治（二時）

教材

土地、人民、主權，爲國家成立之三要素，凡主權完全者，謂之獨立國，否則謂之保護國。現今世界，列國分立約五十餘，而真能獨立者不過二十餘國而已。

國體有君主、民主之殊，政體有立憲、專制之別。現今列強，國體不一，而政體則多行立憲。我國昔亦爲君主專制國，今進而爲民主立憲。

立法、司法、行政爲統治之三機關。我國立法有國會。司法有大理院，及各級審判檢察廳。行政，中央政府分外交、内務、財政、陸軍、海軍、司法、教育、農商、交通諸部，地方行政分一京兆，二十二行省，及其他特別區域焉。

教授方法

第一時（第一、二節）

豫備

（一）問何謂國家？（二）問何謂獨立國？何謂保護國？（三）書"主權"二字於黑板，問學生，知其義否？（四）問何謂君主、民主？何謂專制、立憲？以上四問，均使學生各以意對以，覘其固有觀念。

提示

（一）問凡國家必有土地乎？（二）問凡國家必有人民乎？（三）問但有土地、人民，即可稱爲國家否？釋主權二字之義。（四）釋主權完全、不完全之義。（五）講課文第一節。（六）説明國體與政權之區別。（七）説明君主國體與民主國體之區別。（八）説明專制政體與立憲政體之區別。（九）使讀課文"現今列强"以下三句。問所謂現今列强者，係指何數國而言？其國體政體若何？試歷數之。（十）講課文第二節。

比較統括

（一）國家與他種團體之比較。須多舉數例示之，使其十分了解。

（二）獨立國與非獨立國之比較。

（三）君主國體較民主國體，立憲政體較專制政體，孰優？

（四）君主之國，政體有立憲，有專制；民主之國，則皆行立憲政體，無專制者。

練習應用

（一）土地、人民，其爲國家成立之要素，顯而易見，而主權則較難明，然亦無難明也。蓋有人民矣，固不可無土地以供其住居，然使有土地而無主權以宰制之，則土非其土也，土非其土，則其人民亦將進退失據焉，而無以遂其生。然則言國家之要素者，安得舉土地、人民而忘主權乎？而爲國民者，又焉可不力保其國家之主權乎？（二）國之在國際團體中，猶吾人之在交際團體中也。保護之國在國際團體中，其人格雖不可謂全失，然已不完全。猶吾人處社會中事事須聽命於人，而不能自主也，可恥孰甚！（三）我國雖亦以獨立自主之國聞於世，然實際上主權之受人侵害者甚多，如領事裁判權，即其最著之一事也。可多舉數例示之，以作其憤慨之心。（四）專制國民不得參與政治，國家之主權苟有被人侵損之處,猶可委之曰：當局者之處置不善也。共和國民人人皆有參與政治之權利,而猶任國家之主權被人侵損,是即我國民放棄責任之徵也,是即我國民之能力不如異國國民之徵也。可恥孰甚！

第二時(第三節)

豫備

(一) 由問答,整理學生關於立法、司法、行政固有之觀念。(二) 問何謂中央政府。(三) 問何謂地方行政。(四) 復習第一冊第二、第三課。

提示

(一) 說明立法、司法、行政之意義,及其區別。(二) 說明此三者,皆出於統治權之作用。此三者爲統治權之分寄於三機關,而非統治權之本質可分,宜注意。(三) 說明此三種作用,必須分寄於三機關之理由。(四) 說明國會職權之大略。(五) 說明審檢兩廳之區別,及其級數。(六) 說明中央政府之職掌,及各部分職之大略。(七) 說明地方行政之大略。(八) 講課文第三節。

比較統括

(一) 立法、司法、行政三權之比較。三權分立,乃分寄於三機關,非各各獨立之謂。以權能論,則立法爲最高,法既立,而後司法機關從而司之,行政機關亦準據之以行其政焉。(二) 中央行政與地方行政之比較。

練習應用

(一) 使將我國立法、司法、行政各機關,列爲一表。(二) 司法獨立說。作文題。

參考

國家主權,因其作用之不同,而有對內對外之殊。通常獨立國與非獨立國之分,系基於其對外主權之完全與否觀察之,即能否自由處理國際干系之謂也。保護之關係,基於條約。保護條約,有由當事者之國家自由締結者,亦有數國共訂條約,以第三國置於其保護之下者。其原因,全基於政略上之理由,國際法上不能得其論據也。

第十三　外　交(一時)

教材

我國及英、俄、法、美、巴西,並稱爲世界大國。就中國土面積以英爲最大,凡占世界陸地五分之一,俄次之,法又次之,其四爲我國,次於我國者爲美,再次爲巴西。

列國關於通商航海等事,恒互結條約。又置大使或公使於外國國都,領事於重要都會。現今與我國結條約者,有二十國。

教授方法

豫備

(一)問何謂大國? 何謂小國? 使舉其固有觀念以對。(二)問何謂條約?(三)板書"公使領事"四字,問此爲何官? 汝輩知之否? 曾於報章中見及之否?(四)復習國文第六册第十六課。

提示

(一)問世界各國中,國土大於我國者爲何三國? 此三國中,土地孰最大? 孰次之? 孰又次之?(二)問其次於我國者爲何國? 更次於此國者爲何國?(三)告之曰:領土爲國家要素之一,初不問其大小,然領土之大小,終於國勢之强弱,有密切之關係。若領土廣大,則人口衆多,而兵力可强,物産豐饒,而國力可裕。蓋大國雖不必富强,然富强終以大國爲易,故國土愈廣大,則其國家之憑藉愈優也。(四)特是大國雖易富强,而欲求富强,終非但爲大國而已足。蓋大國之所以可貴者,爲其物阜民殷,而又有團結力以利用其大。如俄國地雖廣大,然處窮朔苦寒之地,物不必阜,民不必殷也。又如巴西,處熱帶多雨之區,物則阜矣,而民未必殷也。次如美國,地大矣,物阜矣,民亦殷矣,然其人數之衆終不若我國,且立國之古亦遠不如我國,則其根柢之深厚亦必不我若。而如英、法等之屬地散處海外,非藉兵力不能連結者,更無論矣。故論國家憑藉之優,終以我國爲最勝。(五)講課文第一節。(六)説明條約之意義。(七)説明大使、公使之區別,及其職務。(八)授以與我國結約諸國之名,使録入筆記簿。(九)講課文第二節。

比較統括

(一)何謂大國? 何謂富國? 何謂强國? 試説其區別。

(二)與我結約諸國,以何數國之關係爲尤密切? 試各舉所知以對。

練習應用

(一)使學生繪與我國結約諸國圖。就世界全圖中,將與我有約諸國著色,餘則置之。

(二)小國之不敵大國,可以近事爲證。如此次歐戰,以利時塞爾濱,抵抗之力,非不强悍,然而終於覆滅者,即小不敵大之證也。然如德國,以一國支持英、法、美諸强,曾不敗衄,而英、法、美等國擁有數倍之土地甲兵,亦毫無勝算。則可見大國亦在能用其大,若大國而不能自用其大,則將與小國同。即如我國,擁有數千萬方里之土地,四萬餘萬萬之人民,其富强宜爲世界各國所不逮矣。然以言乎財政,則曾不敵歐洲之荷、比、瑞士;以言乎出兵之數,尚不及一亞洲之日本;而運輸之靈捷,器械之良窳,戰術之利鈍,尚不論也。則其所謂大者何在? 然則大國之敗於小國,非小之可以勝大,乃大國之名大而實小,小國較之,乃反見爲大耳。

參考

英、俄、法、美、巴西諸國面積,俱見前。

條約者,二國或二以上之國,自由意思之合致也。其目的,必須不背於國際法。如兩國締約分割公海,或割讓第三國之土地等,即不能有效。

締約之國家,必須爲列入國際團體之獨立國。締約之人,又須依其本國法律,有締結條約之權。然後所訂之條約,方爲有效。既經批準交換,即生效力,締約之國,有履行之義務。

公使爲代表本國與外國交際,由元首委任之外交機關,通常分爲數級:一、大使,二、公使,三、常駐公使,四、代理公使。大使代表君主,與元首享同等之待遇。公使則由元首給以信任狀,待遇之禮,視大使稍殺。常駐公使,與大使同。但無特命全權之頭銜。代理公使,則由外交部給以信任狀,而非由元首直接委任者也。領事本非外交官,專爲保護本國之商務及僑民之利益而設,其性質,與公使大異。普通亦分四級:即一、總領事,二、領事,三、副領事,四、代理領事是。但各國制度互有損益,不盡一致也。

與我國訂約各國如下:日本、暹羅、英吉利、德意志、法蘭西、奧斯馬加、意大利、西班牙、葡萄牙、比利時、荷蘭、瑞典、挪威、俄羅斯、丹麥、美利堅、墨西哥、秘魯、巴西、古巴。

第十四　兵　備(一時)

教材

兵備,所以防守國家,發揚國威。今日世界各國,無不汲汲焉擴充兵力者,陸軍以俄國最多,德、法次之,英、奧、意又次之,且多行全國皆兵之制。海軍之力最優者爲英,德、美、日、法、俄、意各國次之。

我國國境,四接强鄰,國防設備,誠爲急務。中央政府專設陸軍部,管理軍政。擬練新軍四十八師十旅,分駐各軍區,且定徵兵之制。海軍近亦籌畫振興,開築軍港矣。

教授方法

豫備

(一)復習國文第二册第二十四課。(二)復習國文第四册第一、第二課。(三)問軍港之用若何? 試各就所知述之。

提示

(一)説明兵備之作用。一、防守國家,二、發揚國威。(二)説明徵兵與募兵之區別。(三)説明常備軍與後備軍、續備軍之區別。(四)説明各國現在擴充兵力情形。(五)使學生講課文第一節。(六)使學生讀課文第二節首四句,知我國現勢,未暇言及發揚國威,即國防設備亦甚岌岌。(七)説明軍政二字之意義。(八)説明軍區二字之意義。(九)講課文第二節。問我國自昔,既有海軍,豈無軍港? 何以今者欲圖振興,必須另行開築?

比較統括

(一)海、陸二軍之比較。何以今日立國於世,必須海、陸二軍並重。

(二)募兵制與徵兵制之比較。

練習應用

(一)問防守國家與發揚國威,二者孰先孰後? 我國今日雖以防守國家爲亟務,然至將來,亦須注意於發揚國威否? 必如何而後我國之國威可謂之發揚? 試各以意對。(二)我國歷代,何時行徵兵制? 何時行募兵制? 試檢查歷史教科書以對。

參考

我國革新軍制,始於清季,現行軍制,仍與相同,惟改其名稱,爲師、旅、團、營、連、排等。師即昔所謂鎮也,其所屬,有步隊兩旅,馬隊、礮隊各一團,輜重、工程隊各一營,軍樂隊一連。旅有步隊二團。團有三營,步馬、礮隊皆同。營分四連。連三排。排三棚,棚十四人。計全師官長及司書、弁目、兵丁、夫役人等,共一萬二千五百十二員名。

我國海軍,甲午以前,位世界第四。中日戰後,北洋艦隊蕩焉無存,南洋艦隊以未參與戰事,得以無恙,然皆老朽狹小。清季謀復海軍,增造軍艦,爲數無多,統計今日全國軍艦噸數,尚不足七萬噸也。

第十五　教　育(一時)

教材

教育,所以長國民之智德,而高其品位,故教育之廢興,與國家之盛衰,關係殊大。現今世界,德、英、法、美及日本,教育均稱進步,而德爲最。

我國教育,近亦力圖普及。設國民學校,以養成國民;設高等小學校、中學校,以施普通教育;設各種實業學校,以施實業教育;設師範及高等師範學校,以養成教師;設大學及各種專門學校,以授高等專門之知識技能。教育機關,漸臻完備矣。

教授方法

豫備

(一)問何謂教育? 人何以必須受教育? (二)爾輩當入高等小學以前,曾入何種學校? 高等小學畢業後,尚有何種學校可入? 汝輩知之否?

提示

(一)說明教育之意義。何謂長國民之智德? 何謂高其品位? 須使之確實領會。(二)問教育之廢興,何故與國家之盛衰,關係極大? (三)使讀課文第一節末四句,問德、英、法、美及日本等,均爲現今强國否? 然則教育與國家關係如何? (四)講課文第一節。(五)授以我國各種學校之性質,及其系統。(六)講課文第二節。問我國今者,教育機關已稍齊備矣,可遂謂之興盛乎?

比較統括

(一)我國之教育與各强國之比較。

(二)國民教育與普通教育與專門教育之區別。

(三)授以我國學校系統表,使錄入筆記簿。

練習應用

（一）學校雖爲教育必須之機關，然教育初不以學校而盡，故有志爲完全之國民者，隨時隨地，均須留心學習，不得以既入學校肄業，遂侈然自謂已受教育。（二）我國今者，教育機關，雖稍齊備，然財政人才，兩俱闕乏，去興盛之途尚遠。故已受教育者，均有牖啓後覺之責，將來或創立學校，自當教育之重任，或捐助資財，以助教育之發達，均屬當然之義務。至於隨時隨地，勸誘愚蒙，則即今日在校之學生，亦均有責焉矣。可復習國文第五册第十九課、二十課，第六册第十課，以資聯絡。

參考

吾國學校，可分四類：曰普通教育，如蒙養園、小學校、中學校、女子中學校是也。其中初等小學，今正其名曰國民學校，爲義務教育。曰專門教育，如大學校及各種專門學校是也。曰實業教育，即農業學校、工業學校、商業學校、商船學校、實業補習學校等是也。曰師範教育，即師範學校及高等師範學校是也。此外特殊學校，則屬各省所管轄。今列教育部所定學校系統表如下：

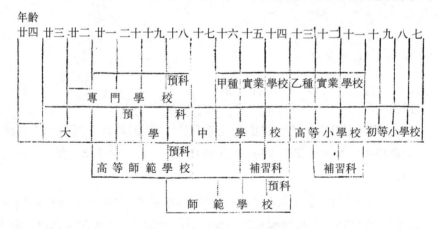

第十六　宗　教（一時）

教材

世界宗教，以釋、回、基督等教爲最盛。釋教創於印度，行於我國及日本、印度支那。基督教創於小亞細亞之叙利亞，行於歐洲人所居之地。回教創於阿剌伯，行於亞洲西南部及非洲北部。此外印度地方有印度教，猶太人散居各地，均奉猶太教。

我國歷代重儒，專講人倫道德。此外道教，崇奉老子。釋教自漢時傳入，其別派爲喇嘛教，行於蒙、藏地方。又分紅、黃二派，而黃教爲盛。回教自唐時傳入，西北區域爲最流行。基督教自明時傳入，亦分天主、耶穌二派。

教授方法

豫備

（一）問何謂宗教？汝輩知之歟？（二）問崇奉釋迦牟尼佛者爲何教？寺有以清真名者，何教之寺廟也？天主、耶穌二教，所崇奉者爲何神？此二教有何區別？

提示

（一）使略述釋教、回教、基督教等推行之地方。（二）講述此三教起源之歷史，及其流布之狀況。（三）示以印度教及猶太教之起原，及其現在流行之狀況。（四）告以世界宗教，流別尚多，此特舉其大者而言之。（五）講課文第一節。（六）問我國向以儒、釋、道三教並稱，儒家及今之所謂道教徒，所崇奉者何人？（七）告以孔子之道，專重人倫道德，不尚崇拜儀式，爲與他教之異點。（八）告以道家雖崇奉老子，然老子實與道教無涉。（九）説明喇嘛教爲佛教之別派。（十）略述諸教在中國流行之狀況。（十一）講課文第二節。

比較統括

（一）諸大宗教教旨之異同。只宜就淺近之語指示之，不可涉及高深之論。

（二）諸大宗教勢力之比較。

練習應用

（一）信教自由，爲現今世界之公理。鬧教一事，不足以排斥外人，徒以交涉困難，貽累國家。且自外人視之，即爲我國民不知信教自由之公理之證，徒爲名譽之累，最爲無謂。當與國文第六冊第二十課聯絡，使知勸導愚蒙，引爲深戒。（二）雖西人傳教，列入條約，我國僅有保護之責，而無管束之權。此在國際上，亦不得其平，將來改良條約，恢復國際上應有之權，尤我國民所當同視爲急務者也。（三）由此推之，則凡欺凌僧道，強占寺廟者，不惟無理，亦且爲無恥之尤。何則？基督教既須保護，則道、佛二教，何緣不得享此權利？若云彼無勢力，則凡宗教之不挾兵力以自重者，皆將從而侵害其信仰之自由乎？（四）國民之生業，往往隨所居之地而殊，而其宗教，則不因之而變，如突厥雖居歐洲，仍奉回教。猶太人散居各地，均仍奉猶太教是也。故征服一地方，而強其民改所信仰之宗教者，必遭劇烈之反對。

參考

世界之宗教，可分二大類：信仰一神者，是爲一神教；信仰數神者，是爲多神教。多神教，如道教、佛教；一神教，如基督教、回教是也。今列表如下：

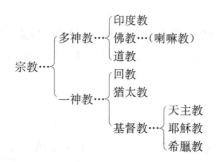

上之所述，爲世界著名之宗教，其間以印度教及道教爲最古，次爲猶太教、佛教、基督教，又次爲回教。印度教即婆羅門教，以創於印度故名，以伯拉馬爲教主，以苦行冥修造未來之幸福爲宗旨，佛教之先聲也。惟其人類之階級至嚴，分貴族、僧侶、平民、奴隸四級，故佛教起，以平等矯之。猶太教創於猶太，今小亞細亞。以摩西爲教主，基督教之先聲也。希臘教亦稱希利尼教，宗旨與天主教同，惟以俄皇爲教主。道教創自漢末張道陵，附會老子清淨無爲之説，以經咒符籙惑人，當時謂之五斗米道。其子孫居江西之龍虎山，屬貴溪縣。世主道教，俗稱天師。清時給食四品官職之俸，然實古巫覡之流，非老子所云之道德也。喇嘛教已見第四冊第十七課參考。

第十七　　産　業(五時)

教材

世界各國，地勢、風土，天産物不同，産業亦因之各異。農産盛於印度、美、俄、德、奧、法、埃及。蠶絲盛於日本，意大利、東土耳其、法、德次之。牧畜業盛於俄、美、南非洲、澳洲、阿根廷。林業，俄、美、加拿他等多天然林，德、奧多人工林，而德尤爲林業之模範。

礦産業以德蘭士瓦、美國、澳洲、俄國之金，墨西哥、美國、加拿他之銀，美國之銅爲最。煤、鐵以美、德、英爲多。煤油美爲最，俄、南洋羣島次之。水産業多行於北半球，紐芬蘭、那威、日本稱世界三大漁場。工業英爲最，美、德、比、法次之，瑞士雖小，亦爲有名工業國。

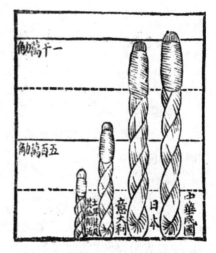

世界蠶絲産額之比較

我國農業，米、茶、蠶絲，甲於世界，棉花亦爲世界重要産地。牧畜盛行於西北區及蒙古地方，東北區及湖南、廣西、貴州等地，林産頗豐，然多天然林，人工林極少。礦産稱無盡藏，惜開采尚未甚盛。水産，饒於沿海各地。工業，舊亦興盛，惟多主於人工，近亦漸能利用機械。

世界商業，因物産之增加，交通機關之發達，近時日臻隆盛。各國經營貿易，無微不至。就中英國最盛，輸出入額，幾當我國之十倍。德、美、法遞次之，荷蘭雖小，尚四倍於我，比國三倍於我。

我國貿易，雖亦漸次擴張，然輸出入額，年不過十億兩，且輸入額超過輸出額甚鉅。

我國商埠，共九十餘，以上海、漢口、番禺、天津爲最盛，九龍、汕頭、廈門、閩侯、大連、營口、烟臺等次之。輸出貨物，以絲、茶爲大宗，豆類、棉花、皮革次之；輸入貨物，棉紗、棉布爲大宗，毛織物、煤油次之。内國商業，亦極興盛。

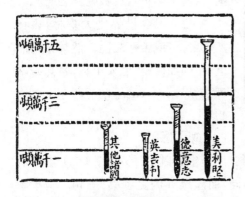

世界鐵之産額比較

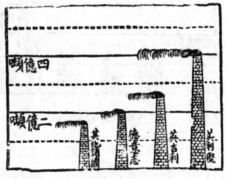

世界煤之産額比較

教授方法

第一時（第一節）

豫備

（一）問農工商三字之意義。（二）問產業與天然之關係，以上兩問，使學生各以其意對，以覘其固有觀念。

提示

（一）說明產業二字之意義。（二）說明產業與天然之關係。一、地勢，二、風土，三、天產物。（三）產業之大別，不外農工商三者。農者，取材於地；工者，加以人力，使其價值增加；商者，轉移其位置，使其價值增加。故畋漁畜牧林礦等業，均可以農業稱之，但通常所謂農產，則係指耕稼所獲而言。（四）農工商三者，雖均為生利之業，然農業實為尤要。蓋無農，則工商之事，皆無所措手矣。昔人於諸種生業中，獨稱農為本業，良有以也。（五）問蠶絲之業，足與耕稼並重乎？我國自古，農桑並重，以耕稼為男子之天職，蠶織為女子之天職。（六）問牧畜之業，其效益與耕稼相同否？何以古代多行牧畜，在後世則易為耕稼。與歷史聯絡。現今世界，何種地方宜於耕稼？何種地方則宜於畜牧？（七）問林業之效益。書"天然林、人工林"字於黑板，說明之。（八）講課文第一節。

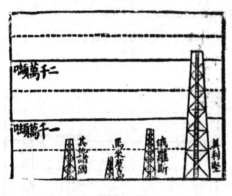

二千萬噸

一千萬噸

美利堅　俄羅斯　馬來群島　荷屬諸國

世界石油之產額比較

比較統括

（一）農工商三業之比較。

（二）農業多行於濕潤多雨之區，牧畜業則可行於較乾燥之地。

（三）現今世界之大森林，多在熱帶之下，或苦寒之區。然林業苟能進步，則如德、奧之人工林，實無處不可造成。可復習國文第四冊第五課，以資聯絡。

練習應用

（一）本課所舉各地方，所饒之產業，使學生於圖中注入之。（二）本課所重，在"世界各國地勢、風土、天產物不同，而產業亦因之各異"三句。講本課時，當抱定此三句為主旨，俾學生曉然於產業與地理之關係。

第二時（第二節）

豫備

（一）使復述農、林、畜牧諸業與地理之關係，問然則宜於工業者，爲何等地方乎？（二）復習國文第五册第十四課。

提示

（一）問礦業與耕農畜牧，異同之點若何？告之曰：礦業者，取材於地，以利人生，與農、林、畜牧諸業同。但一取之地表，一則取之地下耳。（二）問金、銀、銅、鐵四物，孰最有用？孰次之？孰爲下？使各以其意對，因而啓發之，示以四者各別之用途。（三）問煤之爲用如何，足與鐵並稱否？（四）問煤油之爲用，較煤如何？（五）問“水産物”三字，意義若何，使解釋之。（六）問紐芬蘭、挪威、日本此三地方，其所占緯度相近否？使閱地圖觀察之。（七）使讀課文第二節末五句，問此諸國工業之興盛，與煤鐵有關係否？瑞士不産煤鐵，其工業亦能興盛，何也？此諸國工業之興盛，除地理上之關係外，尚有他原因否？人智之進步。（八）講課文第二節。

比較統括

（一）水産業與耕農、畜牧之比較。

（二）現今世界，大抵歐及北美二洲工業最爲進步，多出精製之人工品，亞、非、大洋、南美四洲，則多出天産品及粗製品，四洲之富力，不敵歐及北美，職此之由。

練習應用

（一）説煤油之重要。（二）利用水力，以振興工業説。作文題。

第三時（第三節）

豫備

（一）問産業與地理之關係，既如是其密切，以我國之地理論之，其情形若何？（二）問立國於大地之上者，是否須各種産業均備，然後經濟上可稱獨立。講第十課時所授。

提示

（一）問我國人主要之食料爲何？（二）問我國人主要之衣料爲何？（三）問現今造屋及製各種器具之重要材料，何物也？木材。（四）問我國何處地方農業最盛？何處主産米？何處主産麥？何處爲産茶最盛之地？何處爲育蠶最盛之區？何處爲棉花重要産地？（五）問我國畜牧之業，以何處爲最盛？其重要之家畜爲何物？（六）問設以中、南、北及東北區，改行畜牧，而西藏、蒙古兩高原,改業耕稼,可否? 以上所述產米、產麥、育蠶、植茶、種棉之區,其地理上宜於此等產業之原因若何? 試略述之。(七)問我國之森林饒於何處? 此等林爲天然林乎? 抑人工林乎? 我國之林產,限於此等地方乎? 抑他處亦可設法造成乎? 設或造成之,有何利益? (八)使復述我國重要礦產,及現今開采情形。(九)使復述舊式工業與新式工業之別。與國文第五冊第八課聯絡。(十)講課文第三節。

比較統括

(一)我國產業與世界各國之比較。

(二)試將本課所舉之產業爲綱,產地爲目,列爲一表。觀此表,可知世界各國各種產業,我國均有之。

練習應用

(一)我國幅員廣大,而地勢錯綜,故於各種產業,均極相宜。然以數千年來重農之國,至今日,穀類尚有時藉外國輸入,棉紗、棉布更無論矣。絲、茶本爲出口貨兩大宗,近亦漸爲他人所奪。木材、煤、鐵,仰給於外貨之輸入者尤多,工業品更無論矣。長此不變,焉得不趨涸竭。

第四時(第四、五節)

豫備

(一)復習國文第二冊第三十、第三十一課,第五冊第七課。(二)問商業之效益若何? 居今之世,尚可無商業否? 設使無之,其現狀若何? (三)復現關於輸出入超過之觀念。

提示

(一)說明商業之利益。(二)說明商業隆盛,與物產增加,交通發達之關係。(三)使讀課文,計算英國、荷蘭、比利時,輸出入額,當有若干? (四)問我國之土地,幾倍於荷蘭、比利時,設以面積比例增加,則輸出入額,當達幾何? (五)講課文第四節。(六)告以我國貿易,雖亦漸次興盛,然輸入額超過輸出額甚巨,則非我國之商業真興盛也,仍是外人之商業逐年興盛耳。輸入超過愈增加,則我國金錢輸出愈巨。(七)講課文第五節。

比較統括

(一)輸入超過與輸出超過之比較。凡輸入超過者,多爲債務國。輸出超過者,多爲債權國。

(二)世界各強國貿易之興盛,我國貿易之不振,其總原因果何在乎? 試思考之。物產之增加,交通之發達與否。

練習應用

（一）英國商業發達之原因，前已授過，尚能記憶否？試復述之。不能答，則更授之。（二）觀美國商業之興盛，則知地大物博者之可以有爲。觀德、法二國商業之興盛，則知文明技術進步者之足以自立。荷蘭海外殖民地甚廣，而其商業亦隨之而廣，此與英國相同者也。比國之工藝及交通最進步，而其商業亦即隨之而進步，此又與德、美、法諸國相同者也。要之，觀本課所舉諸國商業之隆盛，無一不足爲課文第四節首三句之左證。

第五時（第六節）

豫備

（一）復現貿易區域之觀念。（二）復現生貨、熟貨之觀念。問生貨輸出熟貨輸入，較熟貨輸出生貨輸入，孰爲有利？（三）問國土廣大者，其內國商業當如何？講本册第五課時所授。

提示

（一）問我國之商業，多依於河流以行之歟？抑多依於陸路以行之歟？（二）然則內地十八省之貿易區域，可大別爲幾？問東三省則如何？蒙、新、海、藏則如何？此等地方，均無出海之口，故其貿易區域，亦分屬於北、中二區。（三）北區貿易總匯之處爲何地？中區貿易總匯之處爲何地？南區貿易總匯之處爲何地？內國商業總匯之處爲何地？（四）福建省之貿易，均以番禺爲出入之口否？福建非珠江所經流，故其貿易，因交通之便，分屬於閩侯與廈門。珠江以東，與閩江同獨立於珠江以外者，何水也？其下流之口岸何名？山東半島，尚有何著名之商埠？關東三省，昔時惟一出海之口爲何處？今漸爲何處所奪？（五）使學生讀課文“輸出”以下四句，問輸出者多天產品乎？輸入者多天產品乎？輸入之物，是否皆生活所必須？此等物，可仰給於外國否？（六）講課文第五節。

比較統括

（一）上海、番禺、天津貿易區域廣狹之比較。

（二）漢口與支克哥、墨斯科之比較。

（三）內國商業與外國商業之比較。

練習應用

（一）長江流域，物產最豐，交通亦最便利，故上海之貿易，爲全國各商埠冠。於此又可證課文第四節首三句之確。（二）我國各口岸，真能與外國人直接貿易者甚少，多藉大口岸轉致，此亦上海商業所以獨盛也。此其原因，實由於商業之尚未盛大，將來商業益盛，則新興之口岸亦必日多。（三）對外貿易，有立於主動之地位者，即直接販運價物，售諸外國是也。有立於被動之地位者，即運致貨物於本國之口岸，坐待外人之來購是也。我國商人，直接連致貨物於外國者，殆可謂絕無，此亦商業未甚進步之證。

第十八　交　通（四時）

教材

交通機關，日益完備。陸有汽車，水有汽船，且有郵務、電信，以傳達意思。世界鐵路，總長一百五十萬里。其最發達者，爲歐洲之西部與北美洲之東部，縱橫相交，周密如網。尤以北美洲之橫斷大陸諸鐵路，及西伯利亞鐵路，連絡太平、大西兩洋，規模宏闊，便利世界交通，殊非淺尠。列國中綫路最

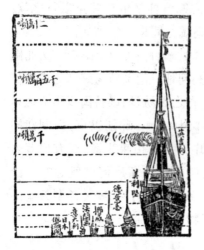

世界商船噸數之比較

長者爲美，次爲俄，最密者爲比。航路，世界汽船凡二萬二千艘，其噸數，凡三千七百萬噸。就中最多者爲英，美、法、挪威、日本遞次之。航路之最要者有三：一、自紐約經非勒特爾非亞，渡大西洋，而至倫敦、安都厄爾比亞、昂不爾厄。二、由上海、香港，經悉尼，渡太平洋，而至蕃古洼及舊金山，又經巴拿馬運河，而至紐約。三、由上海經香港、新嘉坡，渡印度洋，經蘇彝士運河而至歐洲諸港。運河之最要者爲巴拿馬及蘇彝士。

我國交通，近來亦頗進步。鐵路延長，凡達一萬五千餘里。以京奉、京漢、京張、津浦四路，及已築未成之隴海、川漢、粵漢諸綫爲尤重要。而東清、南滿、安奉、膠濟、滇越諸路，則均爲外人所築。航路以天津、上海、番禺爲中心，內航各河港，外航外洋，以通歐美。惜航海事業，尚未興盛。郵務近頗發達，除青海、西藏外，局所均已設立，共計達五千餘，郵路延長達三十餘萬里。電綫有北、中、南三大幹，又自北京通東三省、蒙古、新疆，自成都通西藏。通外國之綫，則北由恰克圖通俄，南由雲南通英、法領地。無綫電報，近亦仿辦。海底電綫，有西經新嘉坡而通歐洲，東經菲律賓而通美洲等綫。

教授方法

第一時（第一節　鐵路）

豫備

（一）問交通二字之意義。（二）問交通發達，於人類有何利益？以上兩問，使學生各舉其固有之觀念以對。（三）復習國文第六册第六課。

提示

（一）就汽船、汽車、郵務、電信四項，與之問答，以覘其固有之觀念。（二）告之曰：汽船、汽車，皆所以運載人身及貨物者也。而其中汽船，又注重於運載貨物；汽車，又注重於運載人身。至郵務、電信，則以運載人之意思為主。（三）問此各項交通機關，是否相須而成？關一即覺其不便？（四）講課文自“交通機關”至“以傳達意思”。（五）問現今世界之交通，以何二洲為最發達乎？（六）問自亞洲直達歐洲，最逕捷者，為何鐵道？（七）問自我國東航至美洲，欲直達大西洋岸，乘輪赴歐洲，有何鐵道可乘？（八）講課文自“世界鐵路”至“殊非淺尟”。（九）使讀課文自“列國中綫路最長者”以下三句，問最長與最密之區別？最長與最密，孰為發達？六十萬里，凡占世界鐵路總長中幾分之幾？

比較統括

（一）汽船、汽車、郵政、電報四者之比較。自有郵政，而後人之意思，能離乎人身而別為運載。然其速度，猶與人行等也。有電信而後人之意思之運搬，較其身體之運搬為速。

（二）美洲橫貫鐵道與西伯利亞鐵道之比較。

練習應用

（一）交通愈便利，則產業愈發達，文化亦愈進步。近百年來，世界之富力及文明，均非前此所及，交通進步之賜也。試觀世界交通，以歐洲及北美為最發達，而富力及文明，亦即以是二洲為最發展可知。（二）交通機關之進步，不過求其穩、快、價廉，試即此三者，以利用機械力之時代，與利用人及動物力之時代，互相比較。其相去蓋不可以道里計，於此可知學術進步之益。

第二時（第一節　航路）

豫備

（一）問交通之發達，陸先於海乎？海先於陸乎？國文第六册第七課所已授，如答不明了，則更授之。（二）問世界之陸地，均互相連接乎？抑大洋均互相連接乎？

然則世界各國之交通，能不由海道否？（三）復習國文第五冊第十六、十七課，第六冊第六課。

提示

（一）問今自上海欲至歐洲，取道當如何？（二）問既至歐洲後，欲更至美國之紐約，其取道當如何？（三）問自紐約欲至美洲之太平洋岸，始終不願遵陸，亦可行否？（四）問自亞洲至非洲之航路若何。（五）問自亞洲至澳洲及南美洲之航路若何。（六）使讀課文"航路之最要者"一段，問世界交通，航路甚多，而此數綫稱最重要，何也？（七）問世界各國之運河，何故以蘇彝士、巴拿馬爲最重要？（八）使閱課文"世界汽船"以下一段。（九）講課文第一節畢。

比較統括

（一）亞美間航路，與亞歐間航路之比較。

（二）亞美間航路，與歐美間航路之比較。

（三）蘇彝士、巴拿馬運河既通以後，未通以前，航路之比較。

（四）試將本節所舉鐵路、航路各綫列爲一表。

練習應用

（一）現今世界，最繁榮之海岸，爲大西洋。蓋歐洲、北美，產業較他洲爲發達也。然至將來，或將移於太平洋岸，屆時則神州大陸，產業之發達，迥非今日之比矣。然其發達也，將由我自發達之，以執世界經濟之牛耳乎？抑利權將益落於他人之手，產業雖發達，而於我固無與乎？是則全視乎我國民之自爲矣。（二）觀美洲橫貫鐵道及西伯利亞鐵道之成，而海岸與大陸之交通，遂益相聯絡。可知將來交通之便利，產業之開發，必益深入於大陸之中心。蓋人類之交通，遵陸雖不如由水之便，然其可以住居之地，及其資生之物，固仍注重於陸。交通之手段，有資於水，交通之目的，固仍在陸也。故愈據大陸之中心者，其憑藉愈厚，將來必愈有發展之望。但若不能自振，則其危機亦愈甚耳。

第三時（第二節　鐵路　航路）

豫備

（一）復習一、二、三、四冊關於交通諸課。（二）復習前一時所授。（三）問鐵路綫何以有幹支之分，航路亦如是否？

提示

（一）使閱地圖，觀察我國已成及已築未成諸鐵路綫。（二）告以我國交通，東西便利，南北困難，故鐵道中縱貫諸綫，較橫貫諸綫爲尤重要。京漢、津浦,皆我國南北縱貫之大幹綫也。與京漢相接,直達南海之濱者爲何綫?
(三)問自中國本部之西北隅,直達東方海口者爲何綫?此爲縱貫鐵路乎?抑
橫貫鐵路乎?在長江流域,可稱與此綫平行者,何綫也?(四)問自北京可通
至本部以外者爲何綫?(五)問以上各鐵路,均爲幹綫否?(六)使觀察東清、
南滿、安奉、滇越、膠濟諸鐵路,問此諸鐵路,亦可稱爲幹綫乎?告之曰:此諸
鐵路,現在雖有尚未能稱爲大幹綫者,然使將來接展之,則均可成爲大幹綫,
而皆權落外人之手,此殊可危也。(七)告以我國航路可分爲外洋航路、内河
航路二者,而以沿海諸口岸,爲其結合點。(八)問我國之外洋航路,其重要者
爲何綫?與前一時所授聯絡。(九)問我國之内河航路,其重要者爲何綫?一、白河
航路,二、長江航路,三、珠江航路。(十)講課文至"惜航海事業尚未興盛"止。

比較統括

(一)我國鐵道之發達,偏於何部?

(二)我國航路之發達,偏於何部?

(三)合鐵路、航路二者觀之,我國交通何處最便利?何處最不便利?

練習應用

(一)我國鐵道之發達,爲部分的,國中重要之路,未築有鐵道者尚多。河
流之交通,亦多藉天然的,而以人力補助之者甚少,故亦偏於一部分。(二)交
通之發達,偏重於内地及東北區,而東北區權落外人之手又特甚。至蒙、新、
海、藏等處,則交通極爲困難,大有鞭長莫及之患。(三)沿邊諸鐵路綫,與外
國交通容易,而與本國内地之交通反覺困難,故外力由此侵入,邊防情形,益
形岌岌。(四)我國沿海,海岸綫甚長,内河航路亦不尠。然航海事業,殊不發
達,汽船公司稍大者,僅一招商局。不特外洋尚未開有航路,即内河航利,亦
且與人共之。此又各國之所無,而我國之所特有者也。即如前一時言,欲求商
業之發達,要在商人能直接運銷貨物於外洋,此雖藉商人之運籌,亦藉運輸事業
之輔助。航業長此不振,商業安能興盛,至其他方面之損失,尚難以一言盡也。

第四時(第二節　郵務　電綫)

豫備

(一)問爾輩所寄郵信,極遠者曾寄至何處乎?郵政局寄信,較自民局寄
信,孰爲便利?(二)問爾輩曾發過電報乎?電報較郵政,遲速若何?

提示

(一)使復述郵政及電報之作用。(二)告以我國郵政,創辦情形之大略。
(三)郵政之發達,與文化之高下,交通之便否,關係最巨。文化愈高,交通愈

便，則郵局愈發達，而郵政愈發達，則因交通之便利，而文化程度亦相引而彌高。我國今日，各處皆已徧設局所，獨蒙、藏區域，尚未能徧設者。職此之由，然正宜急急籌設也。（四）示以郵政所由各路。（五）授以我國創辦電報始末。（六）使學生將課文中所舉電報綫路，繪圖於黑板上。（七）授以我國電信與外國交通情形。（八）講課文第二節畢。

比較統括

（一）郵政與驛站之比較。<small>驛站專供行政之用，而郵政則兼以便民。</small>

（二）陸上電信與無綫電及海底電綫之比較。

練習應用

（一）交通機關，關係國民公益最大，故其事，必由國家經營之。然我國今日，外人所設之書信館，尚未盡撤除，即民信局亦未能盡行停止，此亦有礙於政權之統一者也。（二）電報、郵政，皆我國自古所無之業，然一經創辦，進步甚速，可見事無難易，惟在實心實力行之。而文明新法，正屬不難仿效。（三）電報一業，傳遞信息，最爲迅捷。政務機要，軍事商情，以迄民間日用，得此裨益，殊非淺鮮。可見科學上之發明，利益甚溥。（四）郵政、電報，事極繁雜，然能秩然有序，不致紊亂者，由其部勒之精嚴也。可見任辦何事，規則最爲緊要。（五）交通機關，日益進步，則人事亦日趨敏捷。閒言終日，徙倚經時，而世界之大政治家、大實業家，業已函電紛馳，數十百通，乘汽船、汽車，奔馳數千萬里矣。可見濡滯怠緩，在今日，必無立功立事之望。

參考

我國郵政，創辦於清光緒二十一年，至三十年始大加擴充，迄今不過十年，而發達之速，殊出意計之外。郵件之增加，平均每年約四千五百萬件云。其所由之路，可分爲四：即一、信差郵路，二、民船郵路，三、汽船郵路，四、汽車郵路是也。電信之設，始於清同治十三年，創行於福建閩縣，至光緒八年，始設於上海、天津間，今則通都大邑，無不設立矣。綫路之延長，凡達七萬餘里，其最大幹綫三：自上海沿運河至北京者爲北綫，沿海岸至番禺爲南綫，沿長江至成都爲中綫。無綫電，初僅海軍中用之，今則番禺、吳淞間，已設立商用電綫矣。方我國未設郵政時，各通商埠外人，往往自設郵筒，傳遞消息，名曰書信館，迄今尚未撤去。而海外電信之交通，其權尚握於大東、大北兩公司之手，此亦美猶有憾者也。